MATO, PALHOÇA E PILÃO

O quilombo, da escravidão às comunidades remanescentes [1532-2004]

Adelmir Fiabani

MATO, PALHOÇA E PILÃO

O quilombo, da escravidão às comunidades remanescentes [1532-2004]

3ª edição, revista e ampliada
EXPRESSÃO POPULAR
São Paulo – 2025

Revisão: Dulcineia Pavan
Capa: Rafael Stédile
Projeto gráfico e diagramação: Zap Design
Impressão e acabamento: Paym

Dados Internacionais de Catalogação na Publicação (CIP)

F438m Fiabani, Adelmir
Mato, palhoça e pilão: o quilombo, da escravidão às comunidades remanescentes (1532-2004) / Aldemir Fiabani.-- 3.ed. rev. e atual.-- São Paulo : Expressão Popular, 2025.
447 p.

ISBN 978-65-5891-180-7

1. Quilombo – Brasil. 2. Escravidão – Brasil. I. Título.

CDU 326(81)

Bibliotecária: Eliane M. S. Jovanovich - CRB 9/1250

3ª edição: setembro de 2025

Editora Expressão Popular
Alameda Nothmann, 806, Campos Elíseos
CEP 01216-001 – São Paulo – SP
atendimento@expressaopopular.com.br
www.expressaopopular.com.br
ed.expressaopopular
editoraexpressaopopular

SUMÁRIO

APRESENTAÇÃO À TERCEIRA EDIÇÃO

Solimar Oliveira Lima[1]

Mato, palhoça e pilão, de Adelmir Fiabani, é um texto finalizado em final de 2004, como dissertação no Programa de Pós-Graduação em História, da Universidade de Passo Fundo, Rio Grande do Sul, e no início do ano seguinte publicado, originalmente, pela Editora Expressão Popular. Logo o texto e o autor tornaram-se referências obrigatórias em diálogos consequentes quando o tema é quilombo, particularmente no meio acadêmico. Chamam atenção, pelo menos a mim, o vigor e a proeza da qualidade da produção do autor, apresentada já nos anos do rito de transição acadêmica, o mestrado. Certamente, muito contribuiu a segura e competente orientação de nosso mestre Mário Maestri.

Adelmir Fiabani, como pesquisador e autor, ainda na juventude intelectual, com *Mato, palhoça e pilão*, escreveu com maestria seu nome na historiografia brasileira. A primeira edição do livro reforçou a qualidade da obra e autor

---

[1] Professor titular da Universidade Federal do Piauí e do Programa de Pós-Graduação Interdisciplinar em Sociedade e Cultura da Universidade Estadual do Piauí.

como a um arsenal valioso no minado campo político de disputas de ideias e práticas, que visam transformar a realidade social. Neste campo, *Mato, palhoça e pilão* não faz concessões. Do começo ao fim, permanece fiel ao compromisso com a História, a profissão de historiador, e sobretudo, com os sujeitos, que de fato, movem as transformações sociais. O livro nasceu fadado a ser um clássico.

Nesta edição, o texto aparece apenas com alguns ajustes de redação. O fato indica a atemporalidade, pertinência contemporânea e potência da obra. Em sua primeira parte "Quilombo na historiografia: uma genealogia crítica", o leitor encontrará uma acurada revisão historiográfica sobre o tema. O longo recorte temporal – da Colônia ao início dos anos 2000, e a leitura crítica apresentada sobre obras e autores, é uma lição metodológica, especialmente para iniciantes. Destaque-se, em particular, a genealogia apresentada no item 5, "Visões sobre o quilombo: da constituição de 1998 aos dias atuais" [2003].

O conhecimento apresentado, em sínteses críticas na primeira parte, é, em si, referência. Este conhecimento produzido serve como base para a análise apresentada na segunda parte do livro "O quilombo no Brasil: uma tentativa de análise". A tentativa, sem dúvidas, uma indicação modesta no título, relativiza a eficaz e eficiente interpretação das determinações estruturais do fenômeno. As reflexões sobre o processo histórico de formação, reprodução, resistência e a dinâmica da economia quilombola constituem-se essenciais para a compreensão do objeto. Em verdade, as categorias apresentadas na análise constituem-se, em suas raízes históricas objetivas, essência do quilombo.

Na terceira e última parte, "Quilombo e antropologia: novos significados" são apresentadas visões da antropologia sobre o quilombo. Visões que orientaram e orientam a ação estatal de proteção às comunidades no período pós-constituinte de 1988. Nestas páginas, ganha centralidade o diálogo travado em torno da Constituição, do artigo 68 do Ato das Disposições Constitucionais Transitórias e da denominada, pelo autor, de "a invenção da tradição". Nesta tradição, a ressemantização do termo quilombo, para qualquer comunidade rural de afrodescendentes com manifestações culturais ligadas ao passado e a auto-atribuição das comunidades como quilombolas viabilizariam assegurar direitos constitucionais, mais precisamente a titularização das terras.

Esta última parte do livro, escrita há duas décadas, aponta projetos político-ideológicos, inconsistências teóricas e desqualificação da realidade objetiva das comunidades. As derradeiras páginas de *Mato, palhoça e pilão* parecem profetizar rompimentos de comunidades com suas raízes históricas e processos de controle e definições em esferas de poder, como a academia e a governamental.

Passados quase 40 anos das preconizadas garantias constitucionais, é possível lançar um olhar sobre as trajetórias quilombolas e suas complexas relações com as esferas de poder. O protagonismo dos povos autodeclarados quilombolas, organizados nacionalmente, e seus esforços no sentido de superação de invisibilidade e suas diversificadas agências evidenciaram um processo de emergência étnica e de lutas por direitos, produzindo, na esfera pública, novos e específicos sujeitos políticos. Nesta esteira, no processo de reafirmação da existência, valorização e preservação das experiências, o trabalho e a resistência dos escravizados ancestrais ficam cada vez mais relegados. Não raro, assumem apenas um lugar vigente na memória, como prática social a ser esquecida. A salvaguarda da resistência é canalizada para práticas culturais como o laço vinculador ao passado.

Os anos trouxeram também para os quilombos a indústria do conhecimento acadêmico: como uma mercadoria, teve a demanda expandida e um braço do saber científico se assenhoreou de um amplo mercado, criado por ele. Com plenos poderes de métodos e prerrogativas, e amparados pelos dispositivos constitucionais, cientistas passaram a produzir para as comunidades atuais os vínculos com os grupos ancestrais, selecionando, (re)criando memórias e traços culturais. A despeito do passado vivido, os laços validam identidades e orientam o reconhecimento, notadamente pelo poder público. No movimento de invenções e passados e tradições, o pragmatismo e a segurança jurídica firmam-se legítimos na dialética relação entre o legado e o (re)criado. As comunidades passaram a ser, de fato e direito, quilombolas.

A suposta estratégia para eventual facilitação de proteção do Estado e titularização das terras de comunidades, ainda que socialmente positiva, tem se revelado frágil na garantia de acesso à propriedade legal dos territórios. Território, entendido como fundamento do trabalho material e imaterial, e este, o trabalho, elemento fundante da comunidade. Território, compreendido como espaço da relação com a natureza, com a produção, com o modo de viver e modo de ser. Neste trânsito marcado por unicidade em movimento contínuo de ida e volta, entre materialidade e imaterialidade, a base é física, queiram ou não, é a terra. A terra constitui-se o lugar da existência, ela dá o sentido e significado às comunidades.

Entretanto, a virada cultural tem facilitado a fragmentação do processo e impulsionado a estratégia estatal de fuga do compromisso com a garantia da propriedade coletiva da terra aos quilombolas. Nesta perspectiva, a intencional construção gradativa, com uso de diferentes recursos, do deslocamento das leituras e investimentos da base material para imaterialidade tem reforçado dois aspectos que têm dominado a pauta das ações governamentais, e curiosamente da sociedade civil.

O primeiro aspecto trata do fortalecimento dos vínculos dos grupos atuais com o passado, por meio da valorização de referências culturais, as quais se tornaram campo de pesquisas e financiamentos em diferentes áreas do conhecimento científico e da gestão pública. Já o segundo aspecto remonta, mantendo como referência o território, o movimento relacional das esferas de poder com a materialidade. Contudo, se a terra é considerada base, em leituras internas e externas ganha sistematicamente destaque o aspecto subjetivo da relação do grupo com a natureza, evocando cosmovisões de (con)vivências integrativas e sustentáveis. Leituras que, em regra, orientam olhares para referências culturais da relação, que se diluem em reflexões sobre meio ambiente, exploração de recursos e impactos sobre natureza. A defesa e a luta pela propriedade da terra tornam-se fluidas em discursos sobre modo de vida e marco civilizatório.

A brecha cultural abre espaço para uma ação governamental, notadamente, de desafeição com a garantia da propriedade coletiva de terras quilombolas. A burocracia é grande, mas a falta de vontade política é maior. É crível que no Brasil, do norte ao sul, não exista terra de preto que seja livre de tensão ou conflito esperando titulação. Expansão de fronteiras, expropriações e violências são práticas históricas de sujeitos históricos com prestígio e capacidade de influenciar e determinar decisões políticas. Esta elite que se mantém senhorial tem imobilizado o estado democrático de direito em relação à política agrária. Nestes anos pós-constituinte, os avanços são lentos em medidas que promovam a distribuição de terras entre trabalhadores rurais, mais vagarosos ainda em relação à titulação de terras de comunidades quilombolas. No Censo de 2022, das quase 8.500 em todo Brasil, apenas 147 eram tituladas.

Privado politicamente do compromisso com titulações, o Estado brasileiro fortaleceu medidas que mitigam os impactos da desproteção constitucional, orientando suas ações para o apoio à pequena produção, com vistas a atender demandas das trabalhadoras e trabalhadores rurais, inclusos povos e comunidades tradicionais. Assistência, financiamento e aquisição têm impulsionado atividades produtivas e promovido a melhoria da qualidade de vida no campo, é o que dizem. Para os governos democráticos, investimentos na agropecuária camponesa, envolvendo produção e comercialização, têm se constituído compensatórios com disposição reparadora. Desta feita, o Estado, supostamente ancorado em materialidade, atua em territórios assegurando direitos, desenvolvimento, igualdade e justiça social.

Passados 20 anos da primeira edição de *Mato, palhoça e pilão: o quilombo, da escravidão às comunidades remanescentes (1532-2004)*, de Adelmir Fiabani, ressalta-se que a obra se mantém resistente. Sua potência reside em nos fazer refletir sobre um processo qualitativo de resistência para a reestruturação do núcleo central da existência humana que, desde o período do cativeiro à contemporaneidade, é, de diferentes formas, negado à população negra. Agregação, estabilidade das relações afetivas familiares e manutenção de vínculos, historicamente, tornou-se possibilidade concreta na constituição de comunidades. Neste fato reside talvez o mais importante sentido da presença e permanência dos quilombolas nos seus territórios.

APRESENTAÇÃO

Mário Maestri[1]

Uma defesa do quilombo

No início dos anos de 1500, viviam no litoral brasílico em torno de 600 mil americanos, sobretudo aldeões de língua tupi-guarani. Os colonizadores lusitanos ocuparam as terras litorâneas; eliminaram, escravizaram ou assimilaram as populações nativas; impuseram economia escravista e latifundiária voltada à produção de mercadorias. Por

---

[1] Apresentação escrita em abril de 2005, para a primeira edição do livro. Mário Maestri (1948) é historiador e professor brasileiro. Foi exilado político durante o período da ditadura civil-militar, o que o levou a estudar na UFRGS; no Instituto Pedagógico da Universidade do Chile; e no Centre de Histoire de l'Afrique, da Universidade Católica de Lovaina (Bélgica). Realizou mestrado (1977) sobre a África negra pré-colonial e doutorado sobre a escravidão colonial no Rio Grande do Sul (1980). É autor de mais de cinquenta livros, entre eles *Uma história do Rio Grande do Sul: a ocupação do território* (Passo Fundo: UPF Editora, 2006); *Revolução e contra-revolução no Brasil: 1530-2018* (Porto Alegre: FCM Editora, 2019); *Abdias do Nascimento: Quilombola ou capitão-do-mato? Ensaios de interpretação marxista sobre a política racialista para o Brasil* (Porto Alegre; Passo Fundo: FCM Editora - PPGH UPF, 2018).

três séculos e meio, a produção escravista colonial regeu a sociedade colonial e imperial brasileira, impondo duríssimas condições de existência aos trabalhadores escravizados, primeiro, americanos, a seguir africanos e afrodescendentes.

Os trabalhadores feitorizados serviram-se de diversos meios para se opor, de forma consciente, semiconsciente e inconsciente à exploração escravista, destacando-se entre eles a resistência na execução do trabalho; a apropriação de bens por eles produzidos; o justiçamento de escravistas e prepostos; o suicídio; a fuga; o aquilombamento; a revolta; a insurreição. O cativo resistiu ininterruptamente, mesmo quando se acomodava à escravidão.

A principal forma de resistência do cativo à escravidão foi a oposição ao trabalho escravizado, por meio do "corpo mole", da sabotagem das ferramentas, do autoferimento etc. O profundo desamor ao trabalho feitorizado impôs a necessidade de que o produtor direto fosse estreitamente vigiado durante a produção, ou duramente castigado quando não cumpria suas tarefas, ensejando gastos não produtivos com o controle e a vigilância, que oneravam duramente essa forma de produção, como apontado por Jacob Gorender, no clássico *O escravismo colonial.*[2]

Uma não menos significativa forma de oposição à escravidão foi a fuga, pela qual o cativo se libertava das amarras que o prendiam ao escravizador, criando as condições para um exercício autonômico de sua força de trabalho. Se a oposição incessante ao trabalho e as outras formas de resistência minaram a produção escravista, foi a fuga dos trabalhadores escravizados, concentrados no Centro-Sul, durante o auge da cafeicultura, que assen-

[2] Gorender, Jacob. *O escravismo colonial.* 5 ed. rev. e ampl. São Paulo: Ática, 1988. [Há edição mais recente: São Paulo: Expressão Popular/ Fundação Perseu Abramo, 2021].

tou o derradeiro golpe à instituição, como desvelado no magnífico estudo de Robert Conrad, *Os últimos anos da escravidão no Brasil.*[3]

As fugas foram uma hemorragia incessante na produção escravista. Fugiam trabalhadores escravizados, de ambos os sexos, crianças, jovens, adultos ou já idosos; fugiam cativos das cidades, das residências, das embarcações, das chácaras, das fazendas, das olarias, das charqueadas. Fugia o cativo crioulo, que não conhecia outra vida, e o africano apenas ou há muito chegado ao Brasil, que vivera em liberdade. Fugia o cativo doméstico, o trabalhador do eito, o ganhador especializado. Os fujões escapavam em grupos ou aos pares, mas sobretudo sozinhos, para visitar amigos e parentes; viver como negros livres libertos nas cidades e nos campos; procurar a proteção de acoitador cúmplice; encontrar o abrigo em um ermo do interior. A documentação está prenhe de registros dessa vontade incessante de liberdade e, não raro, da dura vontade de mantê-la, mesmo pela força. Ali onde era possível, os cativos fugiam para além das fronteiras do Brasil, onde comumente se reconhecia a sua liberdade.

Apenas o desconhecimento, até há poucos anos, do caráter hegemônico da escravidão no Brasil e da dominância da oposição entre escravizador e escravizado impediu a correta avaliação e releitura de nosso passado a partir daquela contradição. E isso apesar dos trabalhos germinais de Benjamin Péret, "Que foi o quilombo de Palmares?",[4] de 1956; de Clóvis Moura, *Rebeliões da senzala: quilombos, insurreições, guerrilhas,*[5] de 1959; de

---

[3] Conrad, Robert. *Os últimos anos da escravidão no Brasil – 1850-1888*. Rio de Janeiro/Brasília: Civilização Brasileira/INL, 1975.

[4] Péret, Benjamin. "Que foi o quilombo de Palmares?". *Revista Anhembi,* São Paulo, abril e maio, 1956.

[5] Moura, Clóvis. *Rebeliões da senzala: quilombos, insurreições, guerrilhas.* São Paulo: Zumbi, 1959.

Emília Viotti da Costa, *Da senzala à colônia*,[6] de 1966, entre outros.

Até hoje, não contamos com estudos gerais sistemáticos sobre a fuga de cativos no Brasil, possíveis de serem realizados apenas a partir do cruzamento de múltiplas fontes. Tentar, por exemplo, estimar a incidência dessas ocorrências por meio dos anúncios de jornais pagos pelos proprietários de "fujões" é uma quase inocência historiográfica. Por inúmeras razões, apenas uma parte dos escravistas utilizava-se desse recurso. Nem mesmo as listas de cativos fugidos expressam plenamente a dimensão do fenômeno. Em geral, elas não abarcam as perdas dos proprietários de poucos cativos, as fugas de breve duração, os fujões já presos ou sem título de propriedade etc.

Praticamente todas as estimativas isoladas, ainda que baseadas em uma documentação lacunar, sugerem que, nos períodos de normalidade institucional, de 2 a 5% da população escravizada encontrava-se fugida, o que permite uma ideia aproximativa da forte pressão da fuga – e da possível fuga – sobre a produção escravista, por meio dos gastos necessários de vigilância, das jornadas de trabalho jamais recuperadas, da perda de capitais investidos, da desvalorização do preço do cativo capturado etc. São muito raros os momentos em que a ordem capitalista conheceu uma atividade grevista sistemática de tamanha dimensão.

Não possuem base documental as tentativas da historiografia neopatriarcal de minimizar a importância da fuga e de transformá-la em mera resistência cultural; em ação transitória do cativo crioulo, para forçar o escravista à "negociação"; em reação do africano insatisfeito com o meio hostil, pois ainda desconhecido; em recurso do cativo querendo "descansar" um pouco etc. Todos eles sempre

---

[6] Costa, Emília Viotti da. *Da senzala à colônia*. 2 ed. São Paulo: Ciências Humanas, 1982.

vivamente dispostos a retornar ao regaço paternal do negreiro, já que "ansiosos" pelo trabalho no eito e pelas raras horas concedidas por alguns escravistas para "atividades autônomas".

Nessas apresentações apologéticas do cativeiro colonial, a resistência transforma-se em uma muito singular vontade política do cativo de "transformar a escravidão no seio da escravidão", e não em sua superação, ainda que por meio da emancipação individual. Essa proposta, que exigiria do cativo nível de consciência impossível para a época, se realmente procedesse, tornaria desnecessários os ingentes gastos de vigilância em feitores, homens do mato, tropas municipais e regionais e, sobretudo, a intimidação terrorista a que a população escravizada foi submetida. Por necessidades estruturais da sociedade negreira, e não por ruindade dos senhores, era habitual cativos condenados, além das penas de morte ou de prisão, a até 1,5 mil chicotadas, como Solimar Oliveira Lima assinalou em seu magnífico estudo *Triste pampa: resistência e punição de escravos em fontes judiciárias no RS*, referente ao Rio Grande do Sul, já apresentado como terra de amos afáveis.[7]

Ao igual de outras regiões da América, desde o início do cativeiro, nos campos, mas também nas cidades do Brasil, um grande número de cativos fugia à procura de um ermo qualquer do interior, nas escarpas de uma serra, no coração de uma ilha, nos embrenhados de um mangue ou na profundeza de uma floresta. Por meio do exercício da antiga sabedoria dos oprimidos, de que se "deus é grande, o mato é ainda maior", procuravam formar uma comunidade de produtores livres em um espaço geográfico e social que, por suas características, estivesse longe do braço pesado do

[7] Lima, Solimar Oliveira. *Triste pampa: resistência e punição de escravos em fontes judiciárias no RS – 1818-1833*. Porto Alegre: IEL/EdiPUCRS, 1998.

escravista. No Brasil, essas comunidades foram conhecidas no passado sobretudo como mocambos ou quilombos.

No novo espaço de liberdade, o trabalhador escravizado escapado usufruía os produtos de seu esforço, empregado na agricultura, artesanato, caça, coleta, extrativismo, pesca, rapinagem, serviços etc. Em forma mais ou menos sistemática, as mais diversas regiões do Brasil escravista conheceram quilombos. Não temos igualmente estimativas sobre o número de minúsculos, pequenos, médios e grandes quilombos formados durante o passado escravista brasileiro – entretanto, ele certamente se eleva às dezenas de milhares.

A importância quantitativa e a extensão geográfica das fugas e aquilombamentos influenciaram profundamente a história política, social, econômica, demográfica etc. do Brasil. Entretanto, apenas nos anos de 1970 e 1980, o estudo das comunidades de cativos fugidos conheceu importante impulso, desenvolvendo-se então pesquisas sobre os principais quilombos e levantamentos mais ou menos exaustivos de sua incidência em praticamente todas as regiões do Brasil.

Esses valiosos estudos centraram-se na identificação e descrição política, social e econômica do fenômeno, considerado, porém, mais comumente em forma isolada, no que se refere ao espaço e ao tempo. Foram raras e limitadas as tentativas de análises diacrônicas e sincrônicas sobre a determinação pelos quilombos da história rural brasileira, da povoação do interior, da fronteira agrícola, da formação de comunidades caboclas de origem africana, da influência dos padrões do português falado no Brasil etc.

Em fins dos anos de 1980, com a maré neoliberal, sob a ditadura da "história das mentalidades", da "história da vida cotidiana", da "história cultural" etc., os estudos sobre a sociedade escravista, em geral, e das formas de resistência do trabalhador escravizado, em particular, recuaram significativamente em prol de campos historiográficos mais amenos e menos conflitivos. No mesmo sentido, dominaram os estudos escravistas as interpretações neopaternalistas sobre o escravismo, não raro de conteúdo linearmente apologético, que terminaram construindo cenários quase bucólicos e idílicos, em que a visão da oposição e luta entre escravista e cativo cedeu lugar à proposta de uma verdadeira complementaridade e identidade de interesses entre o senhor e seu escravo.

No relativo aos poucos estudos sobre os quilombos propriamente ditos no período, impôs-se fortemente a substituição da sua compreensão como resistência do trabalhador à escravidão pela apresentação das comunidades de cativos fugidos como forma de resistência cultural, ou recurso para forçar os escravistas à negociação no interior da escravidão. Também foi empreendida assimilação do quilombo à economia dos pequenos plantadores, dos cativos com direito a hortas etc., que praticamente diluiu a essência e singularidade do fenômeno.

A passada ênfase historiográfica sobre o quilombo e uma maior organização da comunidade negra ensejaram que, quando da Constituinte de 1988, fosse aprovado o dispositivo constitucional provisório – artigo 68 –, determinando o reconhecimento da propriedade da terra ocupada pelos "remanescentes das comunidades dos quilombos". A necessidade de mapear e comprovar a existência de tais comunidades e, a seguir, a proposta de ampliar os contemplados pela determinação não por meio da extensão da abrangência da lei, mas com interpretação casuística desta, ensejaram o renascimento do interesse pelos quilombos e o debate sobre a sua essência.

***

Adelmir Fiabani defendeu, em 16 de novembro de 2004, no Programa de Pós-Graduação em História da UPF, a dissertação de mestrado "Mato, palhoça e pilão: o quilombo, da escravidão às comunidades remanescentes [1532-2004]", que tive o privilégio de orientar, agora apresentada sob a forma de livro pela Editora Expressão Popular, com pequenas modificações sobretudo de forma.

Participaram da banca examinadora do trabalho os professores doutores Théo Loubarinhas Piñeiro, da UFF, e Fernando Camargo, da UPF, que acordaram atribuir nota máxima, recomendação para publicação e ressaltaram a sua valiosa contribuição à retomada dos estudos sobre as comunidades dos trabalhadores escravizados, sobre a questão dos remanescentes dos quilombos e sobre o mundo rural brasileiro, no passado e no presente.

Na primeira parte do trabalho, "Quilombo na historiografia: uma genealogia crítica", Adelmir apresenta ampla revisão crítica da historiografia sobre o quilombo, desde as épocas coloniais e imperiais, e, portanto, produto da pena – num sentido não apenas figurado – de autores contemporâneos e em geral apoiadores da ordem escravista, até os dias de hoje. Essa parte do trabalho permite conhecimento bastante exaustivo do fenômeno e das evoluções, permanências e tentativas de superações das visões dominantes sobre ele na cultura historiográfica luso-brasileira e brasileira.

Baseado sobretudo nesse amplo material, a segunda parte de "O quilombo no Brasil: uma tentativa de análise" desenvolve ensaio de interpretação estrutural do fenômeno, por meio da definição de suas determinações essenciais, após apresentar as diversas tentativas de periodização e de sistematização sobre o quilombo realizadas sobretudo nos últimos anos. Se a primeira parte do trabalho restaura as descrições e avaliações dos quilombos nos últimos séculos, criando um muito útil instrumento de pesquisa, a segunda apresenta sólida base para a reflexão categorial sobre o fenômeno.

Finalmente, na última parte, "Quilombo e antropologia: novos significados", apoiado solidamente na definição essencial das determinações do fenômeno empreendida na segunda parte, Adelmir Fiabani abraça a abordagem "antropológica" do quilombo, realizada sobretudo – mas não apenas – após a aprovação do dispositivo constitucional transitório que, nos casos extremos, sob o pretexto de ampliar a abrangência daquela determinação para toda e qualquer comunidade da cidade e do campo com alguma origem afrodescendente, empreende uma clara dissolução da objetividade dos fatos históricos, necessariamente ancorados na materialidade e na temporalidade dos acontecimentos, para defini-los como produtos da subjetividade humana, em uma verdadeira, como define o autor, "recriação da tradição", mediante a negação da história e o desrespeito a ela.

Mato, palhoça e pilão: o quilombo, da escravidão às comunidades remanescentes [1532-2004], de Adelmir Fiabani, constitui poderoso instrumento de informação sobre as comunidades autônomas dos trabalhadores escravizados fugidos e as visões lançadas sobre elas nos últimos séculos. O trabalho apresenta-se, igualmente, como forte defesa da necessidade inarredável de respeito à integralidade da história das classes trabalhadoras hegemônicas no passado escravista, principais ancestrais do mundo do trabalho do Brasil. História que constitui instrumento fundamental para a segura superação das crescentes contradições atuais entre o mundo do trabalho e o mundo do capital.

INTRODUÇÃO

Um país escravista

Por mais de três séculos, o Brasil foi um país profundamente escravista. Durante essa época, a construção da nação aconteceu sobretudo assentada no esforço do trabalhador escravizado. Esse período significativo da história brasileira continua sendo objeto de investigações de antropólogos, economistas, historiadores e sociólogos interessados em desvendar as articulações que sustentaram a ordem escravista por mais de 300 anos.

O homem submetido pela força nem sempre é um escravo. Podemos classificar uma comunidade como escravista quando o trabalhador escravizado é considerado uma mercadoria; quando seu proprietário pode decidir onde, como e quando empregar seu trabalho; quando, ao menos em teoria, a totalidade do produto do trabalho do cativo pertence ao amo e, finalmente, quando o *status* servil é vitalício e hereditário.

A escravidão fez parte do cotidiano da humanidade muito antes de ser implantada na América. Acredita-se que tenha surgido há 5 mil anos. Na Mesopotâmia e no Egito, o homem apropriou-se de seu semelhante para que produzisse acima de suas necessidades vitais e, assim, fornecesse um excedente para seus dominadores. Entretanto, não podemos definir essas formações sociais como escravistas, porque o trabalho não foi sobretudo tarefa dos cativos, existindo formas de produção não escravista dominantes: "temos produção escravista quando uma parcela dos bens sociais é produzida, em forma plena ou sistemática, pelo trabalho escravo". Porém, "uma sociedade pode ser definida como escravista" apenas "quando a produção escrava submete as outras formas de produção e a própria formação social a sua dinâmica". Excluem-se da ordem escravista as comunidades que se apossavam de indivíduos que passavam a ter direitos e deveres nas sociedades hospedeiras.[1]

A escravidão na Antiguidade

O escravismo antigo "formou-se lentamente, por um processo espontâneo", levando alguns historiadores a considerarem-no como natural; diferente do "escravismo colonial da Era Moderna, que irrompeu bruscamente, resultante de atos deliberados e planejados, que dão ao seu processo de formação uma aparência anormal na evolução histórica".[2] Foi na Grécia, mais precisamente em Atenas, que o trabalho escravizado atingiu proporções dominantes, ensejando uma sociedade claramente escravista. Nesses tempos, muitas vezes, os trabalhadores escravizados trabalhavam lado a lado aos proprietários e a alguns homens livres. Definiu-se tradicionalmente como escravismo patriarcal a forma de produção conhecida por essa sociedade, em que dominava a produção de subsistência, a economia mercantil simples; em que os mais hábeis cativos acumulavam pecúlios, compra-

---

[1] Maestri, Mário. *O escravismo antigo*. 12 ed. São Paulo: Atual, 1994.
[2] Gorender, Jacob. *O escravismo colonial*. 6 ed. São Paulo: Ática, 2001.

vam a liberdade, abriam negócios e oficinas, muitas vezes em associação com livres.[3]

Não devemos compreender escravidão patriarcal como sinônimo da escravidão doméstica. Na escravidão doméstica, os escravos dedicavam-se "aos misteres do serviço pessoal do senhor, em geral convivendo com ele sob o mesmo teto. Tais escravos pertencem à esfera do consumo". A escravidão patriarcal "tem o conteúdo de escravidão produtiva, ainda que sua produção assuma a forma de bens de uso consumidos na própria unidade econômica". Ou seja, na escravidão patriarcal, "a exploração" do trabalhador escravizado visava sobretudo à "produção de uma renda natural".[4]

Os cativos da Antiguidade nasciam de mãe escravizada ou vinham das mais diversas regiões da bacia mediterrânea e da Europa continental. Não eram identificados pela cor da pele e raça específica, diferentemente do escravismo colonial, em que, após a escravização dos americanos nativos, os trabalhadores escravizados foram arrancados do continente africano.

Em Roma, nos dois últimos séculos da República e no período inicial do Império, viveu-se o apogeu e a crise da produção escravista antiga. Nesses momentos, dominou o modo de produção escravista pequeno-mercantil, ou seja, a unidade agrícola escravista que produzia para o mercado e atendia as suas necessidades de consumo.

"Essa unidade podia abastecer em alimentos, lenha etc. a família urbana. Sua essencial função era, entretanto, a produção de uma renda monetária". A produção pequeno-mercantil romana entrou em crise, pois não conseguiu evoluir à situação de grande produção mercantil. A partir de

---

3 Cf. Glotz, Gustavo. *História econômica da Grécia*. Lisboa: Cosmos, 1973.

4 Gorender. *O escravismo [...]. Op. cit.*

então, num processo secular, o trabalhador escravizado metamorfoseou-se, via colonato, em produtor e servo feudal.[5]

A resistência escrava na Antiguidade

As peculiaridades da sociedade escravista antiga não a eximiu da convivência permanente com a resistência servil. Na Antiguidade, o trabalhador escravizado reagiu das mais diversas formas à escravidão – roubo, fuga, banditismo, insurreição, atos e sangue, resistência ao trabalho. Os cativos refugiavam-se nas montanhas e organizavam bandos de assaltantes, prejudicando a produção escravista. Apesar de semelhanças gerais, havia forte diferença entre a resistência servil no escravismo clássico e no colonial.

No escravismo clássico não havia bases sociais e materiais para movimentos abolicionistas. O trabalhador escravizado questionava sua escravidão, mas não o escravismo. Apenas o advento do capitalismo e o forte desenvolvimento das forças produtivas materiais permitiram aos homens alcançarem a compreensão da possibilidade e do direito à liberdade civil plena.[6]

Para Jacob Gorender, é preciso lembrar que "a escravidão da Antiguidade greco-romana não teve o fim decretado por um ato abolicionista formal. Não houve uma lei proibitiva da escravidão. No século 5 d.C., ainda era considerável o número de escravos, e uma escravatura residual persistiu na Idade Média europeia. Mas o trabalho escravo deixou de ser a base da formação social, substituído pelo trabalho de servos feudais".[7]

---

[5] Maestri, Mário. *Breve história da escravidão*. Porto Alegre: Mercado Aberto, 1986.

[6] Cf. Maestri. *O escravismo [...]. Op. cit.*

[7] Gorender. *A escravidão reabilitada*. 2 ed. São Paulo: Ática, 1991. [Há edição mais recente: São Paulo: Expressão Popular/Fundação Perseu Abramo, 2016.]

Explorar, colonizar e escravizar

O escravismo colonial superou o escravismo greco-romano.

> O escravismo americano apresentou a aparência de ressurreição do escravismo mediterrâneo antigo, sobretudo o romano. Há em ambos, de fato, o traço comum do trabalho escravo como tipo dominante de exploração de mão de obra. Mas a estrutura e a dinâmica foram distintas em um e outro, tanto que a sociedade imperial romana se defrontou com o impasse representado pela impossibilidade de evolução do escravismo patriarcal arcaico ao escravismo mercantil moderno.[8]

Ainda que em ocasiões específicas os cativos desempenhassem tarefas que exigiam elevado nível intelectual, na maioria das vezes o escravismo colonial impôs serviços e tarefas manuais grosseiros aos trabalhadores feitorizados.

> O escravismo romano incluiu indivíduos de elevado nível cultural. [...] enquanto no Brasil os escravos executavam quase apenas funções do trabalho manual, ascendendo quando muito a tarefas de capatazia, excepcionalmente de administração de um estabelecimento agrícola, os escravos, na casa romana, supriam, de modo regular, as funções de mordomos, professores, médicos, artistas, bibliotecários, secretários, copistas etc.

O escravismo colonial não nasceu de forma espontânea, mas das necessidades históricas profundas, imposto pela ação dos homens. Ciro Cardoso lembra que

> a sociedade escravista colonial surgiu como uma consequência da empresa exportadora e se estruturou em função das características e exigências de tal empresa; por conseguinte, esta preexistiu à sociedade estruturada e condicionou sua forma. Não se pode passar por alto este aspecto voluntário, que se traduz na decisão consciente

---

8 Gorender. *O escravismo [...]. Op. cit.*

> dos colonos e das metrópoles, na organização do tráfico, nas políticas coloniais.[9]

Com as descobertas e a colonização americana, a produção escravista atingiu patamares desconhecidos pela humanidade.

> A abundância de terras virgens; o desenvolvimento dos meios de transporte; as novas maquinarias; a amplitude do mercado europeu; a produção e o comércio do açúcar, bem de baixo volume e alto valor mercantil, adaptado à produção feitorizada, tudo isso criou as condições para o desenvolvimento do grande latifúndio escravista.[10]

O escravismo colonial "surgiu e se desenvolveu dentro de determinismo socioeconômico rigorosamente definido, no tempo e no espaço", assentando-se em nível superior de desenvolvimento das forças produtivas materiais e da divisão internacional do trabalho. Tratou-se de "modo de produção de características novas, antes desconhecidas na história humana".[11] Os instrumentos utilizados pelos trabalhadores escravizados da Antiguidade eram rudimentares se comparados à maquinaria e aos implementos de um engenho açucareiro do século XVI. Apenas o desenvolvimento da tecnologia e do mercado permitiu que um numeroso eito de cativos entregasse sua capacidade produtiva até a exaustão, viabilizando a exploração escravista do grande latifúndio.

Escravizar, produzir e exportar

As unidades escravistas americanas produziam para o consumo interno, mas estavam voltadas principalmente para a produção mercantil de gêneros coloniais. A finali-

---

9 Cardoso, Ciro. "El Modo de Producción Esclavista Colonial en América". *In:* Gorender. *O escravismo [...]. Op. cit.*

10 Maestri. *O escravo gaúcho: resistência e trabalho*. Porto Alegre: EdUFRGS, 1993.

11 Gorender. *O escravismo [...]. Op. cit.*

dade e a amplidão da produção estabeleceram um abismo entre o escravismo clássico e o escravismo colonial. Só assim compreenderemos o caráter insaciável do escravismo moderno em relação ao clássico. O sangue e o suor do cativo americano alimentaram por muito tempo o mercado europeu, em contínua expansão.

> [A] economia política da escravidão colonial desvendou os mecanismos econômicos que determinaram de forma tendencial a rápida exaustão do cativo assenzalado no escravismo americano. A produção de mercadorias coloniais para o mercado internacional; a fácil e barata reposição do escravo destruído; a vantagem da utilização permanente de escravos jovens e sadios; a abundância e a fertilidade das terras; as contingências técnicas dessa produção levaram a que a plantagem e outras atividades produtivas coloniais prostituíssem de forma vertiginosa as condições médias de vida e de trabalho dos cativos americanos.[12]

Diante da impossibilidade de monopolizar os mercados, os escravistas americanos possuíam uma única alternativa para aumentar os lucros. Diminuíam os custos de produção obrigando os trabalhadores escravizados a trabalharem incessantemente. Os trabalhadores escravizados produtivos foram submetidos comumente a condições de trabalho insuportáveis. "Só o excedente acima do trabalho necessário, ou seja, só o sobretrabalho do escravo é que se torna apropriável pelo escravista".[13] Outra forma de maximizar os lucros foi a redução dos custos com a manutenção dos cativos. Comumente, o cativo viu-se reprimido nas suas condições materiais e espirituais de sobrevivência. Como consequência, foram degradantes suas condições médias de existência e muito violentas as relações entre os senhores e os escravos assenzalados.

---

[12] Maestri. *O escravismo [...]. Op. cit.*

[13] Gorender. *O escravismo [...]. Op. cit.*

O último cativeiro

A escravidão colonial alcançou verdadeiro apogeu no Brasil. É impossível compreender a história desta nação dissociada da herança escravista. O Brasil foi uma das primeiras nações do Novo Mundo a organizar o escravismo e a última a concluí-lo. Também foi aqui que desembarcou o maior número de africanos escravizados. A economia escravista nacional produziu a mais rica gama de mercadorias coloniais com mão de obra servil: açúcar, arroz, café, charque, fumo, pau-brasil, ouro etc. Praticamente não há lugar deste imenso território que não tenha conhecido o trabalho do trabalhador feitorizado. Onde se fez necessário o trabalho braçal, lá estava o trabalhador cativo, tanto nos centros urbanos quanto na zona rural.[14]

A relação entre o escravizador e o escravizado era marcada pelo paternalismo, pelo controle, pela violência, pela resistência, pela oposição. A resistência servil surgiu como produto da contradição social, de classes, quando o produtor escravizado, consciente ou inconscientemente inconformado com a apreensão e exploração desapiedada de sua força de trabalho, resistiu contra ela das mais diversas formas.

O cativo trabalhava mal, sabotava a produção, fugia, suicidava-se, agredia senhores e capatazes, rebelava-se. Ao mínimo descuido das forças repressoras, ausentava-se dos domínios senhoriais para lugar distante ou próximo das forças escravistas. Sua própria "acomodação" à escravidão deu-se no contexto da permanente resistência a ela.[15]

---

[14] Cf. Freitas, Décio. *O escravismo brasileiro*. 2 ed. Porto Alegre: Mercado Aberto, 1982.

[15] Cf. Piñeiro, Théo Lobarinhas. *Crise e resistência no escravismo colonial: os últimos anos da escravidão na província do Rio de Janeiro*. Passo Fundo: UPF, 2002.

Fugindo para a liberdade

A fuga foi uma das formas de resistência do cativo que mais preocupou a sociedade escravista. Angustiou tanto o escravizador que, depois do comércio,

> a maior preocupação da legislação metropolitana [...] teria sido a questão das fugas. Desde as Ordenações até as Leis Extravagantes e Cartas Régias, há constantes referências à repressão dos quilombos e [à] proibição de ajuda aos escravos fugidos – tema também recorrente nas determinações expedidas pelas autoridades coloniais.[16]

Muitas vezes, os cativos ausentaram-se dos domínios do escravista e misturaram-se à massa de africanos e afrodescendentes escravizados e livres que perambulavam ou trabalhavam pelas ruas dos grandes centros urbanos da época. "Nas zonas rurais tornou-se notório o fato de alguns escravos conservarem-se nas imediações das propriedades de seus donos, com o intuito de saciar a fome, chegando alguns à afoiteza de dormir nas próprias senzalas".[17] Dessa forma, viviam livres até serem eventualmente identificados pelas forças repressoras.

Individual ou coletiva, de forma espontânea ou planejada, a fuga servil contribuiu para a formação de comunidades de fujões nos arredores dos locais de trabalho – nas cidades, nas catas, nas fazendas etc. – e por vezes em lugares de difícil acesso.[18] No Brasil, essas comunidades de ex-cativos foram designadas de quilombos, mocambos e outras denominações, assinaladas e discutidas no decorrer do presente

---

[16] Lara, Sílvia Hunold. *Campos da violência: escravos e senhores na capitania do Rio de Janeiro, 1750-1808*. Rio de Janeiro: Paz e Terra, 1988.

[17] Goulart, José Alípio. *Da fuga ao suicídio: aspectos da rebeldia dos escravos no Brasil*. Rio de Janeiro: Conquista/MEC, 1972.

[18] Cf. Reis, João José & Gomes, Flávio dos Santos (orgs.) *Liberdade por um fio: história dos quilombos no Brasil*. São Paulo: Companhia das Letras, 1996.

trabalho. Mesmo que em determinadas regiões um ou outro nome tenha sido preferido pela historiografia, no decorrer do texto o termo quilombo será usado para designar o fenômeno em estudo.

Nos mais de 300 anos que vigorou o sistema escravista no Brasil, o quilombo constituiu um enclave, uma das principais alternativas de negação da produção escravista por parte dos produtores oprimidos. Marcou sua presença e existiu praticamente em toda a extensão do território do Brasil. O quilombo representou uma afirmação da oposição do produtor feitorizado contra o escravismo, produto da singularidade desse tipo de sociedade.[19] De um lado, estavam os trabalhadores negros lutando contra a expropriação de sua força de trabalho. Do outro, a classe escravista empenhada no retorno dos produtores à escravidão. O quilombo foi uma clara expressão da luta de classes na produção colonial.

Em 1996, em "Mineração, quilombos e Palmares: Minas Gerais no século XVIII", o historiador Carlos Magno Guimarães salientou que "o resgate da importância do quilombo, pelo seu caráter de resistência ao escravismo, nos permite aprofundar a compreensão do escravo enquanto sujeito histórico e localizá-lo como agente da luta de classes no âmbito da sociedade que tem por base a escravidão".[20] Sem o entendimento do fenômeno quilombola é impossível compreender a escravidão no Brasil colonial.

Quilombo: a resistência

Sob constante tensão, os quilombolas desenvolveram técnicas de combate e estratégias que permitiram êxito em

[19] Cf. Moura, Clóvis. *Quilombos: resistência ao escravismo*. 3 ed. São Paulo: Ática, 1993. [Há edição mais recente: São Paulo: Expressão Popular, 2020]

[20] Guimarães, Carlos Magno. "Mineração, quilombos e Palmares: Minas Gerais no século XVIII". *In:* Reis & Gomes (orgs.) *Liberdade [...]. Op. cit.*

muitos enfrentamentos com a sociedade repressora. Muitas vezes, profundos conhecedores do ambiente, construíram caminhos alternativos, enganando os inimigos. Quando em desvantagem numérica, evitaram o enfrentamento direto com as forças escravistas, construindo, entretanto, cercas, fossos e paliçadas para protegerem o mocambo.[21] Igualmente importante na defesa foi a habilidade que os quilombolas tiveram para "estabelecer uma teia de relacionamentos que permitisse, além do fornecimento de alguns produtos específicos, informações sobre ações dos seus perseguidores".[22]

Produtores imaginosos, os quilombolas sobreviveram das mais variadas formas. Traziam da África técnicas e, acima de tudo, a experiência de trabalhadores, não raro ampliadas e enriquecidas na própria sociedade escravista. No continente negro, "os campos agrícolas eram explorados pelas famílias, isoladas ou associadas por meio de técnicas agrícolas extensivas e itinerantes".[23] Conforme a localização do quilombo e das circunstâncias que se apresentavam, os quilombolas praticaram a agricultura, extraíram metais preciosos, furtaram, coletaram, negociaram com a sociedade escravista, enfim, utilizaram-se de todos os meios possíveis para estender por mais tempo e em forma mais profunda a vida em liberdade.

A sociedade escravista jamais aceitou o fenômeno do quilombo. Procurou de todas as formas destruí-lo. "Quando um mocambo ou quilombo crescia em tamanho ou força o suficiente para pôr em risco a tranquilidade dos caminhos e das roças, tratava-se de armar um pequeno exército para

---

[21] Cf. Freitas, Décio. *Palmares: a guerra dos escravos*. 5 ed. Porto Alegre: Mercado Aberto, 1984.

[22] Volpato, Luíza Rios Ricci. "Quilombos em Mato Grosso: resistência negra em área de fronteira". *In:* Reis & Gomes (orgs.) *Liberdade [...]. Op. cit.*

[23] Maestri. *O escravismo no Brasil. Op. cit.*

restaurar a paz".[24] Um exemplo dessa fúria foi a luta contra os palmarinos, quando foram enviados exércitos com a finalidade de aniquilar qualquer tentativa de formação de uma sociedade de produtores livres.[25] Foram significativos os gastos com a destruição das comunidades quilombolas. Se não era a maior, a preocupação com o inimigo interno era certamente mais persistente do que a com o inimigo externo.

Os últimos dias do cativeiro

O Brasil foi a última nação americana a acabar com a escravidão colonial, em 13 de maio de 1888. Nem mesmo a pressão externa, associada à vontade de setores emancipacionistas ou abolicionistas da sociedade brasileira, foram suficientes para colocar um ponto final no cativeiro antes daquela data extrema. "A escravatura fora abolida por meio de uma dura e complexa luta na qual os abolicionistas tinham parecido David enfrentando um Golias de tradição e de vasto poder econômico". Não podemos esquecer a "resistência dos próprios escravos, que reduziu a eficiência do sistema escravocrata e culminou no movimento de fugas em massa de 1887 e 1888".[26]

As condições que se apresentavam não eram favoráveis à libertação dos produtores escravizados. A economia estava profundamente comprometida com a mão de obra servil. Não havia parcela significativa da população livre, independente da produção escravista, que assumisse a causa servil. O fim da escravidão foi obra dos cativos em aliança com o abolicionismo radicalizado. Com o advento da abolição,

[24] Lara, Sílvia H. "Do singular ao plural: Palmares, capitães-do-mato e o governo dos escravos". *In:* Reis & Gomes (orgs.) *Liberdade [...]. Op. cit.*

[25] Cf. Freitas. *Palmares [...]. Op. cit.*

[26] Conrad, Robert. *Os últimos anos da escravatura no Brasil: 1850-1888*. 2 ed. Rio de Janeiro: Civilização Brasileira, 1978.

embora tardia, realizou-se "a única revolução social até hoje vitoriosa no Brasil".[27]

Com a abolição, o trabalhador escravizado obteve sua liberdade civil. Mas, em geral, as condições materiais de existência do afrodescendente não se revolucionaram significativamente com o fim da escravidão. Alguns quilombolas continuaram vivendo como posseiros nas áreas de seus quilombos. Outros procuraram a sobrevivência juntando-se às parcelas da população marginalizada, em novas formas de luta pela sobrevivência. Com o fim da escravidão, o quilombo deixou de existir como entidade gerada no seio e a partir das contradições da sociedade escravista, fruto da resistência do produtor escravizado contra a apropriação de sua pessoa, e, portanto, de sua força de trabalho, pelo escravizador.

Comunidades negras rurais

No novo contexto, com novas determinações, as comunidades negras rurais remanescentes de quilombos, confundidas com redutos de libertos, treze de maio, ex-cativos etc., passaram a ser designadas e a autodesignar-se por diversas nominações – rincões, reduto, arraial, vila etc. Uma realidade que, nas primeiras décadas após a abolição, não despertou o interesse sistemático das ciências sociais brasileiras. Somente após a Constituição de 1988 cresceu significativamente o interesse por essas comunidades.

A exploração do trabalhador afro-brasileiro continuou após a abolição. Para acrescer sua rentabilidade, o sistema capitalista serviu-se comumente da população afrodescendente marginalizada como exército urbano e rural de reserva étnico. Com escasso acesso à educação, moradia, saúde e, na maioria das vezes, semiempregada, subempregada e desempregada, sofrendo a discriminação racial, a população

---

[27] Maestri, Mário. *A segunda morte de Castro Alves: genealogia crítica de um revisionismo*. Passo Fundo: EdUPF, 2000.

afrodescendente começou a se organizar e reivindicar direitos negados durante toda a história do Brasil.

O regime militar [1964-1985] constituiu imposição desapiedada da ditadura capitalista no Brasil. Os trabalhadores do campo e da cidade, os estudantes e a intelectualidade não alienada lutaram contra o regime despótico que se instalara no Brasil. O afro-brasileiro participou em todos os níveis dessa resistência. Sobretudo nos anos finais do regime militar, a vanguarda da comunidade afrodescendente brasileira apresentou parte de suas reivindicações específicas, processo do qual resultou a formação do Movimento Negro Unificado. Após um longo período ditatorial, com a saída dos militares do poder, a população brasileira viu suas esperanças renovadas com o advento de uma nova Constituição.

Os movimentos organizados, fortalecidos na luta contra a ditadura, indicaram aos deputados constituintes suas aspirações, muito parcialmente adotadas. Uma das reivindicações populares retidas foi interpretada pelo artigo 68 do Ato das Disposições Constitucionais Transitórias (ADCT), que reconhecia os direitos de propriedade territorial aos remanescentes de quilombos, sendo-lhes garantida a titulação definitiva pelo Estado brasileiro: "Artigo 68 – Aos remanescentes das comunidades dos quilombos que estejam ocupando suas terras é reconhecida a propriedade definitiva, devendo o Estado emitir-lhes os títulos respectivos".[28]

Com a promulgação da Constituição em 1988, a vanguarda organizada da população afro-brasileira passou a exigir do Estado o cumprimento da lei. A interpretação estrita do preceito constitucional excluía do reconhecimento da propriedade da terra, por meio daquela ordenação, toda e qualquer comunidade rural afrodescendente não originada diretamente de um quilombo. Tentou-se contornar essa

[28] Oliveira, Leinad Ayer de (org.) *Quilombos: a hora e a vez dos sobreviventes*. São Paulo: Comissão pró-Índio de São Paulo, 2001.

crassa injustiça não com a ampliação da lei, mas com a extensão dos critérios de reconhecimento de uma comunidade como remanescente de quilombos.

A interpretação dos antropólogos

Nesse contexto, sobretudo antropólogos assumiram a direção da discussão sobre a conceituação de quilombos e, consequentemente, sobre a identificação das comunidades qualificadas como remanescentes de quilombos, a fim de estender ao máximo a vigência do texto constitucional, para que assim, eventualmente, um número maior de afrodescendentes fosse contemplado por ele. Desse modo, para a antropologia e para grupos e indivíduos envolvidos nessa discussão, o termo quilombo assumiu significados radicalmente distintos dos tidos no passado. A bem da verdade, essa proposta, até agora, obteve escasso resultado. Segundo dados oficiais, existem 743 áreas definidas como remanescentes de quilombos no Brasil. Porém, apenas 72 comunidades quilombolas têm a titulação das suas terras.[29]

Os antropólogos pretendem mostrar que a data de 1888,

> embora seja um marco formal para os negros no Brasil, não tem importância central no que diz respeito aos quilombos. Eles se formaram por escravos libertos e insurretos e negros livres antes e depois da abolição. Enquanto vigora a escravidão, os quilombos cumprem a função de abrigar as populações negras, configurando um tipo de resistência. Finda a escravidão, e sabemos que a Lei Áurea só vem formalizar uma realidade conquistada pelas populações negras uma vez que quase todos os escravos já se haviam libertado quando da assinatura da lei, os quilombos serão o único espaço onde muitos negros, excluídos pela nova ordem que se configura, poderão so-

[29] Cf. Silva, Ana Lúcia Ribeiro da. "Governo Federal e o Estado de Goiás irão regularizar terras do maior quilombo brasileiro". Disponível em: www.gov.br/ notícias.news/Ano/2004/ mês/julho/ semana1 /01. Acesso em: 7 set. 2004.

> breviver física e culturalmente. Os quilombos continuam representando a resistência negra.[30]

Para essa interpretação, o termo "remanescentes de quilombo" não descreve sobrevivências, após 1888, da ocupação física de espaços territoriais de liberdade por comunidade de trabalhadores escravizados fugidos. Não se trata de grupos isolados ou de uma população de origem histórica homogênea. Os quilombos nem sempre teriam sido constituídos a partir de movimentos de ruptura com a escravidão, mas também por grupos que desenvolveram práticas cotidianas de manutenção-reprodução de seus modos de vida característicos, por meio da consolidação de um território próprio.[31]

Para além das justificativas político-sociais, essa ressemantização, sem resguardo para com o sentido original do termo quilombo, violenta o conceito constituído mediante a descrição de fenômeno histórico objetivo fundamental da história da escravidão afro-brasileira. Nesse sentido, tende a reescrever o passado a partir de conceitos do presente.

Desde que surgiu como fenômeno inerente à escravidão, o quilombo vem sendo estudado pela historiografia, utilizando-se, para tal, parte das abundantes fontes sobre a questão: toponímia; descrições dos viajantes; documentação do Estado escravista – documentação provincial, municipal, policial, judicial etc. Lamentavelmente, são ainda muito raros os estudos arqueológicos sobre os quilombos.[32]

---

[30] Oliveira (org.) *Quilombos [...]. Op. cit.*

[31] Cf. O'Dwyer, Eliane Cantarino (org.) *Quilombo: identidade étnica e territorialidade.* Rio de Janeiro: EdFGV, 2002.

[32] Sobre estudos arqueológicos nos quilombos ver: Funari, Pedro Paulo de Abreu. "Arqueologia de Palmares – Sua contribuição para o conhecimento da história da cultura afro-americana". *In:* Reis & Gomes (orgs.) *Liberdade [...]. Op. cit.*; Guimarães, Carlos Magno & Lanna, Ana Lúcia Duarte. "Arqueologia de quilombos em Minas Gerais. Pesquisas". *Antropologia* n. 31. São Leopoldo/RS, 1980.

Um dos fatores que dificultam esse estudo é que, em geral, os quilombos ficaram conhecidos sobretudo quando de sua destruição. Cabe ao historiador a análise dos documentos e a leitura das intenções e informações que ficaram nas entrelinhas.

A gênese quilombola

Para o melhor entendimento do *quilombo* no Brasil, procuramos, na "Parte I – O quilombo na historiografia: uma genealogia crítica", estabelecer uma análise genealógica do fenômeno, a partir sobretudo de suas representações na historiografia brasileira, que efetuamos por meio de apresentação cronológica dos autores estudados, para propiciar melhor compreensão das modificações e filiações de interpretação sofridas no decorrer do tempo. Essa primeira parte abriga cinco capítulos assim distribuídos: no capítulo primeiro tratamos das "Visões sobre o quilombo na Colônia". Centramos nossa análise nas visões de Gaspar Barleu e Rocha Pita, escritores coloniais que vivenciaram o primeiro período escravista. Suas obras são fontes de consulta obrigatória aos pesquisadores do período escravista.

Diferentemente de algumas nações americanas, no momento da independência, o Brasil manteve plenamente a escravidão como base essencial da economia do jovem Império. No capítulo segundo, "Visões sobre o quilombo no Império", analisamos as obras de Heinrich Handelmann, Agostinho Perdigão Malheiro e Francisco Adolfo Varnhagen sobre a escravidão e o quilombo de Palmares. A peculiaridade dessas obras está no fato de serem escritas por quem viveu o período escravista.

A República Velha reconheceu formalmente a cidadania da população brasileira e caracterizou-se por seu caráter federalista, oligárquico e elitista. No capítulo terceiro, "Visões sobre o quilombo: da República ao golpe de 1964", analisamos a obra de Nina Rodrigues. A Revolução de 1930 assinalou o ingresso das classes sociais na arena política e social, sob a constante hegemonia das elites proprietárias. Arthur Ramos e Édison Carneiro são alguns dos autores mais característicos desses anos de transição a se referirem sobre o quilombo, por nós estudados.

Com a redemocratização do Brasil, em 1945, teremos a retomada das lutas sociais no país, abrindo forte espaço para o movimento social e popular. Pela primeira vez, as classes trabalhadoras apresentam-se, nem que seja formalmente, como alternativa à nação. Nesse contexto geral, o francês Benjamin Péret e o brasileiro Clóvis Moura abordaram o quilombo a partir de uma visão revolucionária do passado brasileiro.

Florescem trabalhos sobre escravidão

Por 20 anos, a ditadura militar impõe semissilêncio sobre o estudo do passado escravista no Brasil. Porém, são dos anos imediatamente anteriores ao golpe ou do vintênio ditatorial trabalhos germinais por nós estudados. No capítulo quarto, "Visões sobre o quilombo: da ditadura ao centenário da abolição", analisamos importantes obras, como as de Emília Viotti da Costa, José Alípio Goulart e Décio Freitas. Em fins dos anos de 1970, a retomada da luta social no Brasil abriu importante espaço para o estudo sobre o escravismo e a resistência dos trabalhadores escravizados. Nesse período, destacam-se trabalhos como os de Jacob Gorender, Robert Conrad, Lana Lage, Ronaldo Santos, João José Reis etc.

Nos anos imediatamente anteriores e posteriores a 1988, data do 'primeiro centenário da abolição', realizaram-se inúmeros trabalhos sobre a escravidão e a resistência servil. No capítulo quinto, "Visões sobre o quilombo: da Constituição de 1988 aos dias atuais", abordamos os trabalhos de Alaôr Eduardo Scisinio, Antonio Montenegro, Arno Wehling, Carlos Magno Guimarães, Célia de Azevedo,

Eduardo Silva, Eliane Cantarino O'Dwyer, Flávio Gomes, Ivan Alves Filho, J. M. Monteiro, Mário Maestri, Ronaldo Vainfas, Sílvia Lara, Stuart Schwartz, Théo L. Piñeiro.

Na "Parte II – O quilombo no Brasil: uma tentativa de análise", procuramos, de forma substancial, a partir dos conceitos emitidos pela historiografia, construir a imagem do fenômeno quilombola. Dividimos esta parte em dois capítulos. No capítulo sexto, tratamos do "Quilombo: formação, reprodução e resistência", e no capítulo sétimo, do "Quilombo: economia quilombola".

Finalmente, na parte III, especificamente no capítulo oitavo, "Visões da antropologia sobre o quilombo", apresentamos o quilombo na nova visão sobretudo de antropólogos para, finalmente, percebermos os processos de ruptura com o passado e negação da própria história dessa nova visão, um dos principais escopos de nossa investigação.

Ainda nessa parte, serão discutidas as consequências da Lei de Terras de 1850, feita às vésperas da abolição do tráfico transatlântico de trabalhadores escravizados, que, dentre outros objetivos, tinha o de impedir o acesso à terra ao trabalhador livre. A exclusão do afrodescendente livre iniciou com a escravidão e se acentuou com a Lei de Terras de 1850.

Nessa terceira parte foi também apresentada a proposta de antropólogos sobre nova conceitualização de quilombo, a partir da lei de 1988, visando a titulação das terras ocupadas pelos remanescentes de quilombos e, como assinalado, as eventuais contradições das leituras antropológicas referentes ao quilombo.

PARTE I

O QUILOMBO NA HISTORIOGRAFIA: UMA GENEALOGIA CRÍTICA

VISÕES SOBRE O QUILOMBO NA COLÔNIA

O sistema escravista implantou-se no Brasil durante o período colonial. Em geral, as fontes documentais referentes aos quilombos são escassas. Comumente, resumem-se a relatos de viajantes, à documentação administrativa civil e, sobretudo, a relatórios das forças civis e militares que se empenharam em destruí-los.

Nos primeiros tempos, os portugueses tiveram dificuldades para assegurar a posse da Colônia, cobiçada por outras nações coloniais. Desde 1624, os holandeses tencionavam dominar parte dos territórios lusitanos na América. Rechaçados em 1625, eles voltaram em 1630 para ocupar a capitania de Pernambuco até 1654. Nesse período, os escravistas envolveram-se em guerras com os invasores, avolumando-se as fugas de trabalhadores escravizados.[1]

---

1 Cf. Ferro, Marc. *História da colonização*. São Paulo: Companhia das Letras, 1996.

A escravidão vista por Gaspar Barleu

Filólogo, historiador, um dos maiores poetas latinos de sua época, Gaspar van Barleu nasceu na Antuérpia em 1584 e faleceu em 1648. Ele foi escolhido por Maurício de Nassau para escrever a história dos seus feitos nos oito anos que administrou o Brasil holandês. Presenciou a consolidação do escravismo no Brasil e foi um dos primeiros autores a registrar algo sobre os trabalhadores escravizados nesta terra.

Em *História dos feitos recentes praticados durante oito anos no Brasil*, apoiado em fontes oficiais e particulares, deixou uma das mais representativas obras da experiência colonial holandesa no Brasil. Ao tratar dos quilombos, qualificou os cativos fujões e referiu-se à religião, à economia, à escravidão, ao governo e às habitações em Palmares.

Para Barleu, os palmarinos seriam "salteadores e escravos fugidos, ligados numa sociedade de latrocínios e rapinas, os quais eram dali mandados às Alagoas para infestarem as lavouras". Relatou a presença de dois quilombos ou, talvez, de duas pequenas confederações de quilombo: os Palmares grandes e os Palmares pequenos, como sendo povoações e comunidades de negros. Atrás dessas habitações havia hortas e palmares.[2]

Sem dar mais detalhes, afirmou que os habitantes de Palmares imitavam a religião dos portugueses e seu modo de governar. Salvo engano, foi o primeiro a se referir a formas de servidão em Palmares. Entre eles, "qualquer escravo que leva de outro lugar um negro cativo fica alforriado; mas se consideram emancipados todos quantos espontaneamente querem ser recebidos na sociedade".

Ele registra a inexistência de criação animal e informa sobre os produtos da terra: "frutos das palmeiras, feijões, batatas-doces, mandioca, milho, cana-de-açúcar. Em

[2] Barleu, Gaspar. *História dos feitos recentemente praticados durante oito anos no Brasil*. Belo Horizonte/São Paulo: Itatiaia/Edusp, 1974.

contrapartida, o rio setentrional das Alagoas fornece peixes com fartura. Deleitam-se aqueles negros com a carne de animais silvestres, por não terem a dos domésticos. Duas vezes por ano, faz-se o plantio e a colheita do milho".

Barleu não poupou elogios a Rodolfo Baro, que, em janeiro de 1644, comandara expedição composta de alguns holandeses, mulatos e nativos contra os quilombolas de Palmares. A documentação oficial aponta para a captura de 31 quilombolas. "A expedição contra eles, que, pouco havia, fora impedida, obtendo agora algum efeito, arruinou os Palmares grandes, onde salteadores, que compravam o ócio com latrocínios e roubos, tinham o seu valhacouto e refúgio".

Para o autor, Rodolfo Baro seria um homem "de ânimo audaz e destemido, o qual, reunindo cem tapuias às suas demais forças e preparando-se para devastar e saquear os Palmares pequenos, caiu sobre os grandes e destruiu-os a ferro e fogo". De certa forma, Barleu criou a regra de justificar os feitos das forças repressoras, desqualificando os quilombolas. A sociedade escravista sempre qualificou os quilombolas como ladrões, salteadores e vagabundos.

Entendia a escravidão como necessária ao sucesso da lavoura de cana-de-açúcar: "Para o trabalho dos engenhos e da lavoura são necessários negros". Também colocou o africano como ser inferior e incapaz: "Os ardras, muito preguiçosos, teimosos e estúpidos [...]. Os de Calabar têm pouco valor em razão de sua preguiça, estupidez e negligência". Tratou os quilombos como algo nocivo à sociedade da época, uma volta aos costumes africanos, resultado da incapacidade de adaptação do negro aos costumes "civilizados".

Em seu discurso sobre a origem da condição escrava, afirmou que "uns são por um vício da natureza, outros em virtude da lei. Àqueles chamo os que, por defeito de inteligência e de aptidões, não logram elevar-se às cogitações mais altas e dignas do homem, convindo mais viverem ao nuto e arbítrio alheio do que ao seu". Ao diferenciar os homens pelas aptidões cognitivas, incorporava-se à visão aristotélica da escravidão, ou seja, de homens incapazes de se governarem. Intelectual orgânico da sociedade escravista holandesa, não encontramos, nos poucos parágrafos que foram dedicados ao assunto, repúdio à violência, aos maus-tratos, sobrecarga de trabalho e tratamento dos cativos.

"Uma república rústica e a seu modo bem ordenada"

Rocha Pita viveu de 1660 a 1739. Baiano, oriundo de família nobre, foi membro da Academia Real de História Portuguesa. Entre os livros que escreveu destaca-se a *História da América Portuguesa*, de 1730, no qual não economiza detalhes para descrever a terra brasileira. Pita foi contemporâneo a Palmares. No livro oitavo, dedicou pouco mais de uma dezena de parágrafos para elucidar o feito das forças escravistas contra os palmarinos. Apoiador incondicional da escravidão, demonstrou seu apreço pelos feitos portugueses e sua antipatia pelo negro escravizado.

A sociedade escravista estava apreensiva com a presença de cativos aquilombados em Palmares. Tomado pelo mesmo sentimento, Pita solidarizou-se com os moradores de Alagoas, pois era "quase irremediável o dano que aqueles moradores experimentavam dos negros dos Palmares".[3] Proprietário de engenhos na Bahia, defendia a aplicação do castigo pedagógico aos trabalhadores escravizados; para ele, um mal necessário.

Segundo Pita, os trabalhadores escravizados fugiam "aos senhores de quem eram escravos não por tiranias que neles experimentassem, mas por apetecerem viver isentos de qualquer domínio". Quanto aos castigos, se aplicados com moderação, transformavam um bruto em bom trabalhador.

[3] Pita, Sebastião da Rocha. *História da América Portuguesa*. Belo Horizonte/São Paulo: Itatiaia/Edusp, 1976.

Partindo do princípio de que as fugas eram inerentes à personalidade do escravo, os escravizadores qualificaram os negros que fugiam de "preguiçosos" e "inimigos" do trabalho.

Descreveu com detalhes o ato da fuga dos palmarinos. "Com segredo [...] dispuseram a fuga e a executaram, levando consigo algumas escravas, esposas e concubinas, também cúmplices no delito da ausência, muitas armas diferentes, umas que adquiriram, e outras que roubaram a seus donos na ocasião em que fugiram". Os fujões romperam o "vastíssimo sertão daquela vila, que acharam desocupado do gentio, e só assistido dos brutos que lhes serviam de alimento e companhia, com a qual se julgaram ditosos, estimando mais a liberdade entre as feras que a sujeição entre os homens".

São ricos os detalhes apresentados pelo autor sobre Palmares. Chama a atenção sua proposta da preferência dos negros pela vida na selva, em detrimento ao cativeiro. Outro registro importante foi a cumplicidade dos cativos das fazendas com os fujões. Sua narrativa deixa claro que a fuga era o objetivo de grande parte dos trabalhadores escravizados. Identificou também a presença de nativos americanos entre os quilombolas.

Pita confirmou que algumas famílias, com medo das investidas dos cativos escapados, pactuaram com os palmarinos. Salvo engano, é a primeira referência de intercâmbio entre quilombolas e a sociedade escravista que não ocorria apenas devido ao medo, como propôs o autor, mas também devido a interesses de ambas as partes.

> [...] por temerem os danos que recebiam e segurarem as suas casas, famílias e lavouras dos males que os negros do Palmares lhes causavam, tinham com eles secreta confederação, dando-lhes armas, pólvora e balas, roupas, fazendas da Europa e regalos de Portugal, pelo oiro, prata e dinheiro que traziam do que roubavam, e alguns víveres dos que nos seus campos colhiam, sem atenção às gravíssimas penas em que incorriam, porque o perigo presente os fazia esquecer do castigo futuro.

O escritor português comparou o feito dos trabalhadores escravizados aos acontecimentos dos romanos, referindo-se igualmente à organização estatal dos palmarinos: "uma república rústica e a seu modo bem ordenada". Para ele, os habitantes de Palmares possuíam um chefe, que chamou de príncipe, tomado pela tradição europeia, e propôs a existência de um conselho.

Na república negra, os palmarinos elegeriam

> seu príncipe, com nome de Zombi (que no seu idioma vale o mesmo que diabo), um dos seus varões mais justos e alentados; e posto que esta superioridade era eletiva, lhe durava por toda a vida, e tinha acesso a ela os negros, mulatos e mestiços [...] de mais reto procedimento, de maior valor e experiência.

Portanto, o título seria eletivo, por toda a vida, não participando da eleição todos os habitantes dos Palmares.

Segundo Pita, nos quilombos de Palmares seriam necessárias algumas medidas para manter a comunidade coesa, sobretudo porque eram frequentes as investidas das forças escravistas. A procura da coesão social interna era uma das estratégias de manutenção da sociedade palmarina. "Eram entre eles delitos castigados inviolavelmente com pena de morte o homicídio, o adultério e o roubo, porque o mesmo que com os estranhos era lícito se lhes proibia entre os naturais".

Como Barleu, Pita discute a questão da liberdade nos Palmares e o caráter costumeiro das leis. Ele propôs que

> aos escravos que por vontade se lhes iam juntar, concediam viverem em liberdade; os que tomavam por força ficavam cativos e podiam ser vendidos. Tinham também pena capital aqueles que, havendo ido para o seu poder voluntários, intentassem tornar para os seus senhores. Com menor rigor castigavam aos que, sendo levados por força, tivessem o mesmo impulso. Destes seus estatutos e leis eram as ordenações e volumes as suas memórias e tradições conservadas de pais e filhos.

Ao tratar do final do conflito, Pita fantasiou a morte de Zumbi, último comandante palmarino:

> Zombi, com os mais esforçados guerreiros e leais súditos, querendo obviar o ficarem cativos da nossa gente, e desprezando o morrerem a nosso ferro, subiram à sua grande eminência e voluntariamente se despenharam, e com aquele gênero de morte mostraram não amar a vida na escravidão, e não querer perdê-la aos nossos golpes.

A proposta tratava-se de elogio oblíquo à luta pela liberdade dos palmarinos.

Admitiu o castigo pedagógico e justificou as fugas como devidas ao amor à liberdade. Entendeu que havia cumplicidade dos cativos das fazendas com os fujões e identificou também a presença de nativos americanos entre os quilombolas. Para ele, as famílias dos colonizadores, com medo das investidas dos palmarinos, pactuaram com estes. Como assinalado, teria sido o primeiro autor a chamar a atenção para as trocas mercantis, que, segundo ele, interessariam a ambas as partes.

Enalteceu a repressão dos quilombos de Palmares, ao elogiar o "glorioso" feito do governador da província de Pernambuco quando ordenou a sua destruição: "Este fim tão útil como glorioso teve a guerra que fizemos aos negros dos Palmares, devendo-se não só o impulso da empresa, mas os meios da execução, ao valor e zelo com que Caetano de Melo de Castro governou a província de Pernambuco". São compreensíveis as posições de Pita e Barleu. Pita era escravista e cidadão do império lusitano; Barleu era o escritor "oficial" de Maurício de Nassau. Os dois escritores escravistas defenderam a escravidão e atacaram a rebeldia servil.

VISÕES SOBRE O QUILOMBO NO IMPÉRIO

Quilombo: "desagradável" vizinhança

Em 1860, Heinrich Handelmann (1827-1891) publicou sua *História do Brasil.* Ao referir-se aos fatos de Palmares, praticamente repetiu o conteúdo da obra de Rocha Pita. O historiador alemão expressou sua visão europeia de sociedade e de homem superior ao desqualificar o próprio homem livre brasileiro: "o morador brasileiro é absolutamente indolente, mandrião, prefere ser pobre a entregar-se a algum esforço fatigante".[1]

Diferentemente do camponês europeu proprietário de seu lote [colono], o caboclo mantinha relação de posse precária com a terra, inserindo-se fragilmente na sociedade mercantil. Seu regime de trabalho, voltado para a economia de subsistência, teve sua base corroída pela escravidão. O caboclo foi qualificado como preguiçoso e não dado ao trabalho, precisamente porque não se relacionava prioritaria-

---

1 Handelmann, Heinrich. *História do Brasil.* 4 ed. Belo Horizonte/São Paulo: Itatiaia/Edusp, 1982.

mente com o mercado. Esse preconceito ainda se faz presente em algumas regiões brasileiras, sobretudo nas com origem na colonização europeia.

Handelmann reconhecia a presença de nativos americanos e africanos como a base da mão de obra escravizada. Para ele, porém, num futuro breve, somente os africanos e mestiços de todas as raças negras estariam condenados à escravidão: "para o futuro, devia somente pesar a maldição da escravidão humana sobre a raça africana; contudo, sem dúvida quando o sangue de outra raça, índia ou europeia, se misturava com a africana, logo ficava o mestiço sob o jugo da escravidão".

Criticou sem constrangimento os raros escritores que haviam repudiado a escravidão: "Tomás de Mercado, em 1569, desde cedo profligara incisiva e abertamente os abusos e barbaridades desse comércio de homens; porém, essa instituição em si mesma e, sobretudo, o princípio da escravidão negra vigora até aos tempos modernos, como coisa permitida e justa".

Reforçou a tese da necessidade da introdução de africanos no Brasil. Segundo ele, diante da escassez de imigrantes europeus, sem os trabalhadores escravizados, a colonização das imensas terras americanas não seria possível. Ao tratar das fugas de cativos, afirmou que "escravos fugidos, houve-os naturalmente desde sempre; porém direito legal de liberdade não podia, nem pode aqui ser alcançado pela fuga, porque não existe no Brasil, em parte alguma, asilo ou território livre".

Lembrava que a condição do trabalhador cativo garantia ao escravizador a propriedade sobre este. Portanto, em caso de fuga, a população livre unia-se contra os fujões. Propôs que os escapados conheciam os caminhos e atalhos para as matas. Empreendeu em seu valioso trabalho descrição sintética da fuga e do quilombo como fenômenos sociais gerais próprios à escravidão, apontando para algumas de suas determinações essenciais. Nela, definiu o nome em geral recebido pelas comunidades de cativos fugidos.

Segundo Handelmann, na mata, os fujões

> ora vagavam isolados, cada um com sua família; ora se reuniam diversos num grande grupo e fundavam no âmago da mata uma aldeia em comum, em geral umas pobres choças de palha e taipa, ao lado de uma roçada pequena para fazer plantação, o conjunto defendido, às vezes, por muralha tosca, para o caso de um imprevisto assalto; chamava-se a uma tal colônia de escravos fugidos um quilombo, ou, em outros sítios, um mocambo, ambos nomes provavelmente de origem africana.

Quanto aos quilombos, afirmou que

> existiram desde cedo, e certamente em todas as províncias do Brasil (o primeiro exemplo histórico conhecido foi na Bahia, em 1575, destruído pelo governador-geral dali, Luís de Brito de Almeida), e eram em toda a parte considerados uma muito desagradável e temida vizinhança para o fazendeiro; porque não somente os fugitivos, onde podiam, roubavam e danificavam as plantações, mas porque os seus próprios escravos se punham em relações com os quilombolas, lhes levavam o que eles precisavam e, afinal, cansados de trabalhar, se refugiavam também no quilombo.

Registra a preocupação da sociedade escravista com os quilombos. As ações dos quilombolas causavam prejuízos materiais aos proprietários e efeito psicológico sobre os cativos. O "mau" exemplo dos mocambeiros poderia desestruturar a organização das propriedades, aguçando as fugas e as sublevações. O quilombo era um enclave dentro do regime escravista, uma microssociedade alternativa à escravidão, à disposição do trabalhador escravizado. Salvo engano, a leitura de Handelmann constitui a primeira apresentação sociológica do quilombo na historiografia.

As investidas isoladas contra os quilombos nem sempre tiveram sucesso. Referiu-se à necessidade da intervenção do Estado. Dessa forma, teria nascido uma entidade antifugas, os capitães-do-mato e capitães-do-campo. Ofício brutal "para o qual só se prestavam homens de grande força física e gênio destemido, armados até os dentes".

Denominou os quilombos de Palmares de "Estado negro", que teria se formado

> nos primeiros anos da invasão holandesa em Pernambuco, 1630 e seguintes, quando se evadiu um grande número de africanos da escravidão dos portugueses, não sabemos precisamente quando, nem como; todavia, a circunstância de se haverem logo ajuntado e sujeitado a uma organização coletiva faz-nos supor que eram companheiros de tribo da costa de Angola ou pelo menos malungos, isto é, companheiros de navio, que sempre conservaram uma grande solidariedade. [...] em meados do século XVII, havia o 'Estado negro' assim alcançado não pequeno grau de poder e florescimento; estava agora em condições de oferecer resistência às forças militares da capitania de Pernambuco.

Handelmann interpretou a servidão palmarina como escravidão, servindo-se dessa proposta para estabelecer contradição no ato libertário dos cativos: "os habitantes de Palmares conservavam também irmãos de raça na escravidão", contrariando os ideais de liberdade. Ele deixou clara sua simpatia pelos escravizadores e elogiou igualmente a destruição da confederação palmarina.

"Finalmente, resolveu o capitão-mor Caetano de Melo de Castro [...] empreender a difícil tarefa. Para esse fim ele convocou todas as forças de seu governo e pediu a colaboração do vizinho governador-geral da Bahia, que lhe mandou em auxílio uma tropa de paulistas, que então vagava nos sertões daquela província".

Ao descrever a procissão da vitória, enalteceu o feito dos negreiros: "todos se entregaram aos regozijos da vitória, que teve a sua expressão religiosa numa procissão de ação de graças e numa festiva missa cantada na catedral.

Assim se extinguiu o 'Estado negro', o grande quilombo de Palmares!".

O historiador alemão escreveu na Europa, em uma época em que se consolidara já o movimento democrático [1848]. Ao registrar a vitória portuguesa, refere-se à "triste sorte" dos palmarinos, que justifica como necessária ao desenvolvimento da civilização no Brasil, narrativa que, a seguir, seria retomada pela historiografia brasileira.

> Deveríamos lamentar-lhe a triste sorte, porém a sua destruição foi uma necessidade. Uma completa africanização de Alagoas, uma colônia africana de permeio aos Estados europeus escravocratas, era coisa que não podia de todo ser tolerada, sem fazer perigar seriamente a existência da colonização branca brasileira; o dever da própria conservação obrigava a exterminá-la; e deve-se atribuir, não às pessoas, porém somente às circunstâncias existentes então, ao condenável sistema do tráfico de escravos e escravização dos negros, a culpa de tão grande tragédia.

Handelmann foi o primeiro autor a registrar a necessidade da destruição de Palmares para a sobrevivência da sociedade escravista luso-brasileira. Apontava de forma certeira que a constituição de um Estado negro em Alagoas ameaçaria seriamente as pretensões europeias na América. Temia que o exemplo de Palmares incitasse os trabalhadores escravizados a um levante contra a escravidão. Não via possibilidade de ordem na América portuguesa à margem do trabalho servil.

"A fuga é inerente à escravidão"

Nascido em Minas Gerais, o advogado Agostinho Perdigão M. Malheiro escreveu, em 1866, *A escravidão no Brasil: ensaio histórico, jurídico, social.* Antes, em 1863, como presidente do Instituto dos Advogados, quando da discussão sobre o fim da instituição, estudara a ilegitimidade da propriedade constituída sobre o trabalhador escravizado e sugerira a lenta superação da escravidão, declarando livres os filhos de cativos nascidos de certa data em diante.

Apadrinhado do Imperador, o advogado mineiro não dependia diretamente da exploração da mão de obra servil. Em 1866, Malheiro saiu da teoria e alforriou, sem ônus, nove cativos, além de batizar como livre a última criança nascida. Porém, para não deixar dúvidas sobre sua visão, combateu a Lei do Ventre Livre, em 1870.

Preocupado com a questão da escravidão, fez um apanhado das leis que existiram e serviram para regular o sistema escravista no Brasil. Iniciou seu trabalho lembrando que pela lei o trabalhador escravizado não era cidadão, e sim coisa.

Sobre as fugas, escreveu que

> entre nós foi frequente desde tempos antigos, e ainda hoje se reproduz, o fato de abandonarem os escravos a casa dos senhores e internarem-se pelas matas ou sertões, eximindo-se assim de fato ao cativeiro, embora sujeitos à vida precária e cheia de privações, contrariedades e perigos que aí pudessem ou possam levar.[2]

O autor lembrou que as fugas sempre aconteceram. A cada fuga, o trabalhador escravizado buscava fora dos domínios escravistas a liberdade que lhe fora arrancada. As matas e sertões constituíram-se numa alternativa segura, embora fossem perigosos.

Ao falar dos quilombos, propôs que

> essas reuniões foram denominadas quilombos ou mocambos; e os escravos assim fugidos (fossem em grande ou pequeno número), quilombolas ou calhambolas. No Brasil tem sido isto fácil aos escravos em razão de sua extensão territorial e densas matas, conquanto procurem eles sempre a proximidade dos povoados para poderem prover às suas necessidades, ainda por via do latrocínio.

2 Malheiro, Perdigão. *A escravidão no Brasil*: *ensaio histórico, jurídico, social*. [1866] 3 ed. Petrópolis: Vozes; Brasília: INL, 1976.

Fez menção à natureza como aliada dos quilombolas; destacou as relações mercantis entre quilombos e o mundo oficial; desprezou as comparações culturais entre europeus e africanos. Não qualificou o quilombo como volta à África e como perigo eminente à sociedade escravista.

Quanto à confederação dos Palmares, apoiado em documentos da época, escreveu que,

> em uma extensão de 50 a 90 léguas mais ou menos, abundantes de palmeiras [...] se abrigaram desde os primeiros tempos negros fugidos, nas matas principalmente da serra da Barriga; e aí se foram agregando outros escravos, e também desertores e pessoas livres, sobretudo durante a guerra holandesa, que não dava tempo aos habitantes de os perseguirem e de reaverem os escravos.

Malheiro descreveu de forma sintética a organização interna do quilombo: "aí tinham os negros um certo governo temporal, uma certa administração da justiça, igrejas de corrupto rito católico etc.; as suas povoações eram fortificadas, embora toscamente; tinham armas diversas para sua defesa; e entregavam-se também à cultura, sobretudo dos gêneros de primeira necessidade".

Deixou transparecer no seu valioso trabalho o preconceito para com os quilombolas, e sua defesa da tardia ordem escravista:

> outros quilombos menos importantes existiram sempre, e ainda hoje existem em várias paragens de tão vasto território, com perigo e dano da gente civilizada, barbarismo dos próprios escravos, ofensa à ordem pública, prejuízo do trabalho e, portanto, da produção e riqueza, não obstante a sua constante perseguição e destruição.

Enquanto os autores que o antecederam falaram em roubo, como ato pejorativo, Malheiro justificou a rapinagem praticada pelos quilombolas, por causa da necessidade de sobrevivência. Barleu, Pita e Handelmann definiram o quilombo como agrupamento distante da sociedade oficial.

Malheiro retirou o quilombo do esconderijo e colocou-o próximo aos povoados.

Para o autor, as trocas praticadas entre os quilombolas e, sobretudo, a sociedade escravista acompanharam o fenômeno desde o início de sua existência. Malheiro confirmou a presença de armas no mocambo, dando-lhe um caráter de defesa, identificando, inconscientemente, os escravizadores a criminosos.

"A conquista e sujeição de Palmares foi obra de largos anos"

Natural de Sorocaba, Francisco Adolfo Varnhagen, Visconde de Porto Seguro, é tido como o patrono da historiografia brasileira devido a sua *História geral do Brasil: antes de sua separação e independência de Portugal (1854-1857)*.[3] Sua vida e sua obra registraram profunda ligação com o Estado escravista. Na sua alentada produção historiográfica, Varnhagen dedicou poucos parágrafos aos trabalhadores escravizados.

O patrono da historiografia brasileira referiu-se à destruição dos Palmares admitindo que as forças escravizadoras encontraram dificuldades para combatê-lo: "na actual província das Alagoas, os quais se mantinham sempre em armas, apesar das derrotas que lhes dera, primeiro Antônio Dias Cardoso e depois Fernão Carrilho". Com esforço "a conquista e sujeição dos Palmares foi obra de largos anos, e de não poucos trabalhos e fadigas".

Mesmo sabendo que os mocambos de Palmares formaram uma confederação, o escritor desprezou a capacidade de organização dos palmarinos, pois seriam, segundo ele, incapazes de constituírem um governo centralizado e com leis próprias. Nesse sentido, pronunciou-se claramente contra os dados históricos disponíveis, afastando-se da leitura

3 Varnhagen, F. A. de. *História geral do Brasil: antes de sua separação e independência de Portugal*. 7 ed. São Paulo: Melhoramentos, 1962.

historiográfica para engolfar-se plenamente na produção apologética e ideológica.

Escreveu Varnhagen: "Exageram os que, amigos do maravilhoso, os apresentam como organizados em república constituída com leis especiais, e subordinados a um chefe que denominavam Zombi". Ele não admitia que o quilombo de Palmares fosse qualificado como república. O autor referiu-se a Rocha Pita, que classificara Palmares como uma república rústica.

Varnhagen deixou claro seu apreço pelas forças destruidoras de quilombos. Para ele, Domingos Jorge Velho era "muito conhecedor das artes e ardis das guerras do mato no Brasil, pelas campanhas que fizera nos sertões, em bandeiras contra os índios, [e] se apresentou em 1687 ao governador de Pernambuco com um projeto para terminar essa conquista, ficando as vantagens dela para ele e seus sócios". Sua leitura realçava a obra do brasileiro – o paulista – na destruição de Palmares, em detrimento da administração lusitana.

Ao concluir seu relato sobre Palmares, lamentou que outros escritores não reproduzissem, como ele, o grande feito dos paulistas: "Travou-se uma encarniçada campanha, da qual infelizmente não nos consta que houvesse um cronista que perpetuasse mais esses heroicos feitos dos paulistas. Em 1695 tiveram lugar os mais sanguinolentos ataques; porém só em 1697 os Palmares se puderam julgar de todo conquistados".

Reconheceu inadvertidamente o poderio dos palmarinos, ao qualificá-los como belicosos e admitir que as tropas repressivas tiveram dificuldades para combatê-los. Defensor do regime escravista, não poupou elogios aos destruidores de quilombos, como assinalado. Expressando o ponto de vista da sociedade escravista, Varnhagen registrou que a destruição de quilombos e a apreensão de cativos era um bom negócio e uma obra de civilização.

VISÕES SOBRE O QUILOMBO: DA REPÚBLICA AO GOLPE DE 1964

Palmares: "a maior das ameaças à civilização do futuro povo brasileiro"

Em 1862, no Maranhão, nascia Raimundo Nina Rodrigues. Em 1882, ele mudou-se para Salvador a fim de estudar Medicina. Após completar, em 1888, o curso no Rio de Janeiro, tornou-se professor da Escola de Medicina da Bahia, onde conquistaria reconhecimento nacional lecionando "Higiene e Medicina Legal". Morreu em Paris aos 44 anos, deixando, entre outros legados intelectuais, investigações do passado e da cultura das comunidades africanas e afro-brasileiras.[1]

Rodrigues "aderiu às teorias social-darwinistas, deterministas raciais e eugenistas europeias. Para aprofundar o conhecimento científico sobre a composição racial da população brasileira, dedicou-se com afinco à investigação

[1] Maestri, Mário. "Benjamin Péret: Um olhar heterodoxo sobre Palmares". *In:* Péret, Benjamin. *O quilombo dos Palmares?* Edição e introdução: Maestri & Ponge. Porto Alegre: EdUFRGS, 2002.

do passado e da cultura das comunidades africanas e afro-brasileiras".

Publicou artigos mais tarde apresentados em livro – *Os africanos no Brasil.* A terceira parte desse trabalho trata das sublevações de cativos no Brasil anteriores ao século XIX. Esse capítulo foi publicado pelo autor no *Diário da Bahia*, de 20, 22 e 23 de agosto de 1905, sob o título "A Troia negra: erros e lacunas da História de Palmares".

Refere-se ao quilombo de Palmares designando-o como Estado. Para ele, Palmares teve seu início antes de 1630: "por aqueles sítios se refugiaram, das fazendas vizinhas, os negros que se escapavam aos rigores do cativeiro. [...] Estado negro que nos recessos das brenhas assim se constituíra e fortalecera, tinha tido começos mais modestos em diminuta reunião de escravos fugidos, que iam aumentando de número com o tempo".[2]

Segundo o autor, os palmarinos "tiveram de raptar as mulheres de que careciam; pois, menos aptas a fugir dos engenhos e fazendas do que os homens, estavam elas em grande falta nos quilombos". A carência de mulheres no quilombo, citada pelo autor, decorria, em parte, do próprio tráfico. Nos portos brasileiros, desembarcaram mais homens do que mulheres escravizadas.

Discordando de Rocha Pita, que qualificara o quilombo de Palmares como uma república rústica, bem ordenada a seu modo, Rodrigues escreveu que "esta qualificação de república só lhe poderia convir na acepção lata de Estado, jamais como justificação da forma de governo por eles adotada". Ele se apegava ao fato de que o chefe não era escolhido por intermédio de eleições como nas repúblicas modernas, mas "como em toda a África selvagem, a do chefe mais hábil ou mais sagaz". Não sugere, porém, como se discutia quem era o "mais hábil ou mais sagaz".

2 Rodrigues, Nina. *Os africanos no Brasil.* 3 ed. São Paulo: CEN, 1945.

Afirmou que Palmares

> nascia desse mesmo ajuntamento de escravos e aventureiros de cor que nem todos eram negros. Sem fortes e radicadas tradições de governo africano, as noções de que se tinham impregnado os negros na longa convivência com o povo em cujo seio viveram escravos deviam forçosamente comunicar a Palmares tons de regras e hábitos a que estiverem submetidos.

Ou seja, adepto das visões destrambelhadas do racismo científico, via a organização interna palmarina como resultado de suas convivências com seus senhores.

A historiografia registra a presença de nativos americanos, mulatos, fugitivos da Justiça e brancos nos quilombos. Enfatiza a presença de elementos de outras raças no quilombo de Palmares, afastando-se da visão do quilombo composto puramente por cativos africanos ou crioulos. Na sua visão racista científica, os brancos, mulatos e nativos contribuíram culturalmente para o quilombo.

Rodrigues não abandonou a visão culturalista do quilombo, concluindo:

> das descrições conhecidas é que em liberdade os negros de Palmares se organizaram em um Estado em tudo equivalente aos que atualmente se encontram por toda a África ainda inculta. A tendência geral dos negros é a se constituírem em pequenos grupos, tribos ou Estados em que uma parcela variável de autoridade e poder cabe a cada chefe ou potentado.

Na época, dominava enorme desconhecimento das formas de organização políticas da África negra.

A escravidão manteve-se institucionalizada no Brasil até 1888. A classe escravista dela se servira sem constrangimento. Não era muito diferente a opinião da elite pensante da época. Rodrigues escreve nos primeiros anos da República, quando ainda era forte a influência das ideias pró-cativeiro, que serviam então para justificar a marginalização política das classes populares na nova ordem republicana.

Escancara sua afinidade pelas forças escravistas e simpatia pelo cativeiro ao escrever que

> o sentimento de simpatia pela mísera sorte dos negros escravizados, que é a generosa característica da nossa época; a justa admiração pelo valor e denodo com que Palmares soube defender-se; e mais ainda o sacrifício de seus chefes, preferindo o suicídio ao cativeiro ou à punição, no que se quer encarnar um culto heroico à liberdade, tem fascinado a muitos historiadores e publicistas que, na exaltação da República, quase chegam a lamentar o seu extermínio. Mas acima dessa idolatria incondicional pela liberdade que pode, em sua cegueira sectária, confundir coisas distintas e descobrir intuitos liberais onde houve apenas o instinto de salvação, paira o respeito pela cultura e civilização dos povos.

Quanto à morte de Zumbi, Rodrigues retomou a tese de Rocha Pita. Os dois autores adicionaram fantasia ao fato histórico e condicionaram a sobrevivência de Zumbi à volta ao cativeiro. Não haveria aos quilombolas alternativa senão a escravidão. Rodrigues também seguiu as pegadas de Handelmann, ao exaltar a necessidade de destruição dos Palmares. Da mesma forma, acompanhou Varnhagen, quando criticou Rocha Pita por atribuir o caráter de república ao quilombo de Palmares. Tanto para Rodrigues quanto para Varnhagen existiram diversos Estados palmarinos.

Rodrigues sublinhou igualmente o ato "heroico" das forças escravistas. "A todos os respeitos, menos discutível é o serviço relevante prestado pelas armas portuguesas e coloniais, destruindo de uma vez a maior das ameaças à civilização do futuro povo brasileiro, nesse novo Haiti, refratário ao progresso e inacessível à civilização, que Palmares vitorioso teria plantado no coração do Brasil". A fim de valorizar o feito do repressor, o autor citou que "esse sucesso não foi produto de uma ação fácil e sem perigo. Custou ao contrário à tenacidade e previdência do governo colonial grandes sacrifícios de homens e de dinheiro". Portanto, para ele, Palmares deveria ser destruído para sobreviver a civilização escravista.

Ficou impressionado com o tratamento dispensado aos quilombolas, por ocasião da celebração do tratado de paz com as autoridades da época: "Não se comportaria assim um governo forte com agrupamentos fortuitos de negros fugidos que se devem reduzir à obediência. E tudo isto forma curioso contraste com os esforços empregados para fazer crer que finalmente estava Palmares destruído".

Referiu-se à organização palmarina, sua administração, economia, composição étnica, e registrou o desequilíbrio sexual em favor dos homens. Sobretudo, liquidou a experiência como uma involução civilizacional.

> Na cultura e polícia não consta que Palmares fosse além da ordem estabelecida na direção da defesa interna e externa de onde procederam os Zambis, os seus magnates, auxiliares, mestres de campos e juízes, seus conselhos e assembleias: como não consta na ordem industrial tivesse passado da aplicação agrícola e comercial, estritamente necessária à manutenção do pequeno Estado. E tudo isto em nada excede a capacidade dos povos bantos. Antes se pode afirmar que francamente voltaram eles à barbaria africana.

Ao analisar as crenças religiosas, organização política e língua falada pelos quilombolas, Rodrigues deduziu que Palmares fora uma criação, sobretudo, banto. Para o autor, o banto era o africano mais atrasado, racial e culturalmente, na graduação arbitrária do racismo científico. Dessa forma, justificou a incapacidade dos quilombolas para superar o estágio inicial do desenvolvimento civilizatório – a "barbárie". Entretanto, essa definição registra já uma clara preocupação com a história interna de Palmares.

Na visão de Rodrigues, havia esperanças para o cativo crioulo, o que não ocorria com o africano:

> a condição de escravos, em que desde o começo se acharam no Brasil os negros africanos, habituou-nos a considerá-los simples coisa e a não levar em linha de conta os seus sentimentos, as suas aspirações, a sua vontade. Procede daí a afirmação de que o africano importado pelo tráfico se nacionalizou, adotando por sua a nova pátria. Este fato, que é plenamente verdadeiro, do negro crioulo, absolutamente não se verificou com o negro africano. Na América, eles se segregam da população geral em cujo seio vivem e trabalham para se fechar ou limitar aos pequenos círculos ou colônias das diversas nações pretas.

O autor deixou evidente sua visão do quilombo como um projeto restauracionista, no sentido de que os fugitivos almejavam restaurar a África no Brasil. Trilhou o caminho aberto por Barleu que separou os povos africanos pelas aptidões e disposição ao trabalho. Demonstrou preconceito para com o povo banto, qualificando-o como atrasado, bruto e selvagem. Rodrigues atribuiu a existência do quilombo como um desejo do negro à volta aos costumes africanos. Admitiu a heterogeneidade do quilombo e a carência de mulheres. Não se preocupou com a questão da liberdade, nem dos maus-tratos.

Quilombo: oposição ao sistema patriarcal

Em 1933, com 33 anos de idade, o sociólogo Gilberto Freyre publicou *Casa-grande e senzala*, que havia sido apresentada dez anos antes como dissertação na Faculdade de Ciências Políticas e Sociais da Universidade de Columbia, Estados Unidos. Esse livro teria se transformado "em interpretação semioficial do Brasil e certamente na obra nacional de maior repercussão".[3] Em 1936, Freyre publicou, *Sobrados e mucambos*, continuação de *Casa-grande e senzala*.

---

[3] Maestri, Mário. "Gilberto Freyre: da casa-grande ao sobrado: gênese e dissolução do patriarcalismo escravista no Brasil". *Cadernos IHU*, ano 2, n. 6, 2004, Instituto Humanitas Unisinos, São Leopoldo.

Incansável defensor da superioridade racial e cultural do colonizador, Freyre definiu o passado escravista brasileiro como um quase paraíso tropical de relações harmoniosas entre escravizadores e trabalhadores escravizados. Em *Sobrados e mucambos*, o sociólogo pernambucano afirmou que

> foi no escravo negro que mais ostensivamente desabrochou no Brasil o sentido de solidariedade mais largo que o de família sob a forma de sentimento de raça e, ao mesmo tempo, de classe: a capacidade de associação sobre base francamente cooperativista e com um sentido fraternalmente étnico e militantemente defensivo dos direitos do trabalhador.[4]

De forma geral, Freyre desconheceu a resistência do cativo à escravidão. Numa das poucas referências à confederação dos Palmares, propôs leitura fantasiosa sobre ela, vista como comunidade parassocialista no interior de Alagoas. Freyre abominava o socialismo. "Para não falar na forma quase socialista de vida e de trabalho que tomou a organização dos negros concentrados nos mucambos de Palmares".

> Mais do que simples revolta de escravos fugidos, essa república de mucambos ou palhoças parece ter sido verdadeiro esforço de independência baseado no prolongamento de um tipo parassocialista de cultura, inclusive de economia, em oposição ao sistema patriarcal e de monocultura latifundiária, então dominante.

Pretensamente apoiado nos relatos de cronistas, escreveu que

> os negros reunidos nos Palmares sob uma ditadura parassocialista, que [...] fazia recolher ao celeiro comum as colheitas, o produto do trabalho nas roças, nos currais, nos moinhos, para realizar-se então, em plena rua, na praça, a distribuição de víveres entre os vários moradores dos mucambos, puderam resistir durante meio século aos ata-

4 Freyre, Gilberto. *Sobrados e mucambos: introdução à história da sociedade patriarcal no Brasil.* 10 ed. Rio de Janeiro: Record, 1998.

ques do patriarcalismo dos senhores-de-engenho, aliados aos capitães-mores.

Para Freyre,

> o sistema socialista de vida organizado pelos ex-escravos em Palmares pôde resistir à economia patriarcal e escravocrática, então em toda a sua glória. Viu-se uma cidade de mucambos de palha erguer-se sozinha, do meio do mato, contra as casas-grandes e os sobrados de pedra e cal de todo o Norte do Brasil. E só dificilmente as casas-grandes, os sobrados e o governo colonial conseguiram esmagar a cidade de mucambos.

Encontramos na obra de Freyre referência aos papa-méis de Alagoas, também citados por Clóvis Moura e Luiz Luna. Segundo o sociólogo, "os cabanos e os papa-mel do Norte – grande número dos quais, sertanejos e matutos com sangue ameríndio, a quem se juntaram negros e pardos de engenhos, atraídos pela possibilidade de se libertarem – de sua guerra de morte a liberais, progressistas e inovadores dos sobrados do litoral ou das cidades".

Freyre notabilizou-se ao propor relações doces entre cativos e escravizadores, admitiu a participação de outros elementos na composição do quilombo, descreveu fantasiosamente a confederação dos quilombos de Palmares.

Quilombo de Palmares: "negros bárbaros e ferozes"

Em 1938, Ernesto Ennes publicou *As guerras nos Palmares: subsídios para a história*. "Domingos Jorge Velho e a 'Troia negra'. 1687-1709".[5] No livro, comentou o episódio palmarino e apresentou 95 documentos primários referentes ao assunto. O trabalho constituiu importante subsídio para os interessados em se aprofundar no estudo daquela questão.

---

[5] Ennes, Ernesto. *As guerras nos Palmares: subsídios para a sua história*. (1º vol.): "Domingos Jorge Velho e a 'Troia negra' – 1687-1709". São Paulo: CEN, 1938.

Ennes era "conservador do Arquivo Histórico Colonial e ex-primeiro bibliotecário-chefe da Seção Ultramarina da Biblioteca Nacional de Lisboa", totalmente identificado ao pensamento do Estado português colonialista e defensor do providencialismo da obra colonizadora e civilizatória da raça portuguesa.

Compreende-se, portanto, que não tenha poupado elogios aos feitos das tropas anti-Palmares e ao "herói" Domingos Jorge Velho. Definiu o episódio de Palmares como um dos mais importantes choques entre dominadores e dominados, entre a barbárie e o progresso. Ou seja, "na ânsia, uns, de se libertarem da escravidão e do domínio; outros, de civilizarem, colonizarem e os encaminharem na senda do progresso e da civilização".

O historiador lusitano atribuiu a existência dos primeiros quilombos à "proximidade relativa de vastas florestas de palmeiras, a 20 ou 30 léguas da costa, com um terreno fertilíssimo e um clima excelente [...] a severidade e violência dos senhores". Registra, portanto, a determinação geográfica do quilombo. Quilombos "em que se reproduzia, com maior ou menor exatidão, a vida primitiva dos negros, donde a crueldade do branco, em nome da civilização, o tinha ido arrancar".

Na tentativa de justificar a necessidade da escravidão e inocentar o escravizador, retomou a tradição platônica da escravidão como resultado da derrota do combatente e propôs que os castigos impostos aos escravos foram amenos, se comparados às atrocidades cometidas pelos negros revoltosos contra os colonos portugueses. Para ele, o quilombo era uma volta às raízes africanas e a severidade-violência dos escravizadores para com seus cativos, um castigo pedagógico.

Segundo Ennes, desde a Antiguidade, a

> escravatura foi a triste sorte dos vencidos e nem sempre fomos os mais violentos na aplicação dos castigos; mas até os mais tolerantes e compassivos, como ainda as nos-

> sas colônias o atestam e modernos inquéritos o demonstram eloquentemente. E se é certo que o martirológio desse negro escravizado foi imenso, não foram menores os horrores e martírios que tantas vezes esses pobres colonos portugueses suportaram em Pernambuco, vítimas do barbarismo e das ferocidades desses mesmos negros revoltados.

Nos fatos, justificava a escravidão como obra do destino, que, no caso brasileiro, colocara escravizadores bons para explorar os vencidos. Escravizadores que, segundo ele, não raro, teriam sofrido muito mais nas mãos dos sofredores rebelados. Por quase um século, "suportamos com a maior resignação e heroísmo assaltos, roubos, assassínios e violências, que só depois de porfiadas lutas colonos e portugueses souberam dominar, nessa tremenda rebelião que impropriamente se habituou chamar a Confederação dos Palmares". Paradoxalmente, Ennes volta no tempo e assume as dores dos colonos, colocando-se também como vítima da causa palmarina.

Para o português, o trabalhador escravizado "fugiu – embrenhou-se no mato, perdeu-se pelos desvios das serras, acondicionou-se à sombra dos palmares, escondeu-se na escuridão da floresta". No princípio "roubou e pilhou, se por largo tempo viveu de razia das plantações próximas e do saque dos fazendeiros, se foi asilo de escravos fugitivos". Com o tempo,

> se tornou agricultor, plantou, arroteou, amanhou as terras que transitoriamente ocupava e, à medida que a sua organização crescia, ia abandonando a primitiva pilhagem e roubo para comerciar e permutar os produtos das suas lavouras e granjas com os fazendeiros, e antigos vizinhos, pelos gêneros de que carecia: alfaias agrícolas, armas etc.

Conhecedor da documentação, reconheceu a historicidade do processo mediante sua gênese, desenvolvimento e crise, definindo a formação palmarina como confederação.

Ennes também assinalou que os quilombos não abrigaram somente os negros fugidos das fazendas, mas acolheram também "negros libertos, mulatos, índios mansos e até brancos criminosos e desertores cobardes". Assim teria se constituído e se desenvolvido a

> Confederação de Palmares, que quase ocupa inteiramente o século XVII, e, embora para alguns autores ela não passe de uma monótona revolta de escravos, para outros constituiu uma república forte e organizada, e talvez até queiram ver nela os primeiros alvores da independência da raça, senão a constituição de um Estado negro [...].

Revelou sua clara simpatia e adesão às forças repressoras quando teceu elogios à ação dos escravizadores:

> Os negros revoltados dos Palmares haviam adquirido tal força, tal desenvolvimento (enquanto se travaram essas lutas épicas de expulsar o intruso), que colonos e portugueses finalmente se convenceram de que tinham de travar sem trégua, sem desfalecimento, a mais cruenta guerra, sem sossego nem descanso, com esses negros bárbaros e ferozes, enquanto os não extinguissem de vez e os não exterminassem até o final.

Na continuação, reforçou seu apreço pelo feito das forças que combateram os palmarinos.

> Concluída a guerra, vencidos os negros; mortos uns, cativos muitos, dispersos pelo sertão a maior parte; era preciso organizar a paz de modo que não fosse mais possível tornarem os negros a organizar-se e a fundar novos quilombos, donde renascessem novos Palmares, como tantas vezes sucedera, pela falta de continuidade e sequência das operações de guerra. A imensidade da floresta – agora dispersos – era um perigo que urgia remediar.

Segue o autor:

> Impunha-se, com maior urgência, pacificar aquele extenso sertão, agora infestado de negros rebelados; vencidos sim, mas não convencidos; era preciso persistir com uma ocupação firme e séria, uma organização forte, que ga-

> rantisse os pobres moradores mártires das vilas de Alagoas, Porto Calvo, S. Francisco e Serinhaem contra novas violências.

Compreendia certamente Palmares como uma guerra social. Portanto, a paz passaria pela total eliminação-submissão dos rebelados de Palmares.

Ennes aplicou-se com a conhecida imaginação retórica da historiografia áulica lusitana ao elogio dos feitos dos portugueses e paulistas. Propõe, ao referir-se a Domingos Jorge Velho:

> Foi com homens desta brava energia, desta violenta audácia, portugueses e paulistas, estes nascidos daqueles, consubstanciando todo o valor da raça, com todas as virtudes e qualidades, mas sempre os mesmos, que no século de quinhentos, na proa das naus, no alto das enxárcias, no cimo das vergas, se aventuraram aos mistérios tenebrosos dos oceanos; que no século XVII souberam devassar densas florestas, largos rios, cerrados bosques, ásperas serras e mares profundos; que pelas quebradas dos montes, pelos leitos dos rios e pelo imprevisto do sertão conseguiram vencer, extinguir, aniquilar e avassalar ninhos de feras de homens e bichos, negros e pardos, que constituíram e habitaram este vasto continente americano, orgulho de portugueses e paulistas de hoje, de ontem e de amanhã, diga-se o que se disser, pense-se o que se pensar.

Ao valorizar o feito dos portugueses, expressou a visão da historiografia portuguesa colonialista. Para ele, os bandeirantes eram portugueses corajosos e destemidos. Sabe-se que as bandeiras eram expedições organizadas sobretudo para escravizar populações nativas, empregadas por paulistas e familiares, agregados, brancos pobres e muitos mamelucos e nativos assimilados. Os mamelucos eram filhos de nativos com europeus. Os bandeirantes tinham muito pouco do sangue lusitano.

Tratou os quilombos como "ninhos de feras de homens e bichos, negros e pardos". A historiografia ligada à escravidão procurou justificar o ato desumano dos escravistas, desqualificando o trabalhador escravizado. Para o autor, o castigo era necessário. Concebeu a confederação dos Palmares como um Estado negro e admitiu a historicidade e heterogeneidade no quilombo. Valorizou o feito dos escravizadores e repetiu a visão de Barleu, Pita, Handelmann, Varnhagen e Rodrigues. Ennes, assim como Malheiro, identificou a prática da apropriação. Ennes tratou como "roubo" mas, com o tempo, esta atividade "evoluiu" para o comércio. Seu livro impõe-se pela contribuição documental, já que sua pobreza analítica é imensa.

Quilombo: volta às origens africanas

Arthur Ramos (1903-1949) nasceu em Alagoas e estudou na Bahia. Atuou como médico-legista no Instituto Nina Rodrigues. Escreveu vários ensaios e artigos sobre o negro, entre os quais merecem destaque, para o nosso tema, os livros: *O negro brasileiro; As culturas negras no novo mundo; O folclore negro do Brasil.* Condenou a escravidão no Brasil, apoiando seus trabalhos nas pesquisas de Nina Rodrigues – seu dileto mestre –, Oliveira Vianna e Afrânio Peixoto.

Fenômeno novo, Ramos tem como centro de seu trabalho o negro, um ser visto do ponto de vista étnico e racial, e não o trabalhador escravizado, compreendido do ponto de vista social. "Toda a América recebeu o influxo misterioso e impalpável desta raça que foi violentamente arrancada do seu *habitat* de origem pelo branco explorador e cobiçoso".[6]

Concluiu igualmente que as sequelas da escravidão ultrapassaram a data da abolição. Porém, restringiu sobretudo essa sequela aos domínios culturais e psicológicos: "Com efeito, a abolição da escravatura nas várias partes de toda

[6] Ramos, Arthur. *O negro brasileiro*. Rio de Janeiro: Ed. Civilização Brasileira, 1934.

a América não havia libertado o negro da pesada cadeia de preconceitos seculares. A sua alma continuava presa aos grilhões do seu complexo de inferioridade coletivo".

Quanto aos quilombos, propôs como sua causa a reação das culturas negras à aceitação dos traços de outras culturas. Suas interpretações relativas ao fenômeno quilombola dão-se sob um viés culturalista. Comparou o caso brasileiro com os da Guiana Holandesa, Jamaica e Haiti, também escravistas, concluindo que houve "união íntima entre os representes de um mesmo grupo de cultura, que reagiram, conjuntamente, ao contato do branco, e conservaram-se em estado de pureza primitiva".[7]

Ao falar especificamente do quilombo de Palmares, explicou que

> no Brasil, houve também reação, na aculturação negra, em dois casos onde o fenômeno pôde ser nitidamente observado: nas fugas negras dos quilombos e nos movimentos insurrecionais dos malês, na Bahia. No caso dos quilombos, tivemos um fato análogo aos dos negros fugitivos das Guianas. Unindo-se representantes do mesmo grupo de cultura (bantos, no quilombo dos Palmares), eles reagiram ao contato branco [...] e mantiveram as suas culturas originárias: religião, tradições sociais, linguagem, cultura material.

Apesar da redução culturalista de sua análise, que o obriga a negar a heterogeneidade cultural do quilombo, Ramos introduz o sentido da participação do Brasil em um espaço escravista colonial mais amplo, desenvolvendo as primeiras análises comparativas do fenômeno.

Ainda sobre o quilombo de Palmares, escreveu que era "constituído de escravos fugitivos dos engenhos de açúcar de Pernambuco e Alagoas [...]. A cidade estava organizada nos modelos africanos; a unidade social e política era o quilom-

---

7 Ramos, Arthur. *As culturas negras no novo mundo*. São Paulo: Ed. Nacional, 1979.

bo, constituído por sua vez de várias cabanas ou mocambos, tudo isso defendido por um sistema de paliçadas e fossos".[8]

Quanto ao governo, propôs que os palmarinos "eram dirigidos por uma entidade suprema, o rei, que se fazia rodear de um corpo de guardas, ministros, mulheres e escravos, que lhe prestavam cega obediência". A organização econômica "era perfeita, bem como a organização social, política e militar". O rei "era eleito, entre os grupos mais hábeis. Houve vários deles, sendo o mais conhecido, o famoso Zambi, da última fase dos Palmares".

Em *A aculturação negra no Brasil*, Ramos propôs:

> Palmares foi a primeira grande epopeia que o negro escreveu em terras do Brasil. Não foi um simples quilombo como todos os outros. Palmares passou à história brasileira como uma grande tentativa negra de organização de Estado. Um Estado com tradições africanas dentro do Brasil. Foi desesperada reação à desagregação cultural que o africano sofreu com o regime da escravidão.[9]

Atribuiu ao quilombo de Palmares o título de cidade, administrada por um rei, eleito entre os grupos mais hábeis. Justificou o quilombo como desejo do negro pela volta às origens africanas. Para ele, o trabalhador escravizado fugiu porque não se acostumou com a cultura do branco.

Ramos superou parcialmente seu mestre Rodrigues, ao abandonar as já estapafúrdias teorias raciais, substituídas por uma visão evolucionista de caráter cultural. Porém, voltou a Rodrigues ao ver os negros como seres inferiores culturalmente, sujeitos à aculturação, numa clara reprodução dos preconceitos eurocentristas. Defendeu claramente o

---

[8] Ramos, Arthur. *In:* Freitas, Mário Martins de. *Reino negro de Palmares.* Rio de Janeiro: Americana, 1954, 2 vol. (Biblioteca do Exército 201).

[9] Ramos, Arthur. *A aculturação negra no Brasil.* São Paulo: CEN, 1942.

quilombo como fenômeno essencialmente africano e contra--aculturativo.

Fugas: escapar às agruras do cativeiro

Em 1947, o historiador Édison Carneiro publicou *O quilombo de Palmares*, um livro básico para a compreensão do tema. Diplomado em Direito pela Universidade Federal da Bahia, o autor dedicou-se ao jornalismo naquela cidade e no Rio de Janeiro. Também é de sua autoria o livro *Religiões negras* (1936). Em 1964, publicou *Ladinos e crioulos.*

Em *O quilombo de Palmares*, afirmou que

> o recurso mais utilizado pelos negros escravos, no Brasil, para escapar às agruras do cativeiro foi sem dúvida o da fuga para o mato, de que resultaram os quilombos, ajuntamentos de escravos fugidos, e posteriormente as entradas, expedições de captura. [...] o movimento de fuga era, em si mesmo, uma negação da sociedade oficial.

Repetindo seu mestre Ramos, propôs que o quilombo fosse "um fenômeno contra-aculturativo, de rebeldia contra os padrões de vida impostos pela sociedade oficial e de restauração dos valores antigos".[10]

Carneiro atribuiu aos peremptoriamente africanos a criação do quilombo, ou seja, "os negros por ele responsáveis eram em grande parte recém-vindos da África, e não negros crioulos, nascidos e criados no Brasil". O autor propôs: "o simples rigor do cativeiro, que sempre se fez sentir pesadamente sobre o escravo, não basta para justificar a sua fuga, a princípio em pequenos grupos, depois em massa, para as matas vizinhas". Para o autor, "os quilombos tiveram, pois, um momento determinado. O desejo de fuga era certamente geral, mas o estímulo à fuga vinha do re-

---

[10] Carneiro, Édison. *O quilombo dos Palmares.* 4 ed. São Paulo: Editora Nacional, 1988.

laxamento da vigilância dos senhores, causado, este, pela decadência econômica".

Carneiro praticamente atrelou a fuga à decadência econômica. Dessa maneira, durante o auge da produção de açúcar, café, ouro, teriam diminuído as fugas e os quilombos. Retornou à questão cultural para justificar o fenômeno: "Quanto aos negros crioulos, utilizaram outras maneiras de fugir ao rigor do cativeiro – passaram à luta aberta, como na Balaiada, justiçaram os senhores, como nas fazendas fluminenses, ou buscaram a liberdade nas cidades". Os africanos não teriam se acostumado aos padrões culturais do colonizador.

Sobre a composição e vivência no quilombo, afirmou que "os quilombolas viviam em paz, numa espécie de fraternidade racial. Havia, nos quilombos, uma população heterogênea, de que participavam em maioria os negros, mas que contava também mulatos e índios".

Os recursos naturais seriam valorizados na defesa do quilombo: "Nem mesmo dispunham os quilombos de defesas militares. O que os defendia era a hostilidade da floresta".

Segundo o autor,

> os quilombos situavam-se geralmente em zonas férteis, próprias para o cultivo de muitas espécies vegetais e ricas em animais de caça e pesca. A utilização da terra, ao que tudo indica, tinha limites definidos, podendo-se afirmar que, embora a propriedade fosse comum, a regra era a pequena propriedade em torno de vários mocambos [...]. Era o mesmo sistema da África.

Afirmação bastante arriscada, já que o seu conhecimento sobre o continente negro era limitado e a informação sobre a agricultura quilombola, escassa.

Para Carneiro,

> a agricultura beneficiava-se, por um lado, da fertilidade da natureza e, por outro, do sistema de divisão da terra. Os palmarinos plantavam feijão, batata-doce, mandioca,

> milho, cana-de-açúcar, pacovais – e eram essas plantações que sustentavam os soldados que atacavam o quilombo. Havia roças de milho, feijão, favas, mandioca, amendoim, batatas, cará, bananas, abóboras, ananases e até fumo e algodão, nas terras generosas da Carlota.

No quilombo do Orobó havia "canaviais, roças de mandioca, inhame e arroz de iniciativa dos negros. [...] era universal, nos quilombos, a criação de galinhas, algumas vezes acompanhada da criação de porcos e outros animais domésticos".

Segundo Carneiro, nos quilombos "os trabalhadores, aparentemente, dividiam-se por duas categorias principais – lavradores e artesãos. Os escravos procedentes das fazendas certamente se enquadravam no primeiro grupo e terão sido os responsáveis diretos pela policultura". Quanto às mulheres, "provavelmente fabricavam roupas com cascas de árvores e peles de animais, como nos Palmares, ou de algodão, como na Carlota, e produziam cestos, abanos e trançados em geral. Talvez também as mulheres ajudassem os oleiros na fabricação dos potes e vasilhas de todos os tipos encontrados nos quilombos".

Ao tratar das relações dos quilombolas com a sociedade, escreveu que

> as vilas vizinhas, entregues à monocultura ou sujeitas à precariedade da lavoura de mantimentos, socorriam-se dessa atividade polimorfa dos negros aquilombados. Os frutos da terra, os animais de caça e pesca, a cerâmica e a cestaria dos negros trocavam-se por ferramentas industriais e agrícolas, roupas, armas de fogo e outros produtos de manufatura. Esse comércio direto, reciprocamente benéfico, realizava-se habitualmente em paz. Somente às vezes os quilombolas recorriam às armas contra os moradores brancos – quando estes os roubavam além dos limites da tolerância ou quando avançavam demais com as suas terras sobre a área do quilombo.

Sublinhou a importância das trocas entre os quilombolas e homens livres.

Para a sociedade escravista, "a simples existência dos quilombos constituía um mau exemplo para os escravos das vizinhanças. E, em geral, estava tão relaxada a vigilância dos senhores que estes não tinham maneira de impedir a fuga dos seus escravos, senão tentando a destruição, pelas armas, dos quilombos". Sem dúvida, "os negros já aquilombados eram incansáveis no recrutamento de parentes, amigos e conhecidos". Segundo Carneiro, esta foi uma das formas de reprodução do quilombo.

Ao se referir à organização de Palmares, afirmou que "esta população miúda aos poucos deu nascimento a uma oligarquia, constituída pelos chefes de mocambo, a quem cabia, como na África, a atribuição de dispor das terras comuns". Para o autor, "o poder civil cabia àqueles que, como disse Rodrigues, davam provas de maior valor ou astúcia, de maior prestígio e felicidade na guerra ou no mando, embora a idade e o parentesco também conferissem certos privilégios".

Ainda segundo Carneiro,

> os chefes palmarinos, em todas as ocasiões importantes, reuniam-se em conselho – um costume em vigor entre as aldeias bantos – e, segundo o testemunho dos holandeses, tinham uma grande casa para suas reuniões. [...] o quilombo foi, portanto, um acontecimento singular na vida nacional [...]. Como forma de luta contra a escravidão, como estabelecimento humano, como organização social, como reafirmação dos valores das culturas africanas, sob todos estes aspectos o quilombo revela-se como um fato novo, único, peculiar – uma síntese dialética.

Quanto à ocupação do território, avançou ao afirmar que "o quilombo constituiu, certamente, uma lição de aproveitamento da terra, tanto pela pequena propriedade quanto pela policultura, ambas desconhecidas da sociedade oficial". Para ele,

> o movimento de fuga deve ter contribuído para abrandar o rigor do cativeiro, mas o quilombo principalmente

> serviu ao desbravamento das florestas além da zona de penetração dos brancos e à descoberta de novas fontes de riqueza. E, inconscientemente, mas na Carlota, a mando dos brancos, tiveram os quilombolas a missão de trazer para a sociedade brasileira os naturais do país como sentinelas perdidas da colonização do interior.

Quanto à confederação de Palmares, escreveu que a floresta acolheu milhares de cativos que fugiam "em busca da liberdade e da segurança, subtraindo-se aos rigores da escravidão e às sombrias perspectivas da guerra contra os holandeses". No início, suas "formas de governo" eram "naturalmente rudimentares". Mas logo foram mudando com o crescimento da confederação. A resistência dos quilombolas, "embora vacilante, ocasional e heterogênea, conseguiu manter vivo, durante mais de 50 anos de luta, o sonho de liberdade dos Palmares".

Para Carneiro, "os moradores guerreavam [com] os palmarinos para recuperar os seus próprios escravos, fugidos ou raptados para o quilombo, e para garantir a sua própria segurança". Somente "a partir de 1677, porém, a campanha tomou o caráter da luta pela posse das terras dos Palmares – consideradas, unanimemente, as melhores de toda a capitania de Pernambuco". Quanto à defesa, o autor afirmou que "os negros defendiam bravamente o quilombo, mas sua resistência não era prolongada, nem constante. [...] Em geral os palmarinos abandonavam o campo logo ao primeiro embate".

Admitiu a escravidão na confederação de Palmares. Para o autor, "os escravos que, por sua própria indústria e valor, conseguiam chegar aos Palmares, eram considerados livres, mas os escravos raptados ou trazidos à força das vilas vizinhas continuavam escravos. Entretanto, tinham uma oportunidade de alcançar a alforria: bastava-lhes levar, para os mocambos dos Palmares, algum negro cativo". Não explicou como os palmarinos manteriam a coesão interna em Palmares, diante dos escravistas, praticando a escravidão.

Ao escrever sobre a crença dos palmarinos, afirmou que "os negros tinham uma religião mais ou menos semelhante à católica, o que se explica pela pobreza mítica dos povos de língua banto a que pertenciam e pelo trabalho de aculturação no novo *habitat* americano". A visão da inferioridade cultural banto devia-se às propostas de Nina Rodrigues de africanos racialmente mais ou menos qualificados.

O autor identificou a autonomia quilombola, ou seja, "o chefe de cada mocambo encarnava, evidentemente, a suprema autoridade local e tudo indica que somente nas ocasiões de guerra ou quando surgiram questões que interessavam o quilombo como um todo os chefes se reuniam para deliberar, na Casa do Conselho do mocambo de Macaco".

Lembrou que "o quilombo não estava constituído apenas de negros, nem somente de escravos". Segundo o autor, "os colonos dos negros, valendo-se das datas de terras que inconsideradamente lhes haviam sido concedidas, pretenderam, mais tarde – quando os negros já estavam quase totalmente extintos, – voltar aos Palmares como sesmeiros". Para Carneiro, os "negros viviam bem com os moradores – contanto que estes não se internassem demais, com seus currais e as suas plantações, nas terras livres dos Palmares".

Para o autor, o cativo não aceitava a escravidão: "A reação mais geral foi o quilombo. Era uma reação negativa – de fuga, de defesa". Mas, resgatando a visão de Arthur Ramos, propôs que o mocambo fora, sobretudo, um "movimento contra o estilo de vida que os brancos lhes queriam impor". Para ele, Palmares era um "Estado negro, um pedaço da África transplantado para o Nordeste do Brasil".

Carneiro classificou o quilombo como um fenômeno contra-aculturativo – obra, sobretudo, dos africanos. Admitiu a heterogeneidade, as trocas, a escravidão na confederação dos Palmares, o trabalho em pequenas propriedades. Foi o primeiro autor a reconhecer o trabalho da mulher quilombola. Quanto à religião, escreveu que se assemelhava à católica. Reforçou o papel dos moradores do quilombo como desbravadores de fronteiras e qualificou Palmares como Estado negro.

Reino negro de Palmares

Oficial do Exército, Mário Martins de Freitas nasceu em Minas Gerais em 1899. Em 1954, publicou, em dois volumes, *Reino negro de Palmares*, trabalho amparado em documentos, sobretudo correspondências das autoridades coloniais e metropolitanas, em que o autor oscila entre o desencanto com a destruição de Palmares e o feito heroico dos destruidores do reino negro. No livro, citou Ennes várias vezes e buscou apoio nas obras de Ramos, Rodrigues, Martins, Pita, Pombo e outros.

Freitas chamou a confederação dos quilombos de Palmares de reino negro. Em toda a sua obra, quando se refere à autoridade máxima da confederação, denomina-a de rei. "Entre os palmarinos, porém, bem diferente era a situação, tanto política quanto militar, porque todos obedeciam a um comando único: o rei Zambi".[11] Percebe-se a intenção do autor de aproximar a organização política dos palmarinos aos modelos europeus.

O historiador e oficial do Exército menosprezou a capacidade de organização dos palmarinos. Para ele, o sucesso do quilombo estava na "falta de continuidade de bons governos na Capitania de Pernambuco e [n]a curta visão de conjunto sobre a guerra palmarina resultante da vaidade pessoal de alguns governadores e da frouxidão e incompetência de outros". Assim, "os negros [...] se tornaram fortes e politicamente organizados com profunda ameaça à sociedade colonial".

---

[11] Freitas, Mário Martins de. *Reino negro de Palmares*. Rio de Janeiro: Americana, 1954, 2 v. (Biblioteca do Exército. 201).

Inovou, repudiando as atitudes dos bandeirantes durante o conflito. Chamou-os de "sanguinolentos [...] homens afeitos à morte, à destruição, ao banditismo, à aventura". Porém, propôs que a guerra fosse inevitável:

> duas bandeiras desfraldavam batidas pelos ventos uivantes do Nordeste: uma hasteada no caule ereto e rijo de uma palmeira no altiplano majestoso da serra da Barriga, no seu panejamento aflante de liberdade e de aflição, e outra conduzida pelas tropas paulistas marcando o passo de hostes guerreiras e aguerridas sedentas de sangue, sequiosas de presas e de saque.

Freitas prosseguiu sobre a questão: "A primeira exaltava homens, mulheres e crianças a se defenderem até a morte pela liberdade, e a segunda instigava assalariados e aventureiros a avançar sobre os negros, a mais preciosa presa daqueles onímodos tempos de cativeiro". Consciente foi a descoberta do autor quanto à causa que movia a luta dos quilombolas – a liberdade.

Ao falar de Domingos Jorge Velho, qualificou-o como "um dos mais famosos predadores sertanejos, tipo representativo do bandeirante rude, enérgico, dado aos prazeres da cama e da mesa, animado pela cobiça e pela rapacidade, cruel na guerra, impiedoso na paz, respeitado, temido e admirado pelos seus homens de armas e pelos seus numerosos índios".

Freitas fez do líder do quilombo, Zumbi, um herói:

> O valoroso negro de que falam os documentos oficiais e que se atirou no despenhadeiro era o famoso Zambi, que não pudera ser identificado, porque ninguém se atrevera a descer pelas escarpas alcantiladas até o báratro profundo das brenhas, onde seus restos mortais de envolta com os dos seus heróis aguardaram na justiça de Deus o julgamento da posteridade.

O autor, que em toda a obra observara a documentação, seguiu a visão romanceada do suicídio dos quilombolas e da morte de Zumbi quando do ataque ao reduto palmarino.

Nem todos os revoltosos foram abatidos pelas forças escravistas. Novos quilombos se constituíam na região. Houve a necessidade de se empossar um novo líder. Freitas relatou que

> havia ainda um destemeroso general negro à frente de numerosos combatentes, já coroado como substituto do rei Zambi, e que constituía séria ameaça para os brancos, tal a disposição em que se achava de continuar a resistência e reconstruir o reinado segundo as lendas e tradições da tribo jaga de que descendia em linha reta.

O autor continua a chamá-lo de rei e ainda lhe acrescenta o título de general. Conforme Freitas, o segundo Zumbi não se considerou um derrotado. À frente de 350 "bravos", pretendia restabelecer a confederação dos quilombos de Palmares. Escreveu, ao lembrar da morte do sucessor de Zambi: "Morreu lutando e lutando manteve as tradições dos jagas que tinham no mais elevado grau a liberdade humana". A morte do líder é transformada em lenda.

Ao comentar sobre a guerra de Palmares, surpreende ao propor que

> a guerra palmarina foi o mais sangrento e mais longo evento social que se verificou durante o período colonial, com profunda repercussão na Metrópole e nos países escravistas, principalmente entre franceses, espanhóis, holandeses e ingleses, a cujos olhos Portugal aparecia como país enfraquecido e incapaz de dominar uma rebelião negreira.

Após condenar a guerra, o autor se contradiz ao lamentar que os governadores não empreenderam ações mais enérgicas para estabelecer a ordem na região. Portanto, mostrou-se vacilante: reconheceu o heroísmo palmarino e, por outro lado, defendeu a necessidade da destruição de Palmares, reprovando, porém, as atitudes dos paulistas.

Freitas definiu a confederação como reino negro de Palmares:

> os costumes de certas raças africanas, principalmente entre as tribos angolenses e congolenses, de transmissão do título ou nome do rei da tribo ao sucessor, costume adotado pelo reinado negro de Palmares desde a sua fundação antes de 1630 e que por isso vários zambis existiram na sequência do tempo do mesmo reinado.

Avançou o conhecimento historiográfico quando citou Zumbi como título atribuído a sucessivos líderes palmarinos, herdado da cultura africana. Uma posição despida de preconceitos com a cultura dos povos da África.

Ao apresentar suas considerações finais sobre o episódio de Palmares, abandonou sua vacilação e assumiu posição ao lado das classes escravistas: "As consequências sociais resultantes da destruição do reino negro de Palmares e das lutas que ali se travaram durante mais de meio século foram profundas e benfazejas para a própria raça oprimida e para o Brasil, que ficou indene de quistos raciais encravados no seu território, como uma só raça e uma só língua", habitando um só território, livre de enclaves e futuras questões raciais.

Seguiu no mesmo sentido:

> Batidos e destruídos, os quilombos negreiros do Norte, do Centro e do Oeste prestou[aram] à nação lusitana relevantes serviços à própria raça negra transplantada para o Brasil por ter[em] evitado a constituição de uma nova Angola ou Angolas encravadas no território pátrio, permitindo assim a sua fusão com a raça branca.

Freitas entendia que os descendentes dos palmarinos não seriam bem-sucedidos se continuassem a existir. Dessa forma, justificou sua destruição. Seguiu a visão de Gilberto Freyre e de Oliveira Vianna, que viam na mestiçagem a elevação da raça negra. Elogiou o feito dos lusitanos que impediram a emancipação dos trabalhadores escravizados e, consequentemente, um golpe duríssimo na ordem escravista no Nordeste.

Nos fatos, o autor vai mais além: ao saudar o branqueamento da raça negra, para ele extremamente necessário para o próprio povo negro, dá as mãos a Rodrigues – *Os africanos no Brasil* –, a Vianna – *Evolução do povo brasileiro* –, a Freyre – *Casa-grande e senzala; Sobrados e mucambos,* defensores mais ou menos extremados da miscigenação ou do arianismo no Brasil.

Freitas explicitou sua visão nacionalista autoritária ao defender um país constituído por uma só raça, uma só língua, um só povo, o brasileiro. Nessa obra, a escravidão do negro e a derrota de sua luta teriam sido positivas para o próprio negro.

Segundo o autor, à custa do sangue derramado pelo trabalhador escravizado,

> no Nordeste brasileiro foi humanizado o castigo do negro e pouco a pouco banidos certos princípios legais desumanos do Código Negro e derrogadas muitas Cartas Régias que regulamentavam penas e castigos para o negro levantado e fujão. Nas fazendas e nos engenhos, o próprio senhor de escravo aboliu muitas das torturas anteriormente aplicadas, com sádico prazer, por simples faltas de seus negros.

Freitas esqueceu que essas torturas eram decorrentes da própria escravidão, garantida pela derrota dos palmarinos. A expressão "foi humanizado o castigo do negro" admite como humano o castigo, defendendo implicitamente a visão de tortura branda, equilibrada e necessária. Definiu a confederação como um reino dentro dos moldes europeus, com rei investido de poderes vitalícios. Em toda a obra, percebe-se a superioridade do rei, tratado como líder carismático e, no final, personagem lendário.

Quanto à economia da confederação de Palmares, citou a apropriação além da agricultura. Ou seja, "soturnamente desciam os negros da colônia do Cucaú e arrebanhavam nas vilas armas, munições, mantimentos e escravos dos moradores". Ao tratar da organização social, lembrou da militarização do reino negro de Palmares. Houve a "coesão de todos os elementos humanos dirigidos pelo próprio rei", com caráter militar. As roças "ficaram sob direção única e atrás das organizações militares para não serem destruídas pelos brancos nas suas entradas e devastações". Freitas referiu-se à apropriação como atividade dos quilombolas.

"Têm apenas uma aspiração em comum: a liberdade"

Benjamin Péret nasceu no oeste da França em 1889. Nos anos de 1920, aderiu ao surrealismo. Em 1926, tornou-se membro do Partido Comunista Francês, que abandonou em seguida para aderir ao trotskismo. Em fevereiro de 1929, chegou ao Rio de Janeiro acompanhado da cantora lírica brasileira Elsie Houston, com quem se casara em 1928. Em 1931, foi deportado pela polícia getulista, que destruiu a edição e os originais do seu livro *O almirante negro*, sobre a revolta dos marinheiros de 1910.[12] Em 1955, voltou ao Brasil, convidado pelo filho brasileiro, escrevendo sobre o quilombo de Palmares.[13]

Para Péret, "de todos os sentimentos que fervilham no coração do homem, o anseio de liberdade é, certamente, um dos mais imperiosos, e a sua satisfação é uma das coisas essenciais da existência". O autor vai além, definindo

[12] Sobre a Revolta da Chibata, ver: Albim, R. C. *et al. João Cândido: o almirante negro*. Rio de Janeiro: Gryphus: Museu da Imagem e do Som, 1999; Granato, Fernando. *O negro da chibata: o marinheiro que colocou a República na mira dos canhões*. Rio de Janeiro: Objetiva, 2000; Maestri, Mário. *Cisnes negros: uma história da Revolta da Chibata*. São Paulo: Moderna, 2000, coleção "Polêmica".

[13] Cf. Ponge, Robert. "Benjamin Péret: surrealista e historiador de Palmares". *In:* Péret, Benjamin. *O quilombo dos Palmares?* Edição e introdução: Mário Maestri e Robert Ponge. Porto Alegre: EdUFRGS, 2002.

a luta pela liberdade como verdadeiro motor da História: "de modo que a história poderia limitar-se ao estudo dos atentados contra a liberdade e dos esforços dos oprimidos por sacudir o jugo que lhes foi imposto".[14] Usando o método marxista de análise, procurou na documentação a base para sua interpretação, embora registrando que ela era precária e parcial.

Em sua análise sobre o fenômeno quilombola, lembrou que a fuga esteve presente durante a escravidão: "desde a sua aparição, a escravatura tem como corolário automático a fuga dos negros, de modo que escravatura e quilombo são estritamente concomitantes". Os trabalhadores escravizados vieram de diferentes regiões africanas. Portanto, pouco tinham em comum. Em geral, língua, crenças religiosas, costumes e cultura eram diferentes. Tinham "apenas uma aspiração em comum: a liberdade". Para o autor, esse desejo latente de liberdade seria a causa das fugas, e não a cultura, muito heterogênea.

No Brasil, ao fugir das plantagens, os quilombolas estavam em condições de igualdade. Devido às circunstâncias, propõe ter sido provável que, no início, "nenhuma forma de Estado" existisse no quilombo de Palmares. Portanto, até os primeiros ataques holandeses, o quilombo teria permanecido "incompatível com qualquer forma de governo implicando uma autoridade regular". Admitiu que "o quilombo tenha tido um chefe (não um rei) desde 1645".

Segundo Péret, as funções da autoridade quilombola limitavam-se "a administrar os recursos comuns, a organizar a defesa contra ataques eventuais, a preveni-los mesmo e a dirigir expedições contra as fazendas para capturar mulheres negras e brancas". Afirmou que o rapto de mulheres aguçou a fúria dos escravizadores e serviu de "pretexto inicial das represálias holandesas e depois portuguesas". Com o cresci-

[14] Péret, Benjamin. *O quilombo dos Palmares? Op. cit.*

mento populacional do quilombo – "os 6 mil negros de 1645 eram agora 16 a 20 mil almas repartidas por uma dezena de mocambos num território de uns 27.000 km^2" –, ele teria necessitado "uma concentração de poderes – ao menos militares". Segundo Péret, "era o Estado que se formava".

Entendeu que a evolução da confederação de Palmares, de um "estado natural" para "uma organização militar", deveu-se aos constantes ataques dos escravizadores. Para o autor, o reinado de Zumbi significou "a instauração de um verdadeiro governo de salvação pública antecipado, pois se trata na realidade de vencer ou morrer". Não era uma organização perfeita, mas mesmo assim "a disciplina, a partir desse momento, passou para um regime cada vez mais rigoroso; Zumbi exercia uma verdadeira ditadura baseada na confiança de que era objeto".

Quanto à economia de Palmares, citou que, no começo, "a pilhagem devia coroar essas incursões apenas acessoriamente, quando um flagelo natural atingia as culturas do quilombo". Não tinha caráter vingativo. Da mesma forma, o autor não acredita que as trocas com a sociedade fora do quilombo fossem expressivas, pois "o encarniçamento da luta, fazendo dos negociantes brancos cúmplices dos negros, tornava a sua situação difícil no seio da comunidade portuguesa".

No que se refere à forma como era explorada a terra, escreveu que "os primeiros negros instalados nos Palmares devem ter lavrado a terra em comum". Devido ao afluxo de novos fugitivos, os primeiros cultivadores foram obrigados "a coletivizar os recursos do mocambo". A solidariedade entre os quilombolas foi fundamental para a sobrevivência do quilombo. "Se os recursos do quilombo inteiro não eram provavelmente todos postos em comum, isso não impedia que existisse uma grande solidariedade".

Péret entendeu que no mocambo a propriedade não era individual. Para ele, "é provável que à necessidade de defesa coletiva de cada mocambo correspondesse uma produção coletivizada, senão totalmente pelo menos em parte, e baseada numa mão de obra servil".

Quanto à existência de trabalho servil no interior do quilombo, afirmou que não se poderia estabelecer uma data para o início do trabalho forçado nos Palmares. Acreditava que o fenômeno surgira a partir do momento em que os quilombolas tiveram que concentrar esforços em duas frentes: "a defesa dos Palmares e a agricultura – que tiveram de recorrer ao trabalho servil. É, contudo, provável que, no quilombo, a escravatura tenha sido precedida de um período de divisão do trabalho mais ou menos sistemática, uma parte da população dedicando-se à agricultura enquanto a outra protegia".

Sobre a composição de Palmares, conforme Péret, a documentação sugeriria que "não eram povoados apenas de negros e mulatos. Índios haviam-se reunido a eles, e mesmo alguns brancos". Quanto às crenças religiosas, afirmou que os quilombolas "só conheciam do catolicismo os ritos mais simples e mais marcantes, como o batismo, a que todos haviam sido submetidos, os gestos mais repetidos: sinal da cruz, genuflexões etc., cujo sentido lhes escapava em grande parte, e pedaços de diversas orações". Contrariando as afirmações de que o catolicismo imperou na confederação dos Palmares, declarou que a religião dos palmarinos "devia conter uma proporção muito pequena de cristianismo, mesmo popular, e uma dose considerável de feitiçaria".

Quanto ao quilombo em geral, registrou que ele "representou a reação instintiva e normal dos negros em diversos pontos do Brasil". Sem ele, as insurreições não teriam acontecido. "E não há dúvida de que essas insurreições prepararam a abolição da escravatura, quando mais não fosse atraindo para a condição dos negros do Brasil a atenção de homens penetrados do espírito do século XVIII". O autor via o quilombo como forma de luta de classes, pois "constituiu um apelo implícito à emancipação dos negros, mas esse apelo resultava da oposição que apresentava com a escravatura". Lembrou que os trabalhadores escravizados não criaram um projeto único a todos os oprimidos, não passando da salvação individual ao estágio da salvação coletiva.

Para Péret, o fim do regime seria possível por meio da aliança entre os fugitivos aquilombados e as tribos insubmissas: "Para permanecerem livres, os negros deveriam, pois, ter empreendido uma longa e perigosa retirada ao acaso, até tomar contato com tribos índias bem-dispostas a seu respeito". Dessa forma, entendeu a luta dos trabalhadores escravizados como uma luta de classes. Só a ascensão dos subalternos acabaria com a escravidão.

A obra de Péret representa um salto de qualidade entre as pesquisas feitas até a década de 1950, no tocante à escravidão e ao quilombo. Foi o primeiro a identificar claramente a luta dos quilombolas como uma luta de classes. Para ele, o fim do cativeiro passava pelo fim do regime escravista e só seria possível mediante união dos oprimidos – negros, índios e caboclos.

Péret não aceitou a explicação do Estado palmarino a partir da origem africana. Apresentou Palmares como obra dos cativos e negou-se a festejar seu fim. Sobre o sucesso da empreitada dos quilombolas, o autor foi realista e definiu como impossível o desenvolvimento das comunidades palmarinas no seio da sociedade escravista. Para ele, a saúde de Palmares – e do próprio Brasil – se encontrariam na destruição da escravidão, forma de produção que limitava o desenvolvimento civilizatório.

Colocou a liberdade como o combustível para as fugas dos cativos. Corrigiu a definição de Carneiro, que estabeleceu a fuga como ato negativo. Contrariou a historiografia que defendeu os feitos dos colonizadores. Para o autor, os quilombolas palmarinos eram sujeitos da emancipação. No entanto, aceitou sem críticas a teoria da escravidão no quilombo, sem se deter no paradoxo objetivo dessa proposta.[15]

Péret propõe a destruição da escravidão pelos trabalhadores escravizados. Para o autor, Palmares teria sobrevivido se tivesse conseguido arrastar todos os negros a um combate pela abolição da escravidão. Salvo engano, pela primeira vez no Brasil questionou-se o problema da consciência da classe servil.[16]

Quilombo: forma fundamental de resistência

Clóvis Moura nasceu no Piauí em 1925. Interessou-se desde muito cedo pelo estudo dos problemas sociais, especialmente os relacionados com a situação do negro em nosso país. Militante do PCB, o jovem sociólogo teve a edição de seu trabalho rejeitada por Caio Prado Júnior e não incentivada por Édison Carneiro, seus companheiros de partido.[17]

Enquanto a maioria dos estudiosos da escravidão pertencente à geração do autor direcionava seus estudos para desvendar o lado etnográfico e folclórico do problema do negro, Moura dirigiu suas pesquisas para o campo histórico, a fim de explicar uma série de fatos relacionados com a atual situação do negro no Brasil. Ele negou a visão culturalista e viu o negro no passado como trabalhador escravizado e explorado. O autor descreveu sem peias o trabalhador escravizado como o polo central do passado escravista, visão absolutamente revolucionária para sua época.

---

15 Cf. Maestri, Mário. "Benjamin Péret: um olhar heterodoxo sobre Palmares". *Coletânea Cultura e Saber. História*. Departamento de História e Geografia, CCHA, UCS, v. 1, n. 1, dezembro de 1997.

16 Cf. Maestri, Mário. "Benjamin Péret: Um olhar heterodoxo sobre Palmares". *Op. cit.*

17 Cf. Maestri, Mário. "Terra e liberdade: as comunidades autônomas de trabalhadores escravizados no Brasil". Versão atualizada do artigo: "Em torno do quilombo". *História em Cadernos. Revista do Mestrado em História da UFRJ*, n. 2, Rio de Janeiro, 1984.

Em 1959, enquanto exercia o ofício de jornalista, utilizando significativa bibliografia sobre a escravidão, Moura publicou *Rebeliões da senzala: quilombos, insurreições, guerrilhas*, fazendo uma profunda análise das formas de resistência dos cativos, que foram os quilombos, as insurreições e as guerrilhas. Também mostrou que, em todos os lugares onde houve escravidão, houve resistência.

Definiu o quilombo como "forma fundamental de resistência" e como fenômeno inerente à escravidão. "Em todas as partes da Colônia em que surgia a agricultura e a escravidão, logo os quilombos apareciam enchendo as matas e pondo em sobressalto os senhores de terras. [...] finalmente, em todos os focos de trabalho escravo, lá estavam os quilombos atestando o inconformismo do negro frente à escravidão que lhe fora imposta".[18] Para ele, o quilombo foi um fenômeno geral e constante. Era o reflexo da inconformidade do trabalhador escravizado para com a escravidão.

Segundo Moura, as matas eram o aconchego dos fujões em busca da liberdade. Na selva, "tornavam-se, praticamente, senhores das matas". Esse fato preocupava as autoridades e os senhores, pois, quando o trabalhador escravizado ganhava a mata, sua volta ao cativeiro era mais difícil. A base econômica da maioria dos quilombos "era a agricultura, principalmente plantações de milho, feijão, favas, mandioca, amendoim, batata, cará e outras raízes, além da banana, ananás, abóbora, fumo, algodão – de que faziam tecidos grossos com que se vestiam – e ainda criação de galinhas".

Segundo o sociólogo, os quilombos brasileiros tiveram diferentes formas de governo, cada um adquirindo características próprias. O quilombo do Piolho, formado aproximadamente em 1770, no Mato Grosso, "era cons-

---

[18] Moura, Clóvis. *Rebeliões da senzala: quilombos, insurreições, guerrilhas*. São Paulo: Zumbi, 1959.

tituído por um conselho de seis membros escolhidos entre os mais velhos". Outro aspecto importante levantado por Moura foi a solidariedade entre os trabalhadores escravizados e os cativos aquilombados. No seu relato sobre os quilombos sergipanos, lembrou que "as senzalas eram ponto de encontro entre os escravos fugidos e os dos engenhos e fazendas. Dos últimos conseguirão informações, víveres, estabelecendo-se um serviço de ligação entre quilombolas e escravos das fazendas".

Ainda sobre os quilombolas sergipanos, propõe que "a sua maior força de resistência estava no sistema de ligação mantido entre eles e os escravos dos engenhos (os trabalhadores escravizados teriam sido importantes aliados dos quilombolas); assim, deles recebiam não só acolhida nas situações difíceis, mas informações constantes, víveres e solidariedade". Uma das preocupações da sociedade escravista eram as constantes investidas dos cativos fugidos nas fazendas. Para ele, os quilombolas obtinham informações e víveres nas fazendas, levando de lá mais cativos para os quilombos.

Ao referir-se ao quilombo de Palmares, usou a expressão república. Atribuiu aos aspectos naturais o sucesso do quilombo: "a impenetrabilidade da floresta, da fertilidade das terras, da abundância de madeira, caças, facilidade de água e meios de defesa da região, foram se aglomerando e reunindo gente, juntando braços para a guerra e trabalho e formaram naquele lugar a maior tentativa de autogoverno dos negros fora do continente africano".

Moura reconheceu a importância da confederação dos quilombos de Palmares. "Era uma ameaça constante ao trabalho dos colonos". Palmares serviu de referência para os cativos. Ele segue as pegadas de Rodrigues e Carneiro quando define Palmares como "uma imitação dos muitos reinos existentes na África, onde o chefe é escolhido entre os mais capazes na guerra e de maior prestígio entre eles". Ao tratar da administração do quilombo, propõe que, "além do rei, [...] a república era dirigida por um conselho composto dos principais chefes dos quilombos espalhados pela região". E conclui afirmando que o poder dos chefes era absoluto.

Moura fez também precisas descrições referentes aos costumes dos palmarinos, bem como à sua organização militar. Aceitou a proposta da prática do escravismo dentro do próprio quilombo e atribuiu esta como consequência do desenvolvimento das atividades agrícolas. Suas investigações abriram caminho para as novas pesquisas sobre a escravidão no Brasil.

No mesmo sentido de Péret, afirmou que a escravidão desestruturou o regime de trabalho até então dominante e praticamente acabou com o trabalho livre. Não esqueceu de sublinhar a participação dos trabalhadores escravizados em movimentos políticos do passado, como a Inconfidência Mineira, a Revolução dos Alfaiates, a Revolução de 1917 e outros. Na verdade, os cativos não lutaram pelos ideais dos movimentos, mas sim pela liberdade.

O autor também foi preciso ao definir o fenômeno quilombo como reação do negro à escravidão. O inconformismo do trabalhador escravizado foi constante, e assim estabeleceu-se uma luta entre escravistas e escravizados. Minimizou a resistência individual e enfatizou a análise das revoltas coletivas como os quilombos, as guerrilhas e insurreições.

Como Péret, Moura rompeu com a historiografia tradicional ao ressaltar o caráter escravista da antiga formação brasileira, o que foi definitivamente revolucionário.[19] Apresentou a história brasileira antes de 1888 como um período marcado pela contradição entre trabalhadores escravizados

---

[19] Cf. Maestri, Mário. "Filhos de Cam, filhos do cão: o trabalhador escravizado na historiografia brasileira". *In:* Almeida, Luiz Sávio de. *O negro no Brasil: estudos em homenagem a Clóvis Moura*. Maceió: Edufal, 2003.

e escravizadores. Expressou o caráter sistêmico da resistência escrava antes da abolição. Sua obra significou um salto epistemológico do passado brasileiro.

"Ladinos e crioulos"

Em 1947, Édison Carneiro publicou *O quilombo de Palmares*, e, em 1964, *Ladinos e crioulos: estudos sobre o negro no Brasil*. Neste trabalho, referiu-se às fugas como "o recurso mais utilizado pelos negros escravos, no Brasil, para escapar às agruras do cativeiro". As fugas para o mato "resultaram em quilombos, ou seja, ajuntamentos de escravos fugidos, e posteriormente nas entradas, expedições de captura".[20]

Para ele, a "fuga era uma negação da sociedade oficial, que oprimia os negros escravos eliminando a sua língua, a sua religião, os seus estilos de vida". O quilombo "era uma reafirmação da cultura e do estilo de vida africanos", organizados aos moldes dos Estados africanos: "um fenômeno contra-aculturativo, de rebeldia contra os padrões de vida impostos pela sociedade oficial e de restauração dos valores antigos".

Destacou alguns aspectos peculiares dos quilombos. O primeiro é o de que "todos esses ajuntamentos de escravos tiveram, como causa imediata uma situação de angústia econômica local, de que resultava certo afrouxamento na disciplina da escravidão"; e o segundo, de que os quilombos se "verificaram nos períodos de maior intensidade do tráfico de negros, variando a sua localização de acordo com as flutuações do interesse nacional pela exploração desta ou daquela região econômica".

Afirmou que o quilombo foi "movimento coletivo, de massa". O rigor do cativeiro e a violência sobre o escravo

---

[20] Carneiro, Édison. *Ladinos e crioulos: estudos sobre o negro no Brasil*. Rio de Janeiro: Civilização Brasileira, 1964.

> não basta[m] para justificar a sua fuga, a princípio em pequenos grupos, depois em massa, para as matas vizinhas. Nem chega para explicar a segurança com que os negros já aquilombados visitavam frequentemente as vilas de onde tinham fugido, a fim de comerciar, de comprar artigos manufaturados e de induzir outros escravos a seguir o seu exemplo, tomando o caminho da selva.

Segundo o autor, os quilombos menores

> chegaram atrasados, no momento em que a massa escrava já se valia de formas superiores de luta contra o cativeiro. Quando os negros malês passavam francamente à insurreição na Bahia, em ondas sucessivas (1806-1835), outros grupos reuniam-se no quilombo do Urubu, em Pirajá. E, quando os cativos, com os camponeses pobres, promoviam o grande levante da balaiada no Maranhão (1839), florescia o quilombo do Cumbe, sob a direção de Cosme, um dos chefes do movimento.

Carneiro salientou que os quilombolas não eram agressivos por natureza. "Os ajuntamentos de escravos fugidos não tinham, em si mesmos, caráter agressivo: os negros viviam tranquilamente nos seus mocambos, como dizia a parte oficial sobre a destruição do quilombo da Carlota".

Porém, lembra, a sociedade escravista justificou seus ataques aos quilombolas, por suposto caráter violento. "Embora os documentos do tempo falem sempre em assaltos e violências dos quilombolas nas regiões vizinhas, tudo indica que sob essas palavras se escondiam pretextos inconfessáveis para as expedições de captura de negros – e de terras". Ao escravizador, "a simples existência dos quilombos constituía um mau exemplo para os escravos das vizinhanças". O mocambo se apresentava como alternativa após as fugas.

Quanto à utilização das terras, afirmou que, "ao que tudo indica, tinha limites definidos, podendo-se afirmar que, embora a propriedade fosse comum, a regra era a pequena propriedade em torno de vários mocambos". Os quilombolas também criavam animais: "Era universal, nos quilombos, a criação de galinhas, algumas vezes acompanhada da criação de porcos e outros animais domésticos", já que havia a necessidade de melhorar a dieta alimentar do grupo.

Para o autor, dentro do quilombo, "os trabalhadores, aparentemente, dividiam-se por duas categorias principais – lavradores e artesãos". Essa afirmação não estava baseada em elementos probatórios e certamente exagera a divisão social do trabalho possível no interior dessas comunidades de cativos fugidos.

Concluiu escrevendo que

> o quilombo foi, portanto, um acontecimento singular na vida nacional, seja qual for o ângulo pelo qual o encaremos. Como forma de luta contra a escravidão, como estabelecimento humano, como organização social, como reafirmação dos valores das culturas africanas, sob todos esses aspectos, o quilombo revela-se como um fato novo, único, peculiar – uma síntese dialética.

Em *Ladinos e crioulos*, Carneiro praticamente repetiu o que afirmara em *O quilombo de Palmares:* que o mocambo era uma resistência, sobretudo cultural, reafirmação da cultura e do estilo de vida dos africanos, que ocorria principalmente em momentos de crise do sistema.

VISÕES SOBRE O QUILOMBO: DA DITADURA AO CENTENÁRIO DA ABOLIÇÃO

O trabalhador escravizado rejeitou a escravidão

Em 1966, a historiadora Emília Viotti da Costa publicou *Da senzala à Colônia*, um dos mais importantes trabalhos da historiografia brasileira sobre a escravidão. A obra, que analisa prioritariamente o cativeiro em São Paulo, indicou a escravidão como componente essencial no processo de produção de riquezas e a violência como mediadora do conflito entre escravistas e trabalhadores escravizados. Especificamente sobre quilombos, a obra diz pouco e sua bibliografia é escassa.

A historiadora marxista assinalou que

> fatores de inquietude das populações livres durante todo o período da escravidão, desde a época colonial, foram os quilombos. Reunidos em grupos, os escravos fugidos assaltavam as fazendas e as estradas, pondo em perigo a vida dos passantes. Ocultos nas matas, plantavam suas roças, insuficientes, na maioria das vezes, para o próprio sustento. Acuados, viviam de furtos.[1]

---

[1] Costa, Emília Viotti da. *Da senzala à colônia*. São Paulo: Difel, 1966.

Em São Paulo, "os pequenos núcleos que se formaram nas zonas cafeeiras estavam muito longe de ter a importância de um Palmares". Uma das características dos quilombos paulistas foi o reduzido número de pessoas: "três, quatro, cinco, dez, no máximo uma vintena de escravos". Porém, "já na última década que antecedeu à Lei do Ventre Livre, surgiram alguns mais numerosos".

Para a autora, as recompensas pela captura de trabalhadores escravos fugidos eram fartas. "As gratificações acompanharam a alta geral do preço do escravo", principalmente após o fim do tráfico internacional de trabalhadores escravizados. Viotti supõe que a repressão à fuga dificultou no início a formação de quilombos numerosos. Somente no final do período escravista aconteceram fugas em massa, pois "a atuação das sociedades protetoras de escravos, dos clubes abolicionistas e a divulgação das ideias antiescravistas iam tornando difícil [...] a ação dos capitães-do-mato, que contavam cada vez menos com a colaboração do povo".

Conforme a autora,

> à medida que crescia o número de negros livres e alforriados, mais difícil se tornava diferenciá-los dos cativos. Aumentava simultaneamente a demanda de trabalhadores assalariados e as preferências começavam agora a dirigir-se para o trabalho livre. Graças à ampliação do mercado de trabalho, o escravo fugido podia, facilmente, encontrar serviço.

Essas transformações econômicas facilitariam as fugas e, consequentemente, a formação de quilombos.

Um fator que impediu a formação de quilombos numerosos teria sido o avanço das lavouras de café sobre as terras não cultivadas. Dessa forma, as matas foram diminuindo, dificultando a formação de novos redutos. Amparada em documentos da Assembleia Legislativa da província de São Paulo, descreveu as moradias dos quilombolas como "casas de madeira, choças de palha ou taipa, cobertas de zinco, folhas de bananeira, ou sapé". A autora fez valiosas considerações sobre a importância da liberdade para o trabalhador escravizado.

Como Clóvis Moura, Viotti propõe que a solidariedade da população livre foi fator decisivo para manter a longevidade do quilombo. A autora não compartilha da corrente historiográfica que define o quilombo como retorno às raízes africanas. Parte do princípio de que a escravidão foi forma de produção despótica e o cativo resistiu à sua situação. O desejo de liberdade movia as ações dos cativos.

"O negro na luta contra a escravidão"

Advogado, historiador e jornalista, em 1968, Luiz Luna escreveu *O negro na luta contra a escravidão*, livro dedicado à vida e às lutas do trabalhador escravizado, utilizando-se, para tal, de significativa bibliografia. No trabalho, afirmou que, "a princípio, os escravos foram os índios que não se submeteram, sem violentos protestos, ao cativeiro". Segundo ele, o nativo, "pela natureza de temperamento e costumes, habituado à liberdade da vida nômade das florestas e das praias livres, nunca constituiu o tipo ideal do trabalhador que a voracidade lusa desejava".[2] Nesse particular, seguiu a lição capenga de Gilberto Freyre.

O pretenso fracasso da escravidão do índio exigiu a substituição por outros cativos, "presumivelmente mais dóceis, a fim de desempenhar, no Brasil, o papel que os nativos recusavam". Para Luna, "a maioria dos escravos, em tempo algum, conformou-se com o regime de cativeiro". Nesse sentido, a fuga "não deixava de ser uma forma de protesto e isso foi frequente no comportamento do negro escravo, desde que as primeiras levas aqui chegaram". Os cativos "fugiam, em grupos ou individualmente, homens,

---

[2] Luna, Luiz. *O negro na luta contra a escravidão*. Rio de Janeiro: Leitura S. A., 1968.

mulheres e crianças, e internavam-se nos matos para formar quilombos".

Quanto à participação dos cativos na luta pela abolição, entendeu que, se "não fez por si mesmo sua própria emancipação, foi porque lhe faltaram recursos, mas que nesse sentido muito lutaram, estão aí os documentos para comprovar". O autor afirmou que os quilombos "proliferaram de norte a sul e, ao longo de toda a história da escravidão, fizeram sentir sua ação revolucionária, altamente perigosa para a segurança das instituições servis".

Em Alagoas, "ficaram na história os papa-méis", "negros descendentes dos Palmares que fugiam das fazendas e se concentravam nas matas, atacando, em incursões de surpresa, vilas e povoados". Na realidade, tratava-se de quilombo de apropriação. Após ausentar-se de seus donos, "refugiados nas matas, os quilombolas ali construíam seus redutos de defesa, levantavam suas moradas de mocambos, pequenos arraiais cobertos de palha e cercados de plantações para sustento dos moradores". Os quilombos seriam "pequenas repúblicas negras perdidas nos confins das matas".

Quanto às causas das revoltas, desmentindo Carneiro, Luna escreveu que "não resultavam da fraqueza ou da falta de vigilância dos senhores. Ao contrário, [...] decorriam, precisamente, do duro regime de castigos". Porém, o autor levantou uma hipótese duvidosa ao afirmar que, "quando recebiam bom tratamento, não costumavam empregar certos processos de luta. Alguns até se entregaram pacificamente, aceitando a escravidão como fato consumado".

Contrariando a afirmação anterior, o autor citou que o trabalhador escravizado "era uma só raça com tradições culturais, morais e espirituais que a conduziam a uma posição de franca hostilidade ao regime escravo". Nesse sentido, afastou-se radicalmente da visão culturalista, abraçando a visão do cativo como classe social.

Admitindo os maus-tratos, escreveu que

> o escravo, como pessoa humana, não podia suportar esse sistema unilateral e violento. Por isso dialogava a seu modo à procura de soluções. Assim, vieram as fugas, os quilombos, os motins que sempre agitaram as senzalas. Quando a ação conjunta por qualquer motivo não podia ser executada vinham, muitas vezes, os dolorosos protestos dos suicídios e a explosão das mágoas acumuladas nos muitos crimes individuais que os escravos cometeram.

Ao tratar dos quilombos de Minas Gerais, escreveu que

> os negros fugidos, homiziados nas matas, costumavam empreender furtivas excursões aos garimpos em busca de meios de subsistência, passando, assim, a incorrer em dois crimes. Mas, por este, bem como pelos furtos de animais que faziam nas propriedades vizinhas, não eram tão perseguidos. Seu grande crime, imperdoável e inconcebível, era o quilombo.

Sobre os quilombos paulistas e a abolição, propôs, de forma inovadora, que "das fugas irrecuperáveis somadas a fatores outros, começou a desagregação do regime escravocrata no Brasil", tese que seria, mais tarde, comprovada historiograficamente por Robert Conrad, em *Os últimos anos da escravatura no Brasil*.[3]

Luna escreveu que, em São Paulo, "os quilombos atacavam, assaltavam, matavam, espalhavam pânico e terror por todos os cantos. [...] Exigia-se a mobilização de todas as forças repressivas. Tudo, porém, em vão. A luta continuava, as fugas também. Os quilombolas, cada vez mais agressivos e violentos".

Na Serra do Cubatão,

> os negros fizeram a sua cidade com vida própria, comércio regular, fortificações, repartições administrativas. Era uma república livre. Também livre era a cidade de Santos. Seus comerciantes fizeram subscrições para custear as

---

[3] Cf. Conrad, Robert. *Os últimos anos da escravatura no Brasil: 1850-1888*. 2 ed. Rio de Janeiro: Civilização Brasileira, 1978.

> despesas dos negros com a construção do reduto rebelde. Escravos fugidos tinham em Santos refúgio seguro. Todo o povo santista ajudava a luta dos quilombolas. Mulheres revoltadas fizeram regressar a São Paulo um trem que conduzia tropas para enfrentar a fortaleza de Cubatão.

Luna concluiu escrevendo que "foram os próprios escravos com suas lutas titânicas, por meio da ousadia das fugas e do perigo dos quilombos, que deram início à marcha da libertação". No início, "começaram com a reação de pequenos grupos, lutando em diversos pontos da província, para depois o movimento tomar vulto, conquistando ao mesmo tempo as simpatias do povo". Segundo o autor, "organizou-se assim um verdadeiro exército de guerrilheiros negros".

Sem dúvida, "o que acontecia em São Paulo era, praticamente, uma insurreição de escravos, sem organização planejada, sem comando único, sem ter sido preparada nos sussurros das conspirações, mas com os mesmos efeitos de uma rebelião de massas, pois outra coisa não poderiam ser esses quilombos". Como assinalado, salvo engano, pioneiramente chama a atenção para a ação servil na destruição final do cativeiro.

Luna assinala que, na parte meridional do Brasil, "não teve os mesmos efeitos registrados nas outras regiões do país. Para isso deve ter concorrido, acima de tudo, a diferença das condições de trabalho". Ali, segundo o autor,

> o regime não foi tão violento e arbitrário como ocorreu nas zonas da cana-de-açúcar, do café ou das minas e garimpos. Trabalhadores cativos viviam de mistura com os assalariados, embora estes não passassem de semiescravos, percebendo miserável salário e também forçados a rudes deveres. Mas a escravidão, em qualquer lugar que existia, é uma só.

Nesse sentido, abraçou, nem que seja parcialmente, o mito da democracia pastoril.

Sobre Palmares, chamou a confederação de república. Lá "o povo escolhia seus representantes à assembleia ou conselho deliberativo; havia ministérios, repartições fiscais, serviços de polícia, códigos e poder judiciário". Quanto à religião, afirmou que "era uma mistura do fetichismo africano e do catolicismo". Admitiu a escravidão na confederação de Palmares. "Havia, entre o povo, livres e escravos. Os primeiros eram os que se apresentavam espontaneamente e os segundos, os que eram tomados à força".

Outra importante afirmação de Luna foi quanto às relações dos quilombolas com a sociedade livre. Para o autor, os palmarinos "mantinham comércio com algumas populações da redondeza que lhes forneciam armamento, fazendas, gêneros alimentícios e outros produtos de que eles necessitavam".

Para o autor, após a Abolição,

> o liberto passou a viver à margem da sociedade que então se formava em decorrência das condições socioeconômicas criadas pela Abolição. Tornou-se numa espécie de pária, escravo dentro do regime de trabalho livre. Não houve o menor interesse de qualquer instituição – governamental ou particular –, inclusive da própria Igreja, para adaptar o negro à realidade da nova situação para ele criada.

Luna lembrou que os nativos foram os primeiros cativos. Quanto aos africanos e afrodescendentes, o autor foi preciso ao assinalar a constante rejeição ao cativeiro. Para ele, os quilombos foram redutos de defesa, ou seja, "pequenas repúblicas". Colocou a fuga e o quilombo como agentes da abolição. Propôs que os cativos bem tratados toleravam a escravidão. Luna se posicionou na mesma linha de Péret e Clóvis Moura, elegendo o trabalhador escravizado como categoria central da formação social brasileira e na sua superação.

Quilombo: volta às origens

Em 1965, o historiador e sociólogo estadunidense Eugene D. Genovese publicou germinal estudo sobre o escravismo no sul dos Estados Unidos, a partir de suas contradições internas.[4] Em 1973, escreveu *Da rebelião à revolução: as revoltas de escravos negros nas Américas*, trabalho de inspiração marxista. Professor de História da Universidade de Rochester, é também autor de *Roll, Jordan, roll. The world the slaves made,* de cunho neopatriarcalista.[5] Analisamos sinteticamente sua obra, mesmo não se referindo diretamente ao Brasil, devido à importância que teve para a historiografia brasileira.

O autor identificou as causas das primeiras revoltas segundo a ótica restauracionista. Ele definiu a luta dos cativos como luta de classes. "De modo geral, através da história, os escravos constituíram as classes sociais mais oprimidas, mas não as mais revolucionárias".[6] A última afirmação apoia-se em visão capitalista da luta social na escravidão.

Segundo Genovese, inicialmente os trabalhadores escravizados lutavam pela sua liberdade. Porém, "no final do século XVIII, o conteúdo histórico das revoltas de escravos mudou radicalmente de configuração, deixando de lado as tentativas de assegurar a liberdade, para chegar a tentativas de eliminar a escravidão como sistema social".

Ao tratar das aglomerações de cativos fugidos, seguiu o mesmo raciocínio: "as guerras de guerrilha empreendidas pelos quilombolas [...] objetivavam uma fuga à sociedade

---

[4] Cf. Genovese, Eugene. *The political economy of slavery*. New York: Pantheon Books, 1965; *Économie politique de l'esclavage*. Paris: François Maspero, 1968; *A economia política da escravidão*. Rio de Janeiro: Pallas, 1976.

[5] Gorender, Jacob. *A escravidão reabilitada*. 2 ed. São Paulo: Ática, 1991.

[6] Genovese, Eugene Dominick. *Da rebelião à revolução: as revoltas de escravos negros nas Américas*. São Paulo: Global, 1983.

escravagista, numa tentativa de fazer ressurgir uma ordem social arcaica, frequentemente percebida como algo tradicionalmente africano, mas que era invariavelmente uma criação afro-americana bem definida". Destaque-se a visão do quilombo como criação afro-americana.

Lembrou que essas comunidades foram um marco de resistência contra a escravidão e que

> a enorme vantagem dos líderes quilombolas sobre os líderes de revoltas de escravos consistia no seguinte: ao passo que, com um pouco de sorte, esses líderes conseguiam manobrar, desistir de um combate, sobreviver às derrotas e aprender com erros, os líderes das revoltas de escravos normalmente precisavam triunfar de um só golpe, preparado sem experiência prévia, com a participação de gente que sabia estar arriscando sua própria vida em um mergulho no desconhecido.

Os "quilombolas (*cimarrones, marons, marrons*) atormentavam todas as sociedades escravocratas, nas quais a existência de montanhas, pântanos e outros terrenos favoráveis proporcionassem refúgio em que os escravos pudessem abrigar-se". Alguns tomaram tal amplitude que obrigaram aos escravistas estabelecerem acordos: "Os portugueses, já no início do século XVII, haviam fracassado, ao oferecer determinadas cláusulas ao grande quilombo de Palmares, e até mesmo os arrogantes franceses chegaram a um acordo com vários milhares de quilombolas, perto da fronteira espanhola de São Domingos".

No entanto, para ele, a maioria das "comunidades quilombolas [...] permaneceram como pequenas unidades de centenas ou milhares de almas, algumas vezes mantendo fracos laços de aliança, mas outras vezes cultural e politicamente hostis uma para com as outras". Enquanto se mantiveram no quilombo, "simpatizavam com a sina daqueles que ainda se encontravam escravizados, pois suas próprias atividades de guerrilha exigiam informações e víveres dos informantes e dos que lhes davam apoio nas fazendas". O autor defendeu a eventual hostilidade entre os quilombolas, realidade que a documentação não confirma, ao menos para o Brasil.

Os senhores não descansavam com a presença dos quilombos pois eles representavam a possibilidade real de liberdade aos trabalhadores escravizados. Em toda a América escravista,

> os redutos quilombolas possuíam alguns traços comuns. [...] Asseguravam períodos de paz, ao obrigarem os brancos a concordar com um *modus vivendi,* eles construíram comunidades agrícolas que lembravam a África, e que se desenvolviam ao mesmo tempo como formações afro-americanas originais.

Quanto à economia,

> as comunidades apoiavam-se na horticultura e cultivavam inhame, batata-doce, banana, abóbora e feijão, apesar de também produzirem, para uso próprio, algodão, cana-de-açúcar e sobretudo fumo. Raramente ou nunca atingiram autossuficiência em manufaturas e tinham de depender dos outros a fim de obter tecidos, implementos agrícolas e, principalmente, armas de fogo.

No tocante à população livre, "os quilombolas estabeleceram relações de comércio com os agricultores vizinhos e com os habitantes das cidades". Por suas características, "de todas as comunidades do Novo Mundo, essas foram as que mais se aproximaram da África, [...] preservaram alguns traços da cultura africana que já estavam desaparecendo na própria África".

Quanto à vida familiar, Genovese escreveu que o quilombo "recordava em geral padrões de parentesco africanos e a liderança política centrava-se em reinos religiosamente sancionados. Os quilombolas impunham uma disciplina severa, quase militar, e infligiam castigos severos às violações das normas e aos desafios à autoridade".

Mesmo tendo afirmado que o quilombo fora uma reação ao sistema escravista, também apontou tendencialmente para uma volta às origens africanas, como uma das causas do seu surgimento:

> De diversas maneiras e em graus variados, as comunidades quilombolas almejavam restaurar um mundo africano perdido e, ao mesmo tempo, incorporavam traços da civilização euro-americana e, mais especificamente, técnicas agrícolas. [...] Os escravos nascidos na África, mais do que os crioulos, promoveram o estabelecimento de quilombos, e as sociedades que eles construíram refletiam suas origens.

Percebe-se a intenção de explicar o quilombo como uma volta à África, o que o levava a enfatizar os africanos, e não os nascidos nas colônias, como vetores de sua construção. A documentação é extremamente rica sobre a participação de cativos crioulos nos quilombos brasileiros, sobretudo nas décadas finais do cativeiro.

A grande determinação dos negros aquilombados foi o desafio à ordem vigente. Sem dúvida, "a formação das comunidades quilombolas geralmente exerceu um impacto destrutivo sobre a escravidão e significou incitamento à aversão, à deserção e à rebelião dos escravos. [...] Os quilombos inspiraram os escravos a desafiarem a autoridade branca e rebelaram-se".

Ao falar dos quilombos estadunidenses, o autor concluiu afirmando que "os quilombolas ofereceram contribuições inestimáveis à luta dos escravos por uma vida melhor no contexto da escravidão e, sobretudo, à luta tendo em vista a fuga à escravidão. [...] os quilombolas eram testemunho constante de que os escravos podiam fugir e até mesmo oferecer resistência armada à classe dos senhores". No entanto, responsabiliza os quilombolas porque "falharam junto aos cativos, no sentido abstrato de que eram muito poucos para oferecer aquele tipo de incitamento à rebelião, tão em evidência em outros lugares do hemisfério".

Genovese definiu o quilombo como resistência à escravidão. Para ele, os quilombolas pretendiam fazer ressurgir uma ordem social arcaica, com características africanas, porém com forte influência afro-americana. Classificou a produção agrícola quilombola como horticultura, assinalou o caráter precário da comunidade e o antagonismo entre quilombolas e sua contribuição para desgastar a ordem escravista. Em alguns momentos, concorda com a visão de Péret e Moura, dos quais se afasta, entretanto, ao defender o quilombo como projeto restauracionista.

Palmares: um Estado negro

Durante o período comandado pelos militares, centenas de brasileiros foram obrigados a abandonar o país. Em 1964, o historiador marxista Décio Freitas deixou o Brasil para viver no Uruguai, iniciando suas investigações sobre Palmares, em 1965, durante o exílio. O primeiro texto de seu estudo foi publicado em espanhol, em 1971, em Montevidéu, sob o título de *Palmares: la guerrilla negra*.[7]

Em 1973, de volta ao Brasil, publicou a primeira versão em língua portuguesa na pequena Editora Movimento, de Carlos Jorge Appel, que realizava luta de resistência cultural em Porto Alegre.[8]

Advogado, jornalista e historiador, Freitas deixou de conviver conosco em 2004. Dos seus 82 anos, boa parte deles dedicou à pesquisa historiográfica. Em *Palmares: la guerrilla negra*, e nos trabalhos seguintes, citou no geral

---

7 Freitas, Décio. *Palmares: la guerrilla negra*. Montevidéu: Nuestra América, 1971.

8 Freitas, Décio. *Palmares: a guerra dos escravos*. Porto Alegre: Movimento, 1973; *Palmares: a guerra dos escravos*. 2 ed. rev. e ampliada. Rio de Janeiro: Graal, 1978; *Palmares: a guerra dos escravos*. 3 ed. Rio de Janeiro: Graal, 1981; *Palmares: a guerra dos escravos*. 4 ed. Rio de Janeiro: Graal, 1983; *Palmares: a guerra dos escravos*. 5 ed. reescrita, revista e ampliada. Porto Alegre: Mercado Aberto, 1984.

suas fontes apenas na bibliografia, o que dificulta a análise de sua obra, em grande parte voltada para objetivos sintéticos.

Definiu a resistência do cativo como uma luta de classes entre proprietários e trabalhadores escravizados. Segundo ele, "nenhuma categoria social lutou de forma mais veemente e consequente contra a escravidão que a dos próprios escravos".[9] Sua obra foi um primeiro exemplo de fecundidade da compreensão do caráter escravista do passado brasileiro, no que se refere à historiografia palmarina.

Descreveu a região onde se localizava o quilombo de Palmares:

> A região recebera esse nome devido à abundância de palmeirais. [...] um sítio naturalmente áspero, montanhoso e agreste, com tal espessura e confusão de ramos que em muitas partes é impenetrável a toda luz: [...]. Um mundo animal de onças, chacais, serpentes e mosquitos, todos uma ameaça mortal para o homem, [...]. Sua exuberância como que esmagava e oprimia a vida. O clima versátil oscilava entre frios duros e estiagens destrutivas.

Quanto ao relevo, "uma dessas serras, muito íngreme e com forma de barriga, permitia descortinar a região por todos os lados, numa distância de dezenas de quilômetros, constituindo por si própria uma natural e inexpugnável fortaleza". A provável intenção do autor era mostrar que a dificuldade imposta pela natureza ajudou os quilombolas a permanecer por mais tempo longe das forças escravizadoras. Pelo que se percebe, os trabalhadores escravizados buscaram um refúgio seguro das investidas dos escravizadores, em sua luta pela liberdade.

Freitas lembrou que, ao chegarem à serra da Barriga, os cativos fugidos confirmaram suas qualidades de trabalhadores: "abriram clareiras e levantaram choças cobertas

---

[9] Freitas, Décio. *Palmares – A guerra dos escravos*. 5 ed. *Op. cit.*

de palha. Chamaram as choças de mocambos – do quimbundo mukambu". Teria iniciado assim a maior resistência à escravidão brasileira. Ele usou a designação de república ao referir-se a Palmares num sentido amplo, de ordem pactuada. Ou seja, "um Estado negro que resistiu até o fim do século XVII às incessantes e encarniçadas tentativas de destruição da Coroa portuguesa".

Refletindo sobre a questão da consciência servil, lembrou que quilombos como o de Palmares foram alternativas que os cativos encontraram para recuperar sua liberdade, e não para destruir a escravidão. Segundo ele, os palmarinos "não pensavam seriamente em derrubar o sistema escravista. Sequer parece plausível que lhes passasse pela cabeça a ideia de promover um levante geral". Ou seja, os trabalhadores escravizados não tinham condições objetivas mínimas para se elevarem à consciência de que só com a união de todos conseguiriam extirpar a escravidão para sempre.

Freitas seguiu o pensamento de Péret ao definir o quilombo como forma de luta de classes. Também entendeu que as condições dos trabalhadores escravizados impediram que almejassem algo mais do que a liberdade do cativeiro, mas não valorizou o ato destrutivo das forças repressoras.

Após alcançar a mata, os palmarinos somente deixavam seu refúgio para raptar mulheres (negras, índias, mulatas e brancas), pois havia falta delas no quilombo. Também foram forçados a sequestrar homens, porém

> é inteiramente incorreto que os palmarinos instituíram a escravidão por força de uma tradição escravista das civilizações africanas. [...] a escravidão nunca existiu como modo de produção na África, [...] quando aparece em sua história, [...] assume quase sempre um caráter patriarcal, o próprio prisioneiro de guerra incorporado depois de algum tempo à família do vencedor.

Discordou dos autores que admitiam escravidão nos quilombos de Palmares devido a uma visão mais acabada sobre o sentido e a diversidade das eventuais relações servis de subordinação na África e, eventualmente, naquela confederação. Não havia condições materiais – produtividade do trabalho – e sociais – possibilidade de impor coerção – para o desenvolvimento de relações escravistas em Palmares. Lembrou que os palmarinos faziam ainda incursões para se prover de armas, pólvora e ferramentas de trabalho. Também para vingar-se, depredando engenhos, ateando fogo nas plantações e justiçando feitores.

Enganaram-se aqueles que pensavam que os cativos, ao fugirem da escravidão, ficaram vagando pelas matas, em doce lazer:

> para não morrer de fome, tiveram que se matar de trabalho. [...] Eles como que traziam a agricultura na massa do sangue. Na África, haviam sido acima de tudo homens da terra, [...] haviam praticado uma policultura baseada em técnicas complexas, no Brasil se tinham visto rebaixados a uma monocultura primária.

Décio apontou que a negação ao trabalho, quando na condição de trabalhador escravizado, expressava sua contrariedade com a escravidão. Para o autor, "era por ser escravo, e não por ser negro, que ele produzia pouco e mal nas plantações e nos engenhos". Os relatos sobre as plantações nos quilombos comprovam a condição de trabalhadores produtivos. "Para sustentar sua liberdade, os negros palmarinos haviam criado uma economia comunitária de autossubsistência", assentada "num sistema de propriedade social".

Segundo o autor, as famílias recebiam a terra em usufruto, à condição de que a cultivassem e entregassem à comunidade um excedente. "Os homens, maioria esmagadora, formavam uma massa de produtores diretos. A organização, coordenação e supervisão do trabalho competia às mulheres, como chefes da família. O mocambo fornecia a esta família a casa de moradia e os instrumentos de trabalho". Ao explicar como eram distribuídas as tarefas entre os quilombolas, deixou evidente a superioridade numérica masculina no quilombo.

Descreveu as atividades agrícolas dos palmarinos. Segundo ele,

> plantavam milho, feijão, mandioca, cana-de-açúcar, batata, legumes. Duas semanas antes do plantio, preparavam o terreno com grandes queimadas. A preparação das terras, a semeadura e a colheita se faziam coletivamente. Celebravam o término da colheita com uma semana inteira de festejos em que todos folgavam, dançavam, comiam e bebiam.

Freitas afirmou que os palmarinos possuíam pomares com variedade de árvores frutíferas. Praticavam o extrativismo, pela abundância da palmeira, que fornecia óleo, azeite, manteiga, e dela se extraía também uma espécie de vinho. Suas folhas serviam para cobrir suas casas e tecer esteiras. Consumiam banana pacova, criavam galinhas e suínos, porém não criavam gado. Caçavam e pescavam. Quanto à presença de pomares no quilombo, como assinalado, o autor não explicitou a fonte em que se apoiava. Não encontramos em outras obras afirmação semelhante. Um pomar necessita de longo tempo para dar frutos.

Um dos fatores que determinaram a longevidade do quilombo teria sido a capacidade produtiva do grupo. A "produção se destinava fundamentalmente ao consumo da família, [...] o excedente se destinava ao sustento dos produtores não diretos e aos improdutivos em geral, [...] destinado a acudir a emergências, como secas, pragas, ataques externos".

A fertilidade do solo teria garantido às comunidades negras

> uma grande fartura, em vivo contraste com a perene miséria alimentar do litoral. A abundância de mão de obra, o trabalho cooperativo e a solidariedade social haviam

> aumentado extraordinariamente a produção. [...] em tempos de paz, os palmarinos desciam a Porto Calvo, Serinhaém, Ipojuca, Una e Alagoas com milho, o fumo, a cana, o açúcar, as batatas, o azeite e artefatos manuais, para trocá-los por armas, munições e sal.

Certamente exagerou ao falar de fartura e aumento extraordinário da produção. A documentação sugere que os quilombolas viviam melhor do que no cativeiro, porém passavam dificuldades, devido ao baixo nível das forças produtivas materiais, à escassa divisão do trabalho, à constante destruição das plantações etc. A documentação referente ao Brasil registra quilombolas que voltaram à escravidão devido à fome nos sertões. Interessante foi a afirmação do autor quanto às atividades de troca dos quilombolas com os escravistas.

Freitas fez interessantes considerações sobre o casamento, a origem, linguagem e religião dos palmarinos, lamentavelmente também sem citar diretamente suas fontes. Fica difícil saber o que é constatação, baseada em informação empírica, e o que se deve a deduções do autor.

Segundo ele, devido à insuficiência de mulheres em Palmares, institui-se casamento poliândrico, ou seja, uma mulher com vários homens. Quanto à procedência dos palmarinos, afirmou que eram oriundos das mais diferentes regiões da África, criando um mosaico cultural, e que "a diversidade de origens dos negros era um penhor de segurança tanto para os traficantes quanto para os colonos".

Ao tratar da linguagem, recorreu ao depoimento do governador Francisco de Brito Freire: "falam uma língua toda sua, às vezes parecendo da Guiné ou de Angola, outras parecendo português e tupi, mas não é nenhuma dessas e sim outra língua nova". Ainda segundo Freitas, os trabalhadores escravizados "precisaram remendar suas culturas esfarrapadas pelo tráfico". Necessitavam falar uma língua comum. Assim surgiu "um sincretismo linguístico, em que os elementos africanos tiveram um ascendente decisivo, mas que incorporava, por igual, elementos do português e do tupi".

Os colonizadores não entendiam a "língua nova" e necessitavam de intérprete para dialogar com os quilombolas. O domínio da língua representava poder. Portanto, procede a preocupação do governador Francisco Brito Freire, pois, "para impor sua hegemonia política e social, os colonizadores tinham de manter o domínio ideológico, cultural, religioso e sobretudo linguístico".[10]

Quando se referiu à religião, propôs que os palmarinos apelaram para um sincretismo religioso: "A religiosidade palmarina combinava fragmentos das crenças africanas e do cristianismo dos brancos. [...] as imagens das divindades africanas partilhavam altares com as de Jesus, Nossa Senhora da Conceição e São Brás".[11]

Freitas afirmou que pouca coisa se sabe das instituições governamentais na fase anterior à invasão holandesa.

> Em assembleia de que participavam todos os habitantes, escolhia-se pelo sistema do braço levantado um conselho composto de número indeterminado de pessoas. Este conselho, por sua vez, elegia um chefe, um maioral, dizem as fontes, investido de poderes que pareciam bastante amplos. Todavia, as decisões mais cruciais dependiam de consulta à assembleia popular.

A partir do momento em que os portugueses-holandeses intensificaram os ataques, teria surgido em Palmares uma estrutura de governo mais centralizada: "os chefes dos diferentes mocambos, reunidos na serra da Barriga, aclamaram o chefe de Macaco como maioral de todos os palmarinos e o intitularam Ganga-Zumba, o que queria dizer grande chefe ou grande senhor". Suas funções correspondiam a de um chefe de Estado.

---

[10] Carboni, Florance; Maestri, Mário. *A linguagem escravizada: língua, história, poder e luta de classes.* São Paulo: Expressão Popular, 2003.

[11] Freitas. *Palmares [...]. Op. cit.*

> O Ganga-Zumba, designado pelos portugueses como rei, fazia de fato cumprir suas ordens através de ministros, os quais, por sua vez, tinham à sua disposição funcionários (fâmulos). Havia certas questões cruciais – por exemplo, a guerra e a paz – em que Ganga-Zumba tinha de ouvir um conselho, composto pelos chefes político-administrativos (maiorais) e pelos militares (cabos de guerra) dos mocambos.

Sabe-se que "a fonte de seu poder não era nem podia ser hereditária. Não provinha tampouco de funções mágicas ou religiosas".

Freitas lembrou que o Estado palmarino teria constituído uma confederação. Essa confederação "não se originou na necessidade de reprimir antagonismos resultantes de contradições sociais, mas na de assegurar a defesa e a sobrevivência contra o colonialismo-escravista" – ou seja, lembra as tensões internas nascidas de relações de exploração no seio dos mocambos. Afirmou que "o Estado palmarino se afigura, na sua essência, como uma criação original de negros empenhados na luta e na resistência contra a escravidão".

Por que haveria a necessidade de derrotar Palmares? Respondeu a indagação dizendo que "a questão não consistia apenas em extirpar um perigoso foco de rebeldia escrava. As campanhas antipalmarinas seriam igualmente um derivativo para as lutas de classes que o pós-guerra ameaçava desencadear em consequência de uma série de explosivos problemas".

A permanência do foco rebelde ameaçaria o próprio sistema. Também do ponto de vista econômico, "os senhores-de-engenho enxergavam nas expedições antipalmarinas a oportunidade de recuperar seus escravos fugidos". Diante do alto preço de um escravo, "afigura-se que o meio mais fácil e barato de obter escravos seria buscá-los em Palmares". Dessa forma, o autor identificou motivo político e econômico na destruição de Palmares.

Freitas apenas explicitou as suas fontes, como era habitual na produção historiográfica brasileira pré-acadêmica. Para ele, os quilombos de Palmares representaram a luta de duas classes antagônicas. Não aceitou a hipótese da escravidão em Palmares e apresentou sua destruição como uma catástrofe histórica. O seu trabalho engrossa as fileiras dos historiadores que colocaram os cativos como agentes da emancipação. Da mesma forma que Péret, Clóvis Moura, Emília Viotti e Luna, Freitas rompeu com a visão da escravidão benigna e patriarcal e do cativo passivo.

Em busca de refúgio na selva

Vicente Salles diplomou-se em Ciências Sociais, especializou-se em Antropologia, exerceu o jornalismo. Preocupado com a questão da escravidão, utilizou em sua investigação documentos primários e se apoiou em conceituada bibliografia sobre o assunto em questão para produzir *O negro no Pará, sob o regime da escravidão*, publicado em 1971, durante a ditadura militar. Um trabalho regional que analisa a presença do cativo como força de trabalho, como fator étnico e como elemento formador da cultura amazônica. No Pará, o trabalhador escravizado encontrou florestas e rios que favoreceram fortemente o aquilombamento.

O autor partiu do pressuposto de que "o negro na sociedade escravocrata estava sob a tutela de duas forças de coação principais: a lei e o senhor. A lei era o resultado da opinião geral dos senhores, elaborada por eles e para eles exercitarem os instrumentos de mando". Sabe-se que o escravizador era o proprietário do cativo e aplicava penas a estes. Guiavam-se "muitas vezes por certos princípios absolutamente individuais ou segundo os costumes".[12]

---

[12] Salles, Vicente. *O negro no Pará, sob o regime da escravidão*. Rio de Janeiro: Fundação Getúlio Vargas, Serviço de publicações Universidade Federal do Pará, 1971.

Devido aos castigos e à própria negação da escravidão pelo cativo, as fugas eram constantes. Longe do cativeiro, o trabalhador escravizado que se libertava pela fuga teve de trabalhar para se sustentar. Segundo Salles, "o negro espalhou-se pela planície levando a todos os rincões a cana-de-açúcar. Era natural que o fizesse, já que grande parte dos escravos fugidos provinha dos engenhos e dos canaviais e procurava refúgio nas selvas, onde era necessário criar a lavoura de subsistência".

A fuga se constituiu na obsessão primeira do trabalhador escravizado. Geralmente, ele fugia sozinho, mas também foram registradas fugas coletivas. Na mata, longe dos laços da escravidão, juntava-se a outros grupos. "O processo tradicional de busca da liberdade consistiu invariavelmente na fuga para os matos, onde os negros se reuniam, solidários entre si, e formavam os quilombos".

A dor do cativeiro ensinou o cativo. Com o tempo, ele aprendeu a se organizar e as fugas passaram a ter objetivos definidos. Surgem os acoutadores, considerados inimigos do direito de propriedade. O cativo fugia e o acoutador os acolhia, em geral para utilizar seu trabalho. Salles afirmou que, "organizada a fuga, os quilombos cresceram rapidamente, pois eram o principal foco de atração dos negros escapados das cidades e das fazendas".

Referindo-se aos quilombos do Pará, Salles lembrou que, em 1701, "há notícia de mocambos no Maranhão, no sertão do Turiaçu. Em 1731, D. João, atendendo representação que lhe fizeram os oficiais da câmara de Belém, por carta de 26 de novembro de 1730, determinou que o governador do Estado e seus sucessores mandassem todos os varões, escoltas aos sertões para apreender os escravos fugidos".

Na região Amazônica, os negros encontraram ambiente favorável para a formação de quilombos. A vasta floresta escondia os cativos que buscavam a liberdade. Em 1749, já existiam quilombos na Guiana brasileira. Pouco a pouco, surgiu um grande número de quilombos em toda a região.

Salles explicou que, nessa região, os quilombos

> situados nos arrabaldes da cidade ou muito próximos dela não se notabilizaram pelo tipo de organização social adotada, nem pelo número de habitantes. Não se pode falar [...] de processo contra-aculturativo. Foram notáveis pelo número de nucleações, espalhadas em regiões relativamente próximas umas das outras, de fácil acesso e, portanto, fáceis de combater.

Segundo o autor, os cativos fugidos sobreviviam da apropriação de bens e também se dedicavam à lavoura. A dificuldade que a sociedade escravista tinha para combater os quilombos advinha também da possibilidade de os quilombolas mudarem o acampamento de lugar. Ao tratar da destruição dos quilombos, lembrou que, no Pará, as fugas eram tão frequentes que minavam a ordem econômica vigente: "Era necessário proteger a propriedade dos senhores e, por conseguinte, a fuga continuada gerou uma série de providências administrativas". Uma das medidas foi a criação da corporação de capitães-do-mato.

Revelou que a região estava tomada de mocambos, principalmente devido à presença da floresta, que escondia os quilombolas, e pela facilidade de locomoção pelos rios da região. Em todas as regiões onde se formaram os quilombos, os cativos fugidos procuraram o contato com a sociedade livre para manter intercâmbio. As trocas eram frequentes. Quanto às construções, Salles explicou que eram rudimentares.

Com relação à atividade econômica, uma característica de quase todos os quilombos da região foi a prática, em maior ou menor escala, da apropriação. Situados nos arrabaldes da cidade ou muito próximos dela, "os pretos rompiam a invadir de repente as canoas e a despojar os viajantes de tudo que possuíam ou carregavam". Esse costume dos quilombolas paraenses foi tão intenso que a "Junta Provisória de 1821 expediu contra eles várias partidas de tropas regulares, tendo sido apreendidos então 500 escravos e destruídos vários mocambos".

Os quilombolas da Guiana brasileira sofreram sucessivos ataques. Porém, comumente, os mocambeiros conseguiam burlar os perseguidores, devido à localização em região de fronteira, se adentrando comumente para as matas e, até mesmo, para o território da Guiana francesa, onde não poderiam ser reescravizados.

Ao participarem dos movimentos políticos das elites e dos livres pobres – Cabanagem –, os quilombolas lutaram pela liberdade. Salles concluiu que, "para os negros, a liberdade tinha ou parecia ter significado especial e muito limitado: escapar das garras do cativeiro, fugir para os mocambos e ali integrar-se – ou reintegrar-se, melhor dizendo – no tipo de organização social que trouxeram da África e que entre nós pouco se modificaria". O cativo desejava, acima de tudo, a liberdade. Não atingira, por dificuldades objetivas insuperáveis, a consciência de classe e não tinha consciência de que a liberdade jurídica passaria pelo fim ao regime escravista.

Para Salles, o quilombo foi uma forma de resistência e ao mesmo tempo uma volta às raízes africanas. O autor retomou a ideia de Nina Rodrigues quanto ao desejo dos quilombolas de se organizar aos moldes africanos. Para ele, a escravidão no Pará foi cruel como em todas as partes do Brasil. Uma característica das relações entre senhores e escravos foi a crueldade nos castigos.

Reação: "contra os maus-tratos, contra os excessos nos trabalhos e nos castigos"

O livro de José Alípio Goulart, *Da fuga ao suicídio: aspectos da rebeldia dos escravos no Brasil*, foi publicado em 1972, também durante a ditadura militar. A obra trata, sobretudo, das reações dos trabalhadores escravizados diante da escravidão. Apoiou-se em documentos oficiais, relatos de viajantes e significativa bibliografia sobre a escravidão.

Ao tratar das fugas, o autor salientou que, "ao evadir-se, não supunha o escravo pudesse modificar seu *status* social, adquirindo liberdade como simples decorrência de seu gesto aventuroso. Não. Impulsionava-o, tão somente, o imperativo de sobrevivência física, alimentado por poderosa carga de revolta".[13]

Para Goulart, ao fugir, o trabalhador escravizado "não vislumbrava qualquer área ou espaço geográfico no qual, transpondo-lhe a fronteira política, pudesse despir a túnica ignóbil do servilismo". Proposta incorreta para regiões de fronteira como o Rio Grande do Sul, o Mato Grosso e o Pará.

O autor citou "os maus-tratos e excessivos trabalhos" como causas principais que levaram os cativos à fuga, ou seja, "fugir e ganhar o oco do mundo foi pretensão que se cristalizou em ideia fixa na mente conturbada do negro escravizado. Desesperava-o a dor moral e física que suportava". Avançou quanto ao aspecto da fuga. Ao se referir à dor moral, tratou do trabalhador escravizado como ser humano, que negou a qualificação de "cousa", optando pela fuga para reconquistar a liberdade.

Lembrou que a liberdade do fujão não era plena. Ao evadir-se, o trabalhador escravizado não pode "gozar da mesma liberdade de que era detentor o índio". Fora dos domínios do escravizador, "sabendo-se perseguido, o fugitivo policiava seus movimentos, internando-se nos matos, ocultando-se nos socavãos das montanhas, evitando, por mil modos, tornar-se presa fácil a seus perseguidores".

---

[13] Goulart, José Alípio. [1915-1971] *Da fuga ao suicídio: aspectos da rebeldia dos escravos no Brasil*. Rio de Janeiro: Conquista/MEC, 1972.

Segundo o autor, somente a fome, o "afrouxamento à caça a ele movida, [...] animando-lhe a ousadia, é que encorajava os calhambolas a agirem às escâncaras, nos subúrbios e até mesmo dentro das cidades". Abordou de forma sistemática a questão das fugas. Lembrou que o desejo de liberdade fez o trabalhador escravizado fugir. Ao se ausentar do cativeiro, o fujão recuperava sua autonomia.

As fugas desembocaram num outro fenômeno marcante no período escravista das Américas – o quilombo, analisado pelo autor a partir de fontes diversas, como correspondências oficiais, relatos de viajantes e obras referentes à escravidão, escritas por pesquisadores de toda a América escravista.

Goulart analisou o fenômeno quilombola em todas as regiões do Brasil e concluiu que o número de negros aquilombados era elevado. "Conservando-se em permanente estado de vigilância e defesa, se aquilombados urdiam sistemas de segurança – fossas, cercas, barricadas, sentinelas – em derredor do núcleo". Tais precauções objetivavam "evitar as surpresas de um ataque, barrar o avanço de ferozes terços de invasão que, sob o comando de oficiais, e armados até os dentes, os acometiam excitados pela cobiça do butim e defendidos por autorização superior de eliminar a 'caça' à mais mínima reação desta".

Parece ter se equivocado ao afirmar que as forças repressoras eliminavam os quilombolas caso estes resistissem. Acreditamos que tal fato só aconteceria nos casos em que a vida dos repressores corresse perigo. Não haveria sentido pagar alguém para destruir a própria propriedade. Ainda mais que os homens do mato recebiam por quilombola preso, e não morto. Temos registro de processos abertos devido à morte de quilombolas por capitães-do-mato.

Sobre os quilombos, Goulart iniciou sua explicação pelo impacto que causavam à classe dirigente e aos proprietários: "A existência de quilombos imprimia tal receio aos brancos que qualquer ajuntamento de escravos fugidos já era como tal considerado, não importando seu número diminuto".

O quilombo foi um fenômeno que ocorreu em toda a América. No Brasil esteve presente em todas as atividades que envolveram escravos.

> Inumeráveis foram os ajuntamentos de tal espécie que se formaram em todo o território do Brasil, mormente onde se apresentou mais denso o acúmulo de africanos, melhor diríamos, de escravos, como ocorreu nas áreas de açúcar, nas de mineração e nas de café, cada um a seu tempo, sendo impossível tentar-se levantamento geral dos chamados quilombos.

Não concordou com a interpretação dada ao quilombo como realização de um "desejo incontrolável do africano de retornar à prática de seus escalões culturais". O autor concebeu o quilombo como uma reação ao regime da escravidão, "em razão das condições de escravidão que ele veio encontrar na América". Ou seja, uma reação de fuga e defesa "contra os maus-tratos, contra os excessos nos trabalhos e nos castigos, jamais contra a escravidão propriamente dita".

Goulart propõe que "o equívoco em relação ao surgimento dos quilombos persiste pelo simples fato de se admitir como causa o que, na realidade, constitui efeito. Por se admitir como razão-de-ser o que não passa de consequência". Vai além:

> Não será demais insistir-se no fato de que o regime escravista jamais funcionou como combustível para as explosões do negro no Brasil. O que os tornava rebeldes, indisciplinados, fossem pretos, caburés ou mulatos, fossem africanos ou mesmos já brasileiros, o que fazia ferver o sangue dos escravos eram aquelas particularidades do escravismo americano.

Entendeu que os maus-tratos, humilhações e as condições desumanas impostas ao cativo seriam as causas que motivaram a formação dos quilombos, e não a escravidão. Não podemos separar a instituição – escravidão – de suas determinações essenciais – coerção física e alta exploração do trabalho. Não podemos também subestimar a consciência dos cativos sobre a escravidão como origem de seus males, já que almejavam superá-la pela alforria ou pela fuga.

Outra proposta de Goulart aponta no sentido oposto ao de que o quilombo era fruto de uma predeterminação. Segundo ele,

> o quilombo obedecia a uma geração espontânea, surgindo, instalando-se e crescendo a pouco e pouco, solidificando-se paulatinamente à medida que, com o tempo, se fosse adensando sua população. Escravos fugidos, à cata de mútua proteção e fugindo ao barbarismo do regime escravista do branco, ajuntavam-se, a bem dizer, numa obediência instintiva à lei do gregarismo humano. De resto, o que se mencionou como princípio do quilombo nós o admitimos, tão somente, como um ressurgimento parcial do substrato cultural decorrente do agrupamento.

Sobre as origens dos quilombolas,

> resta dizer que os quilombos, e em especial os de maiores proporções, não se constituíam tão somente de escravos naturais da África, mas, de mesmo passo, de nascidos e criados no Brasil, em os quais as influências africano-culturais, posto não de todo superadas, apresentavam-se sobremodo esmaecidas. E também de gente livre marginalizada, tais como desertores, ladrões, assassinos, assim como índios às vezes, tudo de mistura com escravos.

Goulart expressou sua opinião de que os cativos não desejavam retornar às origens ao formar quilombos, visto que estes eram constituídos de pessoas de diferentes culturas. Para ele, o apego à pátria mãe e à cultura africana praticamente não existia. O quilombo de Palmares teria sido uma exceção, não servindo de paradigma para o fenômeno quilombola. Dessa forma, invalidou a tese culturalista e africana.

Segundo o autor, para a sociedade escravista, "o quilombo, graças a sua organização, constitui-se em fator altamente negativo para o equilíbrio econômico e social da região em que se formava, sendo que, em regra, os escravos costumavam aquilombar-se em local não muito distanciado das propriedades onde serviam". Além do prejuízo causado pela ausência do trabalhador escravizado, pairava a ameaça de novas fugas em direção ao quilombo. As famílias dos senhores viviam em clima de tensão. Reforçou o aspecto da proximidade do quilombo, contrariando os pesquisadores que definiram o quilombo como algo isolado e distante da sociedade.

Goulart não teve dúvidas ao escrever que os quilombos modificaram a ordem econômica e social das regiões onde se instalaram.

> Quilombos houve, como os dos Palmares, o da serra dos Parecis, os do Trombetas, o de Turiaçu, e talvez outros, que chegaram a possuir economia agrícola e indústria organizada, com plantações, criações em larga escala, fiação de tecidos, artesanato etc. A produção de tais quilombos chegava a ser negociada com mercadores estabelecidos, e até mereciam proteção destes, dadas as condições variáveis de preços de venda, num comércio quase exclusivamente de trocas. Grandes amigos de quilombolas, com estes negociando largamente, foram os mascates e os regatões.

A relação entre os quilombolas e setores da população livre era garantia de proteção e de sobrevivência do quilombo. O autor destacou as relações dos quilombolas com a sociedade fora do mocambo. As trocas com regatões e mascates foram importantes para a sobrevivência dos mocambeiros. Deles vinham informações sobre as atividades das forças repressoras.

Goulart deixou importantes trabalhos sobre a escravidão. Em 1956, publicou *Pesquisa de padrão de vida no Brasil*. Uma década mais tarde, seguiram-se: *O mascate no*

Brasil (1967); *O regatão* (1968); *Da palmatória ao patíbulo* (1971) e *Da fuga ao suicídio* (1972), obra que constitui referencial obrigatório para os estudos da resistência escrava.

Goulart engrossa as fileiras dos historiadores que interpretam a escravidão como luta permanente do trabalhador escravizado contra a opressão escravista. Para ele, o quilombo nasceu como consequência dos maus-tratos dos senhores para com seus escravos. Travou interessantes discussões com Artur Ramos, do qual divergiu quanto à violência do regime escravista, sendo que para o autor os excessos foram maiores na América portuguesa.

Com Édison Carneiro, Goulart divergiu quanto ao quilombo de Palmares. Para Carneiro, foi a reação do homem contra a escravidão. Para Goulart, era "a reação do homem negro contra a escravidão que este veio encontrar na América portuguesa". Carneiro afirmou que o quilombo "era uma reação negativa de fuga, de defesa". Goulart discordou, registrando que era "de fuga e de defesa contra os maus-tratos, contra os excessos nos trabalhos e nos castigos, jamais contra a escravidão propriamente dita".

Joaquim Ribeiro afirmou que o "quilombo" era "uma reação contra a cultura dos brancos, contra seus usos e costumes: é a ressurreição do organismo político tribal: é o retorno, sobretudo, ao seu fetichismo bárbaro".[14] Fernando Ortiz seguiu o mesmo raciocínio.[15] Goulart discordou dos dois e afirmou que "usos e costumes de brancos praticavam os negros nos mocambos, inclusive 'europeizando', antes de qualquer missionário, os índios que com eles entravam em contato, como salienta, muito seguro de si, mestre Gilberto Freyre".[16] Jaime D'Altavila afirmou que o quilombo era

[14] Ribeiro, Joaquim. "Capítulos inéditos da história do Brasil". Rio de Janeiro, 1954. *In:* Goulart. *Da fuga ao [...]. Op. cit.*

[15] Ortiz, Fernando. "Los negros esclavos". Havana: [s.n.], 1916. *In:* Goulart. *Da fuga ao [...]. Op. cit.*

[16] *Idem, ibid.*

"uma organização de homens que fugiam do cativeiro para se tornarem livres".[17] Goulart divergiu, pois entendia que o trabalhador escravizado não alcançava a liberdade plena, semelhante à liberdade do "índio".[18]

As civilizações dos negros marrãos

O francês Roger Bastide iniciou seus estudos sobre as religiões afro-brasileiras no Brasil, onde viveu de 1938 a 1954. Em *As Américas negras*, publicado em 1974, analisou as sociedades africanas, passando em seguida a estudar as sociedades que os africanos formaram nas diferentes partes das Américas. No terceiro capítulo da obra *As civilizações dos negros marrãos*, revelou que o trabalhador escravizado resistiu ao regime que lhe era imposto pela força.

> Esta resistência pode ter tomado formas diferentes: o suicídio, que é a resistência dos fracos, mas que se fundamentava em uma concepção religiosa – a ideia de que depois da morte a alma voltaria ao país dos antepassados; o aborto voluntário das mulheres, com o fito de poupar seus filhos do jugo da escravidão; o envenenamento dos senhores brancos, com a ajuda de plantas tóxicas [...], a sabotagem do trabalho, [...]; a revolta e a fuga por fim.[19]

O segundo tipo de revolta não ocorreu de forma espontânea, ao contrário,

> foram organizadas, longamente amadurecidas em segredo, e que os chefes desses movimentos foram chefes religiosos: nos Estados Unidos, os profetas cristãos, como Nat Turner, mas que usavam processos análogos aos da magia africana (papéis escritos com sangue e signos ca-

[17] D'altavila, Jaime. "A redução dos Palmares". *Revista do Instituto Histórico e Geográfico de Alagoas*. XI, Maceió, 1926. *In:* Goulart. *Da fuga ao [...]. Op. cit.*

[18] Goulart. *Da fuga ao [...]. Op. cit.*

[19] Bastide, Roger. *As Américas negras: as civilizações africanas no Novo Mundo*. São Paulo: Difel/Edusp, 1974.

balísticos); na América do Sul, ministros muçulmanos ou dirigentes de *candomblés* fetichistas.

Para Bastide, a oposição organizada "é, ao mesmo tempo, um movimento de resistência cultural, e signo do protesto do negro contra a cristianização forçada, contra a assimilação aos valores e ao mundo dos brancos, o testemunho da vontade de permanecer africano". Ele propõe que, com exceção do Haiti, essas revoltas não foram bem-sucedidas. "Não se deu o mesmo com o *marronage*, cuja influência continua a se fazer sentir em quase toda a extensão da América negra, mantendo, nos lugares isolados, em comunidades mais ou menos voltadas para elas mesmas, aspectos inteiros de civilizações africanas".

No relativo à conformação étnica do quilombo, afasta-se do extremismo africano. O *marronage* foi um acontecimento mais presente entre os africanos recém-chegados, porém "quanto mais se aproxima do século XIX mais o *marronage* é dos crioulos que fugiam das plantações para se refugiarem no anonimato das cidades, onde encontram numerosos negros já libertos, no meio dos quais se perdiam". Ele propunha que "o *marronage* é a expressão de uma certa resistência cultural, e não somente econômica; [...] trata-se mais frequentemente da adaptação do passado ao presente do que da criação de formas de vida inteiramente novas".

Segundo Bastide, "o isolamento contribuiu [...] para a conservação de traços culturais africanos, permitiu também a manutenção de traços herdados do regime da escravidão e que permaneceram tal como existiram nos séculos XVII e XVIII". Antes, os nativos haviam sido colocados, pelos colonizadores, contra os trabalhadores escravizados. Bastide lembrou que, "no *marronage*, o africano reencontrou o índio".

A agressividade do negro deveria ter-se voltado contra o colonizador, porém na maioria das vezes era dirigida contra o índio. Na realidade, fora aplicada a política "dividir para dominar". Bastide encontrou na Amazônia "tribos de índios que tinham por chefe supremo ou por sacerdotes-mágicos negros fugitivos adotados por eles".

Da mesma forma, "no Nordeste do país [Brasil], o catimbó ou cachimbo é uma realidade de origem indígena, [...] entre as populações mestiças e que se distinguem nitidamente das religiões africanas [...]. Os negros não são muito numerosos nas regiões onde domina esse culto, mas alguns deles o frequentam".

Na região de Pernambuco e Bahia, o "candomblé de caboclos, [...] no sentido de a estrutura desse culto permanecer essencialmente africana, e de que são os espíritos dos índios que vão agora se inserir nessa estrutura estrangeira". Na Amazônia, a pajelança, "expressão de uma realidade índia", recebeu contribuição dos negros e "criou-se uma outra pajelança (chamada linha africana)".

Bastide concluiu afirmando que, "contra os mitos da raça branca ou da negritude, o encontro do índio e do negro permitiu o nascimento de um outro mito, o do casamento dos sangues e da fusão das raças". A resistência dos trabalhadores escravizados e livres e dos nativos se fez sentir pela negação da cultura europeia. Embora colocados um contra o outro, pelo colonizador, se reencontraram nos cultos e nas suas crenças.

Resistência: um processo contínuo e permanente

O historiador estadunidense Robert Conrad, professor da Universidade de Illinois, analisou em *Os últimos anos da escravatura no Brasil*, clássico de historiografia no Brasil, o período histórico compreendido entre os anos de 1850 e 1888, ou seja, do fim do tráfico de trabalhadores escravizados até a lei Áurea. Conrad propôs que a resistência dos escravos foi processo contínuo e permanente.

"Mais comum do que as revoltas, que eram perigosas, difíceis de organizar e de sucesso improvável, era a simples alternativa de fugir da presença do senhor". As fugas de escravos resultaram num novo fenômeno, os quilombos. Como consequência, "as autoridades brasileiras [...] desencadearam uma campanha de terror contra os fugitivos, a qual foi tão persistente quanto os esforços dos próprios fugitivos".[20]

Conrad colocou a fuga como alternativa viável e preferida dos trabalhadores escravizados que não aceitaram a escravidão. No momento em que foi implantada a escravidão no Brasil, "os escravos abandonavam seus senhores em troca de uma vida precária e difícil em selvas ou em regiões pouco populosas, perto de aldeias, cidades e plantações, onde pudessem obter seu sustento através de compra, troca, roubo ou pilhagem armada".

Reconheceu as dificuldades dos quilombolas e admitiu as trocas com a sociedade livre. Deixou claro, também, que os quilombos romperam com a ordem vigente. Os ataques aos quilombos tinham por objetivo "libertar a vizinhança de marginais que perturbavam a ordem e, também, voltar a usar os fugitivos (e, por vezes, seus descendentes) no sistema de trabalho das plantações".

Certamente Conrad referia-se como "marginais" aos quilombos que praticavam a apropriação de bens, e que a presença de quilombos incitava os escravos à fuga, pondo de certa forma a ordem social em perigo, pois "o exemplo dado pelos quilombolas e a certa segurança que se acreditava existir nas povoações estabelecidas pelos fugitivos contra quaisquer esforços realizados para reescravizar seus habitantes haviam tornado a disciplina impossível nas plantações".

Concluiu afirmando que,

---

[20] Conrad, Robert. *Os últimos anos da escravatura no Brasil: 1850-1888*. 2 ed. Rio de Janeiro: Civilização Brasileira, 1978.

> apesar das fugas para quilombos, apesar da interminável luta entre escravizados e autoridades públicas, os proprietários puderam se aproveitar da posse de cativos até os últimos dias da escravatura, absorvendo as constantes perdas financeiras que resultavam do problema das fugas até que esse problema se tornou tão generalizado entre 1877 e 1888 que os donos dos escravos foram forçados a se renderem às exigências abolicionistas, as quais, então, já se haviam desenvolvido num crescente nacional.

Afirmou que as fugas aceleraram o processo abolicionista. Para ele, as perdas financeiras e as sucessivas interrupções das tarefas nas lavouras levaram os proprietários a se render, ainda que muito tardiamente. Enfatizou o fenômeno ocorrido principalmente em São Paulo, então a principal concentração de trabalhadores escravizados.

Por meio de estudo documental exaustivo, o autor potenciou a proposta de Péret, Clóvis Moura, Emília Viotti, Décio Freitas, Luna e Goulart: do cativo como protagonista da Abolição. A obra de Conrad serve de referência aos novos estudos sobre a luta do cativo pela liberdade. Amparado em significativa documentação, apresentou uma das mais completas obras em torno dos fatos sociais, políticos e econômicos que marcaram a luta de escravizadores e escravizados.

Quilombo: "foi um baluarte na luta e resistência contra a escravidão"

Em 1976, Décio Freitas publicou um novo livro, *Insurreições escravas*, dedicado à insurgência escrava ocorrida em Salvador entre 1807 e 1835.[21] Nesse caso, para o autor, ao contrário dos quilombos, os trabalhadores escravizados lutavam para se libertar da escravidão, mediante a destruição do sistema escravista. Entre os anos de 1807 e 1835, os cativos urbanos protestaram contra o regime insurgindo-se

---

[21] Freitas, Décio. *Insurreições escravas*. Porto Alegre: Movimento, 1976

na Bahia. Fato atípico para as condições dos trabalhadores escravizados no Brasil, pois a maioria vivia nas plantagens.

> Em toda a parte, os protestos escravos sempre tiveram lugar no quadro rural. Entre nós, expressaram-se através do conhecido quilombo. Os escravos se revoltavam e estabeleciam comunidades em lugares de difícil acesso. Depois, vivendo à base de uma economia de subsistência, resistiam às tentativas de reescravização e ajudavam outros escravos a se libertarem do cativeiro.

Dessa forma, os trabalhadores escravizados rejeitaram a escravidão e, em nenhum momento, procuraram se libertar coletivamente por meio de uma insurreição geral.

Freitas apontou algumas causas que levaram os negros escravizados a preferirem os quilombos. Uma delas foi a situação de isolamento pelas imensas distâncias entre as fazendas, dificultando aos cativos a articulação de um movimento coletivo. Porém, por que eles se insurgiram? Lembrou que "os escravos baianos possuíam nível cultural superior ao dos escravos das demais regiões escravistas do Brasil".

Teria influenciado igualmente no levante a grande população afrodescendente concentrada na capital baiana. Segundo dados apresentados pelo autor, em Salvador, "apenas 28% dos habitantes passavam por brancos, cerca de 20% constavam como pardos e nada menos de 52% eram negros".

Outro fator apontado por Freitas nesse fenômeno foi o sistema de "ganho", que incorporava os trabalhadores escravizados à economia monetária. Efetivamente, o cativo vislumbrava a possibilidade de alforria e de relações não escravistas de produção. A todos os fatores citados anteriormente, somam-se "a crise do poder colonial e, depois, a do emergente poder nacional", que estimularam as insurreições.

Por que os movimentos fracassaram? Segundo o autor, "os escravos não tinham consciência nem unidade de classe". Além disso, o sistema escravista era sólido e coeso.

"Todos os não escravos – salvo uma parcela dos libertos – estavam interessados na manutenção do sistema".

Atribuiu ainda o fracasso da insurreição à "incapacidade dos escravos de formular, a partir de seus interesses de classe, um projeto de reorganização geral da sociedade, resolvendo os problemas impostos pela evolução histórica. Essa a tragédia das insurreições escravas, tanto nos sistemas escravistas antigos quanto nos do Novo Mundo".

Em *Insurreições escravas,* Freitas, apesar de não informar as fontes, enfatizou o quilombo como forma de protesto dos cativos. Em relação ao livro *Palmares: a guerra dos escravos*, o autor deixou de lado alguns de seus excessos passados e admitiu que a economia dos quilombolas era de subsistência. Para ele, os trabalhadores escravizados tiveram dificuldade para articular um movimento coletivo devido à distância entre as plantagens, faltando-lhes consciência e unidade de classe.

O escravismo colonial

Em 1923, na Bahia, nascia Jacob Gorender, pensador marxista e militante, desde jovem, do PCB. Em 1968, durante o governo ditatorial, participou da fundação do Partido Comunista Brasileiro Revolucionário. Foi preso e, no cárcere, prosseguiu reflexão sobre a formação social brasileira que culminaria, em 1978, na publicação de *O escravismo colonial.*

O escravismo colonial é referência insubstituível para os estudos da escravidão americana. Trata-se igualmente da melhor síntese de que dispomos sobre o tema, tendo como parâmetro o modo de produção escravista colonial.

Gorender parte do princípio de que "o escravismo colonial surgiu e se desenvolveu dentro de determinismo socioeconômico rigorosamente definido, no tempo e no espaço. [...] um modo de produção de características novas, antes desconhecidas na história humana. [...] um modo de produção historicamente novo".[22] Propõe que qualquer analogia a modos de produção que antecederam o caso americano seria infrutífera.

> O escravismo americano apresentou a aparência de ressurreição do escravismo mediterrâneo antigo, sobretudo o romano. Há em ambos, de fato, o traço comum do trabalho escravo como tipo dominante de exploração de mão de obra. Mas a estrutura e a dinâmica foram distintas em um e outro, tanto que a sociedade imperial romana se defrontou com o impasse representado pela impossibilidade de evolução do escravismo patriarcal arcaico ao escravismo mercantil moderno.

O escravismo possuía dois modos de produção diferenciados: "O escravismo patriarcal, caracterizado por uma economia predominantemente natural, e o escravismo colonial, que se orienta no sentido da produção de bens comercializáveis". Gorender segue com seu raciocínio, afirmando que "a característica mais essencial, que se salienta no ser escravo, reside na condição de propriedade de outro ser humano". Ou seja, "o escravo, instrumento vivo como todo trabalhador, constitui ademais uma propriedade viva. A noção de propriedade implica a sujeição de alguém fora dela: o escravo está sujeito ao senhor a quem pertence".

A sociedade escravista concebeu o trabalhador escravizado como uma propriedade: "a tendência dos senhores de escravos foi a de vê-los como animais de trabalho, como *instrumentum vocale*, bem semovente". Como proprietária desse bem, a classe dos escravistas aplicou castigos aos seus trabalhadores para mantê-los na submissão. Por sua vez, o cativo reagiu de forma violenta, exigindo tratamento como homem, e não como animal.

Gorender propõe que "o primeiro ato humano do escravo é o crime, desde o atentado contra o senhor à fuga do

[22] Gorender, Jacob. *O escravismo colonial*. 6 ed. São Paulo: Ática, 2001.

cativeiro. Em contrapartida, ao reconhecer a responsabilidade penal dos escravos, a sociedade escravista os reconhecia como homens: além de incluí-los no direito das coisas, submetia-os à legislação penal".

Concluiu que "o escravo conseguiu o reconhecimento como sujeito de delito e também como objeto de delito. Sua vida teve de ser protegida, ao menos na letra da lei, julgada assim um bem pessoal e não apenas a qualidade objetiva de coisa semovente". Essas propostas, dissociadas da afirmação do ato produtivo como essência do trabalho escravizado, foram muito criticadas.

Para o trabalhador escravizado não havia lei que o amparasse: "Impedido por lei de denunciar o senhor ou de testemunhar contra ele, sem contar com o apoio na opinião pública dos homens livres, o escravo ficava de fato entregue ao arbítrio senhorial". Dessa forma, as violências arbitrárias contra os cativos foram uma prática constante.

A sociedade colonial comungava o pensamento de que o escravista que quisesse tirar melhor proveito de seus escravos deveria aplicar a fórmula: trabalho e castigo.

> Trabalho e castigo são termos indissociáveis no sistema escravista. O escravo é inimigo visceral do trabalho, uma vez que neste se manifesta totalmente sua condição unilateral de coisa apropriada, de instrumento animado. A reação ao trabalho é a reação da humanidade do escravo à coisificação. O escravo exterioriza sua revolta mais embrionária e indefinida na resistência passiva ao trabalho para o senhor.

Com o passar do tempo, a sociedade escravista teria aprendido. "Na lida diária com escravos através de gerações, enfrentando suas mais diversas reações, desde a resistência passiva ao trabalho até as fugas, atentados e insurreições, a classe escravocrata amadureceu uma compreensão 'sábia' a respeito do castigo e a expressou nas formas concentradas de sua ideologia".

As ações dos trabalhadores escravizados fizeram com que os escravistas sentissem a necessidade de aumentar a vigilância sobre aqueles.

> O alto custo de vigilância tem caráter estrutural na produção escravista. [...] Constitui um custo fixo a ser incorporado ao custo final. [...] o custo de vigilância visava a obter o máximo de eficiência da força de trabalho, a evitar fugas de escravos, a conseguir a captura dos fugitivos e a aplicar-lhes castigos. No custo de vigilância, deve ser incluída a perda dos dias não trabalhados pelos escravos enquanto fugitivos, dias que podiam somar meses ou anos.

Quanto aos quilombos, Gorender explicou que,

> no Brasil, a destruição de quilombos maiores exigia a organização de expedições onerosas para as populações que sofriam exações extraordinárias. Foi criada a categoria de homens do mato, que se regulava por regimentos especiais e tinha hierarquia própria: soldado, cabo, capitão, sargento-mor e capitão-mor do mato. A partir do posto de capitão do mato, era preciso obter uma patente concedida pela autoridade pública.

Relata que, para a função de capitão do mato, eram contratados brancos, negros livres e até escravos. Para cada fujão recapturado era cobrado dos donos um valor: "No Brasil, [...] o custo de tomadia, [...] variava conforme a distância da captura e outras circunstâncias, podendo ser acrescido do custo judicial de carceragem".

O custo com a vigilância saía do trabalho escravizado. Para o escravizador, toda a despesa com a produção era obtida mediante exploração do trabalhador escravizado:

> diríamos que o custo do trabalho de vigilância tem, grosso modo, um peso específico pelo menos quatro vezes mais alto no escravismo com relação ao capitalismo. É que no escravismo a oposição do trabalhador ao explorador se manifesta, mais do que em qualquer outro modo de produção, sob o aspecto de oposição ao próprio trabalho.

Gorender deixou claro que o escravo rejeitou o trabalho com o objetivo de recuperar sua condição humana, ou seja, "o escravo real só conquistava a consciência de si mesmo como ser humano ao repelir o trabalho, o que constituía sua manifestação mais espontânea de repulsa ao senhor e ao estado de escravidão. [...] ao homem escravo só foi dado recuperar sua humanidade pessoal pela rejeição do trabalho".

Não raro encontramos afirmações de que o escravo não era dado ao trabalho. Esclareceu que a rejeição foi a maneira que o trabalhador escravizado encontrou para recuperar sua condição de homem. O autor buscou em Ianni suporte para confirmar sua afirmação:

> Com frequência, a atitude negativa do escravo diante do trabalho se prolongava no liberto. Este ostentava sua condição de homem livre através do desprezo pelo trabalho e da supervalorização do ócio. Com o que apenas manifestava a assimilação dos valores da sociedade escravista. Mas encontramos uma atitude positiva diante do trabalho nos agrupamentos de negros fugidos, nos quilombos estáveis como o de Palmares, isolados da sociedade escravista.[23]

No Brasil, "a grande maioria dos escravos destinava-se [...] ao trabalho nos estabelecimentos agrícolas e neles residia. O escravo rural foi o tipo predominante e, sob o aspecto econômico, o tipo fundamental".[24] Também nas plantagens o cativo foi mais castigado. Longe das autoridades, o trabalhador escravizado estava submetido às vontades do escravizador.

O produtor feitorizado era considerado propriedade:

> Mercadoria ao mesmo título que as demais mercadorias, sujeito a idênticas relações de compra e venda, o escravo era livremente alienável. [...] a família escrava não recebia

[23] Cf. Ianni, Octavio. *As metamorfoses do escravo*. São Paulo: Difel, 1962. *In:* Gorender, Jacob. *O escravismo colonial*. 6 ed. São Paulo: Ática, 2001.

[24] Gorender. *O escravismo [...]. Op. cit.*

> reconhecimento civil e, mesmo com o casamento sacramentado pela Igreja, como se dava no Brasil, marido e mulher, pais e filhos podiam ser legalmente separados e vendidos a senhores diferentes.

Como um bem, "o escravo se tornava objeto de todos os tipos de transações ocorrentes nas relações mercantis". Podia ser vendido, transferido de proprietário etc. Em alguns casos, após a troca de proprietário, o descontentamento levou os cativos a abandonarem a senzala e constituírem quilombos. Sem poder usufruir sua capacidade de trabalho, o cativo fugia. Das fugas originaram-se os quilombos.

Gorender deixou claro que

> o trabalhador assalariado, consubstancial ao capitalismo, representa o primeiro tipo de trabalhador explorado do qual desaparecem os últimos resíduos de apropriação pessoal por parte do explorador e que, por isso, integra o processo da produção como força puramente subjetiva. Dispõe da força de trabalho – complexo de suas energias físicas e mentais – e a vende ao capitalista 'livremente' como o faz qualquer possuidor de mercadorias.

No entanto, "para que a força de trabalho seja mercadoria e não o seja o próprio operário, é imprescindível que este último não venda sua força de trabalho senão por um curto prazo de cada vez, voltando a dispor dela após o término de cada transação contratual com este ou aquele capitalista".

Faz-se necessário que

> o operário se apresente livre também de qualquer propriedade alienável que não sua força pessoal de trabalho; donde a distinção entre operário assalariado com relação não ao escravo, porém ao servo, ao camponês em geral e ao artesão, que não vendem sua força de trabalho, mas a usam por conta própria, aplicando-a aos meios de produção de que são possuidores.

Dessa forma, o autor apontou para a causa principal da insatisfação do trabalhador escravizado. Este não pode usufruir sua força de trabalho a não ser no quilombo. Amparado em conceituada bibliografia, promoveu uma revolução nas ciências sociais brasileiras. Gorender defendeu o caráter escravista colonial do passado brasileiro, superando a falsa polêmica "passado escravista – passado capitalista", que dividiria, por décadas, as ciências sociais e a esquerda brasileira.[25]

O escravismo colonial constitui-se em uma síntese historiográfica significativa sobre a escravidão brasileira. "Por primeira vez, empreendia-se em forma sistemática a interpretação do passado pré-Abolição a partir de suas contradições fundamentais, a oposição entre o trabalhador escravizado e o escravizador".

O escravismo na província de São Paulo

Em 1980, Ronaldo Marcos dos Santos escreveu *Resistência e superação do escravismo na província de São Paulo (1885-1888)*, onde propõe que o quilombo "manifesta-se em toda a história da escravidão no Brasil, como forma de resistência e protesto do negro". No entanto, para o autor, "Palmares representa a tentativa de reviver a África em pleno sertão das Alagoas".[26]

Santos identificou características comuns aos quilombos durante o período escravista:

> a preocupação com a defesa; a disposição de luta dos quilombolas; a fuga para local mais seguro quando ameaçados; a conexão com povoados próximos para estabelecer pequenas trocas; o roubo de animais, víveres e assaltos a viajantes; o aliciamento, rapto ou estímulo à fuga dos negros da redondeza e até mesmo a organização e o arranjo das moradias.

---

[25] Cf. Maestri, Mário. "O escravismo colonial: A revolução copernicana de Jacob Gorender". *Revista Espaço Acadêmico*, n. 35, abril/2004.

[26] Santos, Ronaldo Marcos dos. *Resistência e superação do escravismo na província de São Paulo (1885-1888)*. São Paulo: IPE, 1980.

Em muitas situações, segundo o autor, os quilombolas "conseguiam tomar conhecimento da chegada da força policial com antecedência suficiente para fugir e procurar outro quilombo ou refúgios mais seguros". As relações com a sociedade fora do quilombo foram fundamentais. Por meio delas, os cativos fugidos evitaram baixas no grupo.

Ao analisar os enfrentamentos entre os quilombolas e as forças escravistas, citou cinco características marcantes entre os quilombos:

> o aliciamento de novos escravos, espontâneo ou forçado; o abandono dos ranchos ante o combate das milícias e sua reorganização em outro local; a conivência com os habitantes livres; a composição heterogênea do grupo, com escravos de diversas fazendas, ou mesmo áreas; a pilhagem às fazendas e daí a constante atividade policial.

Concluiu que

> o quilombo dos anos finais de escravismo não tem objetivos claros como os do período colonial, quando conseguia atingir seus fins. Não podendo se fixar, firmar raízes e acrescer o número dos participantes, o quilombo acaba por cair em círculo vicioso: a pilhagem traz a repressão, esta, na sua atividade, os obriga a contínuas fugas e, consequentemente, novas pilhagens; tal círculo vicioso acaba por desagregá-lo.

Assim, "como forma espontânea de protesto do negro, no período final da escravidão, o quilombo é ineficaz".

Santos interpretou o fenômeno quilombola como forma de resistência e protesto do trabalhador escravizado. Porém, propõe que Palmares fora um projeto restauracionista. Sublinhou a importância das relações com a sociedade fora do quilombo. Ao tratar do período final da escravidão, minimizou o papel dos quilombolas como forma de protesto do cativo.

A descrição de um quilombo – segundo o autor, envolvido em círculo infernal do ataque, defesa, destruição

– não deixa de refletir a sorte das organizações armadas de esquerda de resistência ao regime militar, época na qual Santos escreveu seu valioso trabalho.

Ser escravo no Brasil

Em 1978, Kátia M. de Queirós Mattoso, então professora na Universidade Federal da Bahia, escreveu *Bahia: a cidade de Salvador e seu mercado no século XIX*. Em 1982, publicou, em português, *Ser escravo no Brasil*, lançado anteriormente em francês. Mediante análise do local – a Bahia –, a autora procurou estabelecer relações com o escravismo em geral, utilizando significativa bibliografia. Ela tratou de temas como a alforria e libertos, pouco pesquisados na época.

A historiadora entendeu que "o trabalho cria entre os negros escravizados os primeiros espaços de segurança necessários à sobrevivência. Se benfeito, permite ao escravo desembaraçar-se da presença sufocante do senhor, cuja vigilância se relaxa um pouco".[27] Percebe-se em seu discurso que a humanidade dividia-se em senhores que nasceram para mandar e em cativos que foram destinados a trabalhar e a obedecer.

A obra de Mattoso revelou a concepção de sociedade escravista mediada pela ternura e mobilidade social. Conforme a autora, "o quilombo quer paz, somente recorre à violência se atacado, se descoberto pela polícia ou pelo exército, que tentam destruí-lo, ou se isso for indispensável à sua sobrevivência. Quilombos e mocambos são constantes na paisagem brasileira desde o século XVI".

Para a autora, os quilombos "surgem da própria instabilidade do regime escravista, do trabalho organizado sem qualquer fantasia, da severidade rígida, das injustiças e maus-tratos". Em outras palavras, "representam uma solu-

[27] Mattoso, Kátia M. de Queirós. *Ser escravo no Brasil*. 3 ed. São Paulo: Brasiliense, 2003.

ção a todos os problemas de inadaptação do escravo aturdido entre a comunidade branca e o grupo negro".

Retomou as teses de Nina Rodrigues, Arthur Ramos e Gilberto Freyre: entre elas, a de que a formação de quilombos surgiu da resistência cultural do africano.

Segundo a historiadora,

> os quilombolas encontram sempre apoios e solidariedades que lhes possibilitam viver fora da sociedade. Contudo, o quilombo jamais é fruto de um plano premeditado; nasce espontaneamente, pode reunir num mesmo refúgio a negros e crioulos, escravos ou homens livres, vítimas de alguma lei discriminatória. Livres e forros do quilombo são frequentemente desertores, ladrões, assassinos, ou simplesmente homens aos quais foi negado o exercício de certas profissões.

Admitiu a participação de outros elementos na composição do quilombo. Revelou a existência de ligações com a sociedade extraquilombo.

Ao tratar da localização do quilombo, afirmou que "se esconde nas áreas rurais, em pontos de acesso difícil, longe das cidades, das estradas, das plantações". Os quilombos populosos "organizam uma sociedade complexa e nova, com sua hierarquia, seu poder econômico e político, enquanto as demais são associações precárias, instáveis, cujos membros subsistem à base da rapina e vivem um tanto à moda dos guerrilheiros".

Sobre a confederação de Palmares, afirmou que "todos os escravos que buscam refúgio nos Palmares são considerados livres. Em contrapartida, o negro apanhado pela força permanece escravo, tendo, contudo, a possibilidade de comprar sua alforria". Houve exagero ao tratar da escravidão na confederação dos Palmares. Não haveria condições para a implantação do trabalho escravo dentro do quilombo. A autora não apresenta as fontes em que apoia a proposta de compra da alforria em Palmares.

Mattoso identificou a disparidade na composição sexual do quilombo. "Como todos os quilombos, Palmares tem falta de mulheres, e não se hesita em organizar expedições para resgatá-las nos engenhos e povoados distantes". Ao escrever sobre o mocambo de Trombetas, destacou a coleta praticada pelos quilombolas: "colhem cacau e salsaparrilha, condimento usado na cozinha e na medicina". Sublinhou as atividades de trocas, pois "esses produtos são objeto de intenso comércio no porto de Óbidos, onde os quilombolas de Trombetas são vistos com frequência. Seus contatos comerciais chegam a se estender até a Guiana holandesa e às tribos indígenas disseminadas em regiões relativamente afastadas".

Sobre o quilombo Buraco do Tatu, a autora citou a atividade de apropriação.

> Sua economia funda-se no roubo, cujas vítimas principais são os negros das fazendas das redondezas que vão à cidade vender seus produtos de subsistência. Os quilombolas dão-se ao assalto às negras, porém nunca atacam as mulheres brancas. O quilombo tem seus amigos entre a populaçao livre e a massa de escravos de Salvador, que lhes fornecem víveres e munições. Para evitar as eventuais represálias, os fazendeiros brancos preferem colaborar com os fugitivos do Buraco do Tatu, considerados pouco perigosos por não pretenderem fazer uma guerra total pela libertação dos seus irmãos cativos.

Esse quilombo situava-se próximo a um centro urbano. As incursões às propriedades eram frequentes. Não seria por temor aos quilombolas que a sociedade livre colaborava com eles. Na realidade, eram interesses comerciais que estavam em jogo.

Mattoso segue fielmente o caminho trilhado por Gilberto Freyre. Para a autora, na Bahia houve uma sociedade de escravizadores generosos e de trabalhadores escravizados dóceis, maliciosos, no entanto resistentes. Segundo a autora, o cativo fugia por não se adaptar à nova situação. Em verdade, a autora quase culpa o próprio trabalhador escravizado pela resistência, já que sugere haver as condições para a sobrevivência e adaptação quase harmônica à escravidão.

O seu trabalho assegurou a sobrevivência do escravismo patriarcal concebido por Gilberto Freyre. Suas conclusões foram retomadas pelos historiadores que defendem a negociação, os acordos e acabaram por minimizar a resistência do trabalhador escravizado, apresentada pela autora como inadequação do cativo à escravidão.

Escravos e senhores de escravos

Em 1983, Décio Freitas publicou *Escravos & senhores de escravos*, trabalho no qual confirma que os trabalhadores escravizados, "quando fugiam ou se sublevavam, a única solução consistia em buscar um lugar distante, em geral montanhoso e selvático, onde estabeleciam comunidades que, com o passar do tempo, se iam povoando graças à adesão de novos elementos".[28]

Sabemos que nem todos os trabalhadores escravizados fugiram e formaram quilombos no interior. A documentação registra frequentemente a presença de quilombos suburbanos, vivendo na maioria das vezes da apropriação e de trocas, e de muitos cativos fujões, vivendo nas aglomerações urbanas como cativos ganhadores, libertos e negros livres.

Mukambu seria um termo que os portugueses usariam para designar genericamente as povoações construídas nas matas de todo o Brasil pelos cativos rebeldes. "Trata-se de voz do idioma quimbundo, significando cumeeira ou telhado". A partir da segunda metade do século XVIII, "a documentação oficial referente a tais comunidades adota a denominação de quilombo". O termo teria sido adotado em todo o Brasil, quando se refere a comunidades de ex-escravos.

---

[28] Freitas, Décio. *Escravos & senhores de escravos*. Porto Alegre: Mercado Aberto, 1983.

Segundo Freitas, o termo quilombo "foi uma versão brasileira da estrutura homônima que floresceu em Angola nos séculos XVII e XVIII". É o aportuguesamento de "*kilombu*, que em quimbundo significa arraial ou acampamento". Para ele, é remota a possibilidade de que o termo quilombo, de origem angolana, tenha sido criação dos escravos de Palmares.

"Essa hipótese da origem angolana das comunidades de escravos rebeldes perde desde logo consistência quando se considera que os primeiros escravos negros procediam da Guiné e não de Angola". Se partirmos da hipótese de que os guineanos não conheciam o idioma quimbundo, "torna-se óbvio que a denominação mocambo foi dada às comunidades de ex-escravos pelos próprios senhores-de-escravos".

Para Freitas, "as comunidades negras brasileiras constituíram na verdade uma negação do quilombo angolano". A explicação dada pelo autor era a de que, para os angolanos, o quilombo representava uma entidade escravista: "o quilombo angolano desempenhava o papel de base e instrumento do tráfico negreiro". Conclui que "o termo quilombo se revestiria evidentemente de um significado sinistro para os negros, muitos dos quais haviam sido reduzidos à escravidão e vendidos exatamente naqueles ergástulos. Não é verossímil que batizassem de quilombos os seus bastiões livres".

O quilombo dos cativos brasileiros "foi um baluarte na luta e resistência contra a escravidão". Assim sintetiza o verdadeiro significado do quilombo para os trabalhadores escravizados: a resistência de uma classe que não aceitou passivamente se ver expropriada radicalmente dos frutos de sua capacidade de trabalho.

Como não havia possibilidade de negociação entre escravizadores e escravizados, a única alternativa que restava ao sistema escravista era a volta dos revoltosos ao cativeiro. O autor atribuiu a localização dos quilombos ao medo que os cativos fugidos tinham da volta ao cativeiro. Ou seja,

> se localizavam em serras selváticas e incógnitas, inacessíveis aos ataques. Ocultavam-se de tal forma que às vezes se tornavam necessários muitos anos para descobri-los. Houve quilombos apenas descobertos 20, 30 e até 50 anos após sua fundação; alguns nunca foram descobertos, como o prova a sobrevivência ainda hoje de algumas dessas solitárias e primitivas comunidades em regiões perdidas da hinterlândia brasileira.

Registrou, portanto, a remanescência do fenômeno quilombola.

Freitas propõe que "as terras pertenciam coletivamente ao quilombo, que as distribuía em lotes aos camponeses de acordo com o tamanho da família. O simples fato de um camponês pertencer ao quilombo assegurava-lhe o acesso à terra". De posse da terra, "a família camponesa quilombola constituía uma unidade autossuficiente de produção e consumo". Os quilombolas produziam todas as espécies de alimentos da região. O desenvolvimento da agricultura era bastante significativo, visto que utilizavam implementos de ferro.

"O camponês mantinha uma indústria doméstica que produzia tecidos, cerâmicas, açúcar, azeite, farinha, aguardente". O camponês e sua família trabalhavam a terra, mas, "nas colheitas, havia a cooperação de todos os habitantes do quilombo". Caracterizou o quilombola como camponês. Cremos que se trata de um equívoco.

Freitas explicou como nascia uma confederação dos quilombos. Para ele, quando o quilombo crescia em tamanho, havia a necessidade de se fundar outro quilombo, formando assim uma confederação.

> O quilombo matriz passava a desempenhar o papel de capital; os quilombos filhos, por sua vez, davam nascimento a outros quilombos. Nunca havia, por isso, apenas um quilombo em determinada região [...]. Pode-se de resto afirmar pacificamente que esta foi a regra em quase toda a parte. Os diferentes quilombos, por sua vez, se articula-

> vam através de uma unidade política que tinha sua sede no quilombo-capital.

O autor generaliza para todos os quilombos o que pode ter sido peculiaridade de alguns e propõe situações jamais confirmadas pela realidade. Algumas de suas afirmações são simplesmente fantasiosas.

A documentação conhecida silencia sobre a existência de quilombos-capitais. Em geral, os quilombos conheciam economia autossuficiente, relacionando-se sistematicamente com a sociedade escravista, e não com outros quilombos. Os quilombos possuíam escassa capacidade de crescimento interno, sendo difícil a reprodução por segmentação. Muito rara, a confederação de quilombos foi sobretudo defensiva. O quilombo era fenômeno espontâneo, não necessitava de um "pai" para nascer e se emancipar.

Segundo Freitas, "os quilombos se estruturavam como sociedade de classes", ou seja, "os fundadores do quilombo, aqueles que haviam devassado a região, construído as primeiras fortificações e criado as bases da produção econômica, adquiriram com o tempo o privilégio de viverem como não produtores". Continua: "é de crer que a necessidade de uma organização militar que defendesse o quilombo contra as expedições dos senhores de escravos tenha sido a origem dessa classe".

Assegurou que não havia no quilombo exploradores e explorados, nos moldes da sociedade capitalista.

> Não se configurava como uma classe 'pura' e 'perfeita'. Isso porque, por um lado, não era proprietária dos meios de produção; e, por outro lado, não constituía uma classe separada do Estado, antes se confundindo com ele e podendo por isso ser denominada de classe-Estado. Desempenhava sem dúvida funções socialmente úteis e necessárias, mas nem por isso deixava de ser exploradora, na medida em que se considere como tal todo grupo social que de qualquer modo se apropria do excedente criado pelo trabalho dos produtores diretos.

Segundo Freitas, o destino dos produtos acumulados teria objetivos coletivos. "O produto apropriado não se transformava em renda-dinheiro, não se acumulava. Destinava-se: a) ao consumo dos chefes e mais membros da 'família'; b) à manutenção da burocracia civil e militar; c) a trocas com os brancos para a obtenção de armas, munições, sal, ferro, artigos de luxo". Para o autor, alguns quilombos pagariam tributos. "A responsabilidade do pagamento desse tributo recaía sobre o quilombo como coletividade, não sobre os produtores diretos individualmente".

Lembrou que "a contradição entre as classes era de resto muito moderada [...]. A principal contradição não era entre produtores diretos e exploradores no plano interno do quilombo, mas entre o quilombo como um todo e o escravismo externo". A constante preocupação com a sociedade escravista acabava por amenizar as pequenas contradições dentro do quilombo.

Propõe que no quilombo não houve preconceito de raças. "Nunca houve incompatibilidade ou conflito étnico entre negros e índios ou brancos. A porcentagem de índios nos quilombos sempre foi bastante expressiva. [...] Nunca faltou a presença de brancos nos quilombos, predominando os soldados desertores e os perseguidos pela justiça dos dominadores". O objetivo maior era a conquista da liberdade.

Freitas concluiu que "o quilombo constituiu uma criação dos escravos em resposta às condições peculiares do escravismo brasileiro; não foi a transplantação de formações sociais africanas". Admitiu a heterogeneidade e negou a transplantação de formações sociais africanas.

Ao falar do quilombo estruturado como sociedade de classes, o autor parece ter em mente a confederação de Palmares. Uma classe existe quando um segmento social tem a propriedade ou controla permanentemente os meios de produção ou elementos-instâncias essenciais da produção – a terra, no caso. O que jamais ocorreu nos quilombos. O quilombola podia sempre abandonar o quilombo para viver sozinho ou em outra comunidade.

A documentação histórica não informa, a não ser sobretudo para Palmares, e em sentido muito limitado, sobre a formação de um segmento social administrativo nos quilombos, difícil de ser caracterizado como classe. O que ocorreria na confederação dos Palmares e em outros quilombos era a isenção, não raro parcial, dos chefes ao trabalho, o que constitui muito pouco para se definir a existência de uma classe. O escasso nível da produção social nos quilombos impedia o desenvolvimento de classes no seu interior.

Muitas das propostas e conclusões de Freitas são problemáticas, nascidas da mera dedução, sem comprovação empírica. Como assinalado, apesar de constar na conclusão de seus trabalhos conceituada bibliografia, ele não coloca à disposição do leitor as fontes em que se apoia para suas afirmações e generalização singulares.

Em torno do quilombo

Mário Maestri nasceu em 1948, em Porto Alegre, formando-se e se pós-graduando em Ciências Históricas pela Université Catholique de Louvain, na Bélgica. Dedica-se ao estudo da história do Brasil, com ênfase na história da escravidão, da emigração italiana e do Rio Grande do Sul. Atualmente, é professor do Programa de Pós-Graduação em História da Universidade de Passo Fundo. Maestri escreveu "Terra e liberdade: as comunidades autônomas de trabalhadores escravizados no Brasil", que é uma versão atualizada do artigo "Em torno do quilombo", publicado em 1984.[29]

No referido artigo, defende a hipótese de que, no Brasil, "as comunidades autônomas de trabalhadores escraviza-

[29] Maestri, Mário. "Terra e liberdade: as comunidades autônomas de trabalhadores escravizados no Brasil". Versão atualizada do artigo: "Em torno do quilombo". *História em Cadernos. Revista do Mestrado em História da UFRJ*, n. 2, Rio de Janeiro, 1984.

dos fugidos antecederam a escravidão negro-africana". Essa questão será analisada na parte II deste trabalho. Segundo o autor, "o termo quilombo/mocambo foi utilizado pelos escravizadores para descrever fenômeno social objetivo preexistente, nascido de igual movimento libertário de trabalhadores escravizados negro-africanos". Para a sociedade escravista, o quilombo significou "grupos de cativos fugidos econômica e socialmente estável ou semiestável". Pela sua afirmação, o quilombo nem sempre existiu num determinado lugar. Houve quilombos de apropriação que mudavam de local, desfazendo-se e reconstituindo-se conforme as necessidades.

Maestri não compactua com os defensores do quilombo restauracionista. Para ele,

> o quilombo constitui fenômeno histórico próprio à luta de classes no contexto do escravismo colonial, quando estão dadas algumas condições imprescindíveis. Porém, a definição do caráter geral do quilombo não garante minimamente uma efetiva apreensão dessa realidade, nas suas ricas determinações. [...] o cativo fugia para passar por livre, para descansar um pouco, para ir viver sozinho ou acompanhado nos matos, para abandonar o país. A fuga do trabalhador escravizado foi um fenômeno endêmico na escravidão que causou, sempre, prejuízo ao escravizador.

Pois este "jamais recuperava o tempo em que o fujão estivera inativo". Nesse sentido, fica evidente a posição do autor quanto às fugas: o trabalhador escravizado fugiu porque negou a escravidão.

Mesmo com todas as adversidades, "o quilombo foi o melhor caminho que se apresentava, objetiva e subjetivamente, ao trabalhador escravizado para superar qualitativamente as contradições em que vivia". Agindo conscientemente, ao fugir, o cativo recuperava sua condição de mando sobre sua capacidade de trabalho. Portanto, uma saída que seria utilizada muito excepcionalmente como barganha, ou seja, para negociar melhores condições no cativeiro.

O fenômeno quilombola acompanhou todo o período escravista. "Através dos mais de três séculos, uma população de milhares de homens e mulheres viveu um maior ou menor tempo aquilombada. Muitos nasceram e morreram em comunidades de produtores livres. Comunidades quilombolas sobreviveram até a própria abolição, dando origem a comunidades de camponeses negros". Maestri defendeu o fim do quilombo com a abolição. Tido como 'mau' exemplo pelos escravizadores, os quilombolas foram duramente combatidos, porém o fenômeno não foi aniquilado. Em muitas situações ressurgiram em outros lugares.

Afirmou que "sobre a estrutura socioeconômica do quilombo ergueram-se, em alguns casos, verdadeiras formações sociais que estabeleceram vínculos mercantis com a sociedade escravista e entabularam negociações políticas com ela". Nas relações de troca, os quilombolas foram explorados pelos bodegueiros, regatões, taberneiros etc. Quanto às fugas, sabe-se que foram frequentes: "as poucas avaliações existentes apontam uma importante porcentagem de cativos permanentemente fugidos". Segundo o autor, por meio da fuga, "o trabalhador escravizado libertava o elemento determinante das forças produtivas em jogo, sua força de trabalho".

Outra importante afirmação do autor foi quanto à diferenciação entre as comunidades quilombolas e as comunidades camponesas: "As práticas das comunidades quilombolas eram qualitativamente inferiores às das comunidades camponesas: não possuíam arado; não utilizavam a tração animal; não praticavam o adubamento e a rotação de vegetais etc." (esse aspecto do quilombo será mais bem detalhado na parte II); "o quilombo praticava agricultura itinerante assentada em instrumentos rústicos, nem sempre de ferro, e na energia humana e no fogo. Parece-nos mais correto definir essa economia como 'produção doméstica'". O quilombola não se apegava à terra. Seu vínculo maior era com a liberdade.

O consumo e a esperança de vida do quilombo superaram os níveis conhecidos na produção escravista. No entanto, "as condições gerais de vida nos quilombos seriam pouco desenvolvidas". Sobre a economia quilombola, escreveu que

> a capacidade produtiva do quilombo era limitada. O quilombo apoiava-se em meios de produção rústicos e vivia sob a ameaça da destruição, o que dificultava uma maior divisão do trabalho no interior e entre os quilombos. O pastoreio não era habitual. A produção artesanal pouco se diferenciava da agricultura. A metalurgia do ferro era prática restrita etc. [...] a inserção das comunidades quilombolas em um nível mais elevado de divisão do trabalho deu-se através do estabelecimento de relações sistemáticas com a formação escravista, e não com outras formações quilombolas.

As relações com a sociedade extraquilombo "permitiam que os quilombolas se abastecessem de produtos que não podiam produzir – sal, pólvora, açúcar, chumbo, armas de fogo etc. – ou que eram mais interessantes de se obter fora do quilombo, mesmo quando eventualmente podiam ser produzidos nele – aguardente, fazendas etc." Nesse sentido, "quanto menor o quilombo, maior era sua dependência ao mundo extraquilombo, pois menor era sua divisão interna do trabalho".

Para o autor,

> seriam três as determinantes fundamentais dos quilombos agrícolas no contexto do escravismo colonial: uma produção voltada à subsistência, baseada na força de trabalho liberta e empregada em terras livres; o caráter autônomo, individual ou associado dessa produção; a necessidade de estabelecer relações com a formação escravista para elevar a produtividade do trabalho no quilombo.

Quanto à localização, "comumente, os quilombolas procuravam regiões de difícil acesso às forças reescravizadoras, mas não tão distantes que impossibilitassem o contato com a sociedade escravista". Dessa forma, entende-se que a confederação dos Palmares foi uma exceção à regra. O quilombo existiu nos lugares distantes, mas verificou-se significativa presença dele nos arredores das aglomerações urbanas.

O quilombo teria sido um exemplo de luta de classes dentro do passado escravista brasileiro. As fugas refletiram a inconformidade do trabalhador escravizado em relação a sua condição. O quilombo representou a possibilidade concreta da vida em liberdade. O fenômeno quilombola abrangeu todo o período escravista, porém acabou com a abolição. O que restou foram comunidades negras.

Rebelião escrava no Brasil

João José Reis, professor da Universidade Federal da Bahia, tem centrado suas pesquisas sobretudo na história social da Bahia do século XIX. Entre outros trabalhos, publicou *A morte é uma festa: ritos fúnebres e revolta popular no Brasil do século XIX*; *Negociação e conflito: a resistência negra no Brasil escravista*, em parceria com Eduardo Silva. Com Flávio dos Santos Gomes, organizou a valiosa coletânea *Liberdade por um fio: história dos quilombos no Brasil*, até agora a mais ampla sobre o tema. As duas últimas obras citadas serão analisadas no decorrer do trabalho.[30]

Em 1986, Reis escreveu *Rebelião escrava no Brasil: a história dos malês em 1835*, onde analisou amplamente a reação dos trabalhadores escravizados baianos contra

[30] Reis, João José. *A morte é uma festa: ritos fúnebres e revolta popular no Brasil no século XIX*. São Paulo: Companhia das Letras, 1991; Reis, João José & Silva, Eduardo. *Negociação e conflito: a resistência negra no Brasil escravista*. São Paulo: Companhia das Letras, 1989; Reis, João José & Gomes, Flávio dos Santos (orgs.) *Liberdade por um fio: história dos quilombos no Brasil*. São Paulo: Companhia das Letras, 1996.

o regime escravista.[31] Para o autor, ao "longo da primeira metade do século XIX, os escravos da Bahia estabeleceram uma reputação de rebeldia em todo o Brasil". Ele lembrou que, "embora frequentes em tempos anteriores, sobretudo na forma de quilombos, as rebeliões se multiplicaram a partir do início desse século".

Na Bahia, havia todas as condições favoráveis à formação de quilombos: "As colinas, matas, lagoas e rios aí localizados serviam de suporte ecológico ao desenvolvimento de uma coletividade africana relativamente autônoma e semiclandestina". Em Salvador, "a cidade estava cercada de quilombos e terreiros religiosos, comunidades móveis destruídas aqui para ressurgirem adiante, alimentadas pelo fluxo ininterrupto de escravos que sabiam tirar proveito da mobilidade proporcionada pela escravidão urbana".

Reis destacou a questão geográfica como uma das condições para a formação dos quilombos. Ao se referir à nacionalidade dos quilombolas, usou a expressão "africana". Além disso, encontrou na Bahia uma nova espécie de quilombo: "Eram quilombos *sui generis*. Seus moradores permanentes deviam ser poucos. É possível que funcionassem sobretudo como 'estações de descanso' para escravos que procuravam escapar durante alguns dias do mundo dos senhores e para os libertos, guiados pela vontade de convivência africana". Porém,

> se alguns decidiam ficar, não era por muito tempo. Breve caíam nos laços de capitães-do-mato ávidos por recompensas, ou terminavam presos durante as frequentes batidas policiais. Mas a maioria provavelmente retornava com calma à cidade e aos senhores depois do gozo da folga, pois a vida no quilombo podia ser dura se não

[31] Reis, João José. *Rebelião escrava no Brasil: a história do levante dos malês em 1835*. Edição revista e ampliada. São Paulo: Companhia das Letras, 2003.

> havia uma razão forte e um plano sólido para uma fuga permanente.

Lembrou que a vida no mocambo podia ser dura, pois

> esses eram quilombos sem estabilidade, cuja proximidade de Salvador facilitava tanto seu aparecimento quanto o trabalho de repressão. Nesses terreiros, os atabaques batiam para festas mundanas, celebrações de deuses da costa da África e para animar guerreiros que com frequência davam testa às forças policiais. Alegria e apreensão, correrias, conflito e morte compunham o cotidiano dessas comunidades instáveis.

Para Reis, esses quilombos próximos às cidades eram comumente um lugar de passagem e de descanso, não possuindo uma organização sólida. Eles seriam constituídos e destruídos com facilidade.

Propõe que os quilombos que se formaram nos arredores de Salvador representavam para os cativos fugidos um local de encontro e de celebrações religiosas: "tais quilombos eram centros religiosos ativíssimos, onde os negros de Salvador, escravos e livres, e talvez outros moradores, buscavam cura, proteção e conselho de sacerdotes, na sua maioria africanos, além de se encontrarem com suas divindades e ancestrais". Um fenômeno não destacado pela maioria dos autores consultados.

Na Bahia, como em todo lugar onde havia cativos, as fugas eram frequentes. O objetivo era juntar-se aos quilombolas. "Em Salvador, [...] um grande número de escravos fugiu para se juntar a outros que haviam fugido [...] de alguns engenhos próximos. Eles se aquilombaram a cerca de nove léguas da cidade, nas margens do rio da Prata, onde foram atacados por soldados e capitães-do-mato enviados pelo governador". O autor concluiu que a opção de se aquilombar próximo à cidade era fundamental para o grupo. Desta forma, os fujões sobreviviam da rapinagem. Porém, o fato de permanecerem próximos à cidade tinha desvantagem: os quilombolas suburbanos eram alvo fácil das forças escravistas.

Ao tratar do episódio que envolveu o engenho Santana, Reis relatou que, após a insurreição dos cativos, estes foram atacados e se aquilombaram nas matas do mesmo engenho. A presença do quilombo inquietava os escravizadores: "o quilombo se tornaria uma alternativa atraente para os escravos da região, cujos senhores passaram a tratá-los melhor por temor de que fossem dar naquele santuário de independência negra". Propõe que tenha havido um recuo estratégico por parte dos senhores. Essas concessões da classe escravista seriam para diminuir a tensão na escravidão. Entendeu que a resistência dos trabalhadores escravizados determinou mudanças na própria produção escravista, mediante afrouxamento nas relações com os trabalhadores escravizados.

Em 1828, os escravizadores decidiram destruir aquele quilombo:

> uma tropa de 40 milicianos atacaria o quilombo, à noite, mas, apesar dos cuidados tomados para manter a operação em segredo, os escravos foram avisados com antecedência e fugiram. Os milicianos encontraram plantados mais de 60 mil covas de mandioca, 6 mil pés de café, 4 mil de algodão, árvores frutíferas, 2 teares, muita farinha, sal, muito peixe e instrumentos de trabalho.

Ao citar a descrição dos milicianos, o autor lembrou que os quilombolas desenvolveram múltiplas atividades a fim de garantir o sucesso do quilombo e que eram, acima de tudo, trabalhadores produtivos.

Outra contribuição de Reis para o estudo dos quilombos foi a descrição da revolta do quilombo do Urubu, em 1826:

> um desses enclaves africanos [se situa] nos subúrbios de Salvador. O levante foi deflagrado por escravos fugidos que se reuniram inicialmente em Cajazeiras, no distrito

> de Pirajá. As primeiras vítimas dos quilombolas eram membros de uma família de lavradores que, na noite de 16 de dezembro, surpreenderam uns negros carregando para o esconderijo carne e farinha de mandioca roubadas. Temendo ser denunciados, eles atacaram essas testemunhas, inclusive a menina Brízida, mulata de 7 para 8 anos, que foi seriamente ferida. Em seguida, os negros assaltaram várias casas nas redondezas e rumaram para o sítio de Urubu, no Cabula – de novo o insubmisso Cabula –, dando início à revolta, de modo inesperado como em tantas outras ocasiões.

Tirou os quilombolas, ao menos alguns, da atitude defensiva e colocou-os na linha de frente, tomando a iniciativa, revoltando-se contra os escravizadores. Insiste na ligação dos quilombolas com a África ao classificá-los como "enclave africano". Não temos, porém, dados que confirmem tamanha dominância de africanos no quilombo. Citou que "o candomblé do Urubu é que pertencia a um pardo de nome Antônio". Também na Bahia, os cultos afros não eram exclusividade africana.

Reis menciona a ligação dos quilombolas do Urubu com práticas religiosas.

> Parece que Urubu era um desses locais da periferia de Salvador onde quilombo e candomblé se misturavam. O próprio nome do lugar poderia estar relacionado à presença de um ou mais templos africanos, em torno dos quais os urubus abundavam, atraídos pelos restos de animais sacrificados a deuses e ancestrais africanos. [...] o quilombo de Urubu pode ter sido lugar de grande significado religioso para os africanos da Bahia daquele tempo, em particular para os nagôs.

Deduz, portanto, do nome do quilombo, a existência de templos africanos.

Rejeitou a proposta de que determinados grupos nacionais africanos eram mais ou menos propensos às revoltas, dependendo da sua região de procedência.

> No Brasil, não bastou o exemplo de Palmares, comunidade rebelde predominantemente banto, para sustar a criação do mito do angolano cordial. O próprio termo quilombo, que passou a significar comunidade de negros fugidos e símbolo de resistência escrava, é de origem banto e se referia a uma instituição guerreira na África. Parece até que o mito surgiu com a função de esvaziar a tradição quilombista desses africanos.

Assinalou a extensão simbólica da dimensão revolta-quilombo para a sociedade afrodescendente pobre do século XIX na Bahia, pelas forças repressoras.

> No assalto às residências dos libertos, a polícia agiu como se tratasse de quilombos. Aliás, o termo 'quilombo' foi usado em 1835 para definir casebres ocupados por africanos na Cidade da Bahia. Para melhor justificar a repressão, projetava-se para o meio urbano a imagem de uma consagrada instituição da resistência escrava típica do meio rural, ou no máximo suburbano.

O autor prossegue:

> O método de ação mais comum era de cercar as casas, às vezes ruas inteiras, para impedir qualquer tentativa de fuga. Depois, em grupos de cinco a sete pessoas – que em geral incluíam o juiz e um escrivão – revistavam cuidadosamente as casas e faziam um primeiro interrogatório com seus moradores. Qualquer objeto religioso suspeito encontrado – amuletos e outros papéis escritos em árabe, rosários e roupas muçulmanas, além de armas – motivava a imediata prisão de seus donos. Mas não apenas armas e objetos ligados a práticas muçulmanas foram apreendidos, e seus donos presos. Objetos rituais típicos do candomblé foram também considerados sinal de subversão, como colares, atabaques, estatuetas, raízes e ervas.

Reis enfatizou o aspecto geográfico do quilombo. Para ele, os quilombos situados nos arredores de Salvador serviram de local de passagem e de descanso aos trabalhadores escravizados. Destacou a apropriação e reconheceu o quilombola como trabalhador. Em parte, retomou, qualificando-a, a proposta culturalista, ao enfatizar a resistência social e cultura africana.

Onda negra, medo branco

Em 1987, Célia Maria Marinho de Azevedo publicou *Onda negra, medo branco: o negro no imaginário das elites – século XIX*, onde revela a preocupação da sociedade com conflitos servis que geravam medo e insegurança entre os proprietários.[32] Citou o trabalho de Francisco Antônio Brandão Jr., maranhense adepto do positivismo que escreveu, em 1865, importantes considerações sobre os quilombos.[33] Segundo a autora, Brandão Jr. definiu os "calhambolas" como "hordas de escravos que se escapam das fazendas e vão habitar as florestas", onde fundavam "uma república".[34]

Para Brandão Jr.,

> alguns quilombos da região de expansão algodoeira do Maranhão cultivavam também esse produto e vendiam-no aos fazendeiros, recebendo em troca ferramentas, armas e tecidos. Os proprietários, por sua vez, aceitavam essas relações de comércio e, fosse por medo dos negros ou por simpatizar com tais vizinhos, o fato é que importavam todos esses gêneros da vila especialmente para eles. Com isso, os quilombolas, frequentemente aliados aos índios, tornavam-se mais e mais 'respeitáveis' e suscitavam um grande medo entre os brancos, que vislumbravam a construção de uma sociedade na sociedade.

Brandão Jr. não via a destruição dos quilombos como a solução para o problema da escravidão. Na realidade, entendia que os quilombolas não cometeram crime algum ao

---

[32] Azevedo, Célia Maria Marinho de. *Onda negra, medo branco: o negro no imaginário das elites – século XIX*. Rio de Janeiro: Paz e Terra, 1987.

[33] Brandão Jr., Francisco Antônio. *A escravatura no Brazil precedida d'um artigo sobre agricultura e colonização no Maranhão*. Bruxelas: [s.n.], 1865. *In:* Azevedo, Célia. *Onda negra [...]. Op. cit.*

[34] Azevedo, Célia. *Onda negra [...]. Op. cit.*

abandonar o cativeiro. Queriam melhorar a sorte. De nada adiantaria a destruição sistemática dos quilombos, pois não impedia a formação de outros.

Esse autor adotara uma posição ousada para a época, ao propor a utilização dos quilombolas como colonos, porque, segundo o autor, esses homens não eram inimigos do trabalho.

No entanto, Azevedo quis mostrar que a sociedade escravista comerciava normalmente e aceitou as condições dos quilombolas, não raro, por medo. Nas relações sociais, comumente, o medo afastava as pessoas. As trocas entre quilombolas e a sociedade livre servia para estender relações baseadas na confiança, mesmo relativa, e não no medo, como a autora propôs.

Avançou na visão de que a população livre vivia em permanente estado de medo. Todos os atos violentos que partiam dos senhores aumentavam a ira dos negros escravizados. "[...] a destruição sistemática dos quilombos não impedia a formação de outros, pois a matança dos quilombos só fazia aumentar a 'justa cólera' dos negros que se lançavam sobre as fazendas dos brancos, pondo fogo a tudo e seduzindo os outros escravos!".

Ao propor que os cativos eram trabalhadores capazes, a autora reafirmou a proximidade e confiança entre quilombolas e membros da sociedade escravista: "os quilombolas não eram inimigos do trabalho, conforme se afirmava, pois eles eram frequentemente empregados pelos próprios fazendeiros nas suas lavouras – 'conhecemos aqueles que o fazem' –, sendo solícitos no cumprimento de seus deveres desde que bem tratados". Portanto, se contradiz ao admitir que o medo não era empecilho nas relações trabalhistas entre os fazendeiros e quilombolas.

A autora afirmou que as manifestações dos escravos significaram a rejeição permanente ao cativeiro.

> o impulso pela liberdade partira do próprio escravo, quer fugindo para os quilombos, quer matando seus donos e

> feitores, ou então simplesmente se suicidando. Mas eram em sua maior parte tentativas isoladas de uma resistência disseminada pelo cotidiano das fazendas e vilas e que apenas em alguns momentos suscitaram rebeliões de maior porte, organizadas conjuntamente com os negros e mestiços livres e, por vezes, os índios.

As fugas e quilombos foram alternativas encontradas pelos escravos, porém não foram as únicas.

Azevedo fez importante referência a "bandos de negros" que auxiliavam os cativos a fugir:

> as áreas rurais eram atravessadas por bandos de negros armados e dispostos a tudo para se verem livres do cativeiro. Em sua caminhada pelas vilas, cidades, estradas, veredas e matas, um grupo inicial de escravos que se retirava de alguma fazenda era engrossado por outros, para grande alarme dos proprietários, que já não tinham mais quase como tocar as suas produções. Além disso, é fácil imaginar como esses ex-senhores e suas famílias se sentiam ameaçados por aquelas levas de negros que vagavam livremente pelo campo fora de qualquer controle institucional.

Esse episódio ocorreu principalmente nos últimos anos da escravidão, sobretudo nas regiões paulistas ligadas à produção de café, quando os cativos orientavam sua mobilização para a obtenção da liberdade, não podendo, portanto, ser expandido para toda a escravidão.

A autora apoiou-se em Clóvis Moura para assinalar um novo tipo de quilombo, idealizado por brancos abolicionistas.

> Após a fuga das fazendas, os negros tentavam solucionar seu destino como homens livres de formas variadas. Havia os que ficavam pelos matos reunidos em grupos e que para sobreviver saqueavam cidades e vilas. Esse parece ter sido um recurso momentâneo até que fosse encontrado o caminho para Santos, cidade em que esperavam encontrar abrigo no quilombo do Jabaquara, especialmente montado para eles a partir de 1882 por dirigentes

> abolicionistas preocupados com a manutenção da ordem na província.[35]

Outros "insistiam em ficar nas próprias imediações das fazendas de onde haviam se retirado, exigindo sua carta de liberdade e direito de trabalho com salário".[36]

Colocou o medo de classe, e não a luta de classes, como o motor da história. Segundo a autora, o sucesso da revolta escrava de São Domingo-Haiti, em 1808, teria aterrorizado a tal ponto os escravizadores brasileiros que estes começaram a criar melhores condições para a superação da produção escravista. Segundo Maestri,

> o medo aos oprimidos determinou geralmente processos de retração conservadora e impiedosas iniciativas repressivas. As revoltas escravas urbanas da Bahia, de 1807 a 1835, não levaram os escravistas a processos reformistas, mas a uma desapiedada repressão que ensejou a Lei Excepcional de 1835. Ela condenava à morte, sem direito de recurso, a todos os cativos que justiçassem ou ferissem gravemente senhores, feitores e familiares destes últimos.[37]

Célia Azevedo deixou transparecer que o trabalhador escravizado, bem tratado, não causaria grandes problemas ao escravizador. Sendo assim, a escravidão teria vida longa.

---

[35] Cf. Clóvis Moura, *Rebeliões da senzala*, p. 221-224, *apud* Azevedo. *Onda negra [...]. Op. cit.*

[36] Azevedo. *Onda negra [...]. Op. cit.*

[37] Maestri, Mário. "A grande conspiração branca de Célia Maria". [Sobre o livro: *Onda Negra, medo branco: o negro no imaginário das elites. Séc. XIX*. São Paulo: Paz e Terra, 1987]. *Jornal Universitário*. Porto Alegre, Rio Grande do Sul, agosto de 1988.

VISÕES SOBRE O QUILOMBO: DA CONSTITUIÇÃO DE 1988 AOS DIAS ATUAIS

Breve história e servidão negra

Em 1986, Mário Maestri publicou *Breve história da escravidão*, rápido apanhado da evolução da instituição servil ao longo do tempo, desde a Grécia Antiga até o final da escravidão na América, concluindo com uma breve análise da influência do tráfico de escravos sobre a África e do "escravismo africano".[1]

O autor parte do "pressuposto de que a escravidão", no "contexto de diferentes níveis de desenvolvimento das forças produtivas materiais", originou "diferentes sociedades escravistas": "uma forma de dependência social pode ser definida como escravidão quando apresenta três atributos": O cativo era "tido e tratado como mercadoria"; ao menos teoricamente, "a totalidade dos frutos de seu trabalho pertence ao senhor, que delimita arbitrariamente o grau de exploração do cativo"; o *status* do cativo é "hereditário e vitalício".

---

[1] Maestri, Mário. *Breve história da escravidão*. Porto Alegre: Mercado Aberto, 1986.

Explicou por que o produtor escravizado fugia constantemente dos domínios do proprietário: devido às "duríssimas condições de vida e trabalho". "O suicídio, a fuga, o justiçamento, a insurreição etc." eram "formas singulares de oposição do homem escravizado que puseram certo limite à exploração escravista".

As possibilidades que o trabalhador escravizado tinha para sair da escravidão eram muito poucas; "apenas uma porcentagem ínfima da população escrava obteve – onerosa ou graciosamente – a liberdade. [...] A não ser que fugisse. Através dos séculos, milhares de crioulos e africanos escaparam para os sertões ou tentaram desaparecer entre a população" africana e afrodescendente das cidades e dos campos.

Em 1988, Maestri publicou *A servidão negra*, no qual analisa o regime escravista brasileiro.[2] Ao tratar das fugas, afirmou que, durante o regime escravista, "milhares de cativos dirigiram-se às regiões do sertão brasileiro, onde se estabeleceram como posseiros ou como moradores". Na realidade, "foram com os libertos e livres pobres a vanguarda que desbravou e domesticou as terras mais tarde apropriadas pelos latifundiários".

Para o autor, nem sempre a fuga tinha como destino as matas e lugares de difícil acesso. "[...] um cativo podia dizer-se livre e viver semiescondido no meio de uma população urbana predominantemente mulata negra. [...] para escaparem à escravidão, cativos escondiam-se em leprosários". As fugas teriam sido constantes e tido consequências. "A fuga servil foi um fenômeno que dessangrou e debilitou incessantemente o escravismo. [...] há notícias de escravos em fuga logo após a introdução dos primeiros negros escravizados no Brasil. [...] eram poucos os fazendeiros que não tinham escravos fugidos".

---

2 Maestri, Mário. *A servidão negra*. Porto Alegre: Mercado Aberto, 1988.

Sobre os quilombos, explicou que foram

> designados pela sociedade escravista por vários nomes – mocambos, palmares, coitos, ladeiras etc. –, geralmente pelos historiadores como quilombos, as comunidades de fujões possuíam um número variável de integrantes [...] o quilombo deve ser compreendido como um fenômeno próprio e específico da luta de classes sob o escravismo. Uma forma de resistência que requer determinadas condições geográficas, demográficas etc. [...] O quilombo foi – objetiva e subjetivamente – o mais fácil caminho para que o escravo permanecesse livre.

O autor lembrou estar ultrapassada a ideia de quilombo isolado. "Houve quilombos que estabeleceram importantes vínculos mercantis com a sociedade escravista ou entabularam negociações políticas com ela". Afirmou que "era baixo o nível geral de desenvolvimento das forças produtivas [dos quilombos]. Os dois fatores produtivos determinantes eram a terra abundante e a quantidade da força de trabalho [...] no escravismo, a extração de excedente dava-se a partir da sujeição plena e individual do produtor ao amo".

Ao fugir,

> o escravo libertava e controlava o elemento determinante das forças produtivas em jogo – a sua força de trabalho. E podia procurar uma nesga de terra 'selvagem' – condição fundamental para organizar uma economia agrícola de subsistência (individual ou associada). Os instrumentos de trabalho necessários eram rudimentares.

Mesmo com todas as dificuldades, "o nível de consumo e a esperança de vida do habitante do quilombo tornavam-se superiores aos conhecidos no escravismo".

Propõe que o quilombo não fosse uma comunidade camponesa:

> os quilombolas não possuíam arados, não utilizavam a tração animal, não praticavam a adubação, a irrigação ou a rotação de vegetais ou terras etc. No quilombo praticava-se a policultura itinerante assentada sobre a ener-

> gia humana (auxiliada pelo fogo) e instrumentos simples (na maioria das vezes, de ferro). Tal desenvolvimento das forças produtivas e as práticas sociais dessa agricultura aproximam o quilombo às comunidades da África negra pré-colonial [...].

Quanto à produção no quilombo, confirmou que "a capacidade produtiva do quilombo era limitada. O pouco desenvolvimento dos meios de produção e o caráter instável e clandestino dessa economia mantinham baixa a sua produtividade". Nas comunidades quilombolas, "quase nunca se praticava o pastoreio; a indústria artesanal raramente se separava da agricultura; a metalurgia do ferro, comprovada em Palmares, era pouco difundida etc. Não há registro de especialização sistemática entre comunidades quilombolas ou no interior destas".

Maestri salientou: "a necessidade de o quilombo aumentar a produtividade de sua economia inserindo-se em um nível mais elevado de divisão do trabalho foi uma de suas características fundamentais. Essa inserção dava-se mais comumente por meio do estabelecimento de relações sistemáticas de troca (comércio ou escambo) com a formação escravista".

Quanto à produção quilombola, afirmou:

> uma produção doméstica de subsistência baseada na força de trabalho autolibertada do escravismo e na existência de terras devolutas, no caráter livre da produção e na necessidade de relações com a formação escravista para elevar a produtividade do trabalho social foram, a nosso entender, as determinações fundamentais dos quilombos agrícolas.

Esses fenômenos "tendiam a determinar a organização social, a ocupação do terreno, a orientação da economia, a atuação política etc. das comunidades quilombolas agrícolas".

As determinações anteriormente citadas explicariam também

> o porquê da formação de quilombos não agrícolas, isto é, de economia pequeno-mercantil especializada. Parecem ter sido raros os quilombolas que se adentraram profundamente nos sertões, onde, caso sobrevivessem, não seriam procurados pelos escravistas. Eram mais comuns os quilombos encravados no próprio coração da sociedade escravocrata. Os agrupamentos urbanos de maior importância possuíam comumente pequenos quilombos em seus arredores.

Outra proposta foi quanto à mobilidade do quilombo: "a importância da força de trabalho, a terra abundante, as ferramentas e os utensílios pouco desenvolvidos explicam por que os quilombolas preferiam simplesmente abandonar as suas aldeias quando de ataques reescravizadores. Salvo os habitantes, o único problema era a perda das colheitas, o que podia causar séria penúria".

Maestri fez referências à prática da "rapinagem" [apropriação]: "alguns quilombos dedicavam-se, como atividade econômica acessória ou fundamental, à rapinagem de viajantes, de residências isoladas etc. Parte do produto desses ataques destinava-se à compra de gêneros de subsistência. Entravam no fluxo de trocas que os quilombolas estabeleciam com o mundo escravista".

Explicou que

> estas relações mercantis parecem ter levado à formação de quilombos que chamamos de produção pequeno-mercantil especializada – quilombos mineradores, extrativistas, de serviços etc. Neles, a agricultura constituía produção subsidiária ou, até mesmo, inexistente. Esses quilombos, em geral localizados nas cercanias das cidades, tiveram, ainda que numerosos, menor significação populacional, econômica e política que os quilombos agrícolas.

Quanto às relações com a sociedade fora do quilombo, confirmou que "os quilombolas mantinham relações privilegiadas com os escravos, libertos e livres pobres etc. Muitas vezes estabeleciam íntimos contatos com o pequeno e médio capital comercial – mascates, regatões, comerciantes etc. Toda essa trama de relações explica a proteção que alguns quilombos recebiam de escravistas".

Maestri introduziu a questão da exploração do quilombo pela sociedade escravista. Na maioria das vezes, os quilombolas seriam explorados pelos comerciantes, mascates e regatões. "O quilombo, como organização ilegal, permitia-lhes ótimos negócios [aos comerciantes, mascates, regatões], pois se tratava de um intercâmbio desigual que determinava uma clara transferência de valor-trabalho em favor da esfera escravista".

Ao tratar da repressão aos quilombos, foi preciso ao afirmar que, "através dos anos, o Estado escravista reprimiu sistematicamente as agrupações quilombolas. Elas ocupavam e valorizavam áreas agrestes necessárias à expansão da economia escravista e constituíam uma ameaça à ordem senhorial".

Maestri lembrou que os quilombolas também se instalaram próximos às aglomerações urbanas. Reforçou a prática da apropriação e das trocas. Explicou que não houvera superprodução dentro dos quilombos. Para a maioria deles, a existência era precária. Diferenciou o quilombo de uma comunidade camponesa e discutiu a questão de um modo de produção quilombola. O autor realçou a fuga como libertação da força de trabalho.

Memorial dos Palmares

Natural do Rio de Janeiro, Ivan Alves Filho viveu no exílio cerca de 11 anos. Nesse período, formou-se em História na Escola de Altos Estudos em Ciências Sociais, em Paris, onde apresentou a dissertação "Memorial dos Palmares" em 1978. Em 1988, dez anos mais tarde, quando do Primeiro Centenário da Abolição, *Memorial dos Palmares* foi publicado no Brasil.

Alves Filho concorda com os autores contemporâneos quanto à origem de Palmares, ou seja, "um núcleo de 40 escravos sublevados em um engenho às proximidades de Porto Calvo". Porém, não descarta a possibilidade levantada por outros investigadores de que "os palmarinos na realidade se originaram de algum quilombo baiano, ou, ainda, sergipano".[3]

Conforme Alves Filho, os quilombolas viram-se "obrigados inicialmente a viver da caça, da pesca e da floresta, em função da situação de isolamento dos quilombos no fundo da mata, [porém], os palmarinos puderam, com o aumento de seus efetivos, diversificar e desenvolver a produção".

Quanto à produção, afirmou que

> a agricultura se transformou numa atividade básica. Os palmarinos plantavam coletivamente o milho – alimento principal, com duas recoltas anuais –, a mandioca, o feijão-preto, a batata-doce, a cana-de-açúcar, a banana e legumes. O terreno era preparado semanas antes pelo método da queimada. Após a colheita, havia uma semana de festejos. Parte do produto agrícola era armazenada em função do esforço de guerra permanente e das diversidades climáticas.

Amparado em outros historiadores, apontou para o regime de propriedade coletiva: "o regime de propriedade coletiva da terra parece ser o que melhor se adaptou à situação dos quilombos, obrigados a constantes deslocamentos e confrontados com a realidade do esgotamento do solo". Em verdade, a categoria "domínio" parece melhor do que a de "propriedade", para definir essa relação comunitária com o território.

Segundo Alves Filho, "as plantações se situavam perto dos quilombos e os lavradores se dirigiam para o trabalho pela manhã, bem cedo, retornando ao anoitecer". Ao tratar da propriedade e da economia da confederação de Palmares, seguiu em geral muitos passos de Décio Freitas, com a van-

---

[3] Alves Filho, Ivan. *Memorial dos Palmares*. Rio de Janeiro: Xenon, 1988.

tagem de apresentar algumas fontes. Sublinhou o aspecto coletivo, as festas após a colheita e o armazenamento dos produtos.

No que se refere ao regime político, o autor afirmou que "nada tinha de liberal: punia-se com pena de morte e deserção o roubo, o estupro, o homicídio, o adultério e a traição, o que reflete as contingências de uma comunidade em guerra contínua". Quanto à religião, deduziu que "combinava crenças de origem africana e fragmentos de catolicismo, apreendidos no contato com jesuítas e colonos. [...] O sincretismo religioso deixa transparecer, porém, que um processo de aculturação já estava em marcha entre os escravos da capitania, sem que nisso intervenha o fator miscigenação". No aspecto religioso, admitiu a aculturação dos quilombolas. No momento em que tratou da invasão holandesa, afirmou que "os índios aderiram em massa aos novos ocupantes [holandeses], querendo, assim, acertar as suas contas com o antigo colonizador".

Definiu o fenômeno quilombola no mesmo sentido de Péret, ou seja, "os quilombos eram, por excelência, o espaço privilegiado em que os palmarinos desenvolviam suas instituições libertárias, estabelecendo relações sociais desconhecidas até então na Colônia". Percebe-se que a causa primeira para a formação de quilombos foi o desejo de liberdade.

Em Palmares,

> não se identificou qualquer vestígio de dominação de classe. De fato, a comunidade como um todo detinha os meios de produção, e não um setor minoritário qualquer. E a centralização existente refletia acima de tudo a necessidade de defesa diante das ameaças externas. Trata-se, portanto, de uma estrutura peculiar e bastante distinta quer dos Estados europeus, aristocráticos ou não, quer dos Estados da Antiguidade ou da nação inca [...]. Mas é preciso reconhecer igualmente que a existência de uma instituição central determinada pode jogar um papel fundamental na formação do próprio Estado.

Nesse sentido, afastou-se das propostas tradicionais de escravidão sobre aquela formação.

Alves Filho entendeu que "a solução final de Palmares veio com a ocupação de suas terras". Para o autor, as terras da região estavam em jogo. Identificou que "a rebelião dos Palmares foi a mais longa de todas as que ocorreram na América Latina durante o período colonial e suas características são em boa parte originais". O quilombo de Palmares teria sido o "primeiro episódio histórico que levanta, no Brasil, em toda sua extensão, as contradições e os impasses do regime de grandes propriedades rurais de exploração extensiva por braço escravo, que caracterizou, por quase toda parte, a ocupação portuguesa do Brasil".

Destacou o fato palmarino como enfrentamento de duas classes. "Queremos dizer que Palmares significa nossa primeira luta de classes". Eram os proprietários dos meios de produção contra a massa escrava oprimida pelo regime. O trabalho de Alves Filho acrescentou qualidade aos estudos sobre Palmares. Citou a propriedade e o trabalho em Palmares como coletivo. Admitiu a aculturação do trabalhador escravizado. Em termos gerais, o autor seguiu as propostas de Décio Freitas.

Uma negação da ordem escravista

Carlos Magno Guimarães, professor de Ciência Política da Universidade Federal de Minas Gerais, é um incansável investigador do escravismo brasileiro. Sobre o fenômeno quilombola, em 1988 escreveu *Uma negação da ordem escravista: quilombos em Minas Gerais no século XVIII*, publicado na Coleção Malungo.[4]

Segundo Guimarães, em Minas Gerais o fenômeno quilombola teria sido marcante. "A constatação de que muitos

4 Guimarães, Carlos Magno. *Uma negação da ordem escravista: quilombos em Minas Gerais no século XVIII*. São Paulo: Ícone, 1988.

quilombos foram descobertos por acaso nos leva a acreditar que muitos deles jamais tenham sido descobertos ou se tornaram conhecidos das autoridades da época". Ele reafirma igualmente que muitos teriam sobrevivido até a Abolição.

Não negou a importância do espaço geográfico na fuga do cativo, mas enfatizou o cativo nesse processo.

> O refúgio era fundamental para garantir a segurança do fugitivo, para que essa sua condição fosse assegurada. [...] o quilombo não se define a partir do local, mas a partir do elemento humano que o integra [...] o que vai definir este ou aquele local enquanto quilombo é a existência, neles, do elemento vivo, dinâmico, ameaçador da ordem escravista, enfim, o escravo fugido.

O trabalhador escravizado fugido era "o fundamento da existência do quilombo, daí o fato de não podermos ignorá-lo enquanto parte integrante do todo que é o quilombo". Dessa forma, "a importância do espaço físico só será definida se a ele se agregar o elemento humano na pessoa do quilombola". O autor coloca a escravidão como causa do quilombo.

O quilombo teria se reproduzido de diversas formas. Algumas envolveriam a sociedade livre. Para o autor, "os mecanismos de reprodução dos quilombos vão da agricultura à mineração, do banditismo ao comércio, e da reprodução biológica ao roubo e aliciamento de outros escravos. Isso não implica dizer que todos os quilombos apresentaram todos esses mecanismos".

O quilombo teria abrigado outros elementos além de africanos e afrodescendentes. "A presença de elementos livres nos quilombos não basta para descaracterizá-los, ela é suficiente para mostrá-los enquanto redutos, ou refúgio, de outros elementos marginalizados e perseguidos no âmbito da sociedade escravista". Ao admitir a presença de outros elementos na formação do quilombo, negou que o trabalhador escravizado, ao se aquilombar, desejasse voltar às origens africanas.

A dieta alimentar dos quilombolas continha “alimentos tanto de origem vegetal, com cereais, tubérculos e frutos, quanto de origem animal”. Para o autor, historiador e arqueólogo, os alimentos eram obtidos nas roças cultivadas “pelos próprios quilombolas”, ou por meio da apropriação ou comércio com a sociedade livre. Nesse caso, a apropriação compreende tanto o ato “praticado pelo quilombola quanto [...] o praticado pelos escravos do senhor e repassado para os quilombolas”.

A agricultura, primeiro mecanismo de reprodução, “parece ter sido mais praticada pelos maiores quilombos, devido à necessidade de alimentar um maior contingente populacional, o que seria inviável apenas através da coleta e do banditismo”. Ao caráter sedentário da agricultura está ligada a impossibilidade do deslocamento constante de grupos maiores, o que “reduzia sua capacidade de defesa face ao aparato repressivo”. No que se refere à produção e ao consumo, com contenção, propõe que, talvez, “fossem coletivos”.

Como o “princípio fundamental” da escravidão era a “apropriação do trabalho excedente” do cativo, “a utilização do produto do roubo pelos quilombolas tem”, em relação àquele “princípio, um caráter negativo; por um lado, por reduzir a parcela do excedente apropriado; por outro, por ser consumido por escravos que, por sua condição de fugitivos, são negadores do próprio sistema e, enquanto tal, ameaçadores da ordem social escravista”.

A mineração clandestina foi o segundo mecanismo de reprodução dos quilombos em Minas Gerais: “Esta atividade se revestiu de um caráter especial já que o produto obtido através dela tem sido a origem da colonização das Minas Gerais, funcionava como equivalente geral, para troca, em toda sua extensão”. A mineração clandestina “abria uma notável possibilidade para os quilombolas ao ampliar seu universo comercial, pois o ouro e o diamante, funcionando como moedas, compravam qualquer coisa, tanto na rede de comércio legal quanto na ilegal".

Guimarães afirmou que "a mineração clandestina foi um dos grandes problemas enfrentados pela Coroa, pois, além de ter sido praticada por quilombolas, também o foi por homens livres e escravos, estes geralmente a mando de seus senhores". Constituiu-se em problema porque a mineração clandestina prejudicava a arrecadação do Estado colonial, que ficava impossibilitado de cobrar os quintos. "Sua força residia na sua possibilidade de sucesso, apesar dos riscos, na sua necessidade de sobrevivência e na própria corrupção dos elementos encarregados de combatê-los".

Comumente, as forças repressoras não tinham muito interesse no combate aos "criminosos" quando estes se dedicavam à mineração clandestina. "Não é de se estranhar este comportamento dos homens-do-mato se considerarmos que a mineração clandestina era uma prática generalizada e, além disso, sua honestidade só beneficiava a Real Fazenda".

Segundo o autor, "o ouro extraído pelos quilombolas" teria sido "utilizado, através do comércio também clandestino, para a obtenção de produtos necessários, mas não produzidos pelo quilombo, como gêneros alimentícios, armas, pólvora, chumbo etc.". Da rede clandestina "participavam desde escravos até elementos livres vinculados à própria Coroa".

Concluiu sobre os quilombos em Minas Gerais que, "na realidade, aos homens livres, que negociavam com os quilombos, interessava sua existência e preservação, independentemente de serem estes homens civis, ou militares, brancos, negros ou índios". De certa forma, a existência do quilombo era fundamental para burlar o Estado.

Utilizou termos que cremos impróprios – "banditismo", "roubo" etc. – para se referir com grande propriedade a importantes fenômenos da resistência servil.

> Enquanto apenas mecanismo de reprodução, o banditismo se restringe aos roubos, embora na acepção ampla do

> termo devam ser incluídas as mortes, ferimentos, insultos, incêndios e outros tipos de depredações, práticas decorrentes da necessidade de vingança contra a sociedade escravista, que na continuidade de sua existência representa a ameaça constante de reescravização, se for consumada a recaptura do escravo fugido.

Guimarães salientou que "o roubo, enquanto atividade praticada pelos quilombolas, se reveste de um caráter peculiar pelo fato de apresentar a capacidade de substituir outras atividades como a agricultura, a criação de animais, a mineração e o comércio, além do aliciamento de escravos".

A localização geográfica do quilombo foi um fator importante para a prática da apropriação violenta de bens pelos quilombolas. "O estabelecimento de quilombos próximos a rotas comerciais não se deu por acaso. Tal fato comprova a necessidade de uma localização estratégica favorável ao exercício da atividade de saque".

A expropriação praticada pelo quilombola teria caráter negativo. O autor afirmou que

> o caráter negativo do roubo praticado pelo quilombola não se encerra no fato de ser um roubo. Ele é ampliado se considerarmos que o quilombola era uma propriedade que já havia cometido outro roubo: ao fugir, ele se roubava a seu senhor. O roubo praticado pelo quilombola encerra um duplo aspecto para a ordem escravista, na medida em que o produto roubado é utilizado para a sobrevivência de uma propriedade roubada: o quilombola.

Entretanto, se definimos a escravidão como apropriação física violenta da capacidade de trabalho do cativo, a fuga do trabalhador escravizado constitui autolibertação que, para manter a natureza do novo *status* diante da ordem agressora, lança também mão da expropriação violenta dos bens da ordem que o oprime. Dessa ótica, o roubo seria a afirmação de uma afirmação – a liberdade do trabalhador –, e não negação de uma negação.

Segundo o autor, no que se refere ao aumento do contingente populacional, "o quilombo valeu-se de dois mecanismos: a reprodução biológica no nível interno e o recrutamento no nível externo, sendo que este recrutamento se efetivou a partir de dois tipos de atividade: o roubo e o aliciamento".

As condições do trabalhador escravizado eram tão desumanas

> que não devia ser tarefa tão árdua para um quilombola convencer outro escravo a fugir, mesmo porque o sistema escravista na realidade se constituiu no principal fator de sucesso dos aliciadores. Isto se deu, por um lado, pelo fato de submeter indivíduos a relações de produção escravistas e, por outro lado, pelo fato de que o aliciador era gerado enquanto contradição do próprio sistema, pois, face ao escravismo, ele não só se retira do processo produtivo como também retira todos aqueles a quem consegue aliciar.

Quanto aos mecanismos de defesa dos quilombolas, eles "iam desde a localização geográfica estratégica, em locais de difícil acesso, até a construção de fossos e paliçadas, passando por uma rede de informações que se iniciava dentro da própria senzala". Nessa perspectiva, "a localização estratégica do quilombo foi determinada, por um lado, pela necessidade da atividade de saque e, por outro, pela necessidade de defesa".

Citou somente os locais de difícil acesso como estratégia de defesa. A proximidade do quilombo também foi uma estratégia. Favoreceu para trocas de mantimentos e informações. Sem falar da proximidade, o autor afirmou que "o insucesso das expedições repressivas várias vezes foi determinado pelo fato de os quilombolas, ao terem conhecimento prévio de sua organização, abandonarem o quilombo". A mobilidade foi uma das táticas utilizadas pelos quilombolas para se defenderem, pois, "sendo incapazes de conter o ataque das tropas repressoras, deveriam fugir o mais rápido possível, quando recebiam o aviso de que o ataque se avizinhava".

Guimarães colocou o trabalhador escravizado como elemento central do quilombo. Deixou em segundo plano o espaço físico do quilombo. Para ele, o elemento humano era mais importante do que a localização geográfica. Quanto à composição do quilombo, admitiu a presença de outros elementos além dos cativos. Dessa forma, negou a volta às origens africanas como causa dos aquilombamentos. Uma constatação importante que levanta foi o fato de o quilombo servir como local para transações ilegais, principalmente de ouro, a fim de burlar o fisco. Também ressaltou a continuidade do fenômeno quilombola.

Campos da violência

Sílvia Hunold Lara nasceu em 1955, em Ribeirão Preto, no Estado de São Paulo. Em 1988, como professora no Departamento de História da Universidade Estadual de Campinas, publicou *Campos da violência: escravos e senhores na capitania do Rio de Janeiro, 1750-1808*, em que propõe que a divisão entre senhores dominantes e escravos submetidos estaria longe de confirmar a rigidez que muitos pesquisadores lhe atribuíram.[5]

Ao abordar as reações do trabalhador escravizado, citou a fuga como a principal alternativa encontrada pelos cativos contra o regime. Segundo ela, uma prova é a legislação da época:

> Depois do comércio, porém, a maior preocupação da legislação metropolitana foi a questão das fugas. Desde as Ordenações até as Leis Extravagantes e Cartas Régias, há constantes referências à repressão dos quilombos e proibição de ajuda aos escravos fugidos – tema também

---

[5] Lara, Sílvia Hunold. *Campos da violência: escravos e senhores na Capitania do Rio de Janeiro, 1750-1808*. Rio de Janeiro: Paz e Terra, 1988.

> recorrente nas determinações expedidas pelas autoridades coloniais.

Lara lembrou que, por quilombo, os oficiais da Câmara entendiam o lugar em que "estivessem arranchados e fortificados com ânimo a defender-se, que não sejam apanhados, e não em qualquer rancho por se repararem do tempo, porém achando-se de seis escravos para cima que estejam juntos se entenderá também quilombo". A Câmara, a que se refere a autora, era a instância máxima de poder na época, ou seja, em 1750.

A autora foi enfática ao comparar a definição de quilombo nos Campos dos Goytacazes com a definição expressa pelo rei de Portugal. "As definições são parecidas, mas assentam-se em bases diferentes. Ao passo que a definição real considera o número de fugitivos juntos e a condição do lugar dessa reunião, a dos campistas também levava em conta o primeiro aspecto, mas desconsiderava o segundo e estabelecia, ainda, a disposição de resistência". Ou seja, "menos que o simples ajuntamento de escravos, o que parecia preocupar os campistas era a possibilidade de resistência por parte dos fugitivos. Segundo sua definição, dois escravos que levantassem, nos matos, um rancho cercado eram considerados quilombolas".

A autora lembra que, ao estudar os quilombos, a historiografia tem dado preferência ao quilombo de Palmares e aos quilombos mineiros. Os quilombos marcaram todo o território colonial, incluindo a capitania do Rio de Janeiro.

> Evidenciam os dados não só a existência endêmica de grupos de fugitivos que viviam pelos matos assaltando viajantes e roubando casas e roças, como ainda mostram que as medidas repressivas adotadas eram sempre insuficientes para acabar com eles e com as fugas individuais. Por outro lado, deixam claro também que, pelo menos em 1769-1770 e em 1792, foram necessárias medidas repressivas, além das habituais, para 'arrasar quilombos e

> quilombolas' – o que, por sua vez, indica a presença de grupos maiores e mais organizados nesses momentos.

Lara deu atenção especial às fugas. Para a autora, como não havia consenso dos cativos à escravidão, o trabalhador escravizado era inimigo da escravidão. Dessa forma, o medo preocupava a classe senhorial.

A luta do negro contra a escravidão era uma constante

Em 1988, Alaôr Eduardo Scisinio publicou *Escravidão & a saga de Manuel Congo*, trabalho "motivado pelo centenário da Lei Áurea". Após analisar a escravidão, a luta do cativo, o tráfico e as influências externas em favor da abolição, passou a interpretar o quilombismo. Segundo Scisinio, "a luta do negro contra a escravidão era uma constante", e foi através do quilombo que o trabalhador escravizado lutou contra a escravidão.[6]

O escravizador evitou o agrupamento de trabalhadores escravizados da mesma nação nas plantagens.

> Essa desagregação criou para o escravo uma necessidade de fugir. Fugir, agora, não só para não ser torturado num trabalho forçado, mas para agrupar-se, dando expansão a sua índole de animal gregário. Agrupar para preservar sua cultura, sua língua, seus cultos, seus cantos, mantendo o sentimento de nacionalidade.

Proposta que entra em contradição com a heterogeneidade tradicional dos quilombos, no relativo à sua população.

Para Scisinio, além da necessidade de preservar sua cultura, o trabalhador escravizado fugiu e criou o quilombo devido ao "maltrato no trabalho escravo, a condição subumana dos negros e os castigos bárbaros impostos pelos senhores". Admitiu que "só pelo trabalho sem remuneração

---

6 Scisinio, Alaôr Eduardo. *Escravidão & a saga de Manuel Congo*. Rio de Janeiro: Achiamé, 1988.

condigna, só por causa do trabalho escravo" o trabalhador escravizado não lutasse tanto. Foi a violência e a opressão que levaram o cativo a se aquilombar.

Outros trabalhadores escravizados fugiram e não formaram quilombos. Preferiram viver nos centros populosos. "Não eram escravos quilombistas. Eram escravos que comungavam a ideologia criada também na senzala, dentro de um sistema de opressão e repressão que não era representado por castigos e maus-tratos, mas pelo trabalho imposto ao escravo como forma de dominação". Para estes, o trabalho que lhes era imposto funcionava como "o instrumento da repressão e da dominação". Os cativos rompiam com esta lógica ao empreender "fuga para um local onde pudessem levar a vida na ociosidade, mesmo esmolando, era um meio de fugir do trabalho que simbolizava para ele a escravidão".

Afirmou que os quilombolas sempre procuraram preservar a liberdade do grupo.

> Não almejavam a expansão territorial, limitando a sua luta à libertação do negro do jugo do senhor de engenho; é verdade também que dentro do território conquistado os escravos quilombolas não conheciam o Estado externo nem se curvavam aos seus poderes, que, por sinal, só conheciam através das forças policiais que iam combatê-los. A produção além das exigências normais de seu consumo no quilombo era cambiada com os fazendeiros vizinhos que a compravam, pagando também o preço da tranquilidade, pois sabiam que, se o negro insurreto passasse fome, na casa-grande iria haver saque. Quando o quilombismo questionava a sociedade oficial, ignorando os direitos em que ela se funda, como o de propriedade, o de família, o de sucessão ou o de obrigação capitalista, ele era encarado como polo de subversão da organização estatal, e, então, o quilombo precisava ser destruído, sem mais nem menos.

O quilombo tornou-se um enclave no sistema escravista. Transformou-se numa "poderosa arma dos escravos contra o poderio político e econômico da nobreza colonizadora e escravocrata". Para Scisinio, ao quilombo dirigiam-se também trabalhadores escravizados que não sofriam castigos. Segundo o autor,

> a insurreição sugeria sempre a formação do quilombo. Ninguém fugia para formar um quilombo. Este era uma solução para os fugitivos do cativeiro, para os insurretos que tinham como meta básica da rebelião destruir, num único golpe, a base do escravismo opressor. Só não o conseguiram em nenhuma tentativa por falta de apoio externo e amplitude política de suas decisões, isto é, não atinavam com a necessidade de se mudar a estrutura sociopolítica para mudar o regime de trabalho.

O autor lembrou que a sociedade escravista tomou medidas para evitar fugas, insurreições e quilombos. Para ele, os trabalhadores escravizados fugiram e se agruparam, entre outros motivos, para manter a cultura. Seguindo os passos de José Alípio Goulart, escreveu que foi pela violência e pelos maus-tratos que o trabalhador escravizado fugiu, e não por causa da escravidão. Propôs que o quilombo só era combatido quando questionava a sociedade oficial, ignorando paradoxalmente a invasão do quilombo com a finalidade de capturar cativos. Sua proposta do quilombo como uma insurreição fracassada generaliza abusivamente casos muito singulares.

Abolição do cativeiro

Arno Wehling organizou a obra coletiva *A abolição do cativeiro – os grupos dominantes: pensamento e ação*, editado em 1988.[7] A obra é resultado de colóquio realizado para celebrar o Centenário da Abolição da Escravatura no Brasil. Os vários participantes abordaram temas como: a Igreja e a Abolição; os partidos políticos e a Abolição; as Forças Armadas e a Abolição; a imprensa e a Abolição; as

[7] Wehling, Arno (org.) *A abolição do cativeiro – os grupos dominantes: pensamento e ação*. Rio de Janeiro: IHGB, 1988.

forças produtoras e a Abolição, finalizando com a família imperial e a Abolição.

Um dos participantes do colóquio, Lourenço Luís Lacombe, descreveu um quilombo no Leblon, quando da crise da escravidão, onde os cativos fugidos recebiam guarida. Por volta de 1886, o comerciante José de Seixas Magalhães

> hospedava escravos fugidos [...]. Levara a filantropia no exagero romântico de alimentar um 'quilombo'. Nesses Palmares em miniatura, uma trintena de negros refazia a vida tratando camélias do bom sujeito que parecia ter dois orgulhos apenas: de suas rosas e de seus pretos quilombolas. Escondia a estes, e distribuía aquelas.

Segundo o autor, as autoridades sabiam do fato, porém não tomaram nenhuma atitude repressiva em consonância com a Princesa Isabel. "Seixas asilava negros fugidos e não dissimulava essa cumplicidade".[8]

Num primeiro momento, o quilombo do Leblon contraria a lógica dos demais mocambos espalhados pelo Brasil. O acoitador era um comerciante, que, por sua vez, explorava a mão de obra dos negros livres. Esse tema seria retomado por Eduardo Silva, em *As camélias do Leblon*.

Crise e resistência

Théo Lobarinhas Piñeiro nasceu no Rio de Janeiro em 1955. Graduou-se em História na Universidade Federal Fluminense em 1982. Em 1989, defendeu sua dissertação de mestrado, *Crise e resistência no escravismo colonial: os últimos anos da escravidão na província do Rio de Janeiro*, publicada em 2002, na coleção Malungo da EdiUPF, sem modificações de conteúdo.[9]

---

[8] Lacombe, Lourenço Luís. "A família imperial e a Abolição". *In:* Wehling, Arno (org.) *A Abolição do [...]. Op. cit.*

[9] Cf. Piñeiro, Théo Lobarinhas. *Crise e resistência no escravismo colonial: os últimos anos da escravidão na província do Rio de Janeiro.* Passo Fundo: UPF, 2002.

Como propõe o título, o trabalho referiu-se à influência da resistência dos cativos na crise do escravismo, na província do Rio de Janeiro. Dedicou todo o capítulo 4º à resistência dos trabalhadores escravizados e compreendeu "que somente é possível [...] entendê-la no contexto da luta de classes e, ainda, que suas diversas formas são, em última análise, expressão dessa luta".

Citou como forma de resistência "os atrasos intencionais", ou seja, a diminuição do ritmo de trabalho com a finalidade de causar prejuízos ao fazendeiro, "às vezes com a perda de parte da produção", que "obrigava ao aumento da vigilância de forma constante". Outra forma de reação seria o suicídio. Acrescentou a essas formas de resistência os "furtos, fugas, quilombos, atentados a senhores, a feitores e a outros brancos [...] e as revoltas coletivas".

O autor explicou que "a região cafeeira fluminense conheceu, talvez, um dos últimos grandes quilombos brasileiros nos momentos que antecederam a extinção do tráfico africano, quando escravos comandados por Manuel Congo se revoltaram e se organizaram, de forma autônoma, levando o desespero à população do município de Vassouras".[10]

Referindo-se a São Paulo após 1850, propõe não terem sido

> comuns os grandes quilombos, o que parece estar ligado ao maior controle exercido sobre os cativos [...]. Entretanto, os quilombos nunca deixaram de existir, sendo mesmo um tipo de manifestação que é encontrado durante todo o período da escravidão, levando, inclusive, a ser visto, dada a sua constância e organização autônoma, como a unidade básica de resistência do escravo.

---

[10] Ver também: Stein, Stanley J. *Grandeza e decadência do café no Vale do Paraíba*. São Paulo: Brasiliense, 1961; Lima, Lana Lage da Gama. *Rebeldia negra e abolicionismo*. Rio de Janeiro: Achiamé, 1981; Moura, Clóvis. *Rebeliões da senzala: quilombos, insurreições, guerrilhas*. São Paulo: Zumbi, 1959.

Piñeiro parte do princípio de que se considerava "quilombo a reunião de cinco ou mais escravos fugidos em algum lugar". Segundo o autor, esse conceito nos faz entender a "grande diversidade existente, desde simples clareira onde os quilombolas se reúnem em pequenos grupos até um na dimensão do de Palmares". Lembrou igualmente que, nos relatórios sobre a destruição dos quilombos, "se observam não apenas as formas de defesa (as trilhas estratégicas cheias de enganos, o armamento), mas a organização espacial". Ao falar dos armamentos, propôs que as ferramentas (machados, foices, enxadas etc.) comumente "transformam-se em armas".

Referiu-se ao caráter contraditório das relações dos quilombolas com a sociedade escravista, precisando que

> o sistema de proteção do quilombo implicava, ainda, uma rede na qual se envolviam os livres (da cidade do Rio de Janeiro e das fazendas da região). Se o local propiciava boa defesa (vastas matas a dificuldade de comunicação...), existia um relacionamento com base no escambo (lenha por alimentos e aguardente), que, além de repassar para a sociedade escravista parte do valor do trabalho gerado no quilombo, reforçava as possibilidades de sua manutenção através da informação dada por comerciantes de ações que seriam efetuadas na área, procurando escravos fugidos.

No mesmo sentido, lembrou que a maior ou menor sobrevivência do quilombo estava atrelada às relações que mantinha com a sociedade escravista. Ao se referir às trocas, assinalou que a "relação comercial" que ajudava "na defesa dos negros organizados" criava "uma certa relação de dependência do quilombo em relação a, pelo menos, uma parcela da sociedade escravista".

Piñeiro concluiu que,

> apesar do crescimento da tensão social e da reação dos escravos, os quilombos não foram a principal manifestação dessa luta no período estudado. É verdade que tra-

> ziam inquietações à população, que serviam de ponto de apoio para ataques e atraíam escravos fugidos; no entanto, sua importância parece diminuir ao longo do tempo, pelo menos na província do Rio de Janeiro.

O autor não concordou que o quilombo tenha sido a unidade básica de resistência do escravo.

> Esse papel do quilombo liga-se muito mais às regiões menos povoadas, permitindo que sua duração seja maior [...]. O período colonial, o início da expansão cafeeira no Rio de Janeiro ou mesmo a região do café em São Paulo poderiam dar aos quilombos condições de expansão, não uma região mais ocupada como o Vale do Paraíba fluminense e, mesmo, a área açucareira de Campos.

Piñeiro defendeu o quilombo como forma de resistência e de luta de classes. Porém, para ele, "o quilombo não foi o mais importante elemento de luta dos cativos". "[...] as revoltas e as fugas foram mais eficazes no desgaste da produção escravista".

Negociação e conflito

Eduardo Silva e João José Reis escreveram *Negociação e conflito: a resistência negra no Brasil escravista*, publicado em 1989.[11] Segundo os autores, se trataria de uma nova abordagem que resgatava as pequenas e grandes conquistas do cotidiano do trabalhador escravizado.

Silva é pesquisador da Fundação Casa de Rui Barbosa. Publicou *Barões e escravidão: três gerações de fazendeiros e a crise da estrutura escravista* em 1984 e *As queixas do povo,* no ano de 1988. Reis é professor da Universidade Federal da Bahia e autor de *Rebelião escrava no Brasil: a história do levante dos malês – 1835*, publicado em 1986.

---

[11] Silva, Eduardo & Reis, João José. *Negociação e conflito: a resistência negra no Brasil escravista.* São Paulo: Companhia das Letras, 1989.

Na introdução do livro, Silva e Reis admitiram a possibilidade de negociação entre a classe dos escravizadores e dos trabalhadores escravizados: "ao lado da sempre presente violência, havia um espaço social que se tecia tanto de barganhas quanto de conflitos". Os autores admitem que "a soma de fugas individuais e coletivas frequentemente resultavam em quilombos, onde os fugitivos tentavam inventar a liberdade na 'terceira margem' do regime escravocrata".

Para Reis e Silva, a primeira via era a da negociação. Apenas quando falhava a negociação é que vinham as fugas e, por último, o quilombo e as revoltas. Silva parte do princípio de que "no Brasil como em outras partes, os escravos negociaram mais do que lutaram abertamente contra o sistema". Para essa visão, a escravidão se caracterizaria pelo seu caráter pactual, nascido de acordos permanentes. Assim sendo, a resistência seria produto da ruptura extraordinária desse diálogo entre escravizadores e escravizados. A tese da resistência como fracasso extraordinário da negociação permanente entre cativos e proprietários fora desenvolvida parcialmente por Gilberto Freyre.

Efetivamente, o sociólogo pernambucano afirmou que o trabalhador escravizado só se revoltava quando se rompiam os acordos implícitos entre escravizadores e escravizados. "Quando os brancos fracassaram como pais sociais de seus escravos negros para os tratarem como simples animais de almanjarra, de eito ou de tração [...] é que muitos dos negros os renegavam".[12]

Essa leitura praticamente vê a escravidão como relações mercantis materializadas em palco social em que se reconhece, explícita ou implicitamente, a vigência da compra e da venda da força de trabalho de produtor juridicamente autônomo. Nesse mundo, os opositores – escravizados e es-

[12] Freyre, Gilberto. *Sobrados e mucambos: decadência do patriarcado rural no Brasil*. São Paulo: Companhia Editora Nacional, 1936.

cravizadores – organizam-se em torno da negociação do valor de retribuição da força de trabalho – condições de trabalho, remuneração etc. –, esforçando-se para não romperem o vínculo social, igual ao que ocorre no capitalismo.

Na escravidão, o explorador detém pela violência, individual e constante, o produtor direto, que se esforça permanentemente para pôr fim ao vínculo que o submete por meio, sobretudo, da fuga e da alforria. A tentativa de acomodação dá-se no contexto da impossibilidade desse rompimento do vínculo, devido à fragilidade do cativo diante da força da coerção. O dado central nesse processo é o desequilíbrio das partes e a dificuldade do produtor direto de objetivar sua vontade.

No mesmo sentido, Silva propõe que, "além das fugas e insurreições, a liberdade podia ser obtida, ainda, através da criatividade, da inteligência e do azar".[13] Destaque-se que, no campo e na cidade, a escravidão deixava escassos espaços para a expressão da "criatividade" e "inteligência" do cativo. Nos fatos, tratava-se de forma de produção que se impunha necessariamente pela repressão da "criatividade" e da "inteligência" do trabalhador feitorizado, o que impediu a formação de aristocracia escrava, formada por cativos de elevado nível cultural e profissional.

Conforme Silva, "um outro mecanismo de controle e manutenção da ordem escravista foi a criação de uma margem de economia própria para o escravo dentro do sistema escravista, a chamada brecha camponesa". Para o autor, "ao ceder um pedaço de terra em usufruto e a folga semanal para trabalhá-la, o senhor aumentava a quantidade de gêneros disponíveis para alimentar a escravaria numerosa, ao mesmo tempo que fornecia uma válvula de escape para as pressões resultantes da escravidão".

---

[13] Silva & Reis. *Negociação* [...]. *Op. cit.*

Silva olvida que ceder nesgas de terra aos cativos para cultivo individual, como comprova a historiografia nacional, não foi prática ampla e sistemática na escravidão, mas exceções praticadas sobretudo nos momentos do refluxo da produção, para que o escravizador se livrasse do compromisso com a alimentação do cativo. Prática que, em verdade, aumentava o nível de exploração objetiva do produtor direto, ao definir seu tempo de descanso como tempo de produção dos gêneros de subsistência necessários para que ele produzisse sem remuneração para o escravista.

Em visão mais matizada da acomodação e da negociação do que a de seu parceiro, Reis lembrou que "senhores e autoridades escravistas na Bahia, como em toda parte, usaram da violência como método fundamental de controle dos escravos". Portanto, enfatiza a violência como forma "fundamental" de controle, definindo as relações entre senhores e cativos. Afirmou que "o combate à autonomia e indisciplina escrava, no trabalho e fora dele, se faz através de uma combinação da violência com a negociação, do chicote com a recompensa".

Para Reis,

> os escravos também não enfrentaram os senhores somente através da força individual ou coletiva. As revoltas, a formação de quilombos e sua defesa, a violência pessoal, conviveram com estratégias ou tecnologias pacíficas de resistência. Os escravos rompiam a dominação cotidiana por meio de pequenos atos de desobediência, manipulação pessoal e autonomia cultural. A própria acomodação escrava tinha um teor sempre ambíguo.

Matizadas algumas das afirmações enfáticas dessa proposta, ela descreve corretamente instâncias da resistência do cativo. Em geral, a oposição do cativo não era ação de força. A fuga, por exemplo, era ato que contornava – para não enfrentar – a força senhorial. Definir a oposição passiva como ação estratégica subentende consciência e controle do cenário social, de que o cativo não dispunha.

A estratégia é a arte "militar de planejar e executar movimentos e operações [...] visando a alcançar ou manter posições relativas e potenciais... favoráveis a futuras ações táticas sobre determinados objetivos". Finalmente, atos de desobediência e oposição cultural não rompiam com a dominação cotidiana, conseguindo, quando muito, diminuir o nível de exploração do trabalho e de submissão pessoal.

Apesar de assinalar o aspecto da negociação como fundamental nas relações cativo/escravizador, Silva afirmou que "a unidade básica de resistência no sistema escravista, seu aspecto típico, foram as fugas". Para o autor, o quilombo "pressupõe fugas tanto individuais quanto coletivas; o mesmo se dá com insurreições urbanas, embora, aqui, encontrem-se ocultas, embutidas na própria possibilidade de ação contestatória".

Dessa forma, "a fuga, como insurgência, não pode ser banalizada: é um ato extremo e sua simples possibilidade marca os limites da dominação, mesmo para o mais acomodado dos escravos e o mais terrível dos senhores, garantindo-lhes espaço para a negociação no conflito".

Silva propôs que as fugas reivindicatórias não pretendessem "um rompimento radical com o sistema". Eram "uma cartada – cujos riscos eram mais ou menos previsíveis – dentro do complexo negociação/resistência". Era hábito que fujões se apadrinhassem para escapar de um castigo ou para voltar de uma fuga em melhores condições. A proposta do autor quase reduz essa realidade a uma imagem singular: o cativo fujão escondido na mata aguardando a proposta do escravizador para o seu resgate.

Seguindo mais uma vez Gilberto Freyre, Silva propõe que muitos cativos fugiam "para pressionar senhores indesejáveis a vendê-los, ou ainda para voltar a antigos donos [...]".

A generalização dessa realidade, caso real, mas episódico no universo das fugas, traz embutida a visão da colaboração do cativo com o "bom escravista" e sua resistência quando ele rompe com a "paz da senzala e do eito".

O caminho trilhado por Silva obvia que o motivo que levava comumente o trabalhador escravizado a fugir era a rejeição ao trabalho forçado, à extração violenta de sobretrabalho pelo escravizador. Trocar de escravizador ou voltar a um melhor escravizador não alterava basicamente o nível de exploração do cativo, tendencialmente regulado pela produção e pela sociedade escravista. A proposta aponta para a existência de uma escravidão feliz, não cumprida por senhores despóticos.

Silva lembrou que "pequenos fujões, ao contrário, voltam com suas próprias pernas após curto período de assustada autonomia e descanso [...]". A ausência de uma hierarquização de fenômenos como esse resulta em verdadeira glamurização da escravidão. A fuga do cativo termina surgindo como uma espécie de *spa* do negro feitorizado, de onde retorna ao trabalho do dia a dia, após repor as forças.

Muitos fujões desconheciam as regiões para onde fugiam, tinham dificuldades para formar ou ser acolhido em quilombos etc. Perdidos nas matas e nas periferias das cidades, desgastados fisicamente, abatidos pela fome, pelo frio etc., perseguidos pelas forças policiais e pela população em geral, não lhes restava alternativa a não ser a volta ao cativeiro, tentada, não raro, por meio de um apadrinhamento.

Sem apresentar documentação qualitativa e quantitativa minimamente probatória, Silva transforma a acomodação em lei geral da escravidão, vigente do início [da colonização] até a década de 1870:

> dos primórdios da colonização até a década de 1870 mais ou menos, isto é, sob a vigência do paradigma ideológico colonial, a principal motivação para fugas e revoltas parece ter sido a quebra de compromissos e acordos anteriormente acertados. Existia em cada escravo ideias cla-

> ras, baseadas nos costumes e em conquistas individuais, do que seria, digamos, uma dominação aceitável.

Na sua visão, a oposição seria essencialmente uma resposta do cativo ao rompimento dos pactos e dos acordos "acertados", ou seja, acordados, por meio de "costumes" e de "conquistas", entre o cativo e o escravizador. Ou seja, o rompimento pelo "mau" escravizador do que seria aceito, após ter sido pactuado, como uma "boa escravidão" – "dominação aceitável". A escravidão torna-se, para essa visão, ordem social de cunho contratual.

Silva admitiu a negociação mesmo para situações extremas, ou seja, mais radicais e desafiadoras, "como a fuga para colônias clandestinas – quilombos, mocambos, coitos, cidade". Apoiando-se em casos extraordinários, propõe que "a negociação foi a tendência hegemônica no engenho Santana, onde os negros propõem um acordo para voltarem ao trabalho". Lembrou que "projetos de revolta foram frequentemente precipitados ou barrados pela delação. O 'conflito principal' – aquele que opõe senhores de um lado e escravos de outro – não pode resumir toda a história da sociedade escravista".

Para o autor,

> a falta de unidade nas classes subalternas desdobra-se sem cessar. Primeiro, entre africanos de diferentes procedências, línguas e culturas; depois, entre protagonistas, às vezes rivais, na dura luta pela sobrevivência: crioulos *versus* forasteiros africanos; forros *versus* escravos; negros *versus* mestiços. [...] entre a oposição física e a submissão conformada existiu um espaço possível de negociação no dia a dia.

Em forma simplista, essa proposta confunde a explicação da história, tendo como eixo a luta de classes, com a restrição da história da sociedade, organizada pela luta de classes, à história da luta de classes, em estrito senso. A visão da heterogeneidade dos cativos, um dos grandes *han-*

dicaps negativos dos trabalhadores escravizados, questiona igualmente a proposta de uma classe servil agindo segundo um "pacto da boa escravidão", que descreveria as "condições aceitáveis de exploração".

Nos fatos, a proposta da existência de níveis normais de exploração, acima dos quais a massa servil responderia com formas individuais e coletivas de resistência, desconhece, por um lado, a heterogeneidade da sociedade e da produção escravista e, por outro, a capacidade de exploração exacerbada mediante dura feitorização de grupos e indivíduos isolados. Mesmo como casos limites, o rápido consumo de cativos novos em algumas atividades escravistas lembra os campos de trabalho escravizado organizados pelo nazismo, responsáveis por grande parte do esforço de guerra germânico na Segunda Guerra Mundial.

Ao admitir a negociação como ingrediente principal nas relações escravizador *versus* escravizado, sobretudo Silva deixa em aberto a possibilidade de uma continuidade sem fim do regime de exploração que possuía, em seu horizonte, a possibilidade de autocontrole de seus excessos, mediante negociação entre exploradores e explorados.

Nesse universo interpretativo, que, como assinalado, resgata as propostas paternalistas de Gilberto Freyre da escravidão "feliz", a oposição ao trabalho feitorizado, as fugas, os quilombos, as revoltas etc. perderiam importância como fatores determinantes de ordem regida pelos acordos e negociações. A história da sociedade seria indiscutivelmente a história de seus acordos e negociações entre explorados e exploradores.

Talvez seja importante lembrar que o livro *Negociação e conflito: a resistência negra no Brasil escravista*, de ampla repercussão, foi escrito em 1989, no ano da chamada queda do muro de Berlim, quando reinava sobre o mundo as visões do fim da história.

Reinventando a liberdade

Antônio Torres Montenegro, na época professor de pós-graduação em História e do Colégio de Aplicação da Universidade Federal de Pernambuco, publicou, em 1989, *Reinventando a liberdade: a Abolição da escravatura no Brasil*.[14] Na primeira parte do livro, o autor tratou da escravidão no Brasil. Na segunda, trabalhou diretamente com as fontes históricas que ajudaram a compreender o período escravista brasileiro: gravuras, mapas e obras literárias.

Montenegro iniciou sua explanação tratando da escravidão indígena, que propõe ter sido superada pela africana já que aos colonos "tornava-se mais econômico comprar escravos aos comerciantes vindos da África do que realizar expedições pelo interior para guerrear com os indígenas e prendê-los".

Lembrou que, mesmo a escravidão no Brasil se estendendo por mais de três séculos, apenas no final do período o cativeiro foi tido como inaceitável.

> Uma série de acontecimentos está relacionada a essa mudança: a proclamação da Independência dos Estados Unidos, que continha uma Declaração dos Direitos do Homem, afirmando a igualdade de todos os indivíduos; a Revolução Francesa em 1789 e seus princípios de liberdade, igualdade e fraternidade, e a Revolução Industrial na Inglaterra, que implicou a adoção da máquina e o aumento considerável das mercadorias produzidas, levando os economistas a defenderem o trabalho livre como o mais lucrativo.

Ressalte-se que a república e a constituição estadunidense conviveram ainda por quase cem anos com a ordem negreira.

Qualificou o trabalhador escravizado como ser humano que rejeitou a condição de escravo. "Os povos africanos

---

14 Montenegro, Antônio Torres. *Reinventando a liberdade: a Abolição da escravatura no Brasil*. 14 ed. São Paulo: Atual, 1989.

transformados em escravos e comercializados nas colônias europeias da América nunca deixaram de lutar contra essa condição imposta pelos povos ditos civilizados". A rejeição teria sido constante, não tendo ocorrido em momentos específicos, quando da ruptura de acordos. "Desde o momento do embarque nos navios negreiros, a luta contra a escravidão não tinha trégua. [...] a resistência desses povos à sujeição que lhes era imputada nunca silenciou".

O autor atribuiu à cultura o elemento que selou a união entre os reprimidos. "Os escravos procuram estar próximos de outros africanos da mesma tribo, cultivando sua língua, suas músicas, suas danças, suas religiões, enfim, sua cultura, de forma a manter viva a sua identidade de homens livres que tinham até serem aprisionados".

Uma afirmação que se sustenta apenas como vontade jamais plenamente concretizada. Se ela era mais facilmente realizável nas cidades, por exemplo entre os ganhadores, nas fazendas conviviam cativos de múltiplas origens, já que os escravistas tinham o cuidado de separar trabalhadores da mesma nação. Nos quilombos, por sua vez, viviam africanos, crioulos, índios e alguns brancos, como comprova a documentação.

Propôs que "a fuga" fosse "prática constante. Individual ou coletiva, ela sempre representa uma permanente ameaça aos senhores". Um fenômeno que levava à formação dos quilombos e que obrigou a criação do ofício de capitão do mato.

> Em decorrência das fugas, os escravos, ao abandonarem as fazendas, engenhos ou mesmo as casas dos senhores na cidade, se estabelecem no mato, criando sua própria comunidade, vivendo do plantio e da criação e mantendo vivas suas tradições culturais. Às comunidades assim organizadas deu-se o nome de quilombos. Os senhores e as autoridades estavam sempre em guerra contra eles, mas nunca conseguiram extingui-los completamente.

Citou Palmares como exemplo de quilombo.

> A existência de Palmares e sua vitoriosa resistência às investidas bélicas dos senhores e das tropas portuguesas se tornavam uma forte ameaça à manutenção da escravidão. Além de constituir uma segura alternativa de vida para os escravos fugidos, esse quilombo era o símbolo da vitória do africano contra a ordem escravista que os senhores-de-engenho, fazendeiros e comerciantes tentavam impor.

Radicalizou ao afirmar que o quilombo era alternativa segura aos cativos. A segurança plena passava apenas pelo fim do regime escravista.

Ao tratar das fugas, especificamente na província de São Paulo, lembrou das fugas para Santos.

> Nesse período, as fugas começam a crescer em número incontrolável nas fazendas de café da província de São Paulo, acelerando-se em 1887. A cidade de Santos era o destino de muitos dos fugitivos, por congregar uma importante organização abolicionista liderada por Antônio Bento.

Montenegro concluiu a primeira parte de sua obra lembrando que a libertação final do trabalhador escravizado não foi plena. "O movimento abolicionista, na verdade, restringiu-se a extinguir o regime escravista, não colocando as formas de vida do ex-escravo". Nos fatos, com a abolição, o cativo metamorfoseou-se no segmento mais explorado da classe operária "livre". Nesse fenômeno, a responsabilidade não foi do movimento abolicionista, ao menos de seus segmentos plebeus e democráticos, que exigiam reforma da propriedade da terra em favor dos ex-cativos, uma das razões da contrarrevolução republicana.[15]

---

[15] Cf. Villa, Marco Antônio. *Canudos: o povo da terra*. São Paulo: Ática, 1995; Conrad, Robert E. "A pós-Abolição: a reação dos fazendeiros e a queda do Império". [ex. datilografado]; Gorender, Jacob. *A escravidão reabilitada*. São Paulo: Ática, 1990.

Na segunda parte do livro, extraiu dos documentos situações que comprovam a escravidão como regime despótico, deixando claro que o trabalhador escravizado lutou incessantemente contra a apreensão de sua força de trabalho e da supressão da liberdade.

A escravidão reabilitada

Em 1991, Jacob Gorender escreveu *A escravidão reabilitada*, profunda revisão crítica das obras surgidas sobre o tema desde a primeira edição de *O escravismo colonial*.[16] Para o autor, o trabalhador escravizado teve de aprender a arte da sobrevivência. Isso implicava dois extremos, com milhares de nuanças intermediárias: resistir explicitamente ou adaptar-se às circunstâncias inapeláveis e inexoráveis.

Para Gorender, cativo que se adaptava à escravidão não era sinônimo de trabalhador passivo. "Adaptação não é sinônimo de passividade. A negação da opressão veio dos quilombos, que o fizeram com audácia expressa, mas também veio daqueles que não tiveram alternativa senão a de se adaptar ao trabalho sob ameaça constante do relho".

Entende que a resistência aconteceu das mais variadas formas.

> A resistência à coação diária, à violência e à própria condição servil fazia parte da adaptação. [...] a resistência fazia parte intrínseca da adaptação, era necessidade incessante para o escravo, como o ar que respirava. Só assim impedia que a coisificação social do seu ser, imposta pelo modo de produção, se convertesse em coisificação subjetiva.

Enquanto alguns trabalhadores escravizados consentiam relativamente com a escravidão, iludidos pela promessa de alforria, "para a esmagadora maioria dos escravos, a realidade era oposta. Sobretudo nos domínios rurais, a realidade cotidiana não podia ser senão a do trabalho pe-

---

[16] Gorender, Jacob. *A escravidão reabilitada*. São Paulo: Ática, 1990.

noso, e a alforria estavam fora de cogitação". Portanto, para a grande maioria dos escravizados, "a resistência à escravidão se manifestava como resistência ao trabalho. O escravo precisava ser mau trabalhador para não ser bom escravo. Daí o relaxamento, a incúria, a subserviência fingida, o trato ruinoso dos animais e das ferramentas, a sabotagem etc.".

Contestou a comparação do escravo a uma ferramenta. O trabalhador feitorizado não alcançara a consciência coletiva de resistência, mas rejeitava individualmente a escravidão. "A forma de resistência individual ao alcance de qualquer escravo, do destemido ao amedrontado, era o 'corpo mole' no trabalho. [...] Poupar energias no trabalho era também uma necessidade para a sobrevivência física". Isto só é possível ao ser humano.

Para Gorender, foram os atos individuais que defenderam a vida biológica do trabalhador e que desgastaram o regime. "A resistência astuciosa ao trabalho compulsório e a elaboração reiterada do imaginário coletivo salvaram os escravos da infantilização, da despersonalização, da coisificação subjetiva". Muitos escravos resistiram por meio de atos contundentes: "Resistência individual através de fugas, agressões e atentados a senhores e feitores. Resistência coletiva através de conspirações, levantes e organização de quilombos".

Explicou que, "mais do que outras classes oprimidas, os escravos se defrontavam com enormes dificuldades estruturais para formar uma consciência revolucionária dirigida à transformação social progressiva", ou seja, "a introdução continuada de africanos trazia diferenciações étnicas, religiosas, linguísticas e outras de natureza cultural, aprofundando separações, estranhamentos e hostilidades". Dessa forma, "escravos crioulos se distanciavam de escravos africanos, impossibilitando ou emperrando ações cooperativas contra o adversário comum".

Salientou que "os escravistas, por sua vez, atiçavam as rivalidades interétnicas, segundo o velho estratagema de dividir para reinar". Sobretudo

> a dureza do regime de opressão obstaculizava a socialização das experiências vivenciadas de luta e resistência e reduzia as chances de desenvolvimento pessoal dos indivíduos com talento de liderança. Uma classe não desenvolve sua consciência social senão pela experiência acumulada, e a acumulação das experiências era um processo mais penoso para os escravos do que para outras classes oprimidas.

Gorender entendeu que a formação de quilombos contribuiu para minar o sistema, mas não objetivava o fim da escravidão porque, "pela posição social em que forçadamente se encontravam, os escravos não conseguiam ir além de uma consciência oposicionista regressiva. Por si sós, enquanto classe, não alcançavam a consciência revolucionária", porque "seus atos de oposição mais avançada visavam à liberdade individual dentro do próprio regime escravista (o caso das fugas) ou a uma organização camponesa em substituição à economia de plantagem".

Resistência ao escravismo

Clóvis Moura, sociólogo, autor do importante trabalho *Rebeliões da senzala: quilombos, insurreições, guerrilhas*, de 1959, publicou em 1993 *Quilombos: resistência ao escravismo*, em que retoma a tese defendida nos anos de 1950 de que o período escravista brasileiro foi marcado pela atuação de duas classes fundamentais: a dos escravizadores e a dos trabalhadores escravizados.[17] Como classe oprimida, para resistirem, os cativos "criaram várias formas de resistência, a fim de se salvaguardarem social e mesmo biologicamente do regime que os oprimia". A resistência veio das

[17] Moura, Clóvis. *Quilombos: resistência ao escravismo*. 3 ed. São Paulo: Ática, 1993.

mais variadas formas, como guerrilhas, insurreições urbanas e quilombos.

Para o autor, o quilombo "representa uma forma contínua de os escravos protestarem contra o escravismo. Configura uma manifestação de luta de classes". Dessa forma, no Brasil, como em outras partes da América "onde existiu o escravismo moderno, esses ajuntamentos proliferaram como sinal de protesto do negro escravo às condições desumanas e alienadas a que estavam sujeitos".

No Brasil, durante a vigência do período escravista,

> essas comunidades de ex-escravos organizavam-se de diversas formas e tinham proporções e duração muito diferentes. Havia os pequenos quilombos, compostos de oito homens ou pouco mais; eram praticamente grupos armados. No recesso das matas, fugindo do cativeiro, muitas vezes eram recapturados pelos profissionais de caça aos fugitivos.

Esses profissionais eram os capitães-do-mato.

Ressaltou que "a quilombagem foi apenas uma das formas de resistência. Outras, como o assassínio dos senhores, dos feitores, dos capitães-do-mato, o suicídio, as fugas individuais, as guerrilhas e as insurreições urbanas se alastravam por todo o período. Mas o quilombo foi a unidade básica de resistência do escravo".

O fenômeno teria acompanhado toda a escravidão:

> onde quer que o trabalho escravo se estratificasse, surgia o quilombo ou mocambo de negros fugidos, oferecendo resistência, lutando, desgastando em diversos níveis as forças produtivas escravistas, quer pela sua ação militar, quer pelo rapto de escravos das fazendas, fato que constituía, do ponto de vista econômico, subtração compulsória das forças produtivas da classe senhorial.

Dessa forma, se o "aquilombamento não tinha um projeto de nova ordenação social, capaz de substituir o escravismo, em contrapartida, tinha potencial e dinamismo capazes de desgastá-lo e criar elementos de crise permanente em sua estrutura". Em outras palavras, o quilombo teria ajudado a corroer as bases do escravismo.

As fugas e o aquilombamento tiraram a tranquilidade das autoridades e dos senhores de escravos. Medidas foram tomadas com o intuito de inibir os negros. "A Metrópole não se conformava com aquilo que considerava um insulto à sua autoridade". No ano de 1741, "mandará que seja rigorosamente cumprido o alvará de 7 de março daquele ano onde se manda ferrar (ferro em brasa) com um F na testa (Fujão) todo negro que fugisse e fosse encontrado em quilombo, e cortar uma orelha em caso de reincidência".

Moura entendeu que "a repressão do aparelho de Estado escravista era de uma violência que somente poderia ser combatida com uma violência idêntica, em sentido contrário". A partir de então, "os quilombos tinham, por isso, de organizar um sistema de defesa permanente". Para este fim, os quilombolas "precisavam de armas, pólvora, facas e outros objetos. Realizavam, então, um escambo permanente com pequenos proprietários locais, mascates, regatões, a fim de conseguirem aquilo de que necessitavam, especialmente armas e pólvora". A historiografia aponta essa rede de relações como fundamental para a sobrevivência do quilombo. Citou exemplos de quilombolas que "estabeleciam sistemas de defesa, como muralhas, paliçadas, buracos com estrepes (lanças), para surpreender os invasores".

Segundo o autor, o quilombo

> tinha seu setor artesanal, que se desenvolvia constantemente, metalurgia, tecelagem; finalmente, organizava-se internamente para conseguir, em caso de isolamento ou de guerra, manter-se sem grandes crises internas de produção. Essa dupla atividade do quilombo – de um lado, mantendo intercâmbio com outras unidades populacionais e produtivas e, de outro, desenvolvendo sua própria economia interna – permitiu-lhe possibilidades de sobrevivência na sociedade escravista que o perseguia.

Quanto à economia, lembrou que, "embora a maioria [dos quilombolas] praticasse a agricultura, em face da grande tradição agrícola dos povos africanos, não havia uniformidade naquilo que poderíamos atualmente denominar modelos econômicos". Propõe igualmente que

> os quilombos ou se sujeitavam a uma economia *recoletora*, o que não era possível, ou tinham de criar uma economia que produzisse aquilo de que os quilombos necessitavam e que era regionalmente possível, de acordo com as possibilidades ecológicas e as disponibilidades de matéria-prima ou de sementes daquelas áreas em que se formavam.

Nas regiões agrícolas predominaram os quilombos sustentados pela agricultura; nas regiões mineiras, os quilombolas dedicaram-se ao garimpo.

Moura reforçou que, enquanto os proprietários produziam para exportação, "os quilombos praticavam uma economia policultora, ao mesmo tempo distributiva e comunitária, capaz de satisfazer as necessidades de todos os seus membros". Quanto à forma de governar, afirmou que "na República de Palmares havia um governo altamente centralizado, uma monarquia eletiva". Nos demais quilombos, haveria um ou mais líderes, aos quais os quilombolas deviam obediência.

A preocupação dos quilombolas era com a economia e a defesa do quilombo. Ao mesmo tempo "tinham de manter em atividade permanente grande parte da mão de obra ativa da comunidade na agricultura e em outras atividades produtivas, e de outro, tinham de manter um contingente de defesa militar permanente".

Escreveu que, do ponto de vista religioso, no quilombo houve "mescla de alguns valores do catolicismo popular com as religiões africanas". Concluiu afirmando

> a função dos quilombos como nódulos de resistência permanente ao sistema escravista. [...] eles foram não apenas

> uma força de desgaste, atuando nos flancos do sistema, mas, ao contrário, agiam em seu centro, isto é, atingindo em diversos níveis as forças produtivas do escravismo e, ao mesmo tempo, criando uma sociedade alternativa que, pelo seu exemplo, mostrava a possibilidade de uma organização formada de homens livres. [...] o quilombo era refúgio de muitos elementos marginalizados pela sociedade escravista, independentemente de sua cor. Era o exemplo da democracia racial de que tanto se fala, mas nunca existiu no Brasil, fora das unidades quilombolas.

Moura praticamente repetiu *Rebeliões da senzala* ao confirmar a resistência do trabalhador escravizado por meio do quilombo. Colocou o cativo como agente da história e negou-se a elogiar os feitos dos escravizadores.

Cativos do sertão

Em 1993, Luíza Rios Ricci Volpato publicou *Cativos do sertão: vida cotidiana e escravidão em Cuiabá: 1850/1888.*[18] Professora do Departamento de História da Universidade Federal de Mato Grosso, tratou da escravidão e dos quilombos em Mato Grosso. A historiadora lembrou que "a fuga foi um dos mecanismos de resistência à escravidão mais usados pelos escravos". Os trabalhadores escravizados usaram a fuga a fim de "se verem livres do cativeiro e dos padecimentos por ele impostos". Para o cativo, "a busca da liberdade se colocava de duas formas: uma era conseguir escapar, e a outra, não ser recapturado".

A autora separou a ação dos trabalhadores escravizados fugidos em dois momentos:

> Nos primeiros tempos da colonização, praticamente a única alternativa para o escravo fugido era embrenhar-se na mata à procura de abrigo. Nos últimos tempos da escravidão, quando já era grande o número de pessoas

---

[18] Volpato, Luíza Rios Ricci. *Cativos do sertão: vida cotidiana e escravidão em Cuiabá: 1850/1888*. São Paulo/Cuiabá: Marco Zero/Editora da Universidade Federal de Mato Grosso, 1993.

> negras livres vivendo no país, tornava-se mais fácil para o fugido conseguir passar por livre ou liberto.

Baseada nas informações de Décio Freitas, afirmou que os quilombos "mantinham algumas características gerais. Neles a vida era comunitária, a propriedade, tribal, e a economia, baseada na produção de gêneros de subsistência. Existia ainda uma preocupação constante com a defesa, fazendo com que a organização política interna fosse bastante rígida, com atenção especial para as questões de disciplina".

Mostrou de forma competente que,

> quase tão universal quanto a fuga, o quilombo foi um fenômeno bastante presente na escravidão, especialmente no Brasil. Gerado pela busca alternativa da vida do escravo que pretendia não só a liberdade, mas a negação da própria sociedade escravista, o quilombo interferia no cotidiano das pessoas que viviam em suas proximidades. Para os livres pobres, desertores, criminosos e cativos marginais ao sistema escravista, colocava-se como um refúgio seguro.

Para os proprietários de escravos, segundo Volpato, o quilombo "era uma ameaça, pois sua presença exercia atração sobre os cativos que alimentavam a esperança de fugirem para esse esconderijo na mata; era, por isso, visto como causador de insubordinação entre negros". Da mesma forma, "para os escravos e livres pobres inseridos na sociedade escravista, a proximidade do quilombo trazia insegurança, uma vez que podiam ser, a qualquer momento, atacados pelos quilombolas por inúmeros motivos, entre os quais se salienta o rapto de mulheres".

Registrou que os quilombos cresceram ao incorporar desertores das Forças Armadas durante as guerras senhoriais. No caso do Mato Grosso, a guerra com o Paraguai reforçou os quilombos da região. "durante o período da guerra, a preocupação maior era com a fuga e deserção de soldados. [...] a união entre desertores, criminosos e escravos fugidos. [...] à medida que dispunham de armas e conheciam seu manejo, sentiam-se mais fortalecidos, chegando a desafiar as autoridades".

Lembrou que "o medo e a insegurança gerados pelos quilombos eram com certeza exagerados para que os proprietários recebessem do conjunto da população apoio para o ataque a esses ajuntamentos". O quilombo, para ela, jamais serviu para contestar o cativeiro.

Afirmou que o trabalhador escravizado não era preguiçoso.

> A fartura normalmente encontrada nos quilombos fazia ver que a necessidade da coação para a execução de atividades não era uma característica do negro, e sim da escravidão, à medida que ela se constituía em um regime de trabalho ao qual o cativo era submetido pela coação e pela força. A fartura do quilombo vinha mostrar que fora do regime escravista o negro era capaz de se organizar e de produzir sem a necessidade da força ou da coação.

Acreditamos que a fartura citada por Volpato tenha sido caso isolado ou momentos singulares ou cíclicos em alguns quilombos de Mato Grosso, mas não era regra geral a todos eles. O que não quer dizer que as condições de vida nos quilombos não fossem em geral superiores às na escravidão, sobretudo porque o quilombola se livrara da extração de trabalho excedente promovida pelo escravista.

Registrou a capacidade dos quilombolas "de estabelecer laços de cooptação e solidariedade, sem os quais não lhes seria possível obter as informações necessárias para se livrarem dos ataques das forças militares". No caso de Mato Grosso, "a capacidade de articulação e negociação dos escravos fugitivos fica também patente quando analisada a competência que tiveram em usar o estado de guerra a seu favor, sabendo dar abrigo aos desertores e, ao mesmo tempo, usufruindo daquilo que podiam oferecer ao povoamento".

Finalizou sua argumentação lembrando que

> a união entre escravos e desertores pode, à primeira vista, parecer uma união natural de oprimidos contra opressores. Vale, no entanto, lembrar que em história não existe o caminho natural, e essa foi uma das alternativas possíveis num leque de infinitas possibilidades. A capacidade que tiveram de se unir nesse momento evidencia competência de articulação e negociação.

A sua obra revelou que os quilombos de Mato Grosso seguiram a mesma lógica dos demais quilombos brasileiros. Os trabalhadores escravizados fugiam para libertar sua força de trabalho, e não para reconstruir as comunidades africanas no sertão brasileiro. Os quilombolas resistiram, estabeleceram laços com os livres, souberam absorver os desertores das tropas militares e desenvolveram atividades econômicas semelhantes aos demais quilombos.

A autora registrou que os escravizadores viam o quilombo como uma ameaça ao regime. Dessa forma, procuraram destruí-lo. Na mesma perspectiva de Clóvis Moura e Décio Freitas, Luíza Volpato interpretou o fenômeno quilombola como luta de duas classes distintas e antagônicas.

Negros da terra

John Manuel Monteiro nasceu nos Estados Unidos em 1956. Doutorou-se em História da América Latina pela Universidade de Chicago. Era professor do Departamento de Antropologia da Universidade de Campinas quando, em 1994, publicou *Negros da terra: índios e bandeirantes nas origens de São Paulo*, que discute o cativeiro indígena principalmente em São Paulo.[19]

Segundo o autor,

[19] Monteiro, John Manuel. *Negros da terra: índios e bandeirantes nas origens de São Paulo*. São Paulo: Companhia dos Livros, 1994.

> na procura por trabalhadores indígenas, os colonos buscavam suprir-se, inicialmente, de duas maneiras: através do escambo ou da compra de cativos. Na primeira forma de recrutamento, os portugueses ofereciam ferramentas, espelhos e bugigangas aos chefes indígenas na expectativa de que estes orientassem mutirões para as lavouras europeias. [...]. Na segunda forma de recrutamento, [...] procuravam fomentar a guerra indígena com o intuito de produzir um fluxo significativo de cativos que, em vez de sacrificados, seriam negociados com os europeus como escravos.

Os colonos utilizaram a influência dos jesuítas para se apoderar dos nativos. Mesmo não sendo essa a finalidade, os aldeamentos constituíram-se em boa reserva de mão de obra. Eram frequentes as investidas dos escravizadores aos redutos indígenas comandados pelos padres. Os nativos resistiam à escravização. Segundo Monteiro, descontentes com as atitudes dos colonos e jesuítas, em 1554, "os Tupiniquim rebelaram-se, ameaçando de morte o padre Gregório Serrão, que acabou sendo expulso da aldeia". Os incidentes continuaram, e o "mais inquietante foi aquele da revolta no aldeamento de Pinheiros em 1590, quando os índios se juntaram com guerreiros de aldeias independentes num levante geral contra os jesuítas e colonos".

Conforme Monteiro, "em vez de produzir e reproduzir trabalhadores capazes de contribuir para o desenvolvimento da Colônia, os aldeamentos de São Paulo conseguiram criar apenas comunidades marginais de índios desolados, debilitados pelas doenças importadas e incapazes de providenciar sua própria sobrevivência".

Após o fracasso dos aldeamentos, os colonos tomaram para si a tarefa de escravizar nativos. A resistência indígena:

> encontrava-se explicitamente atrelada à questão da escravidão. Em 1590, de acordo com a Câmara Municipal, 'se ajuntaram todas as aldeias do sertão desta Capitania' para rechaçar a presença europeia na região. Naquela

> ocasião, uma força aliada de Guaianá e Tupiniquim assolou uma expedição de 50 homens, sob a liderança de Domingos Luís Grou e Antônio Macedo, nas proximidades da futura vila de Moji das Cruzes.[20]

Este exemplo deixa evidente o descontentamento dos nativos com o trabalho forçado. As rebeliões não foram tão frequentes quanto as fugas. Ausentar-se dos domínios do escravizador era solução mais fácil para a liberdade individual do que a destruição do colonizador, apenas capaz mediante coligação geral das comunidades nativas, historicamente impossível de ser realizada.

Conforme o autor, "durante o século XVII em São Paulo, [...] a escravidão indígena desenvolveu-se a partir dos mesmos princípios de exploração econômica que a escravidão negra no litoral".[21] Os colonos apropriaram-se da força de trabalho dos nativos utilizando todos os artifícios de coação. Os nativos rejeitaram a escravidão. Não concordavam com o trabalho forçado e com os maus-tratos. A fuga foi o meio mais eficiente utilizado pelos indígenas para se livrar do cativeiro. Principalmente as fugas individuais.

Segundo Monteiro, "a fuga em massa e a rejeição da sociedade escravista como um todo raramente aconteceram na São Paulo do século XVII". Conforme a documentação existente, registram-se "inúmeros exemplos de fugas individuais para o sertão".

Os nativos que não aceitaram a condição de cativos eram tratados com crueldade. "Mas a violência em si representava apenas um aspecto da complexa relação entre senhores e escravos. Sem ela – não há dúvida –, o controle da população indígena tornar-se-ia praticamente inviável". Os colonos adotaram outras estratégias com a intenção de continuar aproveitando a mão de obra indígena. Os nativos

[20] CMSP – Atas, 1:403; *In:* Monteiro. *Negros da terra* [...]. *Op. cit.*

[21] Monteiro. *Negros da terra [...]. Op. cit.*

destribalizados fugiam para os sertões, onde possivelmente formaram comunidades de escapados. O fenômeno da fuga e da formação de redutos de cativos escapados teria precedido a escravidão negro-africana, fenômeno que tem sido pouco estudado por nossa historiografia.

Histórias de quilombolas

Flávio dos Santos Gomes é professor do Departamento de História da Universidade Federal do Rio de Janeiro. Publicou artigos sobre a resistência escrava e o livro *Histórias de quilombolas: mocambos e comunidades de senzalas no Rio de Janeiro – século XIX.*[22] Em 1996, organizou com João José Reis o livro coletivo *Liberdade por um fio: história dos quilombos no Brasil.*

Em *Histórias de quilombolas*, o autor lembrou que, durante todo o período da escravidão no Brasil, os trabalhadores escravizados resistiram por meio das fugas, justiçamentos, revoltas nas fazendas, insurreições urbanas, quilombos etc. Propôs que os quilombolas brasileiros desenvolveram a

> agricultura de subsistência acompanhada pelo extrativismo; caça e pesca abundantes. Muitos quilombos produziam também excedentes – a maior parte agrícolas – em pequena escala, que os favorecessem em trocas mercantis, e praticavam a 'rapinagem', pois saques e roubos funcionavam como complemento para as suas economias.

A agricultura praticada no quilombo era constituída basicamente "do plantio de milho, feijão, mandioca e outras leguminosas". Com os excedentes, os quilombolas conseguiam, "por meio de trocas com comerciantes, lavradores locais e até mesmo escravos de fazendas próximas [...] sal,

[22] Gomes, Flávio dos Santos. *Histórias de quilombolas: mocambos e comunidades de senzalas no Rio de Janeiro – século XIX*. Rio de Janeiro: Arquivo Nacional, 1995.

para conservar os alimentos, até armas e pólvoras para caçadas, aguardente e roupas".

Definiu como "campo negro"

> uma complexa rede social permeada por aspectos multifacetados que envolveu, em determinadas regiões do Brasil, inúmeros movimentos sociais e práticas econômicas com interesses diversos. Tal arena social foi palco de lutas e solidariedade entre as comunidades de fugitivos, cativos nas plantações e até nas áreas urbanas vizinhas, libertos, lavradores, fazendeiros, autoridades policiais e outros tantos sujeitos históricos que vivenciaram os mundos da escravidão.

Segundo o autor "essas teias de solidariedade, conflitos e entrecruzamentos outros de relações sociais que se constituíram em torno das comunidades de escravos fugidos no Brasil e na maior parte da América acabaram por forjar uma configuração política complexa nas relações entre escravos, senhores, quilombolas e autoridades".

Propôs que,

> para a maioria dos senhores proprietários de escravos, a existência dos quilombos representava uma ameaça permanente. As constantes fugas, o possível incitamento e comunicação com as revoltas de escravos e as razias que podiam ser realizadas pelos quilombolas causavam temor aos fazendeiros. [...] Além disso, as ações de guerrilha, com ataques, assaltos e roubos às fazendas locais, e os assassinatos praticados pelos quilombolas deixavam os senhores sobressaltados.

Gomes entendeu que o quilombo não era "um mundo separado completamente da sociedade escravista, onde habitavam invariavelmente guerreiros mitificados, quase-heróis sem consciência". Segundo ele, não seria também "o único lugar histórico de protesto negro do Brasil", nem um lugar seguro onde os quilombolas "pudessem principalmente restaurar suas experiências sociais e culturais originárias da África".

Ao estudar as histórias dos quilombolas fluminenses, interpretou o quilombo como um lugar onde "os quilombolas, buscando alianças com os outros grupos sociais, travaram inúmeras batalhas contra as autoridades locais". Construíram redes de proteção e solidariedade, bem como estratégias de defesa e ataque. Propôs que "o mundo das senzalas não era tão distante assim dos mocambos. Não existiam [...] experiências sociais tão excludentes como aquelas que indicavam existir nas senzalas apenas cativos anômicos e passivos em contraposição aos mocambos, onde havia escravos rebeldes, guardiões exclusivos da resistência escrava".

Para o autor, "os mocambos que se organizavam no interior das florestas eram algo reconstituído pelos escravos a partir de suas experiências concretas, tanto sociais e econômicas como culturais, no interior das senzalas". O quilombo como reconstituição das experiências vividas na escravidão significa a reprodução das relações de dominação nas "florestas". Mais correto é propor o quilombo como superação, logicamente apoiada nas experiências conhecidas na escravidão.

Por meio do "campo negro", Gomes sugere, sem prova documental pertinente, a existência de uma rede de solidariedades suprassocial, de cunho racial e cultural restauracionista. Havia escravistas negros que, igual aos brancos, não contemporizavam com seus negros; as trocas entre a comunidade escravista e os quilombos eram desiguais, sendo em geral os quilombolas extorquidos e explorados por bodegueiros, comerciantes, regatões etc., também por mulatos e negros; não raro os quilombolas atacavam proprietários e homens livres negros.

Quilombo: santidade

Ronaldo Vainfas nasceu no Rio de Janeiro em 1956. Formou-se em História pela Universidade Federal Fluminense, onde leciona desde 1978. Obteve mestrado na mesma universidade, com a obra *Ideologia e escravidão*, e doutorado na Universidade de São Paulo, com *Trópico dos pecados*. É também autor de diversos livros e ensaios e organizador de coletâneas.[23]

Em 1995, o autor escreveu *A heresia dos índios: catolicismo e rebeldia no Brasil colonial*. No século XVI, os europeus que estavam no Brasil estranharam um fenômeno religioso entre os tupis, ao qual chamaram de santidade. Os indígenas dançavam, entravam em transes, embalados pelos cânticos e pela fumaça do tabaco, renovando a tradicional peregrinação à "Terra sem mal", lugar mítico da felicidade permanente que buscavam no mundo terreno.[24]

Os colonizadores identificavam quase todas as práticas místicas dos nativos como idolatrias diabólicas. Segundo Vainfas, "a idolatria pode também ser vista como expressão da resistência social e cultural dos ameríndios em face ao colonialismo". Para ele,

> a idolatria pode se referir a um domínio em que a persistência ou a renovação de antigos ritos e crenças se mesclava com a luta social, com a busca de uma identidade cada vez mais destroçada pelo colonialismo, com a reestruturação ou inovação das relações de poder e, inclusive, com certas estratégias de sobrevivência no plano da vida material dos índios.

Para os nativos, antes de conviverem com os portugueses, essa terra ficava no Oriente, no litoral, região de tradicional abundância. Com a presença dos europeus na costa brasileira, os tupis imaginavam o "paraíso" nos sertões. Percebe-se o desejo latente de afastamento do contato com os colonizadores. "O paraíso tupi se deslocaria lentamente do

---

23 Vainfas, Ronaldo. *Ideologia e escravidão: os letrados e a sociedade no Brasil colonial*. Petrópolis: Vozes, 1986; *Id. Trópico dos pecados*. Rio de Janeiro: Nova Fronteira, 1989.

24 Vainfas, Ronaldo. *A heresia dos índios: catolicismo e rebeldia no Brasil colonial*. São Paulo: Companhia das Letras, 1995.

mar para o interior, pois era no litoral, sem dúvida, que se achavam os males e campeava a morte". Nos enfrentamentos com os colonizadores, os nativos fugiam para os sertões. Conforme Vainfas, a santidade enquanto "movimento de migração ou de luta centrado na busca da 'Terra sem mal' [...] se tornaria a antítese do colonialismo".

Vainfas vislumbrou a possibilidade do quilombo indígena. Para o autor, a santidade expressava a resistência indígena à presença do colonizador. O deslocamento do "paraíso" no sentido oposto da ocupação portuguesa representava para os nativos a negação da dominação europeia. Dessa forma, ficou evidente a resistência indígena, que se concretizaria mais tarde com a formação de quilombos indígenas.

Liberdade por um fio

Em 1995, celebrou-se o terceiro centenário da resistência final da confederação de Palmares. Em 1996, foi publicado livro coletivo que se tornou referência para os estudos sobre os quilombos – *Liberdade por um fio: história dos quilombos no Brasil* –, coordenado por João José Reis e Flávio dos Santos Gomes, que escreveram a introdução "Uma história da liberdade", na qual partem do princípio de que "onde houve escravidão houve resistência. [...] mesmo sob a ameaça do chicote, o escravo negociava espaços de autonomia com os senhores ou fazia corpo mole no trabalho, quebrava ferramentas, incendiava plantações, agredia senhores e feitores, rebelava-se individual e coletivamente". Porém, as mais frequentes formas de resistência foram "a fuga e a formação de grupos de escravos fugidos".[25]

Pedro Paulo de Abreu Funari, professor do Departamento de História da Universidade de Campinas, publicou

[25] Reis, João José & Gomes, Flávio dos Santos (orgs.) *Liberdade por um fio: história dos quilombos no Brasil.* São Paulo: Companhia das Letras, 1996.

artigos sobre a arqueologia de Palmares, sendo especialista em Antiguidade Clássica, tema sobre o qual escreveu artigos e livros, entre os quais *La cultura popular en la antigüedad clássica* e *A história e a cultura da Antiguidade Clássica a partir dos documentos*.[26] Participou na obra com o artigo "A arqueologia de Palmares: sua contribuição para o conhecimento da história da cultura afro-americana".

Após contextualizar histórica e historiograficamente o grande quilombo de Palmares, apresentou os primeiros resultados de sua pesquisa arqueológica na serra da Barriga, onde se supõe que se localizava o mocambo do Macaco, última capital da confederação dos quilombos de Palmares. Essas pesquisas arqueológicas permitem esclarecer pontos não muito claros que a história não desvendou. Por meio da arqueologia, o autor pretendeu compreender "como os fugitivos, longe da África, foram capazes de forjar uma nova cultura no Brasil, tornando-a bem-sucedida por vários decênios. Considerando-se que as raízes de Palmares se encontram na resistência à escravidão, podemos aprender muito sobre como foram capazes de desafiar a ordem escravista".[27]

Após os primeiros resultados da pesquisa, chegou à conclusão de que o número de indígenas foi significativo na composição do quilombo de Palmares. Sugere que a mescla cultural no quilombo devia ser muito intensa. As escavações revelaram que os trabalhadores escravizados e outros excluídos que lutaram contra a opressão encontraram abrigo na serra.

Quando escreveu seu artigo, Sílvia Hunold Lara era professora do Departamento de História da Universidade de

---

[26] Funari, Pedro Paulo de Abreu. *La cultura popular en la antigüedad clássica*: [S.l.]: Sol, 1992; *Id. A história e a cultura da Antiguidade Clássica a partir dos documentos*. Unicamp, 1995.

[27] Funari, Pedro Paulo de Abreu. "A arqueologia de Palmares: sua contribuição para o conhecimento da história da cultura afro-americana". *In:* Reis & Gomes (orgs.) *Liberdade [...]. Op. cit.*

Campinas, sendo autora de *Campos da violência: escravos e senhores na capitania do Rio de Janeiro, 1750-1808*, e *Legislação sobre escravos africanos na América portuguesa.*[28] A autora contribuiu para o livro em questão com o artigo "Do singular ao plural: Palmares, capitães-do-mato e o governo dos escravos", no qual trabalhou o sistema de repressão legal e militar aos cativos em Minas Gerais.

Segundo a autora, as fugas sempre existiram e eram tratadas com açoites bem dados. Porém, "quando um mocambo ou quilombo crescia em tamanho ou força o suficiente para pôr em risco a tranquilidade dos caminhos e das roças, tratava-se de armar um pequeno exército para restaurar a paz". Um clima de paz mediante o medo. Acredita que "Palmares conseguiu fazer o medo senhorial referente às fugas escravas chegar a seu ponto máximo e também marcou o auge dos grandes exércitos de aniquilação".[29]

Lara fez um apanhado das definições oficiais sobre o quilombo. Na Provisão de 6 de março de 1741, consta como quilombo "toda a habitação de negros fugidos que passe de cinco em parte despovoada ainda que não tenha ranchos levantados nem nela se achem pilões". Já o regimento aprovado pela Câmara de São Paulo, em 1733, definia como quilombo o ajuntamento de "mais de quatro escravos vindos em matos para viver neles, e fazerem roubos e homicídios".

Em 1757, os oficiais da Câmara de São Salvador dos Campos dos Goytacazes entendiam por quilombo escravos que "estivessem arranchados e fortificados com ânimo a defender-se [para] que não sejam apanhados". A autora escla-

---

[28] Lara, Sílvia Hunold. *Campos da Violência*: *escravos e senhores na Capitania do Rio de Janeiro, 1750-1808*. Rio de Janeiro: Paz e Terra, 1988; *Legislação sobre escravos africanos na América portuguesa.* Madrid: Fundación Mapfre, 2000.

[29] Lara, Sílvia Hunold. "Do singular ao plural: Palmares, capitães-do--mato e o governo dos escravos". *In:* Reis & Gomes (orgs.) *Liberdade [...]. Op. cit.*

rece que os ranchos não eram quaisquer, mas daqueles em que ficam "por se repararem do tempo", e estipulavam que "achando-se de seis escravos para cima que estejam juntos se entenderá também [por] quilombo".

Partiu do princípio de que todas as definições são parecidas, mas

> assentam-se em bases diferentes: uma considera a distância do lugar onde se estabelecem, outra, a disposição para resistir, ou ainda a capacidade de sobreviver por longo tempo nos matos. Em todas elas chama a atenção o pequeno número de fugitivos para definir um quilombo. Trata-se de uma definição operacional, diretamente ligada ao estabelecimento dos salários dos capitães-do-mato, mas que é, sobretudo, uma definição política.

Carlos Magno Guimarães, professor do Departamento de Ciências Políticas da Universidade Federal de Minas Gerais, é autor de artigos sobre a história e a arqueologia dos quilombos mineiros e do livro *Uma negação da ordem escravista: quilombos em Minas Gerais no século XVIII.*[30] Ele contribuiu à obra coletiva com o artigo "Mineração, quilombos e Palmares: Minas Gerais no Século XVIII".

Em Minas Gerais, a população escravizada nunca fora inferior a um terço da população total. A rebeldia dos cativos vinha desde os princípios do século XVIII, manifestada pelas fugas e formação de quilombos. Segundo a documentação, entre 1710 e 1798, foram destruídos pelo menos 160 quilombos.[31]

Os quilombos provocaram desgastes na sociedade escravista porque retiravam o trabalhador do processo produtivo e com isso impossibilitavam a extração da renda escra-

---

[30] Guimarães, Carlos Magno. *Uma negação da ordem escravista: quilombos em Minas Gerais no século XVIII.* São Paulo: Ícone, 1988.

[31] Guimarães, Carlos Magno. "Mineração, quilombos e Palmares: Minas Gerais no Século XVIII". *In:* Reis & Gomes (orgs.) *Liberdade [...]. Op. cit.*

vista; impossibilitavam a reposição do capital investido na aquisição do escravo; exigiam a montagem de um sistema repressivo especializado; causavam prejuízos materiais em decorrência das atividades desenvolvidas por quilombolas (roubos, assaltos, incêndios etc.) e ocasionavam a perda, por parte da Coroa, dos impostos que poderia receber sobre o trabalho escravo.

Segundo o autor, havia também desgaste político para os escravizadores, pois, além do desgaste material, a existência dos quilombos provocava outros tipos de tensões igualmente importantes: negava eficácia ao aparato jurídico-ideológico criado para prevenir fugas e punir fugitivos e quilombolas recapturados e causava medo permanente às autoridades e à população em geral, pela constante ameaça de ataques ou até mesmo da "má conduta" dos agentes encarregados da repressão aos quilombos.

O crescimento da população dos quilombos dependeria de dois fatores principalmente: a adesão de novos cativos fugidos e a reprodução interna da própria população quilombola, que, dentro das possibilidades, poderia se constituir em família. Segundo ele, os quilombos manteriam ligações com a sociedade escravista, fundamentais para a sobrevivência do quilombo.

Esses contatos se manifestariam sobretudo nas relações comerciais clandestinas com contrabandistas, taverneiros, negras de tabuleiro, fazendeiros; pelos ataques a viajantes, tropeiros, fazendas, periferias das vilas e aldeias; mediante uma rede de informações que começava dentro das senzalas e terminava dentro dos quilombos; e por relações afetivas estabelecidas entre cativos, forros e quilombolas, visto que os últimos frequentavam comumente as periferias dos centros urbanos ou as fazendas no meio rural.

Desde que desembarcaram nos portos brasileiros, os africanos escravizados negaram a escravidão. "Ao negarem os princípios básicos do sistema escravista", os quilombolas atraíram contra si uma "repressão caracterizada por uma legislação preventiva e punitiva e a formação de tropas especializadas na tarefa de recapturar escravos fugidos e destruir quilombos".

Outro aspecto analisado por Guimarães foi o exercício do poder dentro do quilombo e como se posicionavam as classes e frações de classe diante da sua existência: "na sociedade escravista, o domínio do senhor sobre o escravo se constitui no eixo fundamental de exercício de poder, tanto na esfera econômica quanto na política e ideológica".

O autor partiu do princípio de que "os quilombos configuram (e estão no centro de) uma realidade conflituosa da qual participam diferentes – se não todas – categorias sociais. A grande questão é desvendar como cada uma das categorias sociais (escravos, senhores, forros etc.) participam desse grande conflito".

A documentação sugere que "as comunidades quilombolas possuíam chefias (ou lideranças) às quais se subordinavam seus membros". Mesmo que tenham usado várias nomenclaturas para designar o líder, "os quilombos apresentavam uma forma de exercício do poder que passava pela autoridade (liderança) de um indivíduo, às vezes acompanhado de sua mulher".

Dividiu a sociedade da época em escravizadores e escravizados. Constatou uma heterogeneidade das categorias coletivas, no que se refere às suas ações políticas. Os cativos e forros "definem de forma clara grande parte da realidade econômica vivida por esses sujeitos". Porém, os livres "tanto podiam ser escravistas como não podem ser proprietários de escravos". Ainda podiam ser camponeses ou artesãos urbanos.

Ao analisar a classe escravizada, procurou entender sua posição frente aos quilombos. Constatou que "os senhores armam seus escravos e os utilizam contra os quilombolas. São escravos que, no conflito entre senhores e escravos, lutam ao lado dos senhores". Para Guimarães, "se por um lado temos escravos que lutam, literalmente, em defesa do escravismo, e ao que tudo indica seu número foi grande, a posição contrária pode ter sido a mais comum".

Esses cativos possivelmente trabalhavam em funções privilegiadas – domésticos, supervisão, feitoria etc. –, aos quais a ordem escravista oferecia condições de vida e estabilidade superior ao quilombo. A história está repleta de exemplos de facções dentro da mesma classe lutando uma contra a outra, atendendo determinações de seus opressores. No feudalismo, mercenários lutavam contra os servos; no capitalismo, policiais lutam, em determinadas circunstâncias, contra trabalhadores. Por que cativos que recebessem privilégios não lutariam contra fujões e quilombolas? O ofício de capitão do mato foi preenchido não raro por ex-cativos.

Deduziu "que o conflito entre senhores e escravos, no seu desenvolvimento, por um lado" gerava "os quilombos e, por outro" provocava "uma ruptura no interior da própria classe escrava, fazendo com que uma parte dela lute contra os senhores e a outra a favor deles".

Quanto aos forros, "o primeiro dado importante está expresso no número que ingressava na profissão de homem do mato, cujos objetivos são a recaptura de escravos fugidos e a destruição de quilombos". Tanto quanto "os escravos, [...] os forros no seu conjunto são afetados pelo conflito senhor *versus* escravo, que os leva a se posicionarem ao lado de um ou de outro. As posições não deixam dúvidas: ou se combate o escravo rebelde ou se faz aliança com ele".

Quanto aos livres, "não poderíamos deixar de mencionar que alguns homens livres e até proprietários de escravos também podiam ter interesse em favorecer quilombolas". O que ele estranha é a proteção dada aos quilombolas por proprietários de escravos. "A raridade desse comportamento nos leva a concluir que, se por um lado as classes subalternas (como escravos e forros) estavam divididas com relação ao conflito senhor *versus* escravo, por outro lado, a sobrevivência do sistema exigia um mínimo de coesão dos proprietários de escravos". Os escravizadores centravam sua ação na possibilidade de lucrar.

Guimarães lembrou que um certo número de cativos auxiliava companheiros a fugir para os quilombos. Para ele, era uma atividade que viabilizava um projeto "político" – o quilombo. Concluiu que,

> em primeiro lugar, [havia] a necessidade de superação da tese da incapacidade política do escravo, já que não apresenta elementos que a sustentem. Em segundo lugar, a necessidade de percepção dos quilombos não só na sua dimensão econômica (visão mais imediata), mas também na sua dimensão política, como agente coletivo no jogo das contradições que dão a tônica à dinâmica social.

Prosseguindo, conclui:

> Em terceiro lugar, o fato de o quilombo, enquanto expressão de luta de classes entre senhores e escravos, ser uma realidade em torno da qual estavam divididos escravos e forros. Em quarto lugar, a inegável coesão de classe proprietária de escravos no seu posicionamento diante do referido conflito. Finalmente, a percepção do quilombo não só como manifestação de rebeldia, mas principalmente como projeto político que evidencia estratégias de autonomia por parte de seus membros.

Parece-nos excesso citar o quilombo como "projeto político". Essa formulação sugere ações conscientes empreendidas para alcançar objetivos delimitados gerais, por parte dos trabalhadores escravizados, nos quadros da sociedade escravista. O quilombola lutava pela sua liberdade individual do cativeiro, sem um projeto coletivo antiescravista. O quilombo era superação de qualidade da fuga individual, que não assumia, porém, por si só sentido desagregador da ordem escravista.

Em 1996, Donald Ramos era professor do Departamento de História e diretor do Office of International Programs da Universidade de Cleveland, nos Estados Unidos. É autor de vários artigos sobre a história social e da escravidão em Minas Gerais colonial e do livro *História de Vila Rica: a formação da sociedade mineira, 1695-1726*.[32]

O autor escreveu o artigo "O quilombo e o sistema escravista em Minas Gerais do século XVII", no qual parte do princípio de que "a prevalência do quilombo é, por si só, um tributo ao espírito indômito de pessoas que rejeitaram a servidão humana".[33]

Propõe que em Minas Gerais a realidade foi um pouco diferente da região produtora de açúcar, já que os quilombos "não existiam isolados; em geral os escravos não fugiam para muito longe das comunidades mineradoras urbanizadas. Na proximidade das zonas de mineração não havia grandes quilombos [...]. Eles funcionavam como ímãs a atrair escravos descontentes".

Ramos afirmou que é possível "ver o quilombo como uma rejeição da escravidão e não há dúvida de que o foi para muitos escravos". Mas é possível "ver o quilombo não como uma rejeição sistêmica da escravidão, mas um veículo para a fuga individual do cativeiro". Apesar de "os escravos individualmente rejeitarem seu cativeiro, geralmente não trabalharam coletivamente para derrubar a instituição da escravidão".

Para o autor, as relações que os quilombolas mantinham com a sociedade criaram uma situação contraditória. "Os fugitivos rejeitaram o sistema social e cultural, mas, na sua maioria, viviam como parte dele em termos econômicos". O quilombo era um fato normal na zona de mineração. Este impedia as rebeliões escravas. "A rebelião representava em muitos casos um esforço para destruir o sistema, enquanto o quilombo era apenas uma rejeição do sistema".

---

[32] Ramos, Donald. *História de Vila Rica: a formação da sociedade mineira, 1695-1726*. [S.n.t].

[33] Ramos, Donald. "O quilombo e o sistema escravista em Minas Gerais do século XVIII". *In:* Reis & Gomes (orgs.) *Liberdade [...]. Op. cit.*

Entendeu os quilombos em Vila Rica como resposta à escravidão, mas também como válvula de escape que ajudava a impedir que o sistema implodisse. Representavam sempre "um lembrete do perigo potencial da presença de um grande número de escravos na população". Os mocambos representavam uma ameaça para os "potentados e autoridades locais, para os quais significavam uma constante violação da ordem natural das coisas, violação dos princípios de propriedade e hierarquia que eram parte importante do paradigma cultural dominante".

Porém, para o autor, a verdadeira ameaça "era a possibilidade de que os calhambolas se unissem aos escravos, negros libertos e livres para juntos organizarem uma rebelião. Era a possibilidade de uma grande rebelião que carcomia a imaginação da população livre". Para ele, os quilombolas não representavam perigo para a ordem geral se mantidos isolados. Porém, unidos aos oprimidos poderiam, mediante rebelião, pôr fim à escravidão.

Muitos escravizadores com medo da rebelião dos cativos deixavam armas para os trabalhadores escravizados defenderem a propriedade contra os salteadores. Para o autor, o quilombo era visto como menos ameaçador do que a revolta, embora quilombolas, fujões insolentes e libertos insatisfeitos fossem todos vistos pelas autoridades como elementos ameaçadores da ordem.

Na região aurífera de Minas Gerais, a presença de quilombos foi significativa.

> Os grandes quilombos podem ter ameaçado seriamente a ordem na capitania, mas os pequenos representavam pouco perigo real. Contudo, sua presença constante lembrava à população livre as possibilidades tanto da formação de grandes quilombos, a exemplo de Palmares, como de os calhambolas realizarem alianças com escravos e outros setores para fomentar rebeliões – e era a possibilidade de uma grande rebelião que assustava bastante os moradores de Minas Gerais.

Luíza Rios Ricci Volpato, na época professora do Departamento de História da Universidade Federal do Mato Grosso, é autora de artigos e livros sobre a história social e da escravidão no Mato Grosso, entre os quais *A conquista da terra no universo da pobreza: a formação da fronteira oeste do Brasil*, e *Cativos do sertão: vida cotidiana e escravidão em Cuiabá em 1850-1888.*[34]

Para *Liberdade por um fio*, a autora escreveu "Quilombos em Mato Grosso: resistência negra em área de fronteira". Iniciou sua explanação dizendo que os cativos chegaram ao Mato Grosso concomitantemente à fixação do povoamento. Dentre todas as atividades desenvolvidas, foi a mineração que mais consumia mão de obra cativa. "Alguns mineradores chegaram a possuir plantéis de 20 a 50 escravos, número bastante elevado para as condições de Mato Grosso".[35]

Lembrou que no Mato Grosso, como em qualquer outra região onde existiu escravidão, "os cativos resistiram à submissão. A resistência se deu tanto na luta do dia a dia, em pequenos enfrentamentos, como na resistência declarada". A fuga sempre foi "uma constante e adquiriu algumas feições peculiares". Por ser uma região próxima à fronteira, não raro "os cativos que viviam na região do Guaporé [...] atravessaram a linha demarcatória".

Explicou também que "os trabalhos da mineração se davam em condições extremamente precárias, reduzindo o tempo de vida útil dos escravos". Quanto à relação escravizador e escravizado, afirmou que "em Mato Grosso, como

---

[34] Volpato, Luíza Rios Ricci. *A conquista da terra no universo da pobreza: a formação da fronteira oeste do Brasil.* São Paulo: Hucitec, 1987; *Cativos do sertão: vida cotidiana e escravidão em Cuiabá em 1850-1888*. São Paulo/Cuiabá: : Marco Zero/UFMT, 1993.

[35] Volpato, Luíza Rios Ricci. "Quilombos em Mato Grosso: resistência negra em área de fronteira". *In:* Reis & Gomes (orgs.) *Liberdade [...]. Op. cit.*

no restante do Brasil, foram utilizados mecanismos sutis de dominação". Entre eles estava "a concessão ao escravo de um pedaço de terra de onde pudesse tirar seu sustento e, às vezes, um excedente, além da possibilidade de obter carta de liberdade, caso fosse considerado por seu senhor como mais dedicado, submisso e fiel". A autora não define a extensão dessa concessão nem quantifica o número de cativos que teriam obtido a liberdade por essa via.

Por ocasião da Guerra do Paraguai, "os cativos enfrentaram o medo de uma invasão paraguaia, mas souberam utilizar brechas que a guerra abria no sistema de dominação". Os trabalhadores escravizados teriam aproveitado "as dificuldades enfrentadas pelas autoridades provinciais, e ampliaram consideravelmente os quilombos existentes na província". A Guerra do Paraguai favoreceu aos quilombolas que recebiam soldados desertores com armas, comumente cativos alforriados para substituir senhores convocados. Esse teria sido um período de poucos ataques aos quilombos, pois as forças estavam concentradas na derrota do inimigo externo.

Outra particularidade da escravidão do Mato Grosso seria "a densidade da população indígena. Os índios podiam se tornar aliados dos escravos fugitivos, transmitindo-lhes técnicas de sobrevivência na floresta, no Cerrado, no Pantanal". Durante os séculos XVIII e XIX, vários aldeamentos de escravos fugidos teriam surgido em território mato-grossense: os quilombos de Quariterê, do Sepotuba e do Rio Manso.

O quilombo de Quariterê, Quariteté ou do Piolho situava-se nas imediações do rio Galera, afluente da margem ocidental do rio Guaporé. Era composto de afrodescendentes e nativos americanos e existia há pelo menos três décadas. Sua forma de governo era parecida com a "realeza". Havia rei, uma espécie de Parlamento e contava com a atuação de um conselheiro. Puniam os delatores e desertores. Cultivavam gêneros alimentícios, além de fumo e algodão. Fabricavam ferramentas e armas. No quilombo existiam ferreiros, provavelmente voltados para o fabrico de ferramentas e armas.

A origem do quilombo estaria ligada à exploração de lavras no vale do Guaporé, durante a década de 1730. Considerando toda a sua existência, o aldeamento sobreviveu aproximadamente seis décadas. Durante esse período, seus habitantes souberam estabelecer contatos com os povoamentos luso-brasileiros, em especial o arraial de São Vicente, onde alguns quilombolas, por meio da troca, conseguiram obter alguns produtos, ferramentas entre estes.

O quilombo de Piraputanga marcou pela qualidade de suas habitações e pela fartura encontrada nos paióis do aldeamento. As casas estavam dispostas umas perto das outras, formando uma espécie de praça. "Quando o quilombo foi batido, os componentes da bandeira não foram capazes de carregar os mantimentos armazenados, dada sua quantidade".

Volpato lembrou que "o quilombo de Sepotuba situava-se nas imediações da linha de fronteira com a Bolívia. A sua presença, por si só, era um elemento a mais de insegurança para a população. Seus habitantes souberam se aproveitar dessa situação e atraíram para suas fileiras até oficiais militares". O quilombo de Sepotuba, que teria sobrevivido por mais de um século, era um quilombo grande e temido pelas autoridades e pela população local. Sua sobrevivência por tanto tempo deve-se à habilidade para constituir uma teia de relações com os habitantes da região, trocando informações e bens.

O quilombo do Rio Manso, situado em terras férteis, próximo a Cuiabá, era do conhecimento das autoridades provinciais desde 1859. Os quilombolas atacavam as propriedades, gerando insegurança entre moradores e proprietários. Eles encontravam-se bem armados e cuidavam de suas armas com bastante zelo. Mantinham roças de cereais, canaviais, fabricavam rapadura e tecido grosseiro. Criavam galinhas e cachorros. Tinham o hábito de buscar sal em Cuiabá, atividade suspensa durante a epidemia de varíola que havia assolado a cidade em 1867. Foram os próprios quilombolas que suspenderam os contatos com a população de Cuiabá para não contagiar o quilombo. Segundo a autora, o quilombo de Rio Manso era um quilombo estável e bem organizado.

Nem sempre a ação das forças escravistas apanhava os quilombolas de surpresa. Uma rede de informações ajudava-os a sair com vida dos embates.

> os quilombos tinham feito a sua retirada muito precipitada, pois que as criações, plantações de gêneros alimentícios e mesmo ranchos, todos estavam em perfeito estado, os gêneros eram os seguintes: milho, arroz, feijão e algodão, em diversos paióis, quatro roças de mandioca e duas plantações de milho de tamanhos regulares, quatro pequenos canaviais, diversos fumais, e desse gênero já havia em fabrico nos ranchos alguma porção.[36]

O relato demonstra a prosperidade e a estabilidade do quilombo.

Professora do Departamento de História da Universidade de Oakland, Estados Unidos, Mary Karasch é autora de artigos sobre história da escravidão e das populações indígenas no Brasil e do premiado livro *Slave life in Rio de Janeiro, 1808-1850.*[37]Karasch escreveu "Os quilombos do ouro na capitania de Goiás", onde retrata a história dos quilombos em Goiás, que oficialmente teria começado em 1727.

Segundo a autora, o fenômeno do quilombo em Goiás "foi importante para o desenvolvimento de comunidades ne-

---

[36] APMT, Relatório apresentado pelo capitão Luciano Pereira de Sousa, 13 dez. 1871, caixa 1871 E. *Apud* Volpato. "Quilombos [...]". *Op. cit.*

[37] Karasch, Mary. *Slave life in Rio de Janeiro*, 1808-1850. Princeton University Press, 1987.

gras autônomas em Goiás, que se autossustentavam por meio da mineração de ouro e do cultivo de alimentos". Propõe que "os maus-tratos e a brutalidade nas minas ou nos engenhos com frequência levavam os africanos à revolta e, se bem-sucedidos, a formar quilombos nas montanhas vizinhas".[38] Para a autora, a rejeição à escravidão foi permanente.

Fez um apanhado das principais características dos quilombos, sendo que "na sua maioria, os quilombolas do século XVIII eram escravos garimpeiros em sua fuga que continuaram a praticar seu ofício escondidos em montanhas remotas". É provável que trocavam o produto do garimpo "por mercadorias de que precisavam em seus esconderijos, tais como armas, munição, cachaça e tecidos".

O garimpo não teria sido a única atividade que garantiu a sobrevivência dos quilombolas. "Também viviam da caça, pesca e cultivo de roças". Alguns se envolviam "em assaltos, outros cuidavam de gado e produziam carne-seca. Eles negociavam com vizinhos, guerreavam com índios – frequentemente para capturar mulheres – e estabeleceram vários tipos de relações com a população livre de cor da fronteira".

No século XVIII, os quilombolas de Goiás "não tiveram de enfrentar exércitos numerosos e bem treinados como enfrentaram os quilombolas do Suriname e da Jamaica". Em Goiás, os "homens negros tinham mais chances de fugir do que [as] mulheres por causa da natureza do trabalho que desempenhavam". Adquiridos com a finalidade de se extrair o máximo de sua capacidade de trabalho, "os homens eram levados a campos isolados de mineração e fazendas de gado ou alocados no trabalho em grandes engenhos de açúcar".

Segundo a autora, eram poucos os prepostos que vigiavam o trabalho dos cativos e eram frequentes os conflitos com os nativos. Como consequência, era permitido aos tra-

---

38 Karasch, Mary. "Os quilombos do ouro na capitania de Goiás". *In:* Reis & Gomes. (orgs.) *Liberdade por [...]. Op. cit.*

balhadores escravizados "que carregassem armas para defesa de ataques de índios. Dada a falta de um número grande de feitores armados nas lavras mais distantes, a escravidão mineradora facilitava a fuga e a formação de quilombos".

As condições geográficas favoreceram a constituição de quilombos em Goiás.

> a capitania de Goiás deve ser considerada entre as melhores para esse fim pela inacessibilidade de seus esconderijos naturais. A capitania possuía ecossistemas do mesmo tipo que protegiam escravos fugidos em todas as Américas. A fuga de canoa ou jangada era facilitada por três grandes rios – o Araguaia a oeste, o Tocantins a leste e o Paranaíba ao sul – ligados a inúmeros afluentes.

Os quilombos de Goiás apresentaram particularidades: "Eram semelhantes em tamanho a pequenos bandos de caçadores e coletores ou de garimpeiros modernos. Raramente formavam núcleos maiores, com líder ou rei, onde pudessem viver como agricultores sedentários". Com medo de serem descobertos, "a maioria não permanecia num lugar fixo. [...] suas casas eram geralmente temporárias, com frequência, semelhantes àquelas dos índios da região. [...] os quilombos de Goiás eram geralmente grupos transitórios, sem continuidade territorial ou temporal". Pela afirmação de Karasch, comprova-se o caráter essencial da liberdade da força de trabalho em relação à terra. O quilombola protegia sua liberdade, e não a terra que ocupava.

Segundo a autora, os cativos fugiam por causa da má alimentação, dos bárbaros castigos, das condições insalubres de trabalho, dos maus-tratos e punições injustas. Os negros também abandonavam seus senhores a fim de encontrar ouro para que pudessem comprar suas alforrias.

Segundo Gilka de Salles,[39] "o primeiro grande quilombo assinalado [em Goiás] situava-se próximo ao rio das

---

[39] *Apud* Karasch. *Op. cit.*

Mortes em 1746, nos vastos campos e serras que separavam Minas dos Goiazes". O grande quilombo, com mais de 600 fugitivos, dirigidos por um rei e uma rainha, possuiria "fortalezas de defesa e pelotões de ataques".

> Embora quase sempre descobertos, atacados e destruídos, esses quilombos representavam um testemunho do desejo dos africanos de escapar da escravidão, não importando as dificuldades da geografia e do clima, a ameaça de morte violenta nas mãos de bandeirantes, soldados e índios com fama de canibais, ou o perigo da recaptura e retorno ao trabalho escravo sob condições piores do que as que antecederam a fuga.

Os africanos e afrodescendentes escravizados da capitania de Goiás às vezes se rebelavam, fugiam muito e, com frequência, criavam quilombos. Existiam comunidades de escravos garimpeiros fugidos onde quer que a escravidão mineira fosse importante. Karasch atribuiu aos maus-tratos e à violência decorrente da escravidão as causas formadoras dos quilombos, afastando-se, portanto, da sugestão de José Alípio Goulart de uma possível escravidão benigna.

Flávio dos Santos Gomes escreveu "Quilombos do Rio de Janeiro no século XIX". Em 1995, publicara *História de quilombolas*. Segundo o autor, na capitania do Rio de Janeiro, "a região do Iguaçu formava uma extensa planície com riachos e pântanos, localização que acabou por contribuir decisivamente para a formação e o desenvolvimento de quilombos durante o século XIX".[40]

A documentação comprova que "os habitantes dos mocambos praticavam frequentes roubos na região, principalmente pirateando barcos, carregados de produtos, que navegavam os rios. [...] os quilombolas usavam canoas – que mantinham escondidas nos manguezais dos inúmeros afluentes do Iguaçu e Sarapuí – em seus assaltos". A apro-

[40] Gomes, Flávio dos Santos. "Quilombos do Rio de Janeiro no século XIX". *In:* Reis & Gomes (orgs.) *Liberdade [...]. Op. cit.*

priação foi uma das atividades realizadas pelos mocambeiros em diversas regiões do Brasil.

Afirmou que,

> no Brasil e em outras partes da América, como Jamaica e Suriname, a localização geográfica foi um importante fator de sobrevivência e autonomia das comunidades de escravos fugidos. Apesar do difícil acesso, a maioria delas, sempre que possível, se estabeleceu em regiões não totalmente isoladas das áreas de cultivo, fossem elas exportadoras ou não, e dos pequenos centros de comércio e entrepostos mercantis.

Os contatos com a sociedade fora do quilombo foram decisivos, em alguns casos, para a sobrevivência do mocambo.

Para escapar da fúria dos escravistas, os quilombolas ocuparam também locais de difícil acesso. Assim, tinham

> tempo suficiente para abandonar seus ranchos antes do cerco por parte das tropas. [...] os quilombolas colocavam estrepes envenenados, que podiam ser naturais ou feitos com madeiras ou pedaços de bambu e cana verde, abriam falsas picadas no meio da mata e faziam outras armadilhas. [...] Alguns quilombolas procuravam fixar seus acampamentos em locais montanhosos e íngremes.

Ao analisar a economia dos quilombos, o autor concluiu que "a base da produção agrícola da maioria dos quilombos no Brasil era a mandioca e o milho". Com os "excedentes da agricultura, da caça e da pesca, os quilombolas obtinham outros produtos de que necessitavam, por meio de trocas com taberneiros, pequenos lavradores e cativos de fazendas circunvizinhas".

Os quilombos de Iguaçu teriam sua base econômica nas "grandes plantações de abóbora e mangalô". No local, havia peixes em abundância e caça. Também extrairiam lenha dos mangues. Parte da lenha produzida acabava indo parar na Corte. A intermediação era feita pelos taberneiros. "O comércio de lenha entre quilombolas e taberneiros era, conforme informações das autoridades, 'um lucrativo comércio', pelo menos para os taberneiros, que revendiam a lenha na Corte, onde era muito procurada e bem paga".

Alguns quilombos sobreviviam da agricultura e estabeleciam relações de trocas: "Essas relações de comércio propiciaram aos quilombolas de Iguaçu uma verdadeira rede de proteção, além da subsistência econômica. Ela dificultava enormemente a ação das tropas repressivas, sobre cuja presença eram frequentemente avisados pelos taberneiros". Houve a cumplicidade entre fujões e membros da sociedade escravista.

As relações econômicas entre quilombolas, cativos das plantações, taberneiros e remadores, caixeiros-viajantes, mascates, lavradores, agregados, cativos urbanos, arrendatários, fazendeiros e até autoridades foram o germe do que o autor chama, como vimos, de "campo negro", enfatizando as relações raciais sobre as sociais no contexto da escravidão. Para ele, essa rede complexa adquiriu lógica própria, na qual entrecruzavam-se interesses, solidariedades, tensões e conflitos. "[...] uma rede que podia envolver em determinadas regiões escravistas brasileiras inúmeros movimentos sociais e práticas socioeconômicas em torno de interesses diversos". O campo negro "acabou por se tornar palco de luta e solidariedade entre os diversos personagens que vivenciavam os mundos da escravidão".

Na região de Iguaçu, os quilombolas estabeleceram "seus mocambos nas terras dos beneditinos", que também utilizaram fartamente o trabalho escravizado. "Os cativos que trabalhavam nas fazendas beneditinas, tanto aquelas de Iguaçu como outras espalhadas por todo o Brasil, tinham o costume de possuir pequenas roças e até mesmo gado". Essa autonomia relativa se transformava em contradição aparente – o cativo parecia ser ao mesmo tempo cativo e proprietário. O pecúlio, de pouca tradição no Brasil, foi prática concedida pelos escravizadores, muito difundida sobretudo na escravidão clássica, sem jamais contraditar ou dissolver a dependência do trabalhador ao seu escravizador.

Os quilombos de Iguaçu estabeleceram vínculos com a população da região. "Podem ter mesmo criado uma comunidade camponesa relativamente estável. Negociavam não só os excedentes de uma lavoura, mas também extraíam, armazenavam e controlavam parte do comércio local de lenha". Gomes defende que, "em diversas regiões escravistas brasileiras, assim como em outras áreas das Américas negras, os trabalhadores escravizados, a partir de suas roças e economia próprias, e os quilombolas, com suas atividades econômicas, acabaram por formar um campesinato negro ainda durante a escravidão".

Categorialmente, não podemos confundir o ato produtivo autônomo do agricultor quilombola, no exterior da sociedade escravista, com a ação produtiva semiautônoma do cativo detentor de minúscula nesga de terra e algumas horas de trabalho livre semanal, destinado a financiar a manutenção de sua força de trabalho, em proveito e no interior do modo de produção escravista colonial. Como Jacob Gorender lembrou, essa prática era "favorável ao senhor, uma vez que obrigava o escravo a trabalhar mesmo no dia consagrado ao descanso a fim de suprir uma parte do produto necessário à autossubsistência", elevando o "grau de exploração do trabalho escravo".[41]

No Brasil, alguns cativos e quilombolas desenvolveram práticas econômicas que levaram à produção de excedentes, não raro superestimadas pela historiografia, sobretudo no que se refere à produção servil. Sobre essa realidade, propõe o autor: "Em muitas regiões, os escravos frequentavam feiras aos sábados e domingos – ou seja, nos seus 'dias livres'

[41] Gorender, Jacob. *O escravismo colonial. In:* Maestri, Mário. "O escravismo colonial: a revolução copernicana de Jacob Gorender". *Revista Espaço Acadêmico,* n. 35, abril/2004.

costumeiros –, onde montavam quitandas e vendiam tanto gêneros agrícolas (fumo, milho, feijão, mandioca etc.) como produtos de caça e pesca".[42] Como assinalado, os sábados e domingos não eram dias livres dos cativos, mas dias de trabalho dedicados à produção dos meios de existência não fornecidos pelo escravista.

A respeito da produção servil, Gorender explicou que "a concessão de um lote ao escravo não passou de uma forma variante, 'inessencial' e condicional do segmento de economia natural, podendo inexistir ou ocupando apenas uma parte desse segmento".[43]

Em 1987, João José Reis publicou *Rebelião escrava no Brasil.* Na coletânea, escreveu "Escravos e coiteiros no quilombo do Oitizeiro: Bahia, 1806". Nesse trabalho, lembra que o olhar tradicional sobre o quilombo é, como lembram diversos autores, redutor: "uma visão do quilombo que o coloca isolado no alto da serra, formado por centenas de escravos fugidos que se uniam para reconstruir uma vida africana em liberdade [...] do quilombo enquanto sociedade alternativa".[44] Para ele, em um grande número de quilombos não foi assim.

O autor chama a atenção para os fujões que "se estabeleciam próximos a povoações, fazendas, engenhos, lavras, às vezes nas imediações de importantes centros urbanos, e mantinham relações ora conflituosas, ora amistosas com diferentes membros da sociedade envolvente. [...] os quilombolas circulavam com frequência entre seus quilombos e os espaços 'legítimos' da escravidão".

Aborda o caso de um quilombo baiano particularmente peculiar – do Oitizeiro. "Pois ali os fugitivos conviviam

---

[42] Gomes, Flávio dos Santos. "Quilombos do Rio de Janeiro no século XIX". *In:* Reis & Gomes (orgs.) *Liberdade* [...]. *Op. cit.*

[43] Gorender, Jacob. *O escravismo colonial. Op. cit.*

[44] Reis, João José. "Escravos e coiteiros no quilombo do Oitizeiro: Bahia, 1806". *In:* Reis & Gomes (orgs.) *Liberdade* [...]. *Op. cit.*

com, e trabalhavam para, homens livres e seus escravos, ambos assumindo o papel de protetores e empregadores e quilombolas". O Oitizeiro seria um quilombo diferente do que "nos acostumamos a imaginar que fosse um quilombo". Diferente porque "era formado por homens livres (negros, brancos e até um índio), seus próprios escravos e os escravos alheios que acoitavam e que formavam uma importante parcela da população adulta".

No Oitizeiro, os quilombolas e trabalhadores escravizados habitavam em construções de taipa cobertas de palha. Lá imperava a mandioca. Os cativos não produziriam para o próprio consumo, mas para o mercado. "[...] trabalhavam nas roças de seus senhores, ou em regime de meação. [Também] possuíam suas próprias roças e, tal como seus senhores, acoitavam e usavam o trabalho dos escravos fugidos que foram dar no Oitizeiro [...] as roças dos escravos, o controle das quais fazia parte dos direitos adquiridos pelos escravos". Segundo Reis, os trabalhadores escravizados do Oitizeiro acoitavam quilombolas. "A passagem pelo Oitizeiro representava [para o cativo] apenas parte da aventura, um posto de espera, a esperança de fazer contatos que viessem a resolver seu problema de senhor. O quilombo seria então um abrigo temporário, não o destino, o lugar onde construir uma comunidade livre, uma sociedade alternativa".

Definiu o Oitizeiro como quilombo, pois teria as características atribuídas a qualquer quilombo do tempo da escravidão. Reuniu "em determinado lugar de um número crescente de escravos fugidos, que resistiam a retornar à casa senhorial, tocavam uma produção agrícola e desenvolviam outras atividades de subsistência, ocasionalmente cometendo roubos, e submetidos a um 'governo' alternativo ao da sociedade envolvente".

As relações de "produção e de poder dentro do Oitizeiro ameaçariam igualmente a subordinação escrava na região". Para ele, seriam relações perigosas, mesmo mantendo a exploração escravista, fora e dentro do Oitizeiro, o que propõe contradição insolúvel. No Oitizeiro, "os escravos fugidos se aquilombaram, encontraram pouso, trabalho, comida, provavelmente roças e até fumo e aguardente longe de seus senhores".

Parece-nos difícil caracterizar como quilombo o Oitizeiro. O próprio autor, com pertinência, chama a atenção para a eventual "fabricação jurídica" da caracterização dessa comunidade como quilombo para satisfazer as autoridades da capitania e do Reino. O caso em questão não era certamente comum, não tendo apenas os historiadores voltado seus olhos para ele.

Reis chama a atenção para o fato de que a Barra do Rio de Contas, no litoral Sul da capitania da Bahia, era uma região pobre, pouco povoada, praticamente sem autoridades policiais, especializada na pouco rentável produção de farinha de mandioca. No Oitizeiro, Balthasar da Rocha havia adquirido terras, segundo parece, nos últimos anos do século XVIII. Sem meios de acumular na produção escravista de mandioca recursos para se tornar grande produtor, Balthasar e alguns próximos tornaram-se acoutadores de cativos, mesmo de seus vizinhos.

O acoitador, figura sempre presente no escravismo colonial, dava guarida ao cativo fujão em troca do seu trabalho, garantindo-lhe em geral melhores condições de trabalho, já que não havia suportado o peso da compra do trabalhador escravizado – "inversão inicial". A situação de dependência relativa era vantajosa para o cativo, que não se libertava plenamente da servidão, e para o escravista, que não adquiria pleno direito sobre o trabalhador.

Segundo Reis, os coiteiros do Oitizeiro recrutavam fugitivos para fazê-los trabalhar. "Tudo leva a crer que os escravos não estavam ali aquilombados contra suas vontades, ou seja, os coiteiros não os obrigavam a estar ali e a trabalhar com eles. Havia um acordo: refúgio, proteção, comida e talvez remuneração – ou, mais provavelmente, acesso a um pedaço de terra – em troca de trabalho".

O caráter singular do Oitizeiro é certamente o caráter explícito do acoutamento. Como o próprio Reis lembra, longe dos olhos do rei, quem fazia a lei era a prepotência. "A situação pode ser explicada porque a região era pouco habitada, longe da capital, mal policiada, com ecologia favorável à formação de quilombos, tinha muito mato e índio indômito, e os proprietários eram de pequena grandeza".

Um outro depoente assinalou, nesse sentido: "ninguém se atrevia a ir buscar os seus escravos com temor das violências de Balthasar da Rocha, que, sendo criminoso, anda por esta vila vomitando valentias e fazendo-se temível". E, para se fazer mais temível, Rocha e os seus permitiam que os cativo acoitados portassem armas para defender o seu "ilícito". A simples interferência da autoridade policial pôs, como não podia deixar de ser, fim ao acoutamento.

Não é pertinente a qualificação do Oitizeiro como quilombo e, consequentemente, de Rocha, proprietário de terra e escravista, como chefe de quilombo. No quilombo, o trabalhador escravizado autoliberado usufruía plenamente sua capacidade produtiva. A eventual exploração da sua força de trabalho dava-se, apenas, no nível das trocas mercantis, com o regatão, o bodegueiro etc. No Oitizeiro, o fujão se submetia à vontade do acoitador, versão "doce" do escravizador.

Ao contrário do quilombo, a prática do acoutamento pouco perigo apresentava à sociedade escravista, já que constituía extensão extralegal da produção escravista, como a receptação e a venda de objetos roubados constituíram momento extraordinário das relações mercantis, e não sua negação. Registrando isso, Reis chamou a atenção para o fato de que não "há notícias de violência física da parte dos coiteiros contra intrusos". Os cativos acoutados não praticavam, igualmente, atos de força contra a população local. A garantia da liberdade apoiava-se no direito de propriedade de Rocha sobre a terra do Oitizeiro e na sua força como proprietário despótico.

O Oitizeiro não era um quilombo e Rocha não era chefe de quilombo. Tratava-se simplesmente de uma propriedade onde ninguém entrava sem ser convidado – como habitual não apenas nessa época – e de um escravista pobre que se arranjou para aumentar sua força de trabalho transformando-se em um pequeno coronel local, em uma região pobre. Na parte final do excelente artigo, Reis analisa dois fenômenos também singulares na escravidão brasileira: a luta do cativo para trocar de proprietário e a brecha camponesa na Bahia. Segundo o autor, muitos "aquilombados no Oitizeiro, mais do que construir um quilombo, queriam apenas trocar de senhor, queriam senhores como aquele do quilombo, que permitiam a seus escravos cultivar suas próprias roças, vender seus produtos, acumular propriedade e ainda acoitar escravos fugidos para ajudá-los nisso tudo".

No seu clássico *Sobrados e mucambos*, em uma visão romântica do cativeiro, Gilberto Freyre propõe que o trabalhador escravizado, quando descontente com sua escravidão, fugia para "engenhos grandes com fama de paternalmente bons [...], engenhos com muito negro, às vezes fartura de mandioca e de milho, cachaça cheirosa, noites de se sambar até de manhã".[45]

Se generalizada, essa proposta traz embutida a visão da resistência do cativo como resultado da ruptura por senhores despóticos ou demasiadamente pobres de uma possível escravidão feliz, ou "dominação aceitável", na formulação de Eduardo Silva. O nível médio e geral de exploração do cativo determinado, em forma necessária, pelo limitado desen-

---

[45] Freyre, Gilberto. *Sobrados e mucambos: decadência do patriarcado rural no Brasil.* São Paulo: Companhia Editora Nacional, 1936.

volvimento das forças produtivas materiais no escravismo colonial, e não resultado da vontade subjetiva dos senhores. O limite desses arranjos era, portanto, muito estreito.

A imensa maioria dos trabalhadores escravizados foi obrigada a se empregar nas tarefas exigidas por seus proprietários sem poder questionar esse vínculo de dominação, a não ser pela resistência surda, pela fuga etc. O mesmo se pode dizer das centenas de milhares de cativos que foram arrancados não raro da região em que haviam nascido, de suas relações, de seus familiares, sobretudo durante o tráfico interprovincial de cativos.

Concluindo, Reis comparou os eventuais arranjos internos do Oitizeiro – sobre os quais há pouca informação positiva – ao hábito difundido no Caribe, "onde os escravos não só plantavam e se alimentavam do produto de suas roças, mas eram importantes fornecedores de alimento para os mercados locais e regionais. Como se fossem protocamponeses". Os engenhos eram os grandes consumidores de farinha e de carne produzidas fora dele, inclusive a farinha produzida no Oitizeiro. Essa realidade era igualmente comum em todo o Brasil.

A esse respeito, registra o caráter não sistêmico desse fenômeno no Brasil, onde "o sistema não foi assim tão difundido", e reafirma com sensibilidade que a concessão de roças aos cativos tinha objetivos claros para os senhores. "Eram concedidas apenas para livrar os senhores da obrigação de sustentarem seus escravos, diminuindo assim os custos senhoriais com reprodução de mão de obra".[46]

Mais ainda, pertinentemente, lembrou que: "Visto por este ângulo, o sistema de roças aumentava a exploração escrava, podendo promover a insatisfação e incentivar a fuga". Dessa forma, "a roça e outras concessões senhoriais – ou

---

[46] Reis, João José. "Escravos e coiteiros no quilombo do Oitizeiro: Bahia, 1806". *In:* Reis & Gomes (orgs.) *Liberdade* [...]. *Op. cit.*

conquistas escravas – não eram garantia de paz e harmonia, alvo incompatível com a escravidão. Não obstante sua função de controle, o acesso dos escravos à roça não evitaria necessariamente sua fuga".

Marcus Joaquim M. de Carvalho, professor do Departamento de História da Universidade Federal de Pernambuco, é autor de artigos sobre história social e da escravidão em Pernambuco. Na coletânea comentada, escreveu "O quilombo de Malunguinho, o rei das matas de Pernambuco". Para o autor, "os quilombos são parte de um conjunto mais amplo de estratégias de sobrevivência e resistência escrava".[47] O negro Malunguinho foi o principal líder do quilombo de Catucá, mocambo de algumas particularidades.

"O Catucá margeava a fronteira agrícola da Zona da Mata Norte, começando quase num subúrbio do complexo urbano Recife-Olinda, e dividia-se em vários grupos espalhados pelas matas que agiam em conjunto ou separadamente, conforme ditassem as necessidades do momento". O quilombo apresentava uma certa mobilidade que em determinadas ocasiões impediu sua destruição pela sociedade escravista. O Catucá pode ser fortemente comparado ao quilombo de Manuel Padeiro, que, nos anos anteriores à Guerra Farroupilha, assolou sobretudo a serra dos Tapes, nas imediações de Pelotas, Rio Grande do Sul.[48]

Quando a classe senhorial regional se envolvia em conflitos políticos, comumente os quilombolas aproveitavam para escafederem-se. O quilombo de Catucá teria conhecido esse fenômeno: "o quilombo renascia sempre que as elites se dividiam, e sofreu seus maiores reveses quando a classe senhorial estava unida". Carvalho lembrou, no entanto, que, mesmo unida, a classe dos senhores não reprimia facilmente

---

[47] Carvalho, Marcus. "O quilombo de Malunguinho, o rei das matas de Pernambuco". *In:* Reis & Gomes (orgs.) *Liberdade* [...]. *Op. cit.*

[48] Cf. Maestri, Mário. "RS: o quilombo de Manuel Padeiro". *Cadernos Esap*, I, Porto, Portugal, maio de 1997.

o quilombo. "Um grande problema para o aparato repressivo era o nível de organização atingido pelos quilombolas, que faziam emprego de canais informais de comunicação bastante complexos".[49] Como em outros quilombos, a formação de uma rede de informações beneficiaria o Catucá.

Numa das investidas feitas pelas forças escravistas, foram encontradas muitas casas nas matas. "A menção explícita à existência de casas nas florestas mostra que houve oportunidade para que alguns rebeldes construíssem uma vida sedentária, com a formação de famílias, unidade básica para a construção da noção de liberdade do escravo".

Carvalho concluiu que o Catucá "está entre os quilombos do Brasil do século XIX que tinham por base essa cumplicidade entre escravos de engenho, quilombolas e a população livre e liberta local – enfim, os não brancos e excluídos em geral". Catucá era um quilombo móvel,

> dividido em vários grupos no meio da floresta, que tinham como meio de vida não só a caça e a agricultura de subsistência, mas também os roubos aos engenhos e assaltos nas estradas, além da prática de algum comércio e contrabando. [...] em que pese a essência africana do quilombo, ele deixou de ser uma tentativa de reprodução de sociedades africanas e tornou-se um fenômeno americano, híbrido, uma linha de combate contra o *status quo*, que envolvia gente de diferentes procedências étnicas e histórias de vida. Palmares foi uma tentativa de formação de uma sociedade alternativa.

Para Carvalho, "o Catucá tentava isso [formar uma sociedade alternativa] como ideal, mas sua posição precária impelia os seus habitantes a viverem de roubos, caça e agricultura de subsistência, havendo até aqueles que buscaram se integrar à vida nas vilas do interior ou nas freguesias afastadas da comarca do Recife, como se fossem homens livres".

---

[49] Carvalho. "O quilombo [...]". *In:* Reis & Gomes (orgs.) *Liberdade* [...]. *Op. cit.*

Matthias Röhrig Assunção, professor do Departamento de História da Universidade de Essex, Inglaterra, autor de vários artigos e livros sobre a escravidão no Maranhão, participou dessa coletânea com o artigo "Quilombos maranhenses". No Maranhão, "uma numerosa população escrava se concentrava perto de áreas de fronteira cobertas de matas. O resultado foi uma extraordinária multiplicação de quilombos nessa província durante o século XIX". Assunção dividiu o fenômeno quilombola no Maranhão em três tipos: o primeiro, formado por "pequenos grupos de escravos que se escondiam nas matas nas imediações das fazendas"; o segundo, por "aqueles grupos já mais afastados das imediações das fazendas, que conseguiram estabelecer algum tipo de economia de subsistência mais permanente, e eventualmente combiná-lo com a venda de algum excedente"; e, finalmente, "o terceiro e último tipo seria aquele que combinava agricultura de subsistência com garimpo".[50]

Também no Maranhão, o aparelho repressivo nem sempre teria sido eficiente. Os quilombos maranhenses conseguiram sobreviver graças à geografia e também à relativa fraqueza e ineficiência do aparelho policial durante grande parte do Império. Primeiro, diante de um território imenso, as forças de policiamento foram sempre insuficientes: "a falta de policiamento adequado foi a razão principal da multiplicação dos quilombos".

Um dos quilombos que marcou a história da escravidão no Maranhão foi o do Cosme. "O quilombo do Cosme impressiona pelo seu tamanho e medo que conseguiu incutir aos proprietários de escravos, o que foi possível somente por causa das condições excepcionais da Balaiada". A teia de relações estabelecida com a sociedade fora do quilombo também foi decisiva para a sua sobrevivência.

---

[50] Assunção. "Quilombos [...]". *In:* Reis & Gomes (orgs.) *Liberdade [...]. Op. cit.*

A Balaiada foi a maior guerra civil e social maranhense. Iniciou em 1838 e só acabou em 1841. Manuel Francisco dos Anjos Ferreira, por alcunha o Balaio, liderou, ao lado do quilombola Cosme, um movimento de oprimidos contra as elites do Maranhão. O quilombo do Cosme impressionou pelo número de quilombolas. Em média os quilombos do Turiaçu, no século XIX, contavam com "populações entre 200 e 600 pessoas cada um".

Formado nas matas do Codó, o quilombo chegou a abrigar 3 mil quilombolas. De personalidade marcante e com uma visão política avançada, Cosme e seus quilombolas resistiram bravamente às tropas lideradas por Luís Alves de Lima, o futuro Duque de Caxias. Após vários confrontos com as tropas oficiais, Cosme foi preso, condenado à morte e executado em setembro de 1842.

No Maranhão, os quilombolas desenvolveram atividades agrícolas que garantiram estabilidade às suas comunidades. O quilombo de São Sebastião possuía casas cobertas de palha e barro, capela, produziam farinha, aguardente, possuíam bananais, cultivavam ananases, mandioca, algodão. Criavam galinhas e patos. No quilombo do Limoeiro foram encontradas casas que serviam de moradia e casas de oração, utilizavam ferramentas e possuíam muitas roças. Quanto à administração, Assunção afirmou que ambos foram administrados por um líder, que, pela influência do vocabulário do branco, chamavam de rei. Esse rei não teria poderes absolutos.

A longevidade dos quilombos do Maranhão deve-se à presença de matas, com muitos rios e riachos; ao elevado número de cativos em relação à população livre; à existência de uma fronteira e de uma vasta zona não controlada pelo Estado e à instabilidade política do período 1820-1841.

Para Assunção,

> a situação de fronteira facilitou a sobrevivência de grupos numerosos, sobretudo nas matas entre os rios Turi e

> Gurupi, e nas matas do Codó e do Mearim. Nessas áreas, existiram grandes quilombos de 200 a 700 pessoas. [...] as razões para esse sucesso não se deviam apenas às condições ecológicas favoráveis, mas também ao fato de que, longe de serem comunidades isoladas, os quilombos viviam em uma complexa rede de comunicações com a sociedade escravista, que lhes fornecia bens materiais e informações sobre entradas.

Também "mantinham contatos permanentes com os escravos nas fazendas". Em algumas ocasiões, chegaram "a trabalhar para fazendeiros em precisão de braços". Ao produzirem excedentes, "trocavam ou vendiam produtos de suas roças (fumo e algodão) à população livre". Os quilombos do Tiriaçu/Gurupi, por meio do garimpo, conseguiram "envolver um segmento importante da população livre na comercialização do ouro".[51]

A documentação aponta para a presença de nativos nos quilombos brasileiros. Porém nem sempre o relacionamento com os indígenas seria amistoso. "Mais problemáticas ainda eram as relações com os grupos indígenas. [...] grupos indígenas que sentiam a pressão sobre seu território tivessem identificado os quilombolas como seus inimigos". Na verdade, ambos tinham o território restringido pela ocupação escravista.

A escravidão no Maranhão foi marcada pelo excesso de violência praticada pelos senhores. "o Maranhão era reputado como inferno para os escravos, para onde se mandavam, a título de punição, escravos de outras províncias. Nem por isso deixava também de ser, muitas vezes, um inferno para os senhores, sobretudo aqueles que viviam em meio de numerosa escravatura, isolados nas matas". A reação dos cativos se fazia presente por meio de justiçamento de senhores e seus familiares.

---

[51] Assunção. "Quilombos" [...]. *In:* Reis & Gomes (orgs.) *Liberdade [...]. Op. cit.*

Escravos, roceiros e rebeldes

O estadunidense Stuart Schwartz começou a trabalhar no Brasil em 1963, concentrando suas pesquisas no período colonial. É autor de vários livros, entre eles, *Escravos, roceiros e rebeldes,* publicado em 2001.[52] Iniciou suas argumentações fazendo um balanço historiográfico da escravidão, da escravidão ao longo dos últimos 40 anos. Para o presente trabalho, nos atemos ao quinto capítulo, que trata da resistência escrava na colônia. Apontou os maus-tratos recebidos pelos escravos como causas que originaram as fugas e a formação dos quilombos, que apresenta como um desconhecimento dos senhores da forma que julga ideal de tratar os cativos.

> As condições de trabalho nos engenhos eram fisicamente exaustivas e recebiam alimentação e habitação deficientes. Ocasionalmente, os escravos tinham de lidar com senhores muito cruéis ou sádicos, mas, além deles, o conceito geral de administração de escravos não levava em conta as vantagens em longo prazo do 'bom' tratamento e salientava a extração do máximo em trabalho pelo menor custo possível.

Após investigar a origem do termo quilombo, o autor chegou à conclusão de que "esse termo passou a significar no Brasil qualquer comunidade de escravos fugidos, e tanto o significado usual quanto a origem são dados pela palavra *Mbundu*, usada para designar acampamento de guerra".

Quanto aos quilombos na Bahia, identificou uma particularidade que era a sua distância dos centros urbanos. "A maioria dos mocambos baianos estava relativamente próxima a centros populacionais ou engenhos vizinhos". A proximidade dos quilombos com a sociedade escravista foi estratégia para a sobrevivência da comunidade mocambeira,

[52] Schwartz, Stuart B. *Escravos, roceiros e rebeldes*. Bauru: Edusc, 2001.

que podia trocar sua produção ou fazer investidas contra as propriedades senhoriais.

Na Bahia, os quilombos combinaram atividades agrícolas com rapinagem.

> A economia dos mocambos, em vez de retomar as origens pastoris ou agrícolas africanas, era muitas vezes parasitária, dependente de assaltos nas estradas, roubo de gado, invasões e extorsão. Essas atividades podiam combinar-se à agricultura, mas raros eram os casos de mocambos que se tornassem autossuficientes e completamente isolados da sociedade colonial que, ao mesmo tempo, os gerava e os temia.

A formação de quilombos tirava o sossego da sociedade escravista. O primeiro passo para impedi-las foi a criação da instituição do capitão do mato. "Uma das táticas era capturar os fugitivos antes de se juntarem em bandos". As forças repressoras não mediam as consequências quando fosse necessário combater um quilombo.

> A principal tática empregada contra os mocambos consistia simplesmente em destruí-los e matar ou reescravizar seus habitantes. É fácil explicar a oposição dos portugueses às comunidades de fugitivos. Os ataques e os assaltos dos mocambeiros ameaçavam as cidades, obstruíam a produção, interrompiam vias de comunicação e viagens. [Devido à atração que exerciam], os mocambos arrastavam outros escravos para fora do cativeiro.

Schwartz citou como exemplo de quilombo baiano o Buraco do Tatu. "O Buraco de Tatu tinha 20 anos de existência. À semelhança da maior parte dos mocambos baianos, sua economia era essencialmente parasitária, amparada em furto, extorsão e assaltos esporádicos".

Quanto à defesa,

> a retaguarda era protegida por um canal pantanoso da altura aproximada de um homem. Os três lados do povoado eram protegidos por um labirinto de estacas pontiagudas, fincadas em nível abaixo do chão e cobertas

> para não serem detectadas por intrusos. Essa defesa era ampliada por 21 covas repletas de espetos afiados e camufladas por arbustos e mato. Havia uma falsa trilha conducente ao mocambo, muito bem protegida por lanças e armadilhas camufladas.

Quanto à administração, "o Buraco do Tatu possuía dois caudilhos ou capitães. [...] Cada caudilho tinha uma consorte, à qual chamavam de rainha".

Ao falar dos quilombos de Minas Gerais, citou que as condições gerais eram favoráveis à formação de quilombos.

> O vasto mar de escravos e mestiços livres era um ambiente simpático aos fugitivos. A natureza descontínua dos povoados e a topografia montanhosa forneciam grandes tratos inacessíveis, próprios para os esconderijos, e, mesmo em muitas concentrações urbanas, a grande população mestiça livre dificultava a descoberta dos fugitivos.

Em Minas Gerais, os quilombos eram pequenos. As exceções ficaram por conta dos quilombos do "Ambrósio, destruído em 1746, e o Quilombo Grande, atacado e eliminado em 1759, [que] abrigavam grande número de fugitivos, este último contendo mais de mil habitantes".

Quanto a Palmares, Schwartz propôs que os quilombolas tentaram formar uma comunidade aos moldes africanos, mesclada com cultura americana. "Há muito se reconhece que Palmares tinha raízes em algumas formas tradicionais africanas de organização política e social, embora, como a maioria das comunidades de fugitivos, combinasse tais formas com aspectos da cultura europeia e adaptações especificamente locais". Lembrou que os palmarinos eram "peritos no uso da camuflagem e em emboscadas".

Citou que

> Palmares era um Estado organizado sob o controle de um rei, com chefes subordinados em povoados apartados. [...] As posturas cerimoniais e demonstrações de obediências exigidas na praça do rei indicam formas de

> monarquia africana. Os fugitivos de Palmares viviam da agricultura, embora, como nos outros mocambos, também negociassem armas e outros produtos com os habitantes brancos da redondeza e assaltassem à procura de mulheres, gado e alimentos.

Segue o autor:

> Os que para lá iam por opção eram considerados livres, mas os capturados nos assaltos eram escravizados. Os povoados de Palmares eram protegidos por paliçadas, amuradas, ou por uma rede de armadilhas ocultas [...]. A religião nos acampamentos era uma fusão de elementos cristãos e africanos, embora também neste aspecto é possível que tenham existido muito mais características africanas.

Schwartz tende a qualificar Palmares como volta às raízes africanas, aproximando-se da corrente culturalista: "em vários aspectos, Palmares parece ter sido uma adaptação das formas culturais africanas à situação do Brasil-colônia, onde escravos de várias origens, africanos e crioulos, uniram-se em oposição comum à escravidão". Atribui a formação dos quilombos muito mais pela não adaptação do negro aos costumes americanos do que pela rejeição à escravidão.

Deus é grande, o mato é maior!

Mário Maestri publicou, em 2002, o livro *Deus é grande, o mato é maior! História, trabalho e resistência dos trabalhadores escravizados no RS*, reunindo artigos escritos em momentos diversos sobre a escravidão sulina. O segundo capítulo desse trabalho, dedicado aos quilombos, reproduz, em forma brevemente ampliada, a tentativa de síntese sobre os quilombos sulinos publicada em *Liberdade por um fio*.[53] O texto constitui levantamento geral das incidências quilombolas no Rio Grande do Sul, a partir, sobretudo, de documentação primária.

---

[53] Reis & Gomes (orgs.) *Liberdade [...]. Op. cit.*

Para o autor, a rejeição da escravidão pelo trabalhador escravizado era a causa principal das fugas. As duras condições de vida e trabalho na escravidão induziam muitos cativos às fugas.[54] Uma das suas primeiras constatações quanto ao fenômeno quilombola no Rio Grande do Sul foi que, "como no resto do Brasil, o mundo senhorial não se servia univocamente do termo 'quilombo'. Essa designação descrevia minúsculos agrupamentos de cativos fugidos; grupos móveis de cativos dedicados à rapinagem; comunidades rurais estáveis de fujões praticando uma economia de subsistência etc.".

Lembrou que, em geral, considerava-se como quilombo "o agrupamento ilegal, permanente ou semipermanente, de [...] dois ou mais trabalhadores escravizados fugidos em qualquer região do território brasileiro". A partir desse princípio, inicia ampla discussão sobre o tema. Quanto aos locais de maior incidência de quilombos no Sul,

> eles teriam sido frequentes nas cercanias dos principais centros urbanos – Rio Pardo, Porto Alegre, Rio Grande – e nas serras e nas matas próximas às principais concentrações de cativos – serra dos Tapes, distrito do Couto. Seriam importantes os redutos quilombolas nos contrafortes da Serra Geral, próximos às aglomerações da Depressão Central – Porto Alegre, Santa Cruz do Sul, Santa Maria, Rio Pardo etc.

Maestri escreveu que "o Rio Grande do Sul jamais conheceu quilombos de maior dimensão. [...] o único caso conhecido de uma concentração de porte é o discutível quilombo do Camizão, com 150 membros". A média de indivíduos nos maiores quilombos era de "duas a três dezenas de cativos".

[54] Cf. Maestri, Mário. *Deus é grande, o mato é maior! História, trabalho e resistência dos trabalhadores escravizados no RS*. Passo Fundo: UPF, 2002.

Uma característica dos quilombos sulinos era "de aguerridos grupos de quilombolas, nas cercanias ou próximos às cidades, vivendo de rapina, de uma economia de subsistência e de atividades pequeno-mercantis". As informações apontam para quatro quilombos como esse: "o da ilha Barba Negra, o da ilha dos Marinheiros, o do Manuel Padeiro e o da estância do Gravataí. [...] O quilombo da Preta Vitória, no distrito do Couto, em Rio Pardo", retrataria "o padrão dominante dos quilombos sulinos". Esse quilombo possuiria "uns 20 habitantes e teria se formado ao longo dos seus 20 anos, pela aglutinação a um grupo inicial de cativos fugidos, sós ou em duplas. Os quilombolas residiam em dois grandes ranchos e viviam da caça, da pesca, da coleta e da agricultura".

A sociedade escravista teria sido geralmente violenta no combate aos quilombos.

> A documentação conhecida comprova a grande violência senhorial na repressão dos quilombolas e uma igual decisão dos trabalhadores escravizados de manterem, pela força, a liberdade. De nove casos em que houve confronto entre forças repressivas e quilombolas, em apenas um – quilombo do Taquari-Mirim – teria havido capturas sem mortes entre os quilombolas ou capturadores. Em oito casos, os quilombolas opuseram-se violentamente aos escravizadores – quilombos do Sertão Geral, da ilha Barba Negra, da ilha dos Marinheiros, de Manuel Padeiro, da Preta Vitória, da Estância de Gravataí, das matas da serra de Santa Maria, nas batidas de 1887, na serra do Tapes.

Para o autor,

> os quilombos gaúchos jamais ameaçaram o Estado escravista sulino. Sobretudo, tratou-se de casos correntes de disciplina da produção e de manutenção da ordem escravista. A superioridade das forças reescravizadoras era indiscutível. A documentação sugere que apenas em Pelotas, devido à grande concentração de cativos, os senhores preocupavam-se com uma eventual sublevação geral.

Quanto à nacionalidade dos quilombolas, os "cativos crioulos" seriam os "nascidos no Brasil – ou de nação – arrancados da África. A documentação registra africanos de nacionalidade benguela, cabinda, cabunda, moçambique, congo e mina. Não temos registros de quilombolas iorubas e nagôs/haussás". Portanto, uma heterogeneidade dos quilombos que depõe contra as propostas de uma volta às raízes africanas.

Nos quilombos que praticaram a agricultura, cultivava-se feijão, milho, abóbora etc. Os quilombolas também viviam da caça, da coleta, da pesca e da rapinagem. "Mesmo os quilombos mais afastados obtinham sal, pólvora, chumbo, fumo, temperos e outros produtos nas fazendas, vendas e vilas, através do escambo e rapinagem".

Outro detalhe que deve ser lembrado: casos em que os quilombolas prestaram serviços clandestinos periódicos em unidades produtivas senhoriais. "Muitos quilombos não cortavam os laços com o mundo senhorial, pois não podiam se manter absolutamente independentes da produção escravista. Se o fizessem, ficariam à margem da divisão do trabalho em curso e comprometeriam suas condições de existência".

Para Maestri, os "contatos com o mundo escravista davam-se através da rapinagem, do escambo, do comércio e, em casos mais raros, da prestação de serviços. Muitas comunidades se dedicariam ao escambo/comércio e à rapina. É o que sugere o quilombo da ilha dos Marinheiros".

Uma constante nos quilombos do Brasil foi a predominância de homens. "Nos quilombos da estância do Gravataí e de Manuel Padeiro, antes da captura de mulheres, a taxa de masculinidade ultrapassava os 80%. [...] Apenas no quilombo da ilha dos Marinheiros encontramos um grupo sexualmente mais equilibrado – seis homens para quatro mulheres".

Fez um apanhado das residências quilombolas:

> O quilombo da ilha dos Marinheiros, com dez habitantes, possuía apenas uma construção coletiva, com diversos compartimentos. A casa serviria de resistência, depósito e local de trabalho. No populoso quilombo da ilha Barba Negra, com mais de 30 quilombolas, foram encontradas quatro casas prontas e duas em construção. [...] No quilombo da Preta Vitória, dois ranchos abrigariam dez pessoas. Os quilombolas de Manuel Padeiro construíram ou habitavam abrigos de ocasião. Algumas vezes, protegeram-se em dois ranchos e, em outras, em três. Em determinada oportunidade, construíram três ranchos grandes e quatro pequenos.

Conclui-se que os quilombolas gaúchos não conheciam moradias individuais ou unifamiliares. Somente no quilombo do Camizão, de existência discutível, temos referência à presença de crianças. Nos demais, é comum a inexistência de crianças e recém-nascidos nos relatórios de ataques aos quilombos, o que não significa que não existissem nessas comunidades.

No passado, alguns historiadores chegaram a afirmar que não existiriam quilombos no Rio Grande do Sul devido à proximidade da fronteira. Lembrou as razões para que cativos fugissem e não procurassem os países do Prata: há uma relativa distância entre os lugares onde existiram trabalhadores escravizados e a fronteira; a ignorância dos fujões e o controle senhorial dos caminhos; a pouca vontade de trabalhar como peão castelhano; o medo do desconhecido e o apego à terra.

A escravidão no Sul não diferiu de outras regiões do Brasil. Devido à violência da produção e às condições de existência dos cativos, ali também se manifestaram as diversas formas de resistência, entre elas os quilombos. Maestri contestou pioneiramente afirmações que se mantiveram como "verdades" até pouco tempo, contribuindo, com outros autores, a pôr por terra o mito da democracia pastoril e da benignidade da escravidão sulina.

Experiências atlânticas

Flávio dos Santos Gomes publicou em 2003 *Experiências atlânticas: ensaios e pesquisas sobre a escravidão e o pós-emancipação no Brasil* e realizou vários estudos sobre o campesinato negro, quilombos, fronteiras e identidades escravas.[55]

Os quilombos situados nos limites entre o Pará e o Maranhão, próximos aos rios Turiaçu e Gurupi, eram muito antigos. Ao discorrer sobre as repressões antimocambos no Maranhão oitocentista, citou que, entre 1853 e 1858 e entre 1863 e 1868, as tropas escravistas destruíram "mais de 15 mocambos; então, capturaram quase uma centena de mocambeiros". Nesses quilombos, os escravizadores encontraram "comunidades camponesas vigorosas e estruturadas – algumas com mais de 600 habitantes – e toda uma rede de comércio, articulando produção e comercialização de farinha e extração de ouro".

Propõe que a sobrevivência desses quilombos estava ligada à rede de relações que manteriam com a sociedade fora do quilombo. "[...] os quilombolas da região do Turiaçu estavam divididos em vários mocambos entre grandes e pequenos e que contavam com a proteção de uma vasta rede de comunicação e comércio – com cativos nas senzalas, vendeiros e lavradores – que os mantinham informados sobre qualquer movimentação de tropas".

Iniciou com um comentário sobre a historiografia do quilombo no capítulo "Outras canções sobre a terra e a liberdade: roceiros negros, ocupação e aquilombamentos. Rio de Janeiro, 1860-1882". Em seguida, tratou da ocupação da terra pelos quilombolas. "Nas últimas décadas da escravidão, os movimentos de fugas tiveram vários signi-

[55] Gomes, Flávio dos Santos. *Experiências atlânticas: ensaios e pesquisas sobre a escravidão e o pós-emancipação no Brasil*. Passo Fundo: EdUPF, 2003.

ficados. A ocupação de terra e a migração para áreas de fronteiras econômicas abertas poderiam ser algum deles". Lembrou que "vários projetos de colonização em áreas de fronteira tinham também como objetivo a recuperação de terras com longa tradição de quilombos e de grupos indígenas".

Gomes pesquisou três quilombos. O primeiro caso é o de um quilombo nas terras de um fazendeiro. Em 18 de janeiro de 1876, o fazendeiro Manuel da Cruz Sena fez pedido de providências às autoridades de Macaé – Rio de Janeiro, para que fosse destruído um quilombo em suas terras:

> que já há bastante tempo os escravos de suas fazendas fugiam e se aquilombavam no interior de suas próprias terras, construindo, para si, diversos ranchos. [...] os fugidos portavam armas, praticando 'correrias e pilhagens na dita fazenda' e que ele já havia tomado algumas providências para destruir definitivamente aquele quilombo sem ter, contudo, conseguido nenhum êxito.

O desespero de Sena procedia: "os quilombolas continuavam a resistir e tinham construído seus ranchos nas terras da própria fazenda, optando, assim, por não se internarem na floresta da região". Ele "admitia estar perdendo o controle total sobre os seus escravos", já que os aquilombados "continuavam aliciando outros cativos e praticando furtos em sua fazenda". O latifundiário propunha que os "fugidos estavam sendo protegidos e acoutados por fazendeiros da região com a inércia das autoridades para dar fim àquele mocambo que já existia ali havia anos".

O segundo caso de quilombo relatado foi o da Loanda, no interior da fazenda do mesmo nome, nas margens do rio Paraíba, próximo à cidade de Campos. Por ocasião do falecimento da proprietária da fazenda, "os libertos e os escravos que nela trabalhavam resolveram ocupá-la, expulsando os administradores, pois estavam insatisfeitos com a venda que dela se fizera". O novo proprietário da fazenda, "que havia comprado dos herdeiros da falecida no início de 1878, não conseguiu tomar posse de fato da fazenda, pois era rechaçado pelos escravos e libertos aí aquilombados desde 1877".

A resistência dos aquilombados aconteceu em duas frentes: "enquanto alguns quilombolas construíram ranchos nas matas da propriedade, outros, ao que parece, continuaram a habitar as próprias senzalas". Gomes lembra que se tratava "de uma forma peculiar de aquilombamento que ampliava as dimensões políticas da luta daqueles escravos, já que eles ocupavam os próprios prédios da fazenda, assumindo o direito de serem livres e de trabalharem para si".

Neste segundo caso,

> apesar de terem fracassado nas suas pretensões de viver, provavelmente, como libertos, ou, até mesmo, como camponeses independentes nas terras de seu ex-senhor falecido, eles procuraram impedir, o quanto lhes foi possível, que qualquer outro proprietário tomasse posse da fazenda [...]

Tal venda podia significar, além da mudança de costumes, a destruição de seus arranjos familiares, já que muitos escravos poderiam ser vendidos e separados de suas famílias. Existiam também libertos trabalhando ali, e outros escravos alimentavam possivelmente a expectativa de obter alforrias e/ou de manter arranjos sociais conquistados da ex-senhora falecida, os quais, com certeza, acabariam sendo desrespeitados pelo novo proprietário da fazenda. [...] aqueles escravos, em vez de procurarem formar comunidades de fugidos independentes, como era comum nos processos de formação de quilombos, optaram por reivindicar espaços de autonomia dentro da própria escravidão.

A terceira modalidade de quilombo aconteceu em Macaé, na província do Rio de Janeiro, onde, em 1864, "cerca de 26 cativos (de um mesmo proprietário) dados como fugidos foram encontrados trabalhando na fazenda do Deitado, de propriedade de Bernardo Lopes da Cruz, que foi denunciado como acoitador e ladrão de escravos". Para a legislação da época, acoitar escravos fugidos era um crime mais grave do que a própria fuga.

O que ocorria é que "de dia esses escravos trabalhavam na colheita e de noite eram recolhidos às senzalas locais". Com a repressão das expedições punitivas, "esses cativos fugidos foram aconselhados a fazer ranchos nas matas da fazenda. Ali também plantavam, mantinham sua subsistência e trocavam produtos com cativos assenzalados".

O motivo para a fuga seria o de que os "escravos insatisfeitos com a troca de senhor e, portanto, de cativeiro, acabaram fugindo coletivamente. Deixando-se seduzir, foram trabalhar para um outro fazendeiro, com a promessa de compra por este. Enquanto isso, tinham fugido, ora nos matos ou em ranchos. Encontraram – sob ordens de um futuro e prometido senhor – ajuda de escravos e mesmo de outros fugidos que ali se achavam". Gomes lembra que "era um tipo de quilombo pacífico, que bem revela interesses, motivações, estratégias e razões de fugas, fugitivos, ladrões, fazendeiros e coiteiros". O sucesso descrito corresponde mais a um caso corrente de acoitamento de cativos por um dos inúmeros escravistas espertalhões que se desdobravam para contar com o serviço de cativos sem o peso de sua aquisição.

Após o relato dos três casos de aquilombamento, Gomes chegou à conclusão de que, "como cativos, por seus próprios interesses, forjaram e experimentaram significados diversos para o ato de se aquilombar, reelaborando, assim, suas visões de liberdade e resistência". Esclareceu que "as percepções do que consideravam liberdade podiam cada vez mais se ampliar tanto para os escravos como para os quilombolas, modificando-se, assim, não só suas estratégias de luta, mas, igualmente, as relações cotidianas com os senhores e as ações das autoridades visando controlar suas vidas".

Diante dos novos acontecimentos, envolvendo uma nova categoria – os remanescentes de quilombos –, o autor concluiu que, a partir das experiências relatadas, as abordagens históricas sobre quilombos no Brasil devem ganhar outros contornos.

> Em vez de quilombos como comunidades isoladas da cultura e sociedade envolvente, seus significados associavam-se também às formas de protesto e de ocupação de terra. Fundamentalmente, tentava-se ampliar a base das economias próprias dos escravos em suas 'comunidades de senzalas e fazendas' e a articulação com grupos de fugidos, roceiros e, mesmo, de cativos que acreditavam que eram 'legalmente' libertos e tinham 'direitos' de permanecer nas terras de seu ex-senhor, nas suas roças.

Vai mais além: "estamos diante de formas de ocupação de terra de quilombos como de libertos e roceiros. Podiam ser tanto em terras cultivadas nas margens de grandes propriedades como em terras devolutas em várias outras fronteiras econômicas. Significados e experiências de quilombolas, camponeses e roceiros misturavam-se".

Gomes propõe ressignificação do conceito do quilombo, que, nos fatos, enseja tendencialmente a diluição do significado da categoria escravo e de sua forma de exploração, já que o trabalhador escravizado passa a se confundir com outras formas de trabalho livre, como camponeses e roceiros. Nesse processo, desaparece igualmente a especificidade da categoria senhor, ou seja, escravizador.

As camélias do Leblon

Eduardo Silva, apresentado anteriormente, escreveu, em 2003, *As camélias do Leblon e a abolição da escravatura: uma investigação de história cultural*, sobre o mocambo do Leblon, considerado quilombo abolicionista.[56]

---

[56] Silva, Eduardo. *As camélias do Leblon e a abolição da escravatura: uma investigação de história cultural*. São Paulo: Companhia das Letras, 2003.

Clóvis Moura, em *Rebeliões da senzala*, mencionou a presença de abolicionistas na formação do quilombo de Jabaquara, em São Paulo.[57] Da mesma forma, Ronaldo Marcos dos Santos fez referências ao quilombo de Jabaquara.[58] Quanto ao quilombo do Leblon, Lourenço Luís Lacombe tratou do assunto na obra organizada por Arno Wehling.[59]

Os quilombos abolicionistas seriam um modelo diferente de resistência à escravidão. Formados próximos aos grandes centros nos momentos finais da escravidão, eram liderados por personalidades públicas com relações sólidas com a sociedade legal, na qual declinava o apoio à escravidão.

Silva iniciou sua explanação admitindo a importância do trabalhador escravizado no processo de libertação do cativeiro, proposta, sobretudo por Robert Conrad. "Na verdade, sem a adesão franca dos cativos, manifestada pelas fugas em massa, a 'avalanche negra', o projeto abolicionista não teria a mínima chance de êxito". De acordo com o autor, para "o agente principal dessa história, o negro escravo, a opção de fuga e formação de quilombos continuava a ser uma opção guerreira".[60]

Para Silva,

> no modelo tradicional de resistência à escravidão, o quilombo-rompimento, a tendência dominante era a política do esconderijo e do segredo de guerra. Por isso, esforçavam-se os quilombolas exatamente para proteger o seu dia a dia, sua organização interna e suas lideranças de todo tipo de inimigo, curioso ou forasteiro, inclusive, depois, os historiadores.

57 Moura. *Rebeliões [...]. Op. cit.*

58 Santos, Ronaldo Marcos dos. *Op. cit.*

59 Lacombe, Lourenço Luís. "A família imperial e a abolição". *In:* Wehling, Arno (org.) *A abolição do cativeiro – os grupos dominantes: pensamento e ação*. Rio de Janeiro: IHGB, 1988.

60 Silva. *As camélias do Leblon [...]. Op. cit.*

Para o autor, "já no modelo novo de resistência, o quilombo abolicionista, as lideranças são muito bem conhecidas, cidadãos prestantes, com documentação civil em dia e, principalmente, muito bem articuladas politicamente". Para ele, os quilombos abolicionistas foram decisivos e anteciparam a Abolição.

Citou como exemplo o quilombo de Jabaquara, que, nos anos finais do período escravista, se organizou "em terras cedidas por um abolicionista da elite e os quilombolas erguem suas cabanas com dinheiro recolhido entre as pessoas de bem e comerciantes de Santos".

No Rio de Janeiro, o quilombo do Leblon foi idealizado pelo português José de Seixas Magalhães, "um homem de ideias avançadas, dedicado à fabricação e ao comércio de malas e objetos de viagem". Silva apurou que, em 1881, Seixas adquiriu uma chácara no Leblon, onde cultivou flores "com o auxílio de escravos fugidos".

Seixas "ajudava os fugitivos e os escondia na chácara do Leblon, com a cumplicidade dos principais abolicionistas da capital do Império". Segundo o autor, o fabricante de malas José de Seixas Magalhães "contava com a proteção da própria princesa Isabel".

Para Silva, "o quilombo do Leblon era uma espécie de ícone do movimento abolicionista, uma de suas melhores bases simbólicas e um de seus trunfos para a negociação política". Não há esclarecimento do motivo pelo qual esse quilombo seria um grande trunfo na negociação política dos abolicionistas com os escravistas.

Conforme o autor, "enquanto o quilombo tradicional se esconde, o quilombo abolicionista procura uma outra estratégia de sobrevivência e tem na sua localização uma de suas características mais marcantes". Lembrou que "a boa rede de comunicação e transporte facilitou muito a articulação dos quilombos ao movimento político abolicionista".

No quilombo de Pai Filipe,

> os quilombolas viviam quase que inteiramente do que conseguiram retirar da mata. Forneciam madeira para construção, lenha para cozinha e fabricavam cestos e chapéus de palha para a comunidade em torno. Aos domingos, Pai Filipe abria o quilombo aos abolicionistas mais bem-informados, ou mais animados, que lá podiam apreciar o autêntico samba de roda em sua formação mais tradicional.

Para Silva, "resistência armada e, ao mesmo tempo, resistência cultural, o samba de roda do quilombo de Pai Filipe acabou se impondo como um dos melhores programas abolicionistas da cidade". Pai Filipe "era um líder religioso, um babalorixá. Ele parece liderar um caso muito interessante de transição de quilombo-rompimento para quilombo-sistêmico ou abolicionista".

A classe dos escravistas já estava debilitada nos anos finais da escravidão. O movimento pró-emancipação recebia apoio dos mais variados setores da sociedade. Conforme Silva, "dadas as cumplicidades sociais, era quase impossível dar combate a um quilombo abolicionista". Uma realidade que torna ainda mais difícil compreender o que o autor definiu com "quilombo-sistêmico", já que a característica marcante do quilombo abolicionista era a sua proximidade com a cidade dissociada do escravismo, que o protegia dos reescravizadores, nos momentos finais da dissolução do sistema.

Politicamente, até mesmo quem sempre se beneficiou da escravidão passou a ver com simpatia o projeto de liberdade. "No dia 4 de maio de 1888, almoçaram no Palácio Imperial 14 africanos fugidos das fazendas circunvizinhas de Petrópolis".[61] Nada de se maravilhar, já que, nesse mo-

[61] Manuscrito. Arquivo Histórico do IHGB. Anotações do dia 4 de maio de 1888. Cf. Rebouças, André. *Diário e notas autobiográficas*, texto escolhido e anotações por Ana Flora e Inácio José Veríssimo. Rio de Janeiro, José Olímpio, 1938. *In:* Silva, Eduardo. *As camélias do Leblon e a abolição da escravatura: uma investigação de história cultural*. São Paulo: Companhia das Letras, 2003.

mento, o Parlamento já decidira a Abolição da escravidão, sem indenização.

Para o autor, era "tal o comprometimento do trono, sob Isabel, que o próprio Palácio Imperial transformara-se numa espécie de quilombo abolicionista". Concluiu afirmando que, "com a proteção do imperador, felizmente, o quilombo do Leblon nunca chegou a ser investigado, continuando a princesa Isabel a receber calmamente os seus ramalhetes de camélias subversivas".[62]

Silva centrou sua análise nos momentos finais da escravidão, quando ruía a produção escravista e a Casa dos Braganças, que, após sustentar ferreamente a produção negreira, tentava apoiar o Terceiro Reinado também nas massas populares negras que surgiriam desse processo. A lírica imagem do Palácio Imperial como "quilombo abolicionista" não possui qualquer base ou sentido histórico.

[62] Silva. *As camélias [...]. Op. cit.*

PARTE II

O QUILOMBO NO BRASIL: UMA TENTATIVA DE ANÁLISE

QUILOMBO: FORMAÇÃO, REPRODUÇÃO E RESISTÊNCIA

Quilombos: como se formavam

a) A natureza como aliada

Vários fatores determinaram a gênese e a formação dos quilombos. O principal foi o assinalado desejo latente de autonomia do cativo, que jamais deixou de se opor à apropriação de sua liberdade-força de trabalho. A densidade relativa e absoluta da população servil foi importante determinação.

Em diversas épocas e regiões, a população cativa era significativa, chegando em alguns casos a superar a população livre, o que dificultava o controle da massa escravizada.[1] O quilombo podia gerar-se quase naturalmente, nascendo, instalando-se e crescendo gradativamente, tomando consistência à medida que, com o tempo, recebia novos trabalhadores escravizados fugidos.

As condições geográficas influenciaram igualmente a formação dos quilombos. Um território com relevo favorável – densas matas, presença de rios, montanhas escarpa-

---

[1] Cf. Conrad. *Os últimos [...]. Op. cit.*

das, pântanos e mangues – facilitava o estabelecimento e a estabilidade de um quilombo, dificultando sua identificação-repressão.

Goiás possuía ecossistemas que constituíam refúgios ideais aos quilombolas. Ali, os trabalhadores escravizados encontravam "florestas densas, montanhas inexploradas, cerrados espinhosos, manguezais infestados por mosquitos, ilhas escondidas, inúmeros rios e muita distância dos brancos".[2]

Também em Alagoas, os palmarinos souberam se aproveitar da situação geográfica favorável, instalando-se em "sítio naturalmente áspero, montanhoso e agreste, semeado de toda variedade de árvores conhecidas e ignotas, com tal espessura e confusão de ramos que em muitas partes é impenetrável a toda luz; a diversidade de espinhos e árvores rasteiras e nocivas serve de impedir os passos e de intrincar os troncos".[3]

No mesmo sentido, no Maranhão, "as matas da comarca de Turiaçu eram as que mais gozavam da predileção dos escravos foragidos". Além da floresta, o inverno dificultava a ação das tropas repressoras. Na estação das chuvas, as marchas ficavam dificultadas e "os soldados", expostos "a graves moléstias".[4]

Em sentido contrário, o meio geoecológico podia dificultar a formação de quilombos. Muitas vezes, em territórios geograficamente adversos aos quilombos, como os pampas sul-rio-grandenses, os cativos tiveram que se servir de *microrregiões* para se ocultar, como a serra dos Tapes, próxima à vila de Pelotas: "com importante vegetação, ar-

---

[2] Karasch. "Os quilombos [...]". *In:* Reis & Gomes (orgs.) *Liberdade [...]. Op. cit.*

[3] "Relação das guerras feitas aos Palmares de Pernambuco no tempo do governador D. Pedro de Almeida, de 1675 a 1678". *Revista do Instituto Histórico [...]. Op. cit. In:* Péret, *O quilombo [...]. Op. cit.*

[4] Goulart. *Da fuga [...]. Op. cit.*

roios, caça abundante e boas terras, era *habitat* ideal para quilombolas tentarem reconstruir a vida em liberdade".[5]

Não se pode negar que a situação geográfica foi decisiva para a existência do quilombo. "A sua condição de fugitivos exigia que se refugiassem em algum lugar, seja nos matos, serras ou cavernas". Entretanto, a presença do quilombola como elemento resistente ao sistema está acima do fator local. Segundo Carlos Magno Guimarães, "o quilombo não se define a partir do local, mas a partir do elemento humano que o integra".[6]

b) Conflitos senhoriais ajudaram os fujões

Em algumas situações, a conjuntura política facilitou a fuga dos trabalhadores escravizados. Em diversas ocasiões, os escravistas se envolveram em confrontos internos e externos. Em 1630, "aproveitando-se da ocupação batava, os escravos de Pernambuco e de outras capitanias vizinhas começaram a fugir do cativeiro", iniciando, assim, a confederação de Palmares.[7]

No mesmo sentido, na Bahia, "as lutas da Independência provocaram uma notável proliferação de quilombos". No Pará e Maranhão, durante a Cabanagem [1835-1840] e a Balaiada [1838-1841], proliferaram quilombos que chegaram a aderir a esses movimentos.[8] Por ocasião da Guerra Farroupilha [1835-1845], cativos foram arrolados nas fileiras de ambos os lados. "Um bom número de escravizados procurou um refúgio" nos quilombos, "mais seguro do que as fileiras dos exércitos em luta".[9]

Quando da guerra contra o Paraguai [1864-1870], "foi forte a agitação servil no Rio Grande do Sul. Não era inco-

---

5 Maestri. *Deus é [...]. Op. cit.*

6 Guimarães. *Uma negação [...]. Op. cit.*

7 Moura. *Rebeliões [...]. Op. cit.*

8 Freitas. *O escravismo [...]. Op. cit.*

9 Maestri. *Deus é [...]. Op. cit.*

mum que cativos fugissem para se arrolar nas tropas imperiais. A sorte sob a escravidão seria ainda mais triste do que sob as armas". Muitos outros fugiram para se aquilombar, o mesmo ocorrendo com cativos alforriados para substituir homens livres chamados às tropas.

Ainda sobre as fugas durante o conflito com o Paraguai, no Mato Grosso, "o estado de guerra foi habilmente utilizado pelos escravos, quando, aproveitando as dificuldades enfrentadas pelas autoridades provinciais, ampliaram consideravelmente os quilombos existentes na província".[10]

Os quilombolas de Sepotuba, no Mato Grosso, foram além, já que souberam "receber e atrair para seus aldeamentos os desertores: ex-soldados que chegavam aos arranchamentos portando armas de fogo e possuindo instruções, mesmo que rudimentares, sobre seu uso". A acolhida de não cativos foi comum nos quilombos que recebiam igualmente desertores das forças repressoras, das organizações militares oficiais, criminosos procurados pelas autoridades etc.

Nos anos finais do período escravista, na província de São Paulo, houve conflitos entre as facções escravocratas e abolicionistas. Os abolicionistas promoviam as fugas em massa de escravos das fazendas de café. Os cativos fujões procuravam locais mais seguros, como por exemplo a cidade de Santos.[11] O movimento verificou-se em outras províncias também.

c) Razões da fuga: excesso de trabalho, castigos, maus-tratos

A conjuntura econômica levou também os cativos à fuga. Sobretudo em momento de expansão da produção, para extrair o máximo de trabalho excedente, o escraviza-

[10] Volpato. "Resistência [...]". *In:* Reis & Gomes (orgs.) *Liberdade [...]. Op. cit.*

[11] Cf. Santos, Ronaldo Marcos dos. *Resistência e superação [...]. Op. cit.* Sobre quilombos abolicionistas: Freitas. *O escravismo brasileiro. Op. cit.*: Costa, Emília Viotti da. *Da senzala à colônia. Op. cit.*

dor submetia os trabalhadores escravizados a terríveis esforços produtivos, fazendo com que muitos abandonassem o eito pelas matas, em desesperada defesa da própria sobrevivência biológica.

O trabalho e o castigo faziam parte do cotidiano do cativo. "O escravo é o inimigo visceral do trabalho, uma vez que neste se manifesta totalmente sua condição unilateral de coisa apropriada, de instrumento animado".[12] Os proprietários serviam-se sobretudo do castigo e da ameaça do castigo para manterem os trabalhadores na disciplina produtiva.

Em seu *Manual do agricultor brasileiro,* Taunay era explícito sobre a função pedagógica do castigo sistemático para manter o ritmo produtivo. "Qual será a mola que os poderá obrigar a preencher seus deveres? O medo, e somente o medo, aliás empregado com muito sistema e arte, porque o excesso obraria contra o fim que se tem em vista".[13]

Segundo Alípio Goulart, o escravo "atormentado pelo mau tratamento que lhe dispensavam; desesperado com o rigorismo de vida a que o sujeitavam; inconformado com as injustiças de que era vítima; revoltado com as humilhações a que o submetiam; ignorado e desprezado como ser humano", ausentava-se do domínio do escravizador. Também afirma "a existência de muitos proprietários de escravos dotados de sentimentos humanitários e que acabaram por conquistar o reconhecimento e a estima de seus negros".[14]

Esta visão deve ser relativizada. Assinalamos que maus-tratos, ou seja, desvio à norma geral na escravidão, não foram a causa primeira que levaram às fugas. As condições gerais servis de existência não nasciam da humanidade ou desumanidade dos escravistas, mas das determinações profundas da economia e da sociedade escravista colonial. Caso

---

12 Gorender. *O escravismo [...]. Op. cit.*

13 Taunay, C. A. *Manual do agricultor brasileiro.* São Paulo: Companhia das Letras, 2001.

14 Goulart. *Da fuga [...]. Op. cit.*

contrário, os escravistas teriam tratado bem seus cativos e a escravidão teria se mantido com menor tensão.

Precocidade e longevidade dos quilombos

a) Os primeiros quilombos

Fenômeno inerente à produção escravista, o quilombo surgiu com o início da escravidão e terminou apenas com a Abolição. A sobrevivência dos quilombos não se deveu apenas à ineficácia das forças repressoras. A ação e a organização dos quilombolas também determinaram sua longevidade.

O trabalho escravizado já era praticado na Colônia antes da chegada de trabalhadores africanos forçados. Com o início da colonização territorial do litoral brasílico, os nativos foram apreendidos e utilizados como mão de obra escrava pelos colonizadores. Estudos recentes apontam para a existência de comunidades de nativos destribalizados fugidos. Ou seja, a correspondência nativa do reduto africano.

Segundo John Manuel Monteiro, os portugueses ofertavam ferramentas, espelhos e quinquilharias aos chefes indígenas na ânsia de que estes colocassem a mão de obra da tribo à disposição dos colonos europeus. Também fomentavam o conflito entre os indígenas com o objetivo de produzir vencidos, que não seriam sacrificados para serem negociados como escravos com os europeus.[15]

Conforme Jacob Gorender, "os indígenas representaram a mão de obra predominante nas plantagens até o final do século XVI, aproximadamente".[16] Os americanos resistiram à escravização, em forma individual, grupal e coletiva. Em 1590, por exemplo, os indígenas aliaram-se aos guerrei-

---

[15] Cf. Monteiro. *Negros da terra [...]. Op. cit.*

[16] Gorender. *O escravismo [...]. Op. cit.*

ros de outras aldeias independentes, insurgindo-se contra os jesuítas e colonos.[17]

Nesses anos, a resistência indígena contra os colonizadores portugueses "encontrava-se explicitamente atrelada à questão da escravidão. Em 1590, de acordo com a Câmara Municipal, 'se ajuntaram todas as aldeias do sertão desta Capitania' para rechaçar a presença europeia na região".[18]

Os nativos rejeitaram sua feitorização. Igualmente, a seguir, os negro-africanos não concordavam com o trabalho forçado e com os maus-tratos. A fuga individual parece ter sido o meio mais eficiente utilizado para se livrar do cativeiro individual. Segundo Monteiro, "a fuga em massa e a rejeição da sociedade escravista como um todo raramente aconteceram na São Paulo do século XVII". De acordo com os documentos existentes, registram-se inúmeros casos de fugas individuais para o interior do Brasil.

Ronaldo Vainfas estudou a "santidade" nativa. Em pleno século XVI, os colonos portugueses se horrorizaram com um fenômeno religioso entre os tupis e o chamaram de santidade. Eram momentos – em meio a danças, transes, cânticos e à fumaça do tabaco – em que os indígenas renovavam a peregrinação à "Terra sem mal", ou seja, um lugar especial da felicidade permanente que sonhavam encontrar aqui.

Tomados pelos conceitos judaico-cristãos, os portugueses identificavam quase todas as práticas dos nativos como idolatrias diabólicas. Segundo Vainfas, "a idolatria pode também ser vista como expressão da resistência social e cultural dos ameríndios em face ao colonialismo".[19]

Para Vainfas,

> a idolatria pode se referir a um domínio em que a persistência ou a renovação de antigos ritos e crenças se mes-

---

[17] Cf. Monteiro. *Negros da terra [...]. Op. cit.*

[18] CMSP – Atas, 1:403; *In:* Monteiro. *Negros da terra [...]. Op. cit.*

[19] Vainfas. *A heresia dos índios [...]. Op. cit.*

> clava com a luta social, com a busca de uma identidade cada vez mais destroçada pelo colonialismo, com a reestruturação ou inovação das relações de poder e, inclusive, com certas estratégias de sobrevivência no plano da vida material dos índios.

Antes da chegada dos portugueses, para os nativos, a "Terra sem mal" ficava no litoral. Com a presença dos europeus na costa brasileira, os tupis imaginaram o "paraíso" nos sertões, já que a presença do colonizador havia transformado a fértil faixa litorânea em um verdadeiro "inferno". No imaginário indígena, o paraíso tupi estaria se deslocando da faixa litorânea para o interior, visto que, no litoral, a tranquilidade cedera lugar ao mal e à morte.

Nos enfrentamentos com os colonizadores, os indígenas fugiam para os sertões, talvez em busca da terra do bem. Conforme Vainfas, a santidade enquanto movimento de migração ou de luta, na ânsia de encontrar a "Terra sem mal", representou a aversão ao colonialismo. Os colonos parecem ter-se servido do termo "santidade" em sentido mais lato para descrever a resistência e fuga dos nativos escravizados.

Vainfas assinala:

> Inúmeros depoimentos aludem às fugas e revoltas incitadas pela santidade da Bahia inteira, a começar pelo que escreveu Manuel Teles Barreto, governador do Brasil entre 1583 e 1587. A 'nova alusão a que [se] pôs nome santidade' – ajuizava o governador – foi a causa de por esta terra haver muita alteração, fugindo para ela os mais índios assim forros como cativos, pondo fogo às fazendas.

No sertão, por diversos fatores, os nativos não conseguiram reorganizar as comunidades aldeãs originais: não raro, provinham de comunidades diversas; comumente, haviam já sofrido processos aculturativos; eles encontravam-se em espaços já relativamente dominados pelos colonos etc. Provavelmente formaram as primeiras comunidades de cativos fugidos na América lusitana. O quilombo seria a versão formada sobretudo por africanos e afrodescendentes dessas comunidades.

Quanto aos quilombos formados por trabalhadores escravizados africanos, temos indícios de que os mesmos aconteceram após, ou mesmo durante, o período final da escravidão de nativos. Com a chegada dos primeiros trabalhadores escravizados, começaram as fugas.

Não temos a data precisa da entrada dos primeiros trabalhadores escravizados negro-africanos na Colônia. Segundo Luiz Luna, "o tráfico oficial de escravos para o Brasil teve começo em meados do século XVI". Mais precisamente em 29 de março de 1549, quando desembarcou na Bahia Tomé de Souza e os jesuítas com uma "leva" de cativos negro-africanos. Porém, há registros da presença de cativos africanos anterior à data de 1549. Casos isolados podem ter ocorrido antes mesmo da ocupação territorial.[20]

Para Mário Maestri, "desde a fundação das capitanias, alguns africanos foram trazidos para o Brasil. Apenas com a escassez de nativos, eles começaram a ser vendidos em abundância nas colônias do litoral. Nos idos de 1600, os africanos já eram expressivamente majoritários nas capitanias produtoras de açúcar – Bahia, Ilhéus, Pernambuco etc.".[21]

Existem contradições quanto à data do primeiro dos quilombos, que, é crível, surgiram a partir da entrada dos primeiros cativos negro-africanos no Brasil. Segundo José Honório Rodrigues, "a fuga e a formação dos quilombos começam em 1559 e vêm até a Abolição".[22]

José Alípio Goulart assinala o "item 13 do Regimento de 8 de março de 1588, dado por El-Rei ao governador-geral do Brasil, Francisco Geraldes, acerca de negros de Guiné e Angola elevantados, que por certo já se armavam em

---

[20] Cf. Luna. *O negro na luta [...]. Op. cit.*

[21] Maestri, Mário. *O escravismo no Brasil.* São Paulo: Atual, 1994.

[22] Rodrigues, José Honório. *História e Historiografia.* Rio de Janeiro: Vozes, 1970.

quilombos".[23] Por sua vez, Varnhagen "registrou o primeiro entre 1602 e 1608".[24]

Se tomarmos como causa primeira das fugas a negação do trabalhador escravizado à apropriação de sua força de trabalho mediante negação de sua liberdade, elas aconteceram desde que o regime foi instalado na Colônia. Portanto, o quilombo acompanhou toda a trajetória do cativeiro no Brasil.

Assim sendo, em sentido lato, os primeiros quilombos teriam sido formados por indígenas fugidos do trabalho cativo, diante da incapacidade de restaurarem a antiga organização aldeã-tribal. A documentação aponta significativo número de nativos na composição de muitos quilombos, formados por cativos negro-africanos.

b) Quilombos tardios

Temos inúmeros quilombos se formando e sendo reprimidos na década de 1880. No ano de 1880, em Campos, Rio de Janeiro, o quilombo de Loanda foi destruído.[25] Em 1883, nas imediações de Guandu, no Rio de Janeiro, formou-se "um agrupamento de 18 a 20 escravos fugidos". Em maio do ano seguinte, "o quilombo existente no lugar denominado Travessão [Guandu] foi cercado pela força composta de diversos cidadãos".[26]

Em 29 de outubro de 1886, no morro do Coco, em Campos, as forças policiais prenderam sete negros com a destruição de um quilombo que servia de base para ataques às fazendas vizinhas.[27] Por volta de 1887, em Cantagalo, na província do Rio de Janeiro, os cativos da fazenda de Albert Bezamat "se revoltaram em grupo, [...] e fizeram um quilombo.

---

[23] Goulart. *Da fuga [...]. Op. cit.*

[24] Varnhagen. "História Geral [...]". *In:* Rodrigues. *História [...]. Op. cit.*

[25] Piñeiro. *Crise e resistência [...]. Op. cit.*

[26] Goulart. *Da fuga [...]. Op. cit.*

[27] RPP, 1887. *In:* Piñeiro. *Crise e resistência [...]. Op. cit.*

Quando procuravam entendimentos com outros escravos de fazendas da redondeza, foram presos".[28]

Principalmente nos últimos tempos da escravidão, alguns quilombos nem chegaram a ser combatidos. Nesse período avolumaram-se as fugas, especialmente na região de São Paulo. Em julho de 1881, a *Gazeta de Vitória* "noticiava que 20 escravos fugidos, comandados pelo criminoso Benedito, [...] formavam um quilombo em São Mateus", na província de São Paulo.[29]

Em 1885, surgiram notícias do quilombo da Rocinha, formado entre Jundiaí e Campinas, na província de São Paulo. No dia 21 de agosto de 1886, o *Correio de Campinas* noticiava que "os quilombolas continuam a praticar atos de vandalismo nas imediações da estação da Rocinha".[30]

Em Jabaquara, "após a fuga das fazendas, os negros tentavam solucionar seu destino como homens livres de formas variadas. Havia os que ficavam pelos matos reunidos em grupos e que para sobreviver saqueavam cidades e vilas".[31]

Essas alternativas seriam, porém, "um recurso momentâneo até que fosse encontrado o caminho para Santos, cidade em que esperavam encontrar abrigo no quilombo de Jabaquara, especialmente montado para eles a partir de 1882 por dirigentes abolicionistas preocupados com a manutenção da ordem na província".

Em 1888, acabou o fenômeno quilombola com o fim da escravidão. Passaram a existir comunidades negras. Quanto aos trabalhadores que antes eram escravizados, passaram à categoria de livres. A força de trabalho passou a pertencer ao trabalhador. A partir de então, ninguém era juridicamente dono de ninguém.

---

[28] Luna. *O negro na luta [...]. Op. cit.*

[29] *Gazeta de Vitória*, n. de 16/7/1881. *In:* Goulart. *Da fuga [...]. Op. cit.*

[30] Santos. *Resistência e superação [...]. Op. cit.*

[31] Azevedo. *Onda negra, [...]. Op. cit.*

c) Dispersão territorial

Outra característica marcante do quilombo foi sua presença em todo o território nacional. "Mesmo naquelas regiões onde o coeficiente demográfico do escravo era pequeno, o fenômeno era registrado".[32] Do começo ao fim da escravidão, em todas as partes da Colônia em que brotava a agricultura e a escravidão, logo apareciam os quilombos enchendo as matas e pondo em alvoroço os senhores de terras.[33]

Na Colônia e no Império, de norte a sul, de leste a oeste, pulularam quilombos. Os exemplos dessa realidade são inumeráveis. A toponímia nacional registra vários acidentes geográficos que foram tardiamente ocupados, possivelmente habitados no início por quilombolas. "É difícil que um topônimo denominado de quilombo, mocambo etc. não tenha sediado uma comunidade de fujões".[34]

Em 1899, em *Apontamentos para o Dicionário Geográfico do Brasil*, Moreira Pinto "arrolou [...] 20 localidades chamadas Quilombo e Quilombinho, das quais sete em Minas e outras tantas em São Paulo". No Guia Postal do Brasil, de 1930, "avultam os Quilombos e Mucambos. Nada menos de 94 agências postais há com o nome de Quilombo, seis com o nome de Quilombinho, uma com o nome de Quilombola. Dessas 101, 35 estão em Minas Gerais, 22 em São Paulo, 19 no Rio de Janeiro".[35]

Em 1914, Octávio Augusto de Farias, em *Diccionário geographico, histórico e estatístico do Estado do Rio Grande do Sul*, registrou,

> com a denominação de Quilombinho, um arroio no município de Jaguarão; com a denominação de Quilombo, 'logares', nos municípios de Soledade, Santo Antônio, São Leo-

[32] Moura. *Quilombos [...]. Op. cit.*

[33] Cf. Moura. *Rebeliões [...]. Op. cit.*

[34] Maestri. *Deus é grande [...]. Op. cit.*

[35] Taunay, Afonso de E. *Subsídios para a história do tráfico africano no Brasil*. São Paulo: 1941; *apud* Goulart. *Da fuga [...]. Op. cit.*

> poldo e Herval; arroios nos municípios de Viamão, Santo Antônio, Santa Maria, Rio Pardo, Santa Cruz, Jaguarão, Pelotas, Caí e Conceição do Arroio. Arrola também uma ilha no Guaíba, um povoado no município de Taquara e um capão no município de Conceição do Arroio.[36]

No extremo-sul do Brasil, a documentação registra a presença sistemática de quilombos.[37] O mesmo ocorreu com São Paulo.[38] Por exemplo, no Sudeste dessa província, registra-se a presença do quilombo de Jabaquara, nos anos finais do período escravista.[39] Por volta de 1885, em Campinas, entre outros, "formou-se um quilombo que reunia mais de uma centena de escravos fugidos".[40]

No Rio de Janeiro, o fenômeno quilombola foi sistemático.[41] O mesmo ocorreu em Minas Gerais.[42] Por exemplo,

---

36 Maestri. *Deus é grande [...]. Op. cit.*

37 Maestri. "Pampa negro [...]". *In:* Reis & Gomes (orgs.) *Liberdade por um fio: [...]. Op. cit.*

38 Azevedo, Célia Maria Marinho de. *Onda negra, medo branco: o negro no imaginário das elites – século XIX. Op. cit.*; Costa, Emília Viotti da. *Da senzala à colônia. Op. cit.*; Santos, Ronaldo Marcos dos. *Resistência e superação do escravismo na província de São Paulo (1885-1888). Op. cit.*

39 Gomes. "Quilombos [...]". *Liberdade [...]. Op. cit.*

40 *Correio Paulistano*, 10 de outubro de 1885. *In:* Costa. *Da senzala [...]. Op. cit.*

41 Gomes, Flávio dos Santos. *Histórias de quilombolas: mocambos e comunidades de senzalas no Rio de Janeiro – século XIX. Op. cit.*; Goulart, José Alípio. *Da fuga ao suicídio: aspectos da rebeldia dos escravos no Brasil. Op. cit.*; Lara, Sílvia Hunold. *Campos da violência: escravos e senhores na Capitania do Rio de Janeiro, 1750-1808. Op. cit.*; Piñeiro, Théo Lobarinhas. *Crise e resistência no escravismo colonial: os últimos anos da escravidão na província do Rio de Janeiro. Op. cit.*; Reis, João José & Gomes, Flávio dos Santos (orgs.) *Liberdade por um fio: história dos quilombos no Brasil. Op. cit.*; Silva, Eduardo. *As camélias do Leblon e a abolição da escravatura: uma investigação de história cultural. Op. cit.*; Wehling, Arno (org.) *A abolição do cativeiro – os grupos dominantes: pensamento e ação. Op. cit.*

42 Barbosa, W. de A. *Negros e quilombos em Minas Gerais. Op. cit.*; Goulart, José Alípio. *Da fuga ao suicídio: aspectos da rebeldia dos*

em 1769, em Minas Gerais, José Álvares Maciel recebeu ordens "para que organizasse a repressão a um quilombo de Cachoeira do Campo".[43] O Espírito Santo não foi exceção.[44] Em 25 de maio de 1843, "o presidente da província [...], Wenceslau de Oliveira Brito, comunicava que havia pouco um 'quilombo de negros fascinados' fora batido e destroçado".[45]

No Norte, o fenômeno foi igualmente fortíssimo.[46] "[...] em pleno século XVIII, quando a crônica da escravidão ainda não havia revelado a existência de numerosa escravaria no Pará, já há notícia de quilombos e de medidas tomadas para destruí-los. [...] Em 1701, há notícia de mocambos no Maranhão, no sertão do Turiaçu. [...] Na Guiana brasileira já existia [mocambos], em 1749".[47] Na Amazônia, os mocambos foram numerosos, formados por todo o século XIX.[48]

Em Goiás, "os quilombos que podem ser identificados por meio de documentos e tradições locais datam, em grande parte, do século XVIII, embora alguns continuassem a existir no século XIX e uns poucos permanecessem isolados até o século XX".[49] Também no Centro-Oeste, "durante os

---

escravos no Brasil. Op. cit.; Guimarães, Carlos Magno. *Uma negação da ordem escravista: quilombos em Minas Gerais no século XVIII. Op. cit.*; Reis, João José & Gomes, Flávio dos Santos (orgs.) *Liberdade por um fio: história dos quilombos no Brasil. Op. cit.*

43 Guimarães. *Uma negação [...]. Op. cit.*

44 Goulart. *Da fuga [...]. Op. cit.*

45 Goulart. *Da fuga [...]. Op. cit.*

46 Goulart. *Da fuga [...]. Op. cit.*; Reis, J. J. & Gomes, Flávio dos Santos (orgs.) *Liberdade por um fio, Op. cit.*; Salles, Vicente. *O negro no Pará, sob o regime da escravidão. Op. cit.*

47 Goulart. *Da fuga [...]. Op. cit.* Sobre a presença de quilombos no Maranhão, ver: Assunção. "Quilombos maranhenses". *In:* Reis & Gomes (orgs.) *Liberdade por um fio: [...]. Op. cit.*

48 Fumes. "Nasci nas [...]". *In:* Reis & Gomes (orgs.) *Liberdade [...]. Op. cit.*

49 Karasch. "Os quilombos [...]". *In*: Reis & Gomes (orgs.) *Liberdade [...]. Op. cit.*

séculos XVIII e XIX, vários aldeamentos de escravos fugitivos surgiram em território mato-grossense".[50]

A documentação registra a incidência sistemática de quilombos em Pernambuco.[51] No início do século XVII, na capitania de Pernambuco, começou a se formar a confederação dos Palmares.[52] Por volta de 1817, também em Pernambuco, se formou o Catucá.[53] A Bahia foi outra região onde proliferaram quilombos.[54]

Em Sergipe, os numerosos quilombos preocuparam as autoridades.[55] Apenas um exemplo: em 22 de janeiro de 1662, Francisco Barreto, governador-geral do Brasil, ordenou a um cabo que destruísse "alguns quilombos que o mesmo cabo informara existirem naquela capitania".[56]

Poderíamos seguir citando casos para todo o território do Brasil que conheceu exploração mercantil sistemática.

---

[50] Volpato. "Resistência negra [...]". *In:* Reis & Gomes (orgs.) *Liberdade [...]. Op. cit.*

[51] Alves Filho, Ivan. *Memorial dos Palmares. Op. cit.*; Carneiro, Édison. *O quilombo dos Palmares. Op. cit.*; Ennes, Ernesto. *As guerras nos Palmares: subsídios para a sua história.* 1 v.: "Domingos Jorge Velho e a 'Troia negra' – 1687-1709". *Op. cit.*; Freitas, Décio. *Palmares – a guerra dos escravos. Op. cit.*; Freitas, Mário Martins de. *Reino negro de Palmares. Op. cit.*; Péret, Benjamin. *O quilombo dos Palmares? Op. cit.*; Reis & Gomes (orgs.) *Liberdade por um fio, Op. cit.*

[52] Maestri. "Benjamin [...]". *In:* Péret, Benjamin. *O quilombo [...]. Op. cit.*

[53] Carvalho. O quilombo [...]. *In:* Reis & Gomes (orgs.) *Liberdade [...]. Op. cit.*

[54] Goulart, José Alípio. *Da fuga ao suicídio: aspectos da rebeldia dos escravos no Brasil. Op. cit.*; Moura, Clóvis. *Rebeliões da senzala: quilombos, insurreições, guerrilhas. Op. cit.*; Reis & Gomes (orgs.) *Liberdade por um fio:* história dos quilombos no Brasil. *Op. cit.*; Reis, João José. *Rebelião escrava no Brasil: a história do levante dos malês em 1835. Op. cit.*; Schwartz, Stuart B. *Escravos, roceiros e rebeldes. Op. cit.*

[55] Goulart, *Da fuga [...]. Op. cit.*

[56] Goulart. *Da fuga [...]. Op. cit.*

Seria praticamente impossível relacioná-los na totalidade, pois são muitos e nem todos foram estudados. Os quilombos possuíam características diferentes, mas todos em geral oriundos de único fundamental – a libertação da capacidade de trabalhar, devido à dependência plena ao escravizador.

Quilombo: transgressão à ordem

O quilombo era visto como uma transgressão à ordem vigente. O sentimento da sociedade escravista manifestou-se via relatos feitos pelos escritores da época. Gaspar Barleu qualificou os quilombolas da confederação dos Palmares como "salteadores", ou seja, pertencentes a uma "sociedade de latrocínios e rapinas".[57]

Rocha Pita solidarizou-se com a população pernambucana acometida com "frequentes assaltos e perdas das vidas, fazendas e lavouras" devido à ação dos quilombolas.[58] Ao escrever sobre a confederação de Palmares, Varnhagen elucidou o fato de que "na Bahia não havia [necessidade], como em Pernambuco, a combater quilombos que ameaçassem a propriedade".[59]

Preocupados com as frequentes "perdas" de trabalhadores escravizados e ameaçados pelas ações dos quilombolas, os escravizadores tomaram atitudes repressivas quanto às fugas e à formação de quilombos. Estabeleceram critérios que regulavam a ação dos "caçadores" de cativos fugidos. Assim surgiram as primeiras definições de quilombo, procurando sistematizar esse fenômeno social objetivo.

a) Primeiras definições de quilombo

Em 1722, no Regimento dos Capitães do Mato, dom Lourenço de Almeida determinava que, "pelos negros que

[57] Barleu. *História [...]. Op. cit.*
[58] Pita. *História [...]. Op. cit.*
[59] Varnhagen. *História [...]. Op. cit.*

forem presos em quilombos formados distantes de povoação onde estejam acima de quatro negros, com ranchos, pilões e modo de aí se conservarem, haverá para cada negro destes 20 oitavas de ouro".[60]

Nessa definição, a essência do conceito encontrava-se na fuga de um número – quatro – de cativos, localizados em um local determinado, com elementos que atestavam a fixação-estabilidade do grupo. A definição mais citada pela historiografia foi a do rei de Portugal, dom João V, em resposta à consulta do Conselho Ultramarino, datada de 2 de dezembro de 1740: "toda habitação de negros fugidos que passem de cinco, em parte despovoada, ainda que não tenham ranchos levantados nem se achem pilões neles".[61]

Para essa definição, o fundamental era a reunião de um número significativo – cinco – de trabalhadores escravizados fugidos em um lugar "despovoado", sendo a existência de ranchos e pilões definidora da estabilidade geográfica e produtiva, desnecessária à caracterização da existência do fenômeno.

Em 21 de fevereiro de 1765, dom Luís Diogo da Silva, governador de Minas Gerais, recorreu ao Regimento de 1722, determinando que, "para se constituir ou se reputarem negros quilombolas seja preciso não só acharem-se em rancho para cima de quatro, mas haver neles pilões e modos que indiquem conservarem-se no mesmo rancho".[62]

O despacho de 1765 impunha, portanto, para o reconhecimento da existência de um quilombo, a necessidade de fixação geográfica dos quilombolas – ranchos – e exigia a presença de pilão, ou seja, elemento que comprova a estabilidade produtiva do grupo.

---

[60] Cf. "Documentos Interessantes", XIV (1895). *In:* Lara, Silvia Hunold. "Do singular [...]". *In:* Reis & Gomes (orgs.) *Liberdade [...]. Op. cit.*

[61] Lara. *Campos [...]. Op. cit.*

[62] Cód. 59 SCAPM, e v. *In:* Guimarães. *Uma negação [...]. Op. cit.*

O pilão era um instrumento que servia, entre outras funções, para transformar o arroz colhido em alimento. Segundo Almeida, representou, no contexto da época, "o símbolo do autoconsumo e da capacidade de reprodução. [...] contribui para explicar tanto as relações do grupo com os comerciantes que atuam nos mercados rurais quanto sua contradição com a grande plantação monocultora".[63]

Percebe-se que a "estabilidade" representada pelo uso do pilão deixou transparecer a preocupação da sociedade escravista com aquele fenômeno social. A transformação de produtos agrícolas em alimentos apontava para o surgimento de uma forma de microssociedade alternativa ao trabalho feitorizado no seio do regime escravista.

Havia interesses e sentidos bem definidos da sociedade escravista ao caracterizar o quilombo. O regimento aprovado pela Câmara de São Paulo em 1773 definia por quilombo o ajuntamento de "mais de quatro escravos vindos em matos para viver neles, e fazerem roubos e homicídios".[64]

Em relação às definições acima citadas, mantém-se o número de fujões – "mais de quatro" –, a necessidade da localização em um ermo qualquer – "matos" – e agrega-se, retoricamente, as atividades "ilícitas" dos quilombolas – "fazerem roubos e homicídios". Surge nas entrelinhas a necessidade de tornar o conceito mais amplo, ao criminalizar a ação quilombola, para que a definição servisse às mais diferentes situações.

Ainda em 1757, os oficiais da Câmara de São Salvador dos Campos dos Goytacazes, situado ao norte do atual Estado do Rio de Janeiro, entendiam por quilombo os trabalhadores cativos que "estivessem arranchados e fortificados

---

[63] Almeida, Alfredo Wagner Berno de. "Os quilombos e as novas etnias". *In:* O'Dwyer, Eliane Cantarino (org.) *Quilombo: identidade étnica e territorialidade.* Rio de Janeiro: EdFGV, 2002.

[64] Lara, Sílvia Hunold. "Do singular [...]". *In:* Reis & Gomes (orgs.). *Liberdade [...]. Op. cit.*

com ânimo a defender-se [para] que não sejam apanhados". Os ranchos eram aqueles em que ficam "por se repararem do tempo". Estipula-se também que se achando "de seis escravos para cima que estejam juntos, se entenderá também [por] quilombo".

Nesse caso, além de anotar a estabilidade – arranchamento –, a definição enfatiza fortemente o aspecto militar do quilombo – "fortificado com ânimo a defender-se" –, registrando, como veremos, características dos quilombos não apenas dessa região e época. Em contrapartida, o elemento qualitativo – reunião de "seis escravos [fugidos] para cima" definia um quilombo, por sobre o caráter qualitativo da reunião.

Os escravizadores não se importavam com o número de quilombolas no momento da apreensão. Se encontrassem um, dois, ou mais, eles eram capturados. As determinações oficiais objetivavam sobretudo regulamentar as atividades e remuneração dos homens do mato, necessariamente maior quando se tratava de um quilombo. Era maior a disposição e capacidade de resistência de cativos fugidos reunidos em um quilombo.

O Código de Posturas da vila de São Leopoldo, no Rio Grande do Sul, foi aprovado pela Lei Provincial n. 157, de 9 de agosto de 1848. Seu artigo 20 definiu que, "por quilombo entender-se-á a reunião no mato ou em lugar oculto, de mais de três escravos".[65] Em relação às definições anteriores, registre-se a redução do número de quilombolas, para caracterizar um quilombo, e a ausência de outras exigências – pilão, cabanas, disposição de resistência.

A redução do número de quilombolas necessários para a caracterização de um quilombo parece dever-se ao caráter do quilombo sul-rio-grandense, formado comumente por

---

[65] Goulart. *Da fuga [...]. Op. cit.*

poucos fujões.[66] Registre-se que as matas deixaram de ser explicitamente o local de localização do quilombo, que podia se localizar em outros locais "ocultos". Porém, nas definições anteriores, certamente o "mato" possuía um sentido lato, de lugar não habitado.

O mato representou abrigo para os cativos fugidos, desertores, foras da lei. Na definição de quilombo, o mato significava lugar não habitado, de difícil acesso aos escravizadores. Não significava exclusivamente floresta. Nesse sentido, mato podia assumir o sentido sinônimo de caverna, furna, gruta, ilha etc. de difícil acesso.

Por sua vez, o artigo 12 da Lei n. 236, votada em 20 de agosto de 1847 pela Assembleia Provincial do Maranhão, definia por quilombo ao "escravo aquilombado, logo que esteja no interior dos matos, vizinho ou distante de qualquer estabelecimento, em reunião de dois ou mais com casa ou rancho".[67]

A definição maranhense de quilombo desqualifica a distância de localização – "vizinho ou distante de qualquer estabelecimento" – e reduz ao mínimo – dois – o número de cativos fugidos. Portanto, dois trabalhadores escravizados, vagando pelas florestas maranhenses, a poucos metros de uma fazenda, poderiam ser apreendidos como quilombolas!

São constantes a todas as definições citadas a "fuga" do trabalhador escravizado; o "número" mínimo de quilombolas e a "localização" do quilombo em ermo desabitado. Nelas, são circunstanciais as referências à distância em relação aos centros escravistas; à disposição dos fujões para resistir; às instalações construídas nos quilombos – "rancho"; a capacidade produtiva do quilombo – "pilão".

Como assinalado, as definições de quilombo pelas autoridades escravistas estavam "diretamente ligada[s] ao esta-

---

[66] Cf. Maestri. *Deus é grande [...]. Op. cit.*

[67] Goulart. *Da fuga [...]. Op. cit.*

belecimento dos salários dos capitães do mato".[68] Porém, era igualmente uma definição política. O significado permanente atribuído à categoria quilombo, nos diversos regimentos e leis, registra a preocupação das autoridades escravistas com as fugas dos trabalhadores.

Portanto, a definição circunscreve "a intenção senhorial de estabelecer os limites necessários à continuidade do governo sobre os escravos". Nesse sentido, a característica central na definição de quilombo constitui a autolibertação do jugo da escravidão de, no caso extremo, no mínimo dois produtores escravizados, mediante fuga para um ermo qualquer.

Como os quilombos se reproduziam

Chama a atenção a capacidade dos quilombos de se renovarem e se manterem por tanto tempo, resistindo às ações contínuas das forças escravizadoras. Para que possamos entender melhor esse fenômeno, discutiremos as formas por meio das quais o quilombo se reproduziu interna e externamente. Partimos do princípio de que o quilombo se formou pelo ajuntamento de trabalhadores escravizados fugidos. Para nossa análise, não nos importa o número de cativos escapados. O quilombo é definido pela presença do trabalhador que fugiu por não aceitar a apropriação feitorizada da sua capacidade de trabalhar.

Neste ponto, concordamos com Carlos Magno Guimarães quando este encontra no aspecto qualitativo o princípio definidor do quilombo: "é o aspecto qualitativo que vai defini-lo face ao escravismo, pelo seu caráter de negação deste sistema. É este aspecto e este caráter que permanecem, mesmo quando mudam os limites numéricos".[69]

---

[68] Lara. "Do singular ao plural [...]". *In:* Reis & Gomes (orgs.) *Liberdade [...]. Op. cit.*

[69] Guimarães. *Uma negação [...]. Op. cit.*

Além de romper com a lógica da ordem escravista, o fujão era elemento que eventualmente agregava mais cativos ao quilombo, tornando-se por isso uma contradição permanente à ordem escravista. "A condição de escravo fugido é o fundamento da existência do quilombo, daí o fato de não podermos ignorá-lo enquanto parte integrante do todo que é o quilombo. A importância do espaço físico só será definida se a ele se agregar o elemento humano na pessoa do quilombola".

Lembramos que a definição de quilombo, tendo por base o número de quilombolas e o local, elaborada pelas autoridades escravistas objetivava regulamentar o ofício de capturador de quilombolas. Para a nossa análise, priorizamos o trabalhador escravizado e sua força de trabalho, autolibertados, como elemento fundamental do quilombo.

a) Reprodução biológica

Quanto ao seu crescimento demográfico, o quilombo expandia-se por meio de dois mecanismos: um interno, a reprodução biológica; o outro externo, pelo recrutamento, apropriação e incorporação de cativos, de ambos os sexos, e homens livres, marginalmente.

A reprodução biológica nos quilombos não foi significativa. A documentação existente assinala a presença de número pequeno de crianças, principalmente nas grandes concentrações de quilombolas. São numerosos os registros de quilombos sem crianças.

No diário de viagem do capitão João Blaer aos Palmares, em 21 de março de 1645, durante a apreensão de um quilombola, fora encontrado junto dele "a mulher e o filho".[70] Na segunda metade do século XVIII, em Goiás, na serra do Mocambo, os escravizadores encontraram um qui-

---

[70] "Diário da viagem do capitão João Blaer aos Palmares em 1645". *Revista do Instituto Arqueológico e Geográfico Pernambucano*, v. 10, n. 56, março de 1902. *In:* Péret. *O quilombo [...]. Op. cit.*

lombo que "tinha 'crias', ou seja, crianças que ali viviam".[71] Em Minas Gerais, no ataque ao quilombo Pedra Menina, em 1768, foram mortos dois quilombolas, "amarraram-se dez e uma cria".[72]

Na Amazônia, "observa-se que entre os 74 quilombolas aprisionados nos mocambos Inferno, Cipoteua e Caxangue no rio Curuá, em 1813, 17 tiveram a filiação identificada".[73] Em 1867, no Rio Grande do Sul, durante uma caçada, o soldado desertor Benedicto Santa Ana de Arruda "avistara um aldeamento ou quilombo, de cima de um parão [perau] onde trepara, composto por pessoas vestidas, crianças, mulheres e homens".[74] Porém, temos dúvidas sobre a existência do quilombo do Camizão.

Um outro registro é da expedição que objetivava a destruição de quilombos na serra Azul, em Mato Grosso, em 1871, que conseguiu prender e levar para Cuiabá "apenas três mulheres livres e quatro filhos, e sete escravas com 4 filhos".[75]

A documentação sugere o caráter pouco significativo da reprodução interna do quilombo. "A existência das comunidades quilombolas foi sempre precária. Em verdade, fora casos excepcionais, como a confederação dos Palmares, os quilombos reproduziram-se demograficamente com dificuldade ou não alcançaram a fazê-lo".[76]

---

[71] Karasch. "Os quilombos [...]". *In:* Reis & Gomes (org.) *Liberdade [...]. Op. cit.*

[72] Cód. 159 SCAPM, e v. *In:* Guimarães. *Uma negação [...]. Op. cit.*

[73] Apep, códice 782. "Correspondência dos comandantes militares de Santarém com diversos. Ofício de Manuel Joaquim Bentes", 14/2/1813. *Apud* Funes. "Nasci nas" [...]. *In:* Reis & Gomes (orgs.) *Liberdade [...]. Op. cit.*

[74] Maestri. *Deus é [...]. Op. cit.*

[75] Volpato. "Quilombos [...]". *In:* Reis & Gomes (orgs.) *Liberdade [...]. Op. cit.*

[76] Maestri, Mário. *A aldeia ausente: índios, caboclos, escravos e imigrantes na formação do campesinato brasileiro.* Sorio Junior, Hum-

O baixo crescimento demográfico decorria em grande parte da escassez de mulheres nos quilombos. O desequilíbrio sexual já acontecia no próprio cativeiro. "Em média, da África, chegavam dois africanos para cada africana".[77] Gorender afirmou que "os pequenos proprietários rurais davam preferência quase absoluta aos escravos do sexo masculino para a atividade agrícola, e só os mais abastados se permitiam o luxo de ter escravos domésticos".[78]

Enquanto se manteve o comércio internacional de cativos, em geral, a mão de obra das propriedades rurais era composta em maioria de cativos homens. Em menor número, comumente, as mulheres ficaram com as atividades ligadas à casa-grande. Havia casos extremos de centros produtivos de enorme desproporção sexual. Em minucioso levantamento demográfico, o historiador Euzébio Assumpção revela que, em 1850-1888, nos saladeiros pelotenses, a taxa de masculinidade encontrava-se em torno dos 87%.[79]

O quilombo refletia e aprofundava o descompasso sexual do cativeiro. Ao tratar dos quilombos da capitania de Goiás, Mary Karasch afirmou que "homens negros tinham mais chances de fugir do que mulheres e crianças por causa da natureza do trabalho que desempenhavam".[80] As mulheres eram vigiadas de perto nas casas dos colonos. As condições de vida nas casas-grandes seriam igualmente melhores do que no eito.

---

berto *et al. As Portas de Tebas: ensaios de interpretação marxista.* Centro de Estudos Marxistas. Passo Fundo: UPF, 2002.

77 Maestri. *Deus é [...]. Op. cit.*

78 Gorender. *O escravismo [...]. Op. cit.*

79 Cf. Assumpção, Euzébio. "Idade, sexo, ocupação e nacionalidade dos escravos charqueadores (1780-1888)". I Simpósio Gaúcho sobre a Escravidão Negra. *Estudos Ibero-Americanos*, v. XVI, n. 1-2.

80 Karasch. "Os quilombos [...]". *In:* Reis & Gomes. *Liberdade [...]. Op. cit.*

b) Crescimento pela incorporação, recrutamento e apropriação

A reprodução externa do quilombo foi certamente mais significativa do que a reprodução biológica interna. Um pouco como a sociedade escravista, a ampliação das comunidades quilombolas dava-se por agregação de membros provenientes do seu exterior – cativos fugidos dos campos e das cidades; nativos; homens livres pobres; homens brancos.

Que cativos se agregassem aos quilombos era compreensível. Como assinalado, as próprias condições em que viviam induziram às fugas. Bastava um pouco de coragem ou muito desespero para que trabalhadores escravizados abandonassem os domínios dos escravistas em busca de uma vida alternativa no mato.[81]

Ao furtar-se ao seu proprietário, no melhor dos casos, em questão de horas, o trabalhador escravizado podia reforçar uma comunidade quilombola, caso superasse a vigilância escravista. A incorporação de novos elementos ao quilombo se deu por todo o tempo em que durou o regime escravista, crescendo devido aos ritmos da produção, à conjuntura política senhorial etc.

Os quilombolas podiam também seduzir ou arrastar pela força cativos para o quilombo. O assinalado desequilíbrio sexual era um dos motivos dessa prática. Mário Maestri lembra que, "em geral, os quilombos eram formados, sobretudo, por homens. Era para corrigir esse desequilíbrio que os quilombolas recolhiam companheiras, voluntárias ou forçadas".[82] Esse fenômeno ocorria por todo o Brasil.

No século XVIII, na capitania de Goiás, as relações entre os quilombolas e indígenas nem sempre foram harmoniosas. "Os índios matavam os quilombolas devido a uma longa história de rapto de suas mulheres por estes últimos,

---

[81] Cf. Guimarães. *Uma negação [...]. Op. cit.*

[82] Maestri. *Deus é [...]. Op. cit.*

como sugere a história do quilombo da Carlota, do outro lado da fronteira, em Mato Grosso. Composto de escravos garimpeiros [...] os quilombolas viviam em guerra constante com os índios para lhes roubar mulheres".[83] Por ocasião de um ataque ao quilombo da Carlota, "o alferes Francisco Pedro de Melo encontrou [...] apenas seis negros entre as 54 presas que ali fez, pois eram índios e índias e 21 caborés, mestiços de negros com as índias cabixés das vizinhanças".

Em 1867, em correspondência oficial dirigida ao presidente da província do Mato Grosso, o chefe de polícia Firmo José de Matos comunica que, "nas cabeceiras do rio Manso", existia importante quilombo do qual partiam para seduzir e capturar mulheres na capital da província.[84] Na Bahia, os quilombolas do Buraco do Tatu faziam investidas para conseguir companheiras. "As mulheres mais atraentes também eram levadas para o mocambo. A escassez crônica de mulheres entre os escravos brasileiros era reproduzida e exacerbada nos mocambos. Os fugitivos preferiam levar mulheres negras ou mulatas, e há alguns relatos de raptos de mulheres europeias".[85]

Acreditamos que não devemos exagerar as preferências e escolhas dos quilombolas do Buraco do Tatu. A escassez de mulheres nos quilombos e a dificuldade em consegui-las não recomendavam tamanho preciosismo na escolha das eventuais companheiras – voluntárias ou forçadas – para a vida no mato.

Em 1834, o quilombo de Manuel Padeiro agia na serra dos Tapes, próximo a Pelotas, no Rio Grande do Sul. Era

---

[83] Karasch. "Os quilombos [...]". *In:* Reis & Gomes. *Liberdade [...]. Op. cit.*

[84] APEMT, "Ofício do chefe de polícia Firmo José de Matos ao presidente da província Dr. José V. de Couto Magalhães", Cuiabá, 6 jun. 1867, caixa 1867 B. *Apud* Volpato. "Quilombos" [...]. *In:* Reis & Gomes (orgs.) *Liberdade [...]. Op. cit.*

[85] Schwartz. *Escravos [...]. Op. cit.*

um quilombo que vivia da apropriação violenta. Em uma de suas investidas à casa do pardo José Alves, "após saquearem e incendiarem a casa, carregaram, à força, a filha do Alves, a mulata Senhorinha".[86]

Portanto, o quilombo fortalecia-se numericamente também do recolhimento forçado de cativos e cativas que podiam ser indígenas, negras, mulatas e, em menor número, brancas. É crível que os quilombolas não sequestrassem comumente mulheres brancas para não ensejarem operações repressivas e vindicativas.

Além de cativos fujões, o quilombo cresceu igualmente devido à incorporação de desertores do Exército, foragidos da Justiça, nativos etc. Édison Carneiro registrou que "alguns mocambos de Palmares, como o de Engana-Colomim, eram constituídos por indígenas, que pegaram em armas contra as formações dos brancos".[87]

Em 1830, em Pernambuco, os quilombolas de Malunguinho atacaram um proprietário local. "As fontes indicam que além de quatro mulheres e 12 negros, havia dois pardos e pelo menos um homem branco no grupo". Além disso, "desertores e criminosos frequentemente encontravam suas companheiras entre escravas foragidas".[88]

Na primeira metade do século XIX, os quilombolas das matas de Codó, no Maranhão, "tratavam de seduzir, pelo seu exemplo, a numerosa escravaria daqueles lugares, a subtrair-se ao domínio de seus senhores".[89] Essa prática

---

[86] Maestri, Mário. "O quilombo de Manuel Padeiro". *In:* Seffner, Fernando (org.) *Presença negra no Rio Grande do Sul.* Porto Alegre: UE/ Porto Alegre, 1995.

[87] Carneiro, Édison. *O quilombo dos Palmares.* 4 ed. São Paulo: Editora Nacional, 1988.

[88] APE, assuntos militares 4, 23/11/1830. *Apud* Carvalho, "O quilombo de Malunguinho [...]". *In:* Reis & Gomes (orgs.) *Liberdade [...]. Op. cit.*

[89] "Fala" datada de 3/5/1839, dirigida à Assembleia Provincial. *In:* Goulart. *Da fuga [...]. Op. cit.*

abrangeu praticamente todo o período escravista, acentuando-se no final, principalmente às vésperas da Abolição.

Em 1864, eclodiu um conflito envolvendo, sobretudo, o Brasil e o Paraguai. Na carência de soldados, cativos eram libertados para serem arrolados como "Voluntários da Pátria". Alistados e soldados aquilombavam-se para não partir para a guerra. No Rio Grande do Sul, "Benedicto Santa Ana de Arruda, praça desertor do Terceiro Batalhão de Infantaria, da Sétima Companhia [dos Voluntários da Pátria]", vivera no presumido quilombo do Camizão.[90]

Ainda com referência à guerra com o Paraguai, o quilombo de Sepotuba, no Mato Grosso, cresceu recebendo soldados desertores.[91] Segundo as autoridades escravistas, também o citado quilombo das "cabeceiras do Rio Manso" era habitado por "desertores do Exército e criminosos".[92]

Em agosto de 1886, os quilombolas voltaram a atacar em Itatiba, província de São Paulo. As atitudes repressivas não surtiram efeito, pois os quilombolas eram "protegidos por pessoas do local e que se compõem não só de escravos evadidos, mas de pessoas brancas e negros libertos".[93]

Quilombo: sinônimo de resistência

Os trabalhadores feitorizados rejeitaram a escravidão. A resistência manifestava-se das mais diferentes formas: oposição ao trabalho, apropriação de bens senhoriais, fuga, justiçamento, revolta, insurreição, quilombo. Como já assinalado, a chamada adaptação à ordem servil, conceito em

---

[90] Maestri. *Deus é grande [...]. Op. cit.*

[91] Cf. Volpato. "Quilombos [...]". *In:* Reis & Gomes (orgs.). *Liberdade [...]. Op. cit.*

[92] APEMT, "Ofício do chefe de polícia Firmo José de Matos ao presidente da província Dr. José V. de Couto Magalhães", Cuiabá, 6 jun. 1867, caixa 1867 B. *Apud* Volpato. "Quilombos [...]". *In:* Reis & Gomes. *Liberdade [...]. Op. cit.*

[93] Santos. *Resistência e superação [...]. Op. cit.*

geral linguisticamente incorreto, pois sugere a ideia de amoldamento passivo, dava-se no contexto da resistência permanente à escravidão.

As fugas podiam ser temporárias e permanentes. Nas fugas temporárias, o trabalhador escravizado ausentava-se por um ou alguns dias do domínio do escravizador, podendo viver camuflado no meio da população negra dos centros urbanos, nos matos próximos das fazendas etc. Após esse tempo de "vagabundagem" e "descanso", era comum que se apadrinhasse com algum proprietário, para voltar ao domínio do escravista sem receber castigo muito duro.

Nos arredores de Salvador, capital da Bahia, durante a vigência do regime escravista, proliferaram quilombos. Segundo João José Reis, "é possível que [alguns] funcionassem, sobretudo, como 'estações de descanso' para escravos que procuravam escapar durante alguns dias do mundo dos senhores".[94]

Os trabalhadores escravizados que fugiam permanentemente dirigiam-se comumente para os países limítrofes, faziam-se passar por negros livres e libertos, procuravam o mato, onde podiam viver sozinhos ou aquilombar-se. A categoria quilombo é desdobramento contraditório da ordem escravista. Ela descreve um fenômeno histórico objetivo.

Como assinalado, os cativos que fugiam queriam mais do que a liberdade pessoal. Desejavam, sobretudo, libertar sua força de trabalho, reapropriando-se, assim, tendencialmente, do trabalho excedente que era detido pelo escravista.

Os cativos procuravam no quilombo elevar as condições de existência, apesar de que, no mato, a produtividade de seu trabalho decaísse, já que produzia em contexto de baixa divisão do trabalho, à margem ou na periferia das trocas locais, regionais, nacionais e internacionais.

---

[94] Reis. *Rebelião [...]. Op. cit.*

A partir da fuga e da consequente ruptura dos laços que aprisionavam a força de trabalho, os cativos organizavam em um ermo qualquer uma comunidade, pequena, média ou grande, de produtores independentes, como vimos. Esse fenômeno foi comum à escravidão clássica ou americana.[95]

Na América, o fenômeno recebeu nomes diversos. José Jorge de Carvalho lembrou que

> as comunidades formadas pelos negros escravos que fugiram do trabalho forçado e resistiram à recaptura [...] receberam vários nomes nas diversas regiões do Novo Mundo: quilombos ou mocambos no Brasil; *palenques* na Colômbia e em Cuba; *cumbes* na Venezuela; *marrons* no Haiti e nas demais ilhas do Caribe francês; grupos ou comunidades de *cimarrones*, em diversas partes da América Espanhola; *marrons*, na Jamaica, no Suriname e no sul dos Estados Unidos.[96]

O mesmo autor citou que os "termos *maroon* e *marron* derivam do espanhol *cimarrón*, nome dado pelos primeiros colonizadores das Américas ao gado doméstico fugido para as montanhas da então ilha de Hispaniola (hoje Haiti e Santo Domingo)". Em liberdade, o gado voltava ao estado selvagem. Portanto, a submissão do produtor escravizado era identificada como situação de civilização; a de liberdade, como de selvageria.

No Brasil, em geral, o fenômeno foi registrado como mocambo, quilombo e palmar. O habitante dessas comunidades era chamado de quilombola, calhambola, mocambeiro, mucambeiro, mocambista, palmarinos, papa-mel.

A documentação histórica oficial abordou o fenômeno já no século XVI, com o nome de mocambo. No entanto, o

---

[95] Cf. Gorender. *O escravismo [...]. Op. cit.*; Maestri. *O escravismo antigo*. 12 ed. São Paulo: Atual, 1994.

[96] Carvalho, José Jorge de (org.) *O quilombo do rio das Rãs: histórias, tradições, lutas*. Salvador: EdufBa, 1995.

termo quilombo foi o preferido dos historiadores e antropólogos. A denominação de papa-mel refere-se aos quilombolas de Alagoas. Clóvis Moura citou que, na primeira metade do século XIX, "esses negros fugidos, de lendária fama na região onde atuaram [Alagoas], tornam-se praticamente senhores das matas".[97]

José Alípio Goulart citou a definição de Renato Mendonça, encontrada na obra de Gilberto Freyre. Para Mendonça, "mocambo ou mucambo é palavra africana, *kimbundu*, formada do prefixo *mu* + *kambo*, que quer dizer esconderijo".[98] Para Décio Freitas, mocambo "trata-se de voz do idioma quimbundo, significando cumeeira ou telhado".[99]

Segundo Freitas, o termo quilombo, usado comumente em Minas Gerais, seria adotado pela documentação oficial a partir da segunda metade do século XVIII. "O termo aparece depois no extremo-sul do país, estendendo-se no começo do século XIX ao Rio de Janeiro, a São Paulo e ao Espírito Santo". Com o tempo, o termo quilombo seria adotado em todo o Brasil.

Na historiografia analisada, Gaspar Barleu, Rocha Pita e Handelmann utilizaram o termo quilombo. Segundo parece, a partir de 1866, com Agostinho Perdigão Malheiro, que fez uso dos termos quilombo e mocambo simultaneamente, a bibliografia passa a utilizar ambas as designações – quilombo e mocambo –, sendo que o termo quilombo foi sempre o mais utilizado.

Segundo Décio Freitas, "o termo quilombo é aportuguesamento de *kilombu*, que em quimbundo significa arraial ou acampamento; as comunidades brasileiras de ex-escravos apresentavam características de arraiais ou acampamentos;

---

[97] Moura. *Rebeliões [...]. Op. cit.*

[98] Freyre, Gilberto. "Mocambos do Nordeste". Publicação do PHAN, Rio de Janeiro. *In:* Goulart. *Da fuga [...] Op. cit.*

[99] Freitas. *Escravos [...]. Op. cit.*

logo, os negros teriam recriado no Brasil estruturas que haviam conhecido na formação social angolana".

A própria informação fornecida por Freitas descarta essa hipótese. Muitos dos primeiros trabalhadores escravizados desembarcados no Brasil procediam do golfo da Guiné e não de Angola. Portanto, não conheciam as tradições sociais angolanas e o idioma quimbundo. É possível que a designação das comunidades de cativos fugidos como quilombo por cativos angolanos escapados tenha sido, a seguir, consagrada pelos escravizadores.

Stuart Schwartz afirmou que o termo quilombo "passou a significar no Brasil qualquer comunidade de escravos fugidos, e tanto o significado usual quanto a origem são dados pela palavra *mbundu*, usada para designar acampamento de guerra".[100] Porém, outros ingressos do termo no léxico escravista brasileiro são possíveis, sendo portanto necessárias maiores investigações sobre sua gênese histórica.

a) Os trabalhadores escravizados não conseguiram se organizar para acabar com a escravidão

Os cativos rejeitaram individualmente o cativeiro, apesar de raramente trabalharem coletivamente para derrubar a instituição.[101] As circunstâncias eram desfavoráveis à luta servil antiescravista. As razões objetivas e subjetivas eram múltiplas.

Os cativos eram aplastados física, intelectual e moralmente pela violência da produção escravista. Economicamente, interessava ao escravista o consumo produtivo do trabalhador escravizado. "Como implicava a coação física num clima de aterrorização permanente da massa escrava, o

[100] Schwartz. *Escravos [...]. Op. cit.*
[101] Ramos. "O quilombo [...]". *In:* Reis & Gomes (orgs.) *Liberdade [...]. Op. cit.*

que exigia castigos diários rotineiros e castigos excepcionais de exemplaridade pedagógica".[102]

Ao escravizador interessava apropriar-se do máximo da força de trabalho que o cativo pudesse ceder. Dessa forma, teria o retorno do investimento inicial o mais rápido possível, podendo adquirir novos cativos menos propensos à resistência, caso o produtor se extinguisse na produção.

Era grande a heterogeneidade cultural dos cativos novos. "O número de etnias era incalculável e lavrava entre elas permanente hostilidade ditada pela disputa de territórios, o que foi por sinal um dos fatores a facilitarem o tráfico". Se isso não bastasse, "os traficantes misturavam ainda mais a composição de seus carregamentos, conscientes de que a identidade étnica podia contribuir para agremiar os escravos, impelindo-os à luta e à revolta. [...] para os compradores de escravos do Brasil, a heterogeneidade étnica representava um penhor de segurança".[103]

A respeito da heterogeneidade dos africanos, Jacob Gorender lembrou que, "ao contrário dos ameríndios, que se defrontaram com os colonizadores organizados em sociedade tribal, os africanos chegaram ao Brasil já destribalizados, arrancados do meio social originário e convertidos à força em indivíduos dessocializados". O tráfico internacional arrancou do continente negro trabalhadores africanos "procedentes de numerosas etnias, heterogêneas do ponto de vista da evolução social, da língua, das tradições, costumes etc."[104]

A preocupação com a mistura de várias etnias, na unidade produtiva escravista, envolveu até as autoridades coloniais, fato evidenciado pela correspondência entre o Conse-

[102] Gorender. *O escravismo [...]. Op. cit.*
[103] Freitas. *O escravismo [...]. Op. cit.*
[104] Gorender. *O escravismo [...]. Op. cit.*

lho Ultramarino e o governador do Rio de Janeiro a respeito das conspirações de cativos nas Minas Gerais, no início do século XVIII.

Em 1726,

> Luís Vaia Monteiro ponderava que a experiência havia mostrado que, 'para evitar as sublevações que se temem', 'as diferenças entre nações' eram 'o meio mais eficaz', porque 'a divisão foi sempre o maior antídoto de semelhantes máquinas'. Sua sugestão de que 'nas Minas se façam introduzir negros de todas as nações' foi aprovada pelos conselheiros do Ultramarino em 1728.[105]

A questão está presente também em manifestação do governo da Bahia desaconselhando um acordo com o rei do Dagomé, entre outros motivos, por não ser "conveniente que nessa capitania se junte um grande número de escravos de uma só nação, do que facilmente poderiam resultar perniciosas consequências".[106]

A dispersão e distância das unidades produtivas escravistas dificultavam também a comunicação servil.

> O fracionamento e a dispersão geográfica representavam obstáculo praticamente insuperável à organização da massa de escravos proletários. Distâncias consideráveis separavam uma plantação da outra, agravando a incomunicação entre os escravos. Submetidos à feroz vigilância dos feitores, não tinham como entrar em contato com os companheiros de outras plantações [...].[107]

---

[105] "Carta do governador do Rio de Janeiro de 5 de julho de 1726", "Documentos Interessantes para a História e costumes de São Paulo", 50 (1929), e "Parecer do Conselho Ultramarino de 18 de setembro de 1728", *Documentos Históricos*, 94 (1951). *Apud* Lara, "Do singular [...]". *In:* Reis & Gomes (orgs.) *Liberdade [...]. Op. cit.*

[106] "Carta de Fernando José de Portugal a Luís Pinto de Sousa, de 21 de outubro de 1795", *Revista do Instituto Histórico e Geográfico Brasileiro*, 59 (1896). *Apud* Lara, "Do singular [...]". *In:* Reis & Gomes (orgs.) *Liberdade [...]. Op. cit.*

[107] Freitas. *O escravismo [...]. Op. cit.*

Mais ainda. Em verdade, mesmo no Império, o Brasil era formado por uma confederação política de colônias-províncias escravistas com escassos laços sociais e produtivos objetivos entre elas.[108] A proposta de sublevar o Brasil escravista em um movimento servil era materialmente impossível. Ela nasce, nos fatos, de uma visão anacrônica da formação social brasileira.

A esperança de vida média e produtiva dos cativos era baixa, impedindo e dificultando a formação-transmissão de experiências de luta. Como vimos, para o escravista, "a vantagem estaria em desgastar o escravo" o mais rápido possível e, se fosse necessário, "substituí-lo de imediato por outro escravo novo, que se compraria com a amortização completada do investimento no escravo anterior".[109]

A produção escravista jamais produziu "elite" escravista.

> A transitoriedade da participação na classe obstava à transmissão de experiência de luta, bem como à formação de uma consciência de classe e de quadros dirigentes. Bastava que um escravo manifestasse tendência à rebeldia ou capacidade de liderança para ser logo punido e vendido, com o que a classe se desfalcava dos elementos capazes de organizá-la e levá-la à luta.[110]

Conclui-se que era breve a permanência do trabalhador escravizado no local de trabalho, impedindo que este criasse laços de solidariedade com toda a massa cativa. Não houve acúmulo suficiente de experiências que levasse a uma insurreição coletiva capaz de ameaçar o regime, ainda que regionalmente.

---

[108] Cf. Maestri, Mário. "A escravidão e a gênese do Estado nacional brasileiro". *In:* Andrade, Manuel Correia de *et al. Além do apenas moderno: Brasil séculos XIX e XX*. Brasília/Recife: CNPq/Fundação Joaquim Nabuco/ Massangano, 2001.

[109] Gorender. *O escravismo [...]. Op. cit.*

[110] Freitas. *O escravismo [...]. Op. cit.*

A classe escravizadora conhecia centralização política, unidade cultural e mantinha o monopólio da cultura e da informação. Apenas a gênese e a consolidação do capitalismo ensejaram a compreensão plena da necessidade-possibilidade da superação do trabalho escravizado.

> No Brasil, o modo de produção capitalista realizou o processo de acumulação originária no seio da formação social escravista. A partir da acumulação permitida pelo trabalho escravo, surgiram, no século XIX, empreendimentos industriais de tipo capitalista incipiente. Eliminado o entrave representado pelo trabalho escravo, o capitalismo agromercantil e as empresas fabris darão impulso ao desenvolvimento do modo de produção capitalista.[111]

Para Décio Freitas, a superação do escravismo "se dava através da intervenção de forças exteriores ao modo de produção". Segundo ele, no escravismo, a "reprodução do sistema tinha uma base externa", ao passo que, no sistema capitalista, a "reprodução se processa no seu interior".[112] Para ele, no escravismo não se teria formado uma classe capaz de derrubar o sistema.

Maestri propõe que a superação da escravidão não aconteceu pela simples incompatibilidade de trabalho escravizado com máquinas, como asseguram alguns analistas. "A oposição do trabalhador escravizado surge como fator essencial na explicação da crise e superação do escravismo".[113] Deve-se, portanto, também a fenômenos endógenos.

O trabalhador escravizado compreendia que sua capacidade de produção lhe era furtada pelo escravizador. Comumente, ele objetivava, por meio da fuga, a liberdade individual de sua força de trabalho ao se embrenhar nas matas ou esconder-se em um ermo qualquer para sobreviver das mais variadas formas, longe das amarras do escravismo.

---

[111] Gorender. *A escravidão [...]. Op. cit.*
[112] Freitas. *O escravismo [...]. Op. cit.*
[113] Maestri. *Deus [...]. Op. cit.*

Forma de luta de classes no contexto do escravismo colonial, o quilombo era veículo de consolidação de fuga individual ou coletiva ao cativeiro. Portanto, com intenções bem definidas, os quilombolas estabeleceram núcleos de resistência e autonomia aos representantes de seu inimigo maior, a escravidão.

b) Quilombos: por que a sociedade escravista queria destruí-los?

O Estado e a sociedade escravista não aceitavam a presença dos quilombos. Embora alguns historiadores sugiram eventual bom relacionamento entre escravizadores e quilombolas, a documentação registra realidade definitivamente diferente. Os quilombos foram alvo de constantes investidas com o fim de destruí-los. Os opressores não se contentavam com a apreensão e recondução dos quilombolas à escravidão. Havia a necessidade de acabar com a estrutura do quilombo.

Como já assinalado, os escravistas viam o quilombo como transgressão à ordem. Havia a preocupação da perda de um bem produtivo e a ameaça à ordem social. Em alguns casos, essa ameaça punha em perigo o próprio regime.

Do ponto de vista econômico, segundo Freitas, "os senhores de engenho enxergavam nas expedições antipalmarinas a oportunidade de recuperar seus escravos fugidos. [...] afigura-se que o meio mais fácil e barato de obter escravos seria buscá-los em Palmares".[114] O valor monetário do escravo despertou a cobiça dos escravistas. Para Gorender, "o escravo, instrumento vivo como todo trabalhador, constitui ademais uma propriedade viva".[115]

Como propriedade, significava bem que fugia, portanto, que se furtava ao escravizador. Para Théo L. Piñeiro, "a

---

[114] Freitas. *Palmares [...]. Op. cit.*
[115] Gorender. *O escravismo [...]. Op. cit.*

perda causada pelo afastamento do escravo do processo de produção é difícil de ser medida porque implica o cálculo da produção média do trabalho escravo, sua importância para a rentabilidade da empresa e a capacidade de suprir esse afastamento pela maior carga de trabalho ao restante do plantel".[116]

Maestri lembrou aspecto pouco trabalhado pela historiografia: de que o quilombo ocupou e civilizou espaços geográficos, tornando-os fonte de cobiça para os escravistas. Se o espaço era privado, o quilombo ocupava terras que não eram suas. Se eram terras devolutas e públicas, eles as valorizavam.

> Quando o quilombo era populoso, quando se expandia, questionava já um dos grandes pressupostos da economia da Colônia e do Império: o monopólio da terra por parte das classes detentoras do poder. A própria ocupação do terreno, sua *mise en valeur*, já era um elemento que criava as condições para uma intervenção armada da sociedade dominante.[117]

Na mesma direção, Flávio dos Santos Gomes relata que, em 1878, "retirantes cearenses – fugindo das secas do Nordeste – foram enviados para a região" [rio Gurupi – Maranhão]. Nos fatos, tratava-se de uma tentativa de "ocupar a região e estabelecer uma colônia – denominada Prado – no mesmo local onde existira o quilombo do Limoeiro".[118]

Para os trabalhadores escravizados, o quilombo representava a probabilidade palpável de libertar sua força de trabalho. O cativo "encontrava ali uma possibilidade concreta de solução de sua miséria e exploração. Era, portanto, um perigo objetivo e real para a organização escravista". E, ain-

[116] Piñeiro. *Crise [...]. Op. cit.*

[117] Maestri, Mário. *Quilombos e quilombolas em terras gaúchas. Op. cit.* Ver também: Schwartz, Stuart B. *Escravos, roceiros e rebeldes. Op. cit.*

[118] Gomes. *Experiências [...]. Op. cit.*

da mais, "transforma-se o quilombo em um referencial que ultrapassava as barreiras sociais sobre as quais constituiu-se, pois começava a atrair não só escravos, mas libertos, índios, ou seja, os párias da sociedade de então".[119]

Do ponto de vista psicológico, o quilombo incomodava muito mais à classe escravista do que a ausência de um ou mais escravos da propriedade. A cada quilombo que se formava, aumentava a apreensão, pois os trabalhadores escravizados materializavam sua insatisfação com o regime que apreendia a sua força de trabalho.

c) Os quilombos significaram um duro golpe aos objetivos dos escravizadores

O escravo era um bem e um investimento do escravista. A fuga-quilombo significou a retirada do trabalhador do processo produtivo, e com isso a impossibilidade de extração da renda permitida pela propriedade escravista. Gorender lembrava que, "ao comprar o escravo, o plantador adquiriu o direito de dispor de sua força de trabalho a vida inteira".[120]

Na mesma perspectiva, Robert Conrad reforça a preocupação que os senhores tinham com as perdas frequentes de seus bens – o trabalhador escravizado.

> A perda do trabalho de um escravo durante semanas, meses ou até permanentemente era apenas o primeiro e mais óbvio prejuízo sofrido pelo dono em virtude de sua fuga.[121] [...] os anúncios e as recompensas pela sua captura e devolução, os salários dos policiais, dos caçadores de escravos e dos juízes pagos pelos fundos públicos, os honorários pelo castigo e a cura ou o alojamento na prisão local, os gastos com armas, a perda de animais e de outros bens nos assaltos por bandos de fugitivos e um imenso tributo em insegurança e vidas humanas eram um constante sor-

[119] Maestri. *Quilombos [...]. Op. cit.*
[120] Gorender. *O escravismo [...]. Op. cit.*
[121] Conrad. *Os últimos [...]. Op. cit.*

> vedouro de bens, paciência e conforto da classe proprietária de escravos.

Ao escravizador, a fuga do cativo para o quilombo representava sempre um prejuízo. Se o quilombola já estava pago, suspendia a renda escravista. Se não estava pago, tornava inviável a reposição do capital investido na sua aquisição. E mais: devia continuar pagando-o, já que a dívida permanecia, mesmo quando a propriedade fugia.

Segundo Gorender, "uma parcela do excedente poupado se destinava de modo inevitável ao gasto improdutivo da aquisição dos escravos". Para o escravizador, a fuga e o quilombo geraram gastos exigidos com a montagem de um sistema repressivo especializado. Esse autor chamou de custo de vigilância, que "tem, grosso modo, um peso específico pelo menos quatro vezes mais alto no escravismo com relação ao capitalismo".[122]

Os escravizadores tiveram prejuízos materiais em decorrência das atividades desenvolvidas por quilombolas (apropriações, ataques, incêndios etc.). Os quilombolas de Manuel Padeiro, no Rio Grande do Sul, em suas investidas às propriedades dos escravizadores, "arrombaram a residência e assassinaram o pardo liberto José Alves, segundo parece, pequeno proprietário".[123]

Os quilombos eram vistos pelas autoridades como violação da ordem natural das coisas e agressão aos princípios de propriedade e de hierarquia, paradigmas sociais, culturais e ideológicos dominantes. Havia também a possibilidade de que os calhambolas se unissem aos cativos, negros libertos e livres para organizarem uma rebelião. Sobretudo devido a sucessos do passado brasileiro e americano – Pal-

[122] Gorender, *O escravismo [...]. Op. cit.*
[123] Maestri. *Deus [...]. Op. cit.*

mares, Haiti etc. –, este era um tormento no imaginário da população livre e proprietária.[124]

O medo rondava a sociedade escravista. Ele parece ter sido uma constante ao longo do século XVIII. No século XIX, no entanto, o medo senhorial parece ter se apropriado cada vez mais da revolta de São Domingos, passando a vislumbrar em cada lugar o perigo do haitianismo.[125] O Haiti foi a primeira nação, no mundo latino-americano e caribenho, a se tornar independente, em 1804, do poder colonial europeu. A história da independência está ligada à história dos quilombos, lá conhecidos como *marronage*.[126]

No Rio Grande do Sul, mais especificamente em Pelotas, os quilombolas, "após porem a serra dos Tapes em chamas e despertarem a ira e o medo dos senhores pelotenses", em 16 de junho de 1835 "foram atacados por uma patrulha que caiu sobre o acampamento, apoderou-se das mulheres e do tesouro de guerra dos mocambeiros".[127]

Em Minas Gerais, os senhores forneciam armas aos seus cativos mais próximos, temendo rebeliões. Segundo Donald Ramos, "o medo sempre presente da rebelião escrava seria relacionado tanto à presença de quilombos como ao armamento de escravos por senhores que assim acreditavam estar protegidos contra os salteadores, que abundavam na região".[128]

Para Ramos, "o quilombo era visto como menos ameaçador do que a revolta, embora quilombolas, escravos insolentes e libertos insatisfeitos fossem todos vistos pelas

---

[124] Cf. Ramos. "O quilombo [...]". *In:* Reis & Gomes (orgs.) *Liberdade [...]. Op. cit.*

[125] Lara. "Do singular [...]". *In:* Reis & Gomes (orgs.) *Liberdade [...]. Op. cit.*

[126] Cf. Carvalho, José Jorge de (org.) *O quilombo do rio das Rãs: histórias, tradições, lutas, Op. cit.*

[127] Maestri. *Deus [...]. Op. cit.*

[128] Ramos. "O quilombo [...]". *In:* Reis & Gomes (orgs.) *Liberdade [...]. Op. cit.*

autoridades como elementos que cooperavam para minar o modo de vida luso-brasileiro, estabelecido com tanto esforço".

Em 1741, os ataques dos quilombolas continuavam em Minas Gerais. A Câmara de Vila Rica continuou se queixando clamorosamente das depredações dos calhambolas, descrevendo trabalhadores "que nas suas roças não vivem seguros com um incessante terror pelos gravios dos negros".[129]

Mesmo com medo, a sociedade escravista jamais abriu mão de seus privilégios. O medo não antecipou a abolição, servindo, ao contrário, para que os escravizadores intensificassem suas ações repressivas aos trabalhadores escravizados e quilombolas.

d) Como os quilombos foram combatidos

As fugas dos cativos sempre existiram. Na visão de mundo dos escravistas, as causas das fugas estavam no cativo e não no regime escravista. A inferioridade e, portanto, a preguiça e a selvageria não permitiriam que o cativo se adaptasse ao trabalho, visto como uma sua obrigação.

Para Gaspar Barleu, os negros ardras eram "muito preguiçosos, teimosos e estúpidos, têm horror ao trabalho".[130] Alegou que os trabalhadores escravizados fugiam para o quilombo a fim de retornar aos costumes africanos, comprovando a incapacidade de adaptação do africano aos costumes cristãos-ocidentais.

Ao tratar das fugas, Rocha Pita propôs que, "dispondo fugirem aos senhores de quem eram escravos, não por tiranias que neles experimentassem, mas por apetecerem viver isentos de qualquer domínio".[131] Para Goulart, os "maus-tra-

[129] "Carta da Câmara", 7 maio 1740, cód. 43 (Cmop), fl. 7v. *Apud* Ramos. "O quilombo [...]". *In:* Reis & Gomes (orgs.) *Liberdade [...]. Op. cit.*

[130] Barleu. *História [...]. Op. cit.*

[131] Pita. *História [...]. Op. cit.*

tos e excessivos trabalhos foram, com efeito, as principais causas e razões mais comuns para as fugas de escravos".[132]

Os quilombos eram alimentados sobretudo pelas fugas. Foram tomadas medidas para evitá-las, porém não as conseguiram eliminar. O escravizador tinha conhecimento de que o cativo não suportaria o rigor do regime. Quem comprava um trabalhador escravizado sabia de antemão que conviveria com a possibilidade das fugas. E que "as medidas repressivas não visavam simplesmente a acabar com as fugas, mas sim a controlá-las e limitá-las a um nível aceitável para o funcionamento geral do sistema".[133]

A causa das fugas era a própria escravidão. Porém, as autoridades coloniais e metropolitanas queriam a todo custo "manter constante a produção escravista, sem interrupções ocasionadas por fugas, quilombos etc." Os escravizadores tinham objetivos bem claros nas suas ações, que visavam a controlar as fugas.

Portugal já havia enfrentado o problema das fugas.

> Depois do comércio, porém, a maior preocupação da legislação metropolitana foi a questão das fugas. Desde as *Ordenações* até as Leis Extravagantes e Cartas Régias, há constantes referências à repressão dos quilombos e proibição de ajuda aos escravos fugidos – tema também recorrente nas determinações expedidas pelas autoridades coloniais.

A legislação visava à punição e à prevenção de novas fugas. A fuga não era crime, mas auxiliar e esconder fugitivos – acoutar – se constituía em crime grave.

Tanto nas Ordenações Manoelinas quanto nas Filipinas, a pena para os que ocultavam cativos fugidos era a de degredo. Nenhuma das duas determinações dizia respeito à fuga na Colônia, já que o degredo era para a ilha de São

---

132 Goulart. *Da fuga [...]. Op. cit.*
133 Lara. *Campos [...]. Op. cit.*

Tomé, no caso das Ordenações Manuelinas, e para o Brasil, nas Filipinas. Há, no entanto, outras determinações posteriores, com penas específicas para os colonos do Brasil que incidissem nesse crime.[134]

A montagem de um aparato repressivo e preventivo de fugas demorou algum tempo. As primeiras ocorrências foram resolvidas pelos próprios escravizadores. "Pelo menos até 1603, a caça ao fugitivo era uma atividade esporádica e temporária: se alguém achasse um escravo fugido, devia entregá-lo a seu senhor ou ao juiz local num prazo de no máximo 15 dias".[135]

Não era determinado por lei que o capturador recebesse recompensa pelo fugitivo preso. As "Ordenações Filipinas[136] determinavam ainda que, em Portugal, toda vila ou cidade devia ter seus quadrilheiros". Nomeados por três anos pela Câmara, um para cada 20 vizinhos, o quadrilheiro tinha como objetivo controlar uma determinada área e seus moradores, evitando desordens, vadiagem, jogos, prostituição e acoutamento de criminosos. Nas suas funções entrava

---

[134] Cf. "Dos que dão ajuda a fugir, ou encobrem os cativos que fogem", *Ordenações do senhor rey d. Manoel* (1521), Coimbra, Real Imprensa da Universidade, 1797, livro v, título LXXVII e "Dos que dão ajuda aos escravos cativos para fugirem ou os encobrem", *Código philippino ou ordenações e leis do reino de Portugal...* (1603) (Ed. Cândido Mendes de Almeida), 14 ed. Rio de Janeiro, Typ. Do Instituto Philomático, 1870, livro v, título LXIII. Para medidas referentes ao Brasil, vide, por exemplo, "Carta régia de 3 de novembro de 1696 para o governador do Rio de Janeiro", Arquivo Nacional (RJ), cód. 952, v. VIII, fl. 60. *Apud* Lara. "Do singular [...]". *In:* Reis & Gomes (orgs.) *Liberdade [...]. Op. cit.*

[135] Lara. "Do singular [...]". *In:* Reis & Gomes (orgs.) *Liberdade [...] Op. cit.*

[136] Cf. "Dos quadrilheiros", Código philippino, livro I, título LXXIII. Cândido Mendes de Almeida anota que a criação desses oficiais remonta a dom Fernando I; a legislação que serviu de base desse título data, no entanto, de 1570. *Apud* Lara. "Do singular [...]". *In:* Reis & Gomes (orgs.) *Liberdade [...]. Op. cit.*

marginalmente a repressão aos cativos fugidos.[137] Em Portugal, nos tempos medievais, a escravidão jamais foi forma dominante de produção, desempenhando, sempre, caráter acessório.

Na Colônia, não foi levada adiante a determinação para a criação do ofício de quadrilheiro. No entanto, o ouvidor geral do Rio de Janeiro insistia para que a Câmara tomasse providências para a nomeação de quadrilheiros. Em 1730, a Câmara do Rio de Janeiro informou que estava tomando providências, "com a diferença só de lhes dar os nomes de capitão do mato", quando o ouvidor respondeu, insistindo na nomeação de um quadrilheiro para cada freguesia da cidade, com a determinação para prender escravos fugidos, recebendo para tanto a mesma remuneração que os capitães do mato.

A função do quadrilheiro era diferente da do capitão do mato. "O quadrilheiro [...] devia controlar uma área da cidade com o fim de evitar delitos como alcouces (prostituição), tabulagem (casas de jogo ou jogos com prêmios), furtos, barreguices (concubinatos), alcoviteiros (que têm casa de alcoute) e feiticeiros, além de acalmar desordens e insultos, e auxiliar na prisão e castigos dos culpados".[138]

Com a mudança da designação de quadrilheiro para capitão do mato, mudou-se também a função. Enquanto na "Metrópole e nas ordens do ouvidor a instituição serviria para o controle dos moradores, na prática efetiva da vida colonial destinou-se à perseguição dos escravos fugidos". A mudança serviu para que se efetivasse o controle social, e não apenas de pequenos delitos. A reação da sociedade escravista "se oficializou com a instituição do capitão mor das entradas dos mocambos", em 26 de novembro de 1714,

---

137 Lara. "Do singular [...]". *In:* Reis & Gomes (org.) *Liberdade [...]. Op. cit.*

138 Lara. *Campos [...]. Op. cit.*

e do capitão do mato, de acordo com o regimento de 17 de dezembro de 1722.[139]

Southey vinculou a criação do posto, em 1724, à descoberta de uma rebelião programada para a Terça-Feira Santa, nas Minas Gerais: "em consequência da descoberta, tantos negros fugiram para as selvas que receando-se o mesmo mal já experimentado na Província de Pernambuco, instituíram-se os chamados capitães do mato". Malheiro simplesmente menciona o "regimento de 1724". Varnhagen associou a criação do posto de capitão mor nas vilas, no início do século XVIII, à instituição dos capitães do mato, em 1722. Schwartz informou que "o regimento dos capitães do mato foi publicado em 1715 e republicado em 1722. A versão que permaneceu em vigor foi a de 17 de dezembro de 1724".[140]

Jacob Gorender explicou que,

> no Brasil, a destruição de quilombos maiores exigia a organização de expedições, onerosas para as populações que sofriam exações extraordinárias. Foi criada a categoria de homens do mato, que se regulava por regimentos especiais e tinha hierarquia própria: soldado, cabo, capitão, sargento mor e capitão mor do mato. A partir do posto de capitão do mato, era preciso obter uma patente concedida pela autoridade pública.[141]

Sílvia Lara registrou que existiram "três níveis diferenciados na prática repressiva dos fugitivos e quilombolas". No primeiro nível estavam "os capitães do mato e seus soldados". Depois, vinham os moradores que denunciavam as fugas e reclamavam das ações dos quilombolas. Eram eles que pagavam os capitães do mato, e podiam ser requi-

---

[139] Cf. "Provisão de 26 de novembro de 1714", Arquivo Histórico Ultramarino, cód. 247, fls. 1-1v. *Apud* Lara. "Do singular [...]". *In:* Reis & Gomes (orgs.) *Liberdade [...]. Op. cit.*

[140] Cf. Southey, *História do Brasil*, v. III. Schwartz, "Mocambos, quilombos e Palmares". *Apud* Lara. "Do singular" [...]. *In:* Reis & Gomes (orgs.) *Liberdade [...]. Op. cit.*

[141] Gorender. *O escravismo [...]. Op. cit.*

sitados como "perseguidores de escravos". Por fim, surgia a instância militar que "se colocava acima dos outros níveis". Para a autora, "sua atuação parece estar diretamente relacionada ao grau de periculosidade e resistência dos fugitivos ou à negligência e despreparo das forças repressivas locais".[142]

Nem todos os quilombos foram combatidos. Os maiores exigiram das forças escravistas consideráveis gastos, pois se fez necessário recrutar homens experientes para combatê-los. José Alípio Goulart explicou que "o quilombo, graças à sua organização, constituía-se em fator altamente negativo para o equilíbrio econômico e social da região em que se formava, sendo que, em regra, os escravos costumavam aquilombar-se em local não muito distanciado das propriedades onde serviam".[143]

Schwartz lembrou que "a principal tática empregada contra os mocambos consistia simplesmente em destruí-los e matar ou reescravizar seus habitantes". A obsessão dos escravizadores por quilombos estaria ligada aos "ataques e assaltos dos mocambeiros [que] ameaçavam as cidades, obstruíam a produção, interrompiam vias de comunicação e viagens". Além do fato de que os quilombos "arrastavam outros escravos para fora do cativeiro".[144]

Os quilombos menores também exigiram atenção das forças repressoras. É claro que os números impressionam e devem ser relativizados. Salvo engano, quase a totalidade da documentação existente foi feita por aqueles que destruíram ou tinham interesse na destruição dos quilombos. O número de combatentes nem sempre foi o que se apresenta nos documentos. Em muitas ocasiões, a quantidade serve apenas para impressionar, valorizar e justificar os seus feitos.

---

142 Lara. *Campos [...]. Op. cit.*

143 Goulart. *Da fuga [...]. Op. cit.*

144 Schwartz. *Escravos [...]. Op. cit.*

Quanto ao aspecto da organização das expedições contra quilombos e quilombolas, no geral, "ficava a cargo de alguma autoridade do distrito afetado pelo quilombo, excetuando o caso de ser necessária uma expedição maior". Nesse caso, até o próprio governador poderia organizá-la.[145] Em 1829, no Rio Grande do Sul, o quilombo da ilha Barba Negra foi atacado por "uma expedição com 160 soldados de linha e mais 30 artilheiros".[146]

Em 1748, nas Minas Gerais, atendendo reclamações da população do arraial de Xiqueiro, desgostosos com os quilombolas, "algumas companhias de ordenanças foram mandadas a reunir-se a capitães do mato" para bater os matos e capoeiras em busca de quilombos.[147] Em 1839, no Mato Grosso, foi enviada uma bandeira contra um quilombo situado na barra do rio Piraputanga; os quilombolas resistiram, mas foram derrotados.[148]

O maior quilombo de Minas Gerais, o do Ambrósio, preocupou as autoridades mineiras, que enviaram "400 homens" a fim de destruí-lo. "Após uma luta terrível, que se arrastou por sete horas e na qual se usaram até granadas, o quilombo foi arrasado e muitos escravos feitos prisioneiros".[149]

Em 1759, 13 anos mais tarde, ressurgia o quilombo do Ambrósio. "Durante meses a expedição atacou e destruiu quilombos, matando seus habitantes e aproveitando-se das roças bem plantadas e dos paióis de mantimentos; a guerra terminou nos últimos dias de dezembro e custou às câmaras mais de 30 mil cruzados".

---

145 Guimarães. *Uma negação [...]. Op. cit.*

146 Maestri. *Deus [...]. Op. cit.*

147 Ramos. "O quilombo [...]". *In:* Reis & Gomes (orgs.) *Liberdade [...]. Op. cit.*

148 "Discurso que recitou o exmº snr. Doutor Estevão Ribeiro Resende presidente desta província na ocasião da abertura da Assembleia Legislativa Provincial em 1º de março de 1840", s.n.t. *Apud* Volpato. "Quilombos [...]". *In:* Reis & Gomes (orgs.) *Liberdade [...]. Op. cit.*

149 Souza. "Violência [...]". Reis & Gomes (orgs.) *Liberdade [...]. Op. cit.*

A confederação de Palmares resistiu por décadas aos ataques da sociedade escravista. As investidas sobre os quilombolas de Palmares custaram significativas somas de dinheiro e a vida de muitos soldados e voluntários. "Creio que Palmares conseguiu fazer o medo senhorial referente às fugas escravas chegar a seu ponto máximo e também marcou o auge dos grandes exércitos de aniquilação".[150]

Não seriam suficientes algumas dezenas de capitães do mato para destruir Palmares, sendo, portanto, organizadas expedições armadas. A historiografia diverge sobre o número de soldados e de expedições – 20, 25 etc. A historiadora Sílvia Hunold Lara citou que

> o exército de 1694, que venceu Palmares em pouco menos de um mês, contava com cerca de 6 mil homens: o terço chefiado pelo mestre de campo paulista Domingos Jorge Velho, mais 3 mil recrutados entre os moradores de Olinda e Recife e vilas vizinhas, outros 1,5 mil vindos das Alagoas, além de voluntários e 'pessoas principais e ordenanças' de várias vilas próximas aos Palmares.

Por sua vez, Décio Freitas registrou que "este exército somava ao todo – incluída a força de Domingos Jorge Velho – mais ou menos 9 mil homens", e ainda citou em seu livro que "o historiador alagoano Moreno Brandão fala em 11 mil".[151] O que constitui, evidentemente, exagero.

O número de soldados deve ser desconsiderado, pois os relatórios vieram das forças repressoras, que tinham interesse em valorizar os feitos dos escravizadores. Mesmo assim deve-se ressaltar "sua importância à luz do fato de que os holandeses haviam conquistado Pernambuco com pouco mais de 7 mil homens".

e) De que forma os quilombolas se defenderam

---

[150] Lara. "Do singular [...]". *In:* Reis & Gomes (orgs.) *Liberdade [...]. Op. cit.*

[151] Freitas. *Palmares [...]. Op. cit.*

Jacob Gorender lembrou que a rejeição à escravidão foi permanente. "O escravo é inimigo visceral do trabalho, uma vez que neste se manifesta totalmente sua condição unilateral de coisa apropriada, de instrumento animado. A reação ao trabalho é a reação da humanidade do escravo à coisificação".[152]

A sociedade escravista conviveu com as fugas e os quilombos desde o início da escravidão. O medo e a apreensão tomavam conta dos senhores de escravos e dos governantes. Prontamente foram tomadas medidas para coibir as ações dos trabalhadores escravizados.

Os escravistas combateram as consequências e não as causas das fugas e dos quilombos. A causa era a opressão escravista. No entanto, os escravistas foram aprendendo a lidar com o problema. A fórmula trabalho e castigo, aplicada aos trabalhadores escravizados, adquiriu novas feições, sem que, no entanto, o cativo deixasse de resistir e fugir.

Assegurar a liberdade, dentro da sociedade escravista, foi uma tarefa árdua aos quilombolas. Eles desenvolveram mecanismos de defesa que garantiram a reprodução do quilombo. Foram artifícios utilizados, em conjunto ou individualmente, que dificultavam as ações das forças repressoras. A localização estratégica do quilombo, uma rede de informações e algumas técnicas de resistência, como fossos e paliçadas, dificultaram a destruição de comunidades quilombolas, permitindo, não raro, que seus moradores se refugiassem nas selvas e sertões.

Cada quilombo optou pelos mecanismos de defesa que mais se adaptaram a sua realidade. Os quilombos situados na zona rural encontraram nas matas e no relevo eficientes instrumentos de defesa. Os quilombolas serviam-se comumente de redes de informações. Outro mecanismo de defesa utilizado pelos quilombolas foram as emboscadas

---

[152] Gorender. *O escravismo [...]. Op. cit.*

construídas nos caminhos e nas entradas dos mocambos. A inferioridade de armas e homens obrigava os quilombolas à construção de cercas, fossos, estrepes e paliçadas a fim de deter o avanço das tropas repressivas.

Em 1763, foi destruído o quilombo do Buraco do Tatu. As forças repressoras encontraram no quilombo baiano um plano de defesa interessante.

> A retaguarda era protegida por um canal pantanoso da altura aproximada de um homem. Os três lados do povoado eram protegidos por um labirinto de estacas pontiagudas, fincadas em nível abaixo do chão e cobertas para não serem detectadas por intrusos. Essa defesa era ampliada por 21 covas repletas de espetos afiados e camufladas por arbustos e mato. Havia uma falsa trilha conducente ao mocambo, muito bem protegida por lanças e armadilhas camufladas.[153]

No século XVIII, em Goiás, os quilombos que se formaram utilizaram-se dos recursos naturais para garantir a proteção. "[...] a capitania de Goiás deve ser considerada entre as melhores para esse fim pela inacessibilidade de seus esconderijos naturais. A capitania possuía ecossistemas do mesmo tipo que protegia escravos fugidos em todas as Américas".[154]

Conforme Mary Karasch,

> a fuga de canoa ou jangada era facilitada por três grandes rios – o Araguaia a oeste, o Tocantins a leste e o Paranaíba ao sul – ligados a inúmeros afluentes. [...] os escravos tinham disponíveis florestas densas, montanhas inexploradas, cerrados espinhosos, manguezais infestados por mosquitos, ilhas escondidas, inúmeros rios e muita distância dos brancos – tinham, enfim, locais onde levantar quilombos e viver em liberdade.

---

[153] Schwartz. *Escravos [...]. Op. cit.*

[154] Karasch, "Os quilombos [...]". *In:* Reis & Gomes (orgs.) *Liberdade [...]. Op. cit.*

O quilombo de Palmares teria optado por várias táticas de defesa.

> As fortificações palmarinas erguiam-se na cumiada da serra. Eram sólidas e, aparentemente, inexpugnáveis. Consistiam em uma tríplice cerca de madeira e pedras que circundavam a praça numa extensão de aproximadamente 5,5 quilômetros. A cerca fora dotada de torneira a dois fogos e cada braça, de flancos, de redutos, de redentes, de faces e de guaritas que asseguravam aos defensores uma quase completa incolumidade.[155]

Segundo Freitas,

> na parte de fora haviam sido escavados largos e profundos fossos dissimulados por vegetação e crivados de estrepes – puas pontiagudas de ferro que chegavam à altura ora das virilhas, ora da garganta de um homem. A área semeada de estrepes se estendia por considerável distância longe das fortificações, mas ainda assim bastaria que um homem assomasse na sua extremidade para logo se constituir em alvo fácil dos atiradores e arqueiros palmarinos.

Décio Freitas afirmou que Palmares era

> um sítio naturalmente áspero, montanhoso e agreste, com tal espessura e confusão de ramos que em muitas partes é impenetrável a toda luz: a diversidade de espinhos e árvores rasteiras serve de impedir os passos e intrincar os troncos. Um mundo animal de onças, chacais, serpentes e mosquitos, todos uma ameaça mortal para o homem, ocultava-se naquelas hostis e incógnitas paragens. Sua exuberância como que esmagava e oprimia a vida. O clima versátil oscilava entre frios duros e estiagens destrutivas.

Quanto ao relevo, Freitas escreveu que "uma dessas serras, muito íngreme e com forma de barriga, permitia descortinar a região por todos os lados, numa distância de

---

[155] Freitas. *Palmares [...]. Op. cit.*

dezenas de quilômetros, constituindo por si própria uma natural e inexpugnável fortaleza". Palmares possuía também uma rede de informações que permitiu a retirada estratégica por diversas vezes.

Mesmo protegidos pelos recursos naturais, os quilombolas desenvolveram a técnica da mobilidade que consistia em abandonar o mais rápido possível o local do quilombo. A documentação comprova que os negros construíram caminhos alternativos, formando um labirinto dentro da floresta. Os quilombolas de Palmares foram especialistas em táticas de mobilidade.

Citado por Décio Freitas, Fernandes Vieira descreveu a tática guerrilheira dos palmarinos da seguinte maneira: "vendo-se apertados se retiram pelos Palmares dentro por onde não podem ser seguidos, porque aquelas estradas só eles sabem andar e dentro daquele labirinto de troncos têm retiradas as suas famílias".

Não podemos associar a localização estratégica apenas a lugares de difícil acesso. A historiografia registrou a presença de quilombos próximos às fazendas e aos centros urbanos. Essa foi a estratégia encontrada pelos quilombolas para comercializar e obter informações sobre as forças repressoras. Eventualmente, as forças escravistas utilizaram-se de informações dos nativos para identificação de possíveis quilombos.

Flávio dos Santos Gomes lembrou que "os quilombolas da região do Turiaçu estavam divididos em vários mocambos, entre grandes e pequenos, e que contavam com a proteção de uma vasta rede de comunicação e comércio – com cativos nas senzalas, vendeiros e lavradores – que os mantinham informados sobre qualquer movimento de tropas".[156]

A rede de informações era um eficiente mecanismo de defesa. A sobrevivência do quilombo também dependia da habilidade de seus habitantes em estabelecer uma teia de re-

[156] Gomes, *Experiências [...]. Op. cit.*

lacionamentos que garantisse informações sobre as ações de seus inimigos. Na segunda metade do século XIX, formou-se o quilombo de Sepotuba. Era um quilombo grande e temido pelas autoridades e pela população local. Sua sobrevivência por mais de cem anos deve-se, em boa parte, à habilidade dos quilombolas para constituir uma teia de relações com os habitantes da região, informações e bens.[157]

Em algumas ocasiões, os quilombolas que utilizaram a rede de informações anteciparam suas fugas, eliminando o elemento surpresa. As relações comerciais com a sociedade livre também favoreceram a entrada de notícias. A cumplicidade durou enquanto havia interesse para ambas as partes. Não foram raras as vezes em que houve traição.

Os quilombolas lutaram mais comumente com armas primitivas que eram fabricadas por eles mesmos. Raramente possuíam armas de fogo. As poucas armas que possuíam eram conseguidas em suas incursões pelas fazendas, ou produto da troca com a população livre local.[158] Ressaltamos que as próprias ferramentas, como foices, facões, enxadas etc., serviram como armas.

As forças oficiais eram bem dotadas de armas, alimentos, vestimentas e informações. Elas ainda recebiam bens em caso de sucesso nas investidas contra os redutos de ex-escravos. Clóvis Moura assinalou que os palmarinos possuíam armas que se limitavam à "arco, flecha, lanças e armas de fogo tomadas das expedições punitivas, dos moradores vizinhos ou compradas".[159]

Na maioria das vezes, as tropas repressivas eram de responsabilidade dos proprietários lesados com as fugas. Nesse caso, eram formadas por mateiros, homens práticos,

[157] Cf. Volpato. "Quilombos [...]". *In:* Reis & Gomes (orgs.) *Liberdade [...]. Op. cit.*

[158] Sobre quilombos armados, ver Volpato. "Quilombos [...]". *In:* Reis & Gomes (orgs.) *Liberdade [...]. Op. cit.*

[159] Moura. *Rebeliões [...]. Op. cit.*

paisanos etc. Por ocasião dos combates aos quilombolas da confederação dos Palmares, constituíam as tropas indígenas, negros libertos e alguns poucos brancos. Agiam com brutalidade, queimando as residências, saqueando e destruindo-as, envenenando as águas, bem como aprisionando e reescravizando os quilombolas.

Em *Rebeliões na senzala*, Clóvis Moura referiu-se aos combates entre quilombolas e escravizadores.

> Em seguida (1675) partiu uma expedição chefiada pelo sargento-mor Manuel Lopes 'cuja experiência, zelo e valor prometeram bom sucesso às esperanças que nele se fundaram'. [...] o combate, parece, foi dos mais violentos de quantos foram travados contra os palmarinos, tendo os ex-escravos resistido durante duas horas ao fogo dos atacantes. Finalmente vencidos, viram suas casas queimadas, além de terem muitos mortos e feridos. Os atacantes fizeram 70 prisioneiros.

Percebe-se a obsessão dos escravistas em destruir as aldeias quilombolas e, consequentemente, suas plantações. Assim, esperavam que os cativos fugidos morressem de fome ou retornassem aos proprietários.

f) Solidariedade na defesa do quilombo

Os quilombos foram alvo de frequentes e ininterruptas investidas por parte da sociedade escravista. Impôs-se, portanto, a necessidade de defesa da comunidade quilombola. Para Clóvis Moura,

> o binômio economia-defesa era o eixo das preocupações mais importantes dos dirigentes dos quilombos. Isso porque, se, de um lado, tinham de manter em atividade permanente grande parte da mão de obra ativa da comunidade na agricultura e em outras atividades produtivas, de outro lado, tinham de manter um contingente de defesa militar permanente, a fim de preservar sua integridade territorial.[160]

---

[160] Moura. *Quilombos [...]. Op. cit.*

Mesmo sabendo da importância do trabalho de Moura, as tradições das sociedades africanas e americanas nos levam a crer que os guerreiros eram aldeões armados. Maestri lembrou que "os aldeões tupis mudavam o local das aldeias, portando apenas armas e instrumentos familiares". Também era costume dos quilombolas "abandonarem as aldeias e plantações e se embrenharem nas florestas, quando assaltados".[161]

A vida nos quilombos foi sempre relativamente precária, ainda que indiscutivelmente melhor em relação às condições gerais de existência na escravidão. Possivelmente na grande maioria dos quilombos brasileiros não houve divisão entre guerreiros e trabalhadores. Talvez tenha ocorrido, e isso apenas em parte, na confederação de Palmares.

No caso de Palmares, a preocupação com a defesa e a alimentação poderia ter determinado algumas mudanças internas na comunidade. Como nas sociedades americanas nativas, também na África negra a guerra era uma atividade sobretudo dos aldeões em armas.

Péret escreveu que

> foi a partir do momento em que os negros se viram na obrigação de enfrentar uma dupla tarefa, cada qual a exigir todos os seus esforços – a defesa de Palmares e a agricultura –, que tiveram que recorrer ao trabalho servil. É, contudo, provável que, no quilombo, a escravatura tenha sido precedida de um período de divisão do trabalho mais ou menos sistemática, uma parte da população dedicando-se à agricultura enquanto a outra a protegia.[162]

É problemática a posição de Péret sobre a escravidão dentro da confederação de Palmares. Caso ela existisse, haveria a necessidade de aparato para controle e vigilância dos cativos, fragilizando a coesão interna dos quilombos. Para

---

[161] Maestri. "A aldeia ausente: [...]". *In:* Sorio Júnior, Humberto *et al. As portas [...]. Op. cit.*

[162] Péret. *O quilombo [...]. Op. cit.*

Maestri, "não existiam em Palmares condições econômicas para a produção escravista. Os palmarinos viviam uma economia essencialmente natural. O uso da terra era livre. A produtividade da agricultura era baixa. O produtor palmarino garantiria escassamente seu sustento e produziria um magro excedente".[163]

É difícil compreender por que os palmarinos investiriam na repressão e coerção de segmentos sociais escravizados que lhes garantiriam um excedente econômico muito reduzido. Da mesma forma, não haveria condições sociais para manter relações escravistas no interior de Palmares. "Fortes antagonismos sociais internos levariam à rápida aniquilação de Palmares".

Na época em que Péret escreveu *O quilombo de Palmares*, "a teoria marxista do Estado assentava-se sobretudo no estudo das formações sociais classistas e dominava a interpretação mecanicista dos cinco tipos fundamentais de relação de produção: a comunidade primitiva, a escravidão, o regime feudal, o regime capitalista e o regime socialista". Compreende-se a "identificação entre escravidão colonial e as formas de servidão conhecidas pela África negra, realizada por Péret".

g) Alguns quilombos escaparam da fúria dos escravistas

A historiografia registra casos de quilombos rurais que não foram atacados e sobreviveram além da Abolição, passando, portanto, despercebidos às forças escravistas até o fim do cativeiro, em 13 de maio de 1888.

Donald Ramos afirmou que

> a atenção dos historiadores tem-se geralmente voltado para os grandes quilombos, como o de Palmares e o de Ambrósio. Mas igualmente significativas para a compreensão do passado escravista foram as centenas, os milha-

[163] Maestri. "Benjamin [...]". *In:* Péret. *O quilombo [...]. Op cit.*

> res de pequenos quilombos que pontilharam o interior do Brasil no século XVIII. A maioria nem chegou a ganhar nome, sendo identificados simplesmente pela localização, como, por exemplo, um quilombo nas proximidades de Itatiaia [...]. Esses quilombos anônimos eram parte integrante da vida do século XVIII.[164]

A escravidão também esteve presente na Amazônia. Os cativos que dividiam "o mundo do trabalho com o indígena [constituíram] parcela significativa da mão de obra, em especial na agropecuária, serviços domésticos e atividades urbanas". Segundo Funes, "a partir da década de 1860, não se tem notícias de que alguma expedição tenha adentrado o Trombetas para bater os mocambos ali existentes". Quanto ao Cuminá/Erepecuru, "em nenhum momento os documentos mencionam a destruição de seus quilombos".[165]

Quando atacados, os quilombos do baixo Amazonas nunca foram destruídos na totalidade. As tropas repressivas não obtiveram sucesso devido aos "entraves burocráticos, falta de guias, problemas de ordem natural como a seca ou a chuva, pouca vontade das autoridades locais, em especial aquelas ligadas ao comércio e negociando com os quilombolas, e o fato de estes saberem, com antecedência, das diligências que estavam sendo organizadas e se mudarem para outros lugares".

Dessa forma, fugindo dos escravizadores, os mocambos do baixo Amazonas sobreviveram para além do ano de 1888. "Um sentimento presente nos mocambos do Curuá e de todo o baixo Amazonas, hoje presente entre todos os descendentes que formam as comunidades negras da região, que guardam consigo esse sentido absoluto de liberdade, e que faz do passado dos avós uma utopia".

---

[164] Cf. Ramos. "O quilombo [...]". *In:* Reis & Gomes (orgs.) *Liberdade [...]. Op. cit.*

[165] Funes. "Nasci nas [...]". *In:* Reis & Gomes (orgs.) *Liberdade [...]. Op. cit.*

QUILOMBO: ECONOMIA QUILOMBOLA

Durante a escravidão, os cativos fugiam para o mato e o sertão para formarem sobretudo pequenas, médias e grandes comunidades agrícolas clandestinas de subsistência – quilombos, mocambos, palmares etc. Muitas vezes essas comunidades possuíam dezenas de habitantes. Algumas delas congregaram centenas e até mesmo, o que era excepcional, podiam ultrapassar um milhar de membros, como no caso dos Palmares.[1]

Os quilombolas empregaram sua capacidade produtiva utilizando os recursos naturais disponíveis como meios de sobrevivência.

> Nas Minas Gerais, multiplicaram-se quilombos dedicados à cata clandestina de ouro e de diamantes, que eram trocados por alimentos e outros meios de subsistência. Na Amazônia, comunidades de quilombolas ocupavam-se no extrativismo de ervas da floresta. O produto dessa prática era escoado pelos regatões que abasteciam igualmente os quilombolas. Nos arredores das principais aglomerações urbanas, pequenos quilombos viviam do abas-

[1] Cf. Reis & Gomes (orgs.) *Liberdade [...]. Op. cit.*

> tecimento da população citadina em caça, lenha, ovos etc. Algumas comunidades de escravos fugidos viviam da rapinagem.[2]

A agricultura de subsistência esteve presente na maioria dos quilombos, como atividade principal ou complementar.[3]Ao ouvirmos falar em quilombos agrícolas, de apropriação etc., não estamos afirmando que a atividade econômica destacada foi a única e exclusiva da comunidade durante a existência do quilombo em questão. Por exemplo, os quilombolas que se dedicavam ao garimpo podiam praticar uma agricultura de subsistência como atividade complementar.

A história e os quilombos

As primeiras manifestações sobre a estrutura econômica dos quilombolas tiveram como modelo a confederação dos Palmares. Gaspar Barleu citou a agricultura e a rapinagem, no sentido de roubo.[4] Rocha Pita referiu-se às trocas com a sociedade escravista.[5] Handelmann praticamente repetiu Barleu. Perdigão Malheiro talvez tenha registrado pioneiramente a atividade de troca entre os quilombolas e a sociedade sem a conotação de roubo. Ao citar que "procurem eles sempre a proximidade dos povoados para poderem prover às suas necessidades", o advogado mineiro admitiu que as trocas faziam parte das atividades econômicas dos quilombos.[6]

Décio Freitas organizou uma tipologia dos quilombos a partir da estrutura econômica de tais comunidades. Segundo o advogado e historiador, os quilombos dividiam-se em: quilombos agrícolas, mineradores, extrativistas, mercantis,

---

[2] Maestri, Mário. *O escravo gaúcho: resistência e trabalho. Op. cit.*

[3] Maestri. *O escravismo [...]. Op. cit.*

[4] Barleu. *História [...]. Op. cit.*

[5] Pita. *História da [...]. Op. cit.*

[6] Malheiro. *A escravidão [...]. Op. cit.*

pastoris, predatórios e quilombos de serviço. Mário Maestri separou os quilombos em quilombos agrícolas e quilombos de produção pequeno-mercantil especializada.[7] "[...] no quilombo [agrícola] praticava-se a policultura itinerante", e eventualmente eram trocados produtos conforme as necessidades dos quilombolas. "Se o quilombo agrícola tivesse permanecido voltado para si, sua capacidade produtiva teria limitado profundamente a qualidade de vida de seus membros". Quanto aos quilombos não agrícolas, isto é, quilombos mineradores, extrativistas, de serviços, de rapina etc., "a agricultura constituía produção subsidiária ou, até mesmo, inexistente".

Segundo essa visão, os quilombos podiam ser divididos em quilombos semiautônomos e dependentes de trocas. Os quilombos semiautônomos eram aqueles que tinham a agricultura como base principal de sua economia, o que não impedia que praticassem trocas com a sociedade extraquilombola. Acreditamos que todos os mocambos tiveram alguma relação com o mundo externo. As trocas podiam ser dos produtos quilombolas por bebida, ferramentas, armas, munições etc.

Os quilombos pequeno-mercantis, ou dependentes das trocas, se articulavam com a sociedade escravista, dependendo das trocas para sobreviverem. Neles, a agricultura era uma atividade eventual e podia não existir. Participam desse caso os quilombos mineradores, extrativistas, de apropriação, prestadores de serviços etc.

Quilombos semiautônomos

A maior parte dos quilombos brasileiros teve a agricultura como base econômica. Os produtos mais cultivados parecem ter sido a mandioca e o milho.[8] A documentação

---

[7] Cf. Maestri Filho. *A servidão negra [...]. Op. cit.*

[8] Cf. Gomes. "Quilombos [...]". *In:* Reis & Gomes (orgs.) *Liberdade [...]. Op. cit.*

histórica sugere que as espécies cultivadas no quilombo variaram conforme a região. Ela registra o cultivo de abóbora, algodão, amendoim, ananás, arroz, banana, batata-doce, cana-de-açúcar, cará, fava, feijão, fumo, mandioca, melancia etc. No quilombo de Palmares, os quilombolas se alimentariam dos "frutos das palmeiras, feijões, batatas-doces, mandioca, milho, cana-de-açúcar".[9]

Em 1754, em Minas Gerais, numa "expedição contra os quilombos da região do Paranaíba, as autoridades [...] encontraram 76 ranchos e copiosas lavouras e mantimentos recolhidos em paióis". No ano de 1766, "quando foi atacado um quilombo na freguesia de Pitangui, encontraram-se 14 ranchos de capim, roças de milho, feijão, algodão, melancias e mais frutas".

Em 1770, no Mato Grosso, formou-se o quilombo do Piolho, também conhecido como Quariterê, que teve como base econômica a agricultura, "principalmente plantações de milho, feijão, favas, mandioca, amendoim, batata, cará e outras raízes, além de banana, ananás, abóbora, fumo, algodão".[10] Na primeira metade do século XVIII, no Rio Grande do Sul, uma expedição destinada a destruir o quilombo da ilha Barba Negra encontrou roças de feijão e de milho.[11]

a) A horticultura dos nativos

Antes da chegada do colonizador, nas terras do litoral brasileiro, que eram mais férteis do que as do interior, viviam aproximadamente 600 mil nativos de língua tupi-guarani – tupinambás, sobretudo, e guaranis, em menor número.[12] Nessas regiões, as comunidades tupis-guaranis

---

9 Barleu. *História [...]. Op. cit.*

10 Moura. *Rebeliões [...]. Op. cit.*

11 Cf. Maestri. *Deus [...]. Op. cit.*

12 Cf. Maestri, Mário. *Os senhores do litoral: conquista portuguesa e genocídio tupinambá no litoral brasileiro. [século XVI].* 2 ed. Porto

dedicavam-se à caça, à pesca, à coleta e à horticultura parcelar, familiar e extensiva de subsistência. Essa produção apoiava-se nos "diversos tipos de milho (*Zea mays*), de feijão (*Phaseolus e Canavalia*), de batata-doce (*Ipomoea batatas*) e, sobretudo, de mandioca (*Manihot esculenta*) – raiz provavelmente originária do litoral tropical brasileiro, rica em amido, excelente fonte de energia".[13]

> a técnica de base dessas práticas horticultoras – coivara – nascia da abundância e da qualidade das terras, da ausência de ferramentas desenvolvidas, do desconhecimento da fertilização das terras e da escassez relativa de braços. A horticultura tupi-guarani assentava-se no uso da energia humana e do fogo, desconhecendo o arado, a tração animal, a irrigação e a adubação, a não ser em forma embrionária.

As atividades horticultoras eram praticadas pelas mulheres, que se encarregavam, sobretudo, do cultivo da mandioca. Não estocavam a produção e, sobretudo devido ao esgotamento das condições higiênicas dos locais dos acampamentos, mudavam constantemente de lugar. "O deslocamento das plantações, permitido pela abundância de terra, mantinha eficientemente o estado sanitário das culturas, através da quebra do ciclo dos agentes causadores das enfermidades nos vegetais".

b) Agricultura camponesa

Diferentemente das comunidades indígenas,

> nas comunidades camponesas, as práticas agrícolas superam claramente o nível horticultor, já que delas depende dominantemente a subsistência da comunidade familiar.

Alegre: EdUFRGS, 1995; Fausto, Carlos. *Fragmentos de história e cultura tupinambá*. Cunha, M. C. da (org.) *História dos Índios do Brasil*. São Paulo: Companhia das Letras; Brasília: CNPq, 1992.

[13] Maestri. "A aldeia ausente [...]". *In:* Sorio Júnior, Humberto *et al. As portas de Tebas [...]. Op. cit.*

> A unidade produtiva camponesa articula-se em forma diferenciada com a divisão do trabalho, através da esfera mercantil subordinada. O artesanato, a pesca, a coleta etc. desempenham papéis eventualmente importantes, mas secundários.

Nas comunidades camponesas, a posse da terra é mantida pelo núcleo familiar, o que permite investimentos a fim de melhorar a produtividade. "A clara dominância das práticas agrícolas na unidade camponesa nasce do desenvolvimento mínimo dos instrumentos e técnicas produtivas que se expressam eventualmente em agricultura intensiva ou semi-intensiva permitida pelo uso da tração animal, de arados mais ou menos complexos, de ferramentas de ferro, de técnicas de irrigação, adubação, rotação de vegetais etc." A produção agrícola camponesa nasceu da superação qualitativa da produção doméstica (horticultora), que se apoia em técnicas extensivas, ferramentas simples e possui o fogo e a força humana como únicas formas de energia.

Segundo Maestri,

> o modo de produção horticultor tupi-guarani diferenciava-se dos [modos] das comunidades camponesas europeias – alemãs, italianas, polonesas etc. –, assentadas na agricultura cerealífera, em gêneros de ciclo longo, no arado, na tração animal, na adubação, na irrigação, na rotação de vegetais etc. Esse modo de produção ensejava comunidades aldeãs coeridas pela posse do celeiro e domínio de uma terra produtivamente potenciada pelo trabalho pretérito.

c) Horticultura quilombola

A abundância de terras, ajudada inicialmente pela tradição agrícola africana, teria determinado a agricultura como atividade principal do quilombo. "Os agrupamentos quilombolas frágeis e instáveis constituíam comunidades agrícolas domésticas", enquanto os grupos "maiores e estáveis conheciam um modo de produção doméstico".[14] As comunidades agrícolas domésticas produziam para o próprio consumo e, eventualmente, estabeleceram relações de troca e de comércio com a sociedade fora do quilombo, como já assinalado.

A economia quilombola assemelhava-se à produção nativa e cabocla – coivara. Os quilombolas usavam ferramentas rústicas e não se serviam do arado e da tração animal, desconhecidos na África e pouco utilizados na escravidão colonial. Predominou a produção de subsistência, com o cultivo de plantas de ciclo rápido e o frequente deslocamento das aldeias etc. Os quilombolas não estabeleciam laços profundos e essenciais com a terra ocupada, que podia ser abandonada, sem maiores traumas, por uma outra região.[15]

Em traços gerais, os quilombos agrícolas tiveram como fundamentos: "uma produção doméstica de subsistência baseada na força de trabalho autolibertada do escravismo e na existência de terras devolutas, o caráter livre da produção e a necessidade de relações com a formação escravista para elevar a produtividade do trabalho social". Essas características fundamentais dos quilombos agrícolas determinaram a "organização social, a ocupação do terreno, a orientação da economia, a atuação política etc. das comunidades". Elas explicam também a formação de quilombos não agrícolas, ou seja, de "economia pequeno-mercantil especializada".[16]

Os quilombolas não encontraram dificuldade para incorporar a agricultura ao cotidiano. Os trabalhadores escravizados traziam já da África a tradição agrícola e horticultora, ainda que, comumente, essas práticas, no continente negro, fossem funções sobretudo femininas, assim como nas comunidades tupis-guaranis.

---

14 Maestri. *O escravo gaúcho [...]. Op. cit.*

15 Cf. Maestri. "A aldeia [...]". *In:* Sorio Júnior, Humberto *et al. As portas [...] Op. cit.*

16 Maestri. *A servidão [...]. Op. cit.*

> As populações da África negra pré-colonial conheciam níveis mais ou menos avançados do que se convencionou chamar de modo de produção doméstico ou modo de produção de linhagem. [...] a maior parte dessas populações vivia realidades sociais organizadas, no essencial, a partir de uma produção agrícola e artesanal aldeã. [...] a técnica agrícola de base era a agricultura extensiva itinerante, ainda que fossem praticadas, em maior ou menor grau, formas simples de agricultura perene ou semiperene.[17]

Nos quilombos agrícolas, os trabalhadores escravizados optaram pela policultura, contrariando a lógica escravista que tinha na monocultura da cana-de-açúcar a base da economia colonial.

> Enquanto na economia escravista a produção fundamental e mais significativa era enviada para o mercado externo, e a população produtora passava privações enormes, incluindo-se o pequeno produtor, o branco pobre, o artesão e outras categorias, que eram esmagados pela economia latifundiário-escravocrata, nos quilombos, o tipo de economia comunitária ali instalado proporcionava o acesso ao bem-estar de toda a comunidade.[18]

d) A produção

É certo que algumas comunidades quilombolas avançaram e atingiram produções de algum significado. A fertilidade do solo influenciou positivamente para que as roças produzissem com relativa fartura, ainda que os instrumentos e a divisão do trabalho fossem rudimentares. Em casos não muito numerosos, os calhambolas também criaram animais. Não era incomum que tivessem acesso a rios piscosos e a uma rica fauna.

No Mato Grosso, o quilombo de Quariterê-Piolho impressionou as forças repressivas pela "sua beleza natural, a

[17] Maestri. *Breve história [...]. Op. cit.*
[18] Moura. *Quilombos [...]. Op. cit.*

fertilidade da terra, a abundância de caça e pesca". Também chamou a atenção pela fartura: "grandes plantações de milho, feijão, mandioca, amendoim, batata, cará e outros tubérculos. Cultivavam também frutas como banana e ananás. Plantavam fumo e algodão, com o que produziam tecidos grosseiros. Além disso, criavam galinhas".[19] A maior produção garantia ao quilombo mais alimentos e produtos para troca.

Também no Mato Grosso, "os quilombolas do rio Manso mantinham roças de cereais, canaviais, fabricavam rapadura e tecido grosseiro. Criavam galinhas e cachorros". Ao tratar dos quilombos de Goiás, Mary Karasch afirmou que os quilombolas se ocupavam da "caça, pesca e cultivo de roças. Embora alguns se envolvessem em assaltos, outros cuidavam de gado e produziam carne-seca".[20]

O pastoreio citado por Karasch foi atividade rara nos quilombos brasileiros. A criação de gado de grande porte exigia controle de território considerável – pastos – e tendia a revelar a localização do quilombo. Segundo a literatura consultada, os quilombos brasileiros enfrentavam adversidades que impediam uma fixação longa à terra.

Os quilombos produziam além do consumo diário, empregando a produção excedente para a troca. Embora a horticultura não induza a existência de grandes celeiros, encontramos na documentação referências a paióis com a finalidade de guardar os alimentos não consumidos.

No final da década de 1870, no Maranhão, uma expedição que objetivava atacar os quilombolas de São Sebastião encontrou "58 casas cobertas de palha e tapadas de barro, na maior parte com portas e janelas de madeiras, sendo duas denominadas casas de santo, bem distintas pelas cruzes le-

---

19 Volpato. "Quilombos [...]". *In:* Reis & Gomes (orgs.) *Liberdade [...]. Op. cit.*

20 Karasch. "Os quilombos [...]". *In:* Reis & Gomes (orgs.) *Liberdade [...]. Op. cit.*

vantadas em frente, três de fazer farinha com competentes fornos, uma de depósito e cera, outra guardando um alambique de barro".[21]

A existência de algumas construções que serviam para guardar mantimentos nos quilombos não os qualifica como comunidades camponesas. O fato de guardar grãos para uso futuro não determina estabilidade produtiva, potenciação da terra etc. O quilombola cultivou a terra para dela tirar seu sustento imediato, guardando o excedente para trocas e uso em épocas de carestia. No quilombo, pela primeira vez, o trabalhador escravizado se reapropriava de sua capacidade de trabalho, compartilhando-a eventualmente com o grupo quilombola.

e) A posse da terra

No momento da formação do mocambo, os quilombolas dedicaram-se à coleta, à caça, à pesca e ao preparo do solo para o plantio das primeiras sementes. Provavelmente, todas essas atividades tenham sido comunitárias, realizadas em ambiente de solidariedade. Não havia, e não podia haver, preocupação com a posse da terra. Para o quilombola, a terra não tinha valor comercial. Como já assinalado, fora poucas exceções, eles protegiam suas liberdades, e não a terra que exploravam.

Era hábito extremamente difundido entre os mocambeiros abandonar as aldeias e plantações e se embrenhar nas florestas, quando assaltados. Salvos os quilombolas, restava somente a perda das colheitas, que poderia determinar es-

[21] "Apema, relatório apresentado ao comendador doutor Francisco Maria Correia de Sá e Benevides, presidente da província do Maranhão, pelo major Honorato Cândido Ferreira Caldas, em 13 de janeiro de 1877, dando conta dos resultados conseguidos pela expedição destinada a destruir o quilombo do Turi". *In:* Gomes. *Experiências [...]. Op. cit.*

cassez ou falta de alimentos.[22] Para o quilombola, a liberdade e a força de trabalho valiam muito mais do que a terra.

Décio Freitas afirmou que "as terras pertenciam coletivamente ao quilombo, que as distribuía em lotes aos camponeses de acordo com o tamanho da família. O simples fato de um camponês pertencer ao quilombo assegurava-lhe o acesso à terra. [...] não há dúvida, de todo modo, de que o regime constitucional do quilombo assegurava a todo camponês o acesso à terra".[23]

Parece ser certo o aspecto comunitário de posse da terra. Entretanto, ficam dúvidas quanto à distribuição dos lotes, que sugere haver já um poder centralizado nascido de carência e disputa pela posse da terra. Na maioria dos quilombos, havia abundância de terra sem a necessidade de um poder central para a sua distribuição.

Não temos dados concretos quanto ao regime de propriedade do quilombo de Palmares. Freitas afirmou que "não há elementos seguros sobre o regime de propriedade da terra entre os palmarinos. Cabe conjeturar que as terras pertenciam à povoação como um todo".[24]

Para Freitas,

> a plausibilidade da hipótese provém, em primeiro lugar, do fato de que os negros traziam da África uma tradição de propriedade coletiva da terra. Em segundo lugar, uma vez que o esgotamento do solo por razões de segurança determinava periodicamente a mudança de toda a povoação para outro sítio, não teria sentido a propriedade privada da terra com todos os seus atributos, como compra e venda, sucessão etc.

Freitas avançou na sua argumentação afirmando que "seria necessário nada menos que uma revolução para privatizar a terra". Citou como exemplos os quilombos de Pal-

---

22 Cf. Maestri Filho. *A servidão [...] Op. cit.*

23 Freitas. *Escravos & senhores [...]. Op. cit.*

24 Freitas. "Palmares [...]". *In:* Moura. *Quilombos [...]. Op. cit.*

mares e Cidade Maravilha, sendo que em "Palmares o chefe Ganga-Zumba tentou despojar o quilombo da propriedade da terra para atribuí-la à aristocracia que se formara; se houvesse êxito, o resultado seria a constituição de uma classe de proprietários feudais".[25]

Segundo Freitas,

> há indicações menos seguras, mas ainda assim bastante convincentes, de que Anastásio, chefe do grande quilombo conhecido como Cidade Maravilha, teria tentado análoga feudalização. Dado esse regime de propriedade da terra, a proletarização do camponês quilombola, ou seja, sua separação dos meios de produção, mostrava-se impossível; ao mesmo tempo, entretanto, isso representava um obstáculo a qualquer evolução interna do sistema.

É indiscutível a importância do trabalho de Freitas sobre Palmares. Porém, ficam dúvidas quanto às informações que ele presta. Comumente ele não apresenta a documentação na qual embasa suas afirmações, apoiando-as comumente em operações meramente dedutivas.

Não havia e não podia haver propriedade privada dentro do quilombo. A terra comunitária teria sido cultivada por meio de lotes familiares ou comunitários. O quilombola não se apegaria à terra, raramente a potenciando com o seu trabalho, já que ela devia ser abandonada periodicamente por razões econômicas – ciclo produtivo – e políticas – segurança e repressão.

f) As forças produtivas

Acima de tudo, os quilombolas foram dedicados trabalhadores. A prova está na quantidade de produtos encontrados nas roças e paióis, por ocasião dos ataques praticados pelas forças repressivas. Freitas foi preciso ao citar que "era

[25] Freitas. *Escravos & senhores [...]. Op. cit.*

por ser escravo, e não por ser negro, que ele produzia pouco e mal nas plantações e nos engenhos".[26]

Livre do cativeiro, o quilombola provou que era trabalhador, colocando sua capacidade produtiva a serviço da sua comunidade. Segundo Gorender, na África "haviam esses povos negros alcançado notável progresso na agropecuária e no artesanato, principalmente no trabalho com metais, especialidade em que, sob alguns aspectos, se achavam mais adiantados do que os europeus da época".[27]

O trabalho fazia parte do cotidiano dos quilombolas. Nos quilombos agrícolas, principalmente, trabalhavam todos os habitantes que tivessem condições, fosse nas plantações, na coleta, na caça, na pesca etc. Não raro, viajantes e escravizadores ficaram impressionados com a abundância e a qualidade dos produtos encontrados nos quilombos, como já assinalamos.

Há, porém, claros exageros de historiadores sobre a fartura quilombola. Em geral, tornam casos isolados ou potenciados regra geral dos quilombos. A fartura, apontada eventualmente em um relatório, não raro produto de visão ideológica do informante, não indica que a prosperidade do quilombo tenha sido elevada, frequente e duradoura.

Mário Maestri lembra que "a capacidade produtiva do quilombo era limitada. O pouco desenvolvimento dos meios de produção e o caráter instável e clandestino dessa economia mantinham baixa a sua produtividade".[28] A documentação registra casos de quilombolas que abandonaram a liberdade, retornando à escravidão, diante das dificuldades conjunturais de viverem em um quilombo. Sobretudo as condições médias de vida do quilombola devem ser relacio-

---

[26] Freitas. *Palmares [...]. Op. cit.*
[27] Gorender. *O escravismo [...]. Op. cit.*
[28] Maestri. *A servidão [...] Op. cit.*

nadas com as condições de existências médias conhecidas pelos cativos na escravidão.

Nem todos os quilombos eram constituídos por africanos e descendentes cativos, ainda que eles fossem a base da população quilombola. A documentação aponta para a presença de nativos americanos; afrodescendentes livres; brancos. No século XIX no Mato Grosso, "tanto o quilombo do Sepotuba como o do Rio Manso abrigavam, além de escravos foragidos, outros tipos de indivíduos marginalizados – desertores e criminosos".[29]

Segundo Luíza Volpato, a solidariedade entre os membros do quilombo não se comprometia por essa heterogeneidade étnica. "[...] em relação ao Rio Manso, a fartura de sua produção e a capacidade de evitar o confronto com os perseguidores atestam a integração do grupo". A autora aponta para o trabalho solidário, que foi a tônica do quilombo.

Segundo a literatura sobre o tema, não há praticamente dúvidas sobre o fato de que o trabalhador quilombola era livre. Algumas pesquisas insistem na hipótese do trabalho escravizado dentro do quilombo, como já assinalado. Quanto à suposta escravidão em Palmares, como vimos, Maestri lembra que "não existiam em Palmares condições econômicas para a produção escravista", nem "condições sociais". "Toda a documentação sugere que em Palmares existisse espécie ou espécies de servidão militar dos cativos libertados, à força, pelos palmarinos. Ao trazerem para Palmares outros cativos, eles adquiriam cidadania plena".[30]

Ainda sobre o trabalho de cativos nos mocambos, João José Reis afirmou que o quilombo do Oitizeiro, na Bahia, "era formado por homens livres (negros, brancos e até um índio), seus próprios escravos e os escravos alheios que acoi-

---

[29] Volpato. "Quilombos [...]". *In:* Reis & Gomes (orgs.) *Liberdade [...]. Op. cit.*

[30] Maestri. "Benjamin Péret [...]". *In:* Péret. *O quilombo [...]. Op. cit.*

tavam e que formavam uma importante parcela da população adulta". Quanto aos escravos, "estavam tão à vontade que andavam livremente armados, trabalhando, caçando, assoviando".[31]

No caso do quilombo do Oitizeiro, como já discutido, certamente tratou-se de um couto de cativos. O proprietário das terras onde se situava o quilombo aproveitava a força de trabalho dos fujões para seu benefício, como era relativamente habitual na escravidão brasileira. Nesse caso, não havia liberdade plena da força de trabalho do quilombola. Em outras palavras, o trabalhador escravizado fujão somente trocou de explorador, ainda que, sob o domínio do acoitador, conhecesse condições de existência significativamente superiores às que conhecia sob o jugo do seu proprietário.

Quanto às ferramentas, faz-se necessário lembrar que, na confederação de Palmares, os quilombolas utilizaram a metalurgia do ferro.[32] Pode ser que a metalurgia tenha sido praticada em outros casos, porém não parece ter ocorrido na maioria dos quilombos brasileiros. Tal fato determinou a rusticidade das ferramentas. Os mocambeiros não possuíam arados, não usavam tração animal, não adubavam as roças, não irrigavam e não faziam rotação de culturas ou de solos etc.[33]

Não restam dúvidas de que as forças produtivas do quilombo se apoiavam sobretudo no braço do trabalhador autoliberado. Todos trabalhavam conforme suas habilidades e condições. Na comunidade calhambola, o quilombola provou que era trabalhador. Se no eito rendia apenas obrigado era porque resistia ao trabalho feitorizado.

---

31 Reis. "Escravos e coiteiros [...]". *In:* Reis & Gomes (Orgs.). *Liberdade [...]. Op. cit.*

32 Cf. Alves Filho. *Memorial [...]. Op. cit.*

33 Maestri Filho. *A servidão [...]. Op. cit.*

g) Trabalho individual, familiar, solidário e coletivo

Em geral, as informações da sociedade escravista tratam os quilombolas como bando de salteadores, não trazendo informações sobre o trabalho realizado por eles. Apenas em forma marginal encontram-se na documentação referências sobre as roças, espécies cultivadas, ferramentas, habitações etc.

Contrariando a lógica escravista que fundamentou sua economia na monocultura de exportação, os quilombolas optaram pelo cultivo de várias espécies – policultura. "Os quilombos agrícolas baseavam a sua economia sobre a agricultura itinerante de cereais e/ou tubérculos praticada com ferramentas simples, em geral, de ferro (enxadas e machados). Nessa atividade, a força humana e o fogo eram as energias essenciais".[34]

Édison Carneiro registrou que, em Palmares, "os trabalhadores, aparentemente, dividiam-se por duas categorias principais – lavradores e artesãos". Os lavradores teriam "sido os responsáveis diretos pela policultura".[35] Certamente o autor exagerou nessa divisão.

Na própria comunidade aldeã africana, o artesanato era mais comumente atividade familiar associada à agricultura. A suposta classe dos artesãos não teria sobrevivido, mantendo-se fiel ao exercício de sua atividade. Ao falar dos quilombos em geral, Carneiro admitiu que, "embora a propriedade fosse comum, a regra era a pequena propriedade em torno de vários mocambos".

Péret, ao discorrer sobre o regime econômico de Palmares, lembrou que, provavelmente, "os primeiros negros instalados nos Palmares devem ter lavrado a terra em comum. A necessidade de fazer face a um afluxo constante de

---

34 Maestri. *O escravo [...]. Op. cit.*

35 Carneiro. *O quilombo dos [...]. Op. cit.*

fugitivos obrigava esses primeiros cultivadores a coletivizar os recursos do mocambo".[36]

Benjamin Péret fez essa afirmação baseado na solidariedade existente entre os quilombolas, devido aos constantes ataques das forças repressoras. Um mocambo que tivera suas roças destruídas receberia a solidariedade de outro mocambo. Para ele, os recursos do quilombo inteiro não eram provavelmente postos em comum, porém isso não impedia que existisse solidariedade. Talvez tenham chegado, em determinadas ocasiões, a uma divisão de forma igualitária no interior de cada aldeia.

Para Péret, essa distribuição igualitária seria "acompanhada de uma constituição de reservas para remediar uma destruição eventual de colheitas, ou para preencher deveres de fraternidade para com os mocambos vitimados pelas incursões dos brancos ou por calamidades naturais? Nada se poderia afirmar, mas tais medidas são demasiado lógicas para não terem sido aplicadas, ainda que fosse esporadicamente".

Por sua vez, Clóvis Moura concluiu que "os quilombos praticavam uma economia policultora, ao mesmo tempo distributiva e comunitária, capaz de satisfazer as necessidades de todos os seus membros".[37]

Sem citar as fontes, Décio Freitas afirmou que "havia em todos os quilombos nítida divisão do trabalho. Camponeses trabalhavam a terra, ajudados da coletividade inteira à época da colheita, a que seguiam festejos que poderiam durar vários dias".[38]

A economia dos quilombos era precária. A horticultura era prática em geral desenvolvida em forma isolada, ainda que fosse facilitada pelo trabalho comunitário,

---

[36] Péret. *O quilombo [...]. Op. cit.*
[37] Moura. *Quilombos [...]. Op. cit.*
[38] Freitas. *O escravismo [...]. Op. cit.*

quando da abertura de clareiras na floresta. A produção artesanal simples faz igualmente parte das práticas econômicas familiares aldeãs.

No Brasil, mesmo os maiores quilombos não alcançavam dimensões e complexidade econômica e social para sustentarem mais do que uma divisão do trabalho muito rudimentar. É crível que os quilombolas desempenhassem sucessivamente funções de caçadores, pescadores, artesãos etc.

Não devemos assimilar uma rudimentar especialização do trabalho no quilombo e a associação do esforço de uma comunidade – mutirão – com a "nítida divisão do trabalho", proposta por Freitas. Para ele, havia "os caçadores, os pescadores, os campeiros, os artesãos e, por fim, os que se ocupavam no processo de transformação dos produtos primários".

Freitas e Péret apontaram para a divisão do trabalho, uso coletivo da terra e a distribuição igualitária dos seus frutos. Péret assinala o caráter hipotético de sua afirmação e Freitas não oferece documentação probatória. Trata-se, portanto, de hipóteses de trabalho, já que a informação conhecida e as condições de produção sugerem também exploração e economia individual-familiar nos quilombos, da qual não decorre produção necessariamente comunitária.

Em parte, Duvitiliano Ramos aponta nesse sentido. Referindo-se a Palmares, propõe que

> os quilombolas, ao repudiar o sistema latifundiário dos sesmeiros, adotavam a forma do uso útil de pequenos tratos, roçados, base econômica da família livre; que o excedente da produção era dado ao Estado como contribuição para a riqueza social e defesa do sistema; que a solidariedade e a cooperação eram praticadas desde o início dos quilombos; que deve remontar aos princípios do século XVII; que a sociedade livre era dirigida pelos usos e costumes; que não existiam vadios nem exploradores nos quilombos, mas, sim, uma ativa fiscalização como só

> acontecia nas sociedades que se formam no meio de lutas, contra formas ultrapassadas de relações de produção.[39]

Ao se referir ao "Estado", o autor entende a organização política da confederação dos quilombos de Palmares.

Também se referindo a Palmares, Ivan Alves Filho deduziu que a "propriedade [era] coletiva".[40] E que "as plantações se situavam perto dos quilombos e os lavradores se dirigiam para o trabalho pela manhã, bem cedo, retornando ao anoitecer". Alguns historiadores confundiram o trabalho solidário com o trabalho coletivo. Algumas vezes, impregnados por sentimentos socialistas, imaginaram o quilombo como reduto comunista, ignorando as próprias condições materiais de produção dessas comunidades, determinação fundamental em uma análise materialista do fenômeno.

Ao escrever sobre os quilombos, Eugene Genovese afirmou que "eles constituíram comunidades agrícolas que lembravam a África, e que se desenvolviam ao mesmo tempo como formações afro-americanas originais". Para o autor, "as comunidades apoiavam-se na horticultura [...]. Raramente ou nunca atingiram autossuficiência em manufaturas e tinham de depender dos outros a fim de obter tecidos, implementos agrícolas e, principalmente, armas de fogo".[41] A proposta de Genovese se aproxima possivelmente do que era a comunidade agrícola quilombola. O uso do termo "manufatura" é, entretanto, pouco próprio à produção artesanal quilombola.

Também não é plenamente procedente a proposta de Genovese de comunidades que "lembravam a África", já que, naquele continente, havia uma grande pluralidade de experiências agrícolas e as comunidades quilombolas orga-

---

[39] Ramos, Duvitiliano. "A posse útil da terra entre os quilombolas". *In:* Moura, Clóvis. *Quilombos [...]. Op. cit.*

[40] Alves Filho. *Memorial [...]. Op. cit.*

[41] Genovese. *Da rebelião à revolução [...]. Op. cit.*

nizavam-se nas América a partir de determinações muitas delas radicalmente diversas – a agricultura como prática feminina; relações aldeãs e familiares desenvolvidas etc.

Em Minas Gerais, o quilombo do Ambrósio pode ser citado como exemplo de organização solidária entre os quilombolas. Alguns autores propõem que teria chegado a reunir mais de 10 mil[42] aquilombados, divididos em grupos ou setores, no que há indiscutivelmente um enorme exagero. A confederação dos quilombos de Palmares não teria, efetivamente, superado de muito essa população, como um todo.

Segundo Moura, no quilombo do Ambrósio "se praticava a pecuária, através dos campeiros e criadores [...]. A parte da população agrícola encarregava-se dos engenhos, da plantação da cana e da fabricação de açúcar e aguardente; além disso, como produtos complementares cultivavam mandioca para fazer farinha e fabricavam azeite".

Quilombos dependentes de trocas

Comumente, os quilombos estabeleciam relações com segmentos da sociedade escravista que, por sua vez, forneciam informações e mercadorias, em troca sobretudo de produtos, serviços e segurança. Por razões diversas, proprietários, bodegueiros, posseiros, cativos, libertos etc. podiam eventualmente proteger e facilitar a fuga de cativos que se dirigiam aos quilombos.

Abundam os relatos sobre quilombolas trocando produtos, serviços e informações com a população livre. O intercâmbio se manteve porque favorecia ambos os lados, ainda que em forma desigual. A plantagem escravista assentava-se em produção monocultora destinada essencialmente ao mercado externo. No quilombo, a produção policultora objetivava o abastecimento interno da comunidade quilombola, o que facilitava as trocas com a sociedade escravista.

---

[42] Cf. Moura. *Quilombos [...]. Op. cit.*

Em Goiás, no século XVIII, muitos quilombolas eram cativos fugidos dos garimpos. Viviam de caça, pesca e cultivo de roças. Também rapinavam, cuidavam do gado e produziam carne-seca. "Eles negociavam com vizinhos".[43] Na segunda metade do século XIX, em Iguaçu, no Rio de Janeiro, havia "troca de alimentos e aguardente, fornecidos pelos próprios [taberneiros] que ali iam abastecer-se de lenha, prestavam-se os escravos aquilombados a cortá-la a fim de carregar os barcos".[44]

Havia quilombos que se dedicavam quase que exclusivamente à produção de bens a serem vendidos ou trocados fora deles. Waldemar Barbosa lembrou que "nos demais quilombos da Capitania [de Minas Gerais], os negros tinham suas roças. Mas, na Demarcação Diamantina, não; todo o tempo era dedicado ao garimpo. Não havia roças. Por isso é que se abasteciam com os brancos".[45] Em pleno século XIX, no Maranhão, os quilombolas do Turiaçu, "além da caça, pesca, colheita e da agricultura de subsistência, mantinham gado e comercializavam fumo e algodão".[46]

Segundo Maestri,

> esses laços exógenos permitiam que os quilombolas se abastecessem de produtos que não podiam produzir – sal, pólvora, açúcar, chumbo, armas de fogo etc. – ou que eram mais interessantes de se obter fora do quilombo, mesmo quando eventualmente podiam ser obtidos nele – aguardente, fazendas etc. Quanto menor o quilombo,

---

[43] Karasch. "Os quilombos [...]". *In:* Reis & Gomes (orgs.) *Liberdade [...]. Op. cit.*

[44] NA, IJ1 maço 493, ofícios de presidente de província (RJ). "Despacho da Presidência da província do Rio de Janeiro", 8 jan. 1878. *In:* Gomes. "Quilombos [...]". *In:* Reis & Gomes (orgs.) *Liberdade [...]. Op. cit.*

[45] Barbosa, W. de A. *Negros e quilombos em Minas Gerais*. Belo Horizonte: Imprensa Oficial, 1972.

[46] Assunção. "Quilombos [...]". *In:* Reis & Gomes. *Liberdade* [...]. *Op. cit.*

> maior era sua dependência ao mundo extraquilombo, pois menor era sua divisão interna do trabalho.[47]

Maestri lembra que "as relações mercantis com a sociedade escravista determinavam um intercâmbio desigual entre as duas esferas societárias, ensejando uma transferência de valor-trabalho da esfera quilombola para a da esfera escravista colonial". Tal fenômeno "determina que a economia quilombola fosse mais ou menos dependente da produção colonial, na medida em que dependia, mais ou menos, das trocas desiguais que realizava com esta última. Uma dependência que invadia a esfera de produção natural do quilombo, na medida em que ela financiava as práticas voltadas às trocas mercantis".

a) A coleta e o extrativismo

A coleta de frutas, tubérculos e sementes, como a caça e a pesca, seriam atividades que, em alguns casos, não exigiriam esforço extremamente duro por parte dos quilombolas, devido à abundância relativa de espécies nas matas brasileiras. No entanto, seria quase impossível sobreviver por mais tempo apenas da caça, da coleta e da pesca. Principalmente com a chegada de mais fujões, fez-se necessário ampliar a oferta de alimentos.

Na Amazônia do século XIX, os quilombolas dedicaram-se ao extrativismo, além de outras atividades. A documentação aponta para a presença de garimpo, roças, caça e pesca. Segundo Eurípedes Funes, os quilombolas praticaram "o extrativismo, a agricultura e, em menor escala, o comércio. A coleta da castanha constituía [...] fonte de renda natural das comunidades. Além disso extraíam a salsapar-

[47] Maestri. "Terra e liberdade: as comunidades autônomas de trabalhadores escravizados no Brasil". *Op. cit.*

rilha, o óleo de copaíba, fabricavam óleo de uixi-pacu e piquiá, utilizados na iluminação".[48]

Para Décio Freitas, "os negros extraíam na selva as chamadas 'drogas' e as vendiam aos 'regatões', comerciantes fluviais que mercadejavam no Amazonas e seus afluentes".[49] Os "regatões" sabiam da existência dos mocambos, porém não comunicavam às autoridades suas localizações, uma vez que lhes interessava o comércio com os quilombolas.

Na Amazônia, "a relação quilombola/meio ambiente não foi fundamental apenas para a fuga, mas, principalmente, para a sobrevivência e reprodução dos quilombos como organização social diferenciada da ordem escravista".[50] Conhecedores dos caminhos na floresta, os quilombolas extraíam produtos que eram trocados por aqueles que não possuíam. Também nessas trocas havia exploração destes.

Barbosa Rodrigues enunciou o caráter desigual dessas trocas no Pará:

> É o ponto de reunião dos regatões, que aí vão anualmente nos meses de fevereiro a abril comprarem o produto do trabalho dos mocambistas, que nesse tempo descem das cachoeiras e vêm vender não só o tabaco que fabricam e as castanhas que apanham nas terras abaixo das cachoeiras, como trabalham no apanho das mesmas castanhas para eles, que pagam com ninharias ou gêneros por preços fabulosos.[51]

A documentação sobre o quilombo de Manuel Padeiro, formado em 1835 nas cercanias de Pelotas, no Rio Grande do Sul, registra a exploração de quilombolas por tabernei-

---

48 Funes. "Nasci nas [...]". *In:* Reis & Gomes (orgs.) *Liberdade [...]. Op. cit.*

49 Freitas. *O escravismo [...]. Op. cit.*

50 Funes. "Nasci nas [...]". *In:* Reis & Gomes (orgs.) *Liberdade [...]. Op. cit.*

51 Rodrigues, Barbosa. "Exploração e estudo do Valle do Amazonas: Relatório [...]". Rio de Janeiro: Tipographia Nacional, 1875. *In:* Maestri. "Terra [...]". *Op. cit.*

ros. Mariano, quilombola do Manuel Padeiro, dirigiu-se à venda de propriedade de Simão Vergara, africano liberto, para trocar milho por produtos que lhe faziam falta. Os quilombolas adquiriram fumo e pólvora, sendo que Simão Vergara "trapaceou de tal modo o conterrâneo, pouco afeito aos negócios", que, no retorno ao quilombo, Mariano foi duramente repreendido pelo líder Manuel Padeiro.[52]

Em 1878, no Rio de Janeiro, o ministro da Justiça, conselheiro Lafaiete Rodrigues Pereira, ao informar da existência dos quilombos do Gabriel e Bomba, denunciou as trocas desiguais entre os quilombolas e a população livre, "que ia ali abastecer-se de lenha a troco de alimentos ou aguardente; e no empenho de garantir tão lucrativo comércio, prevenia-os de qualquer movimento de força, burlando assim as diligências policiais".[53]

Segundo a literatura consultada, os quilombolas do Gabriel e do Bomba não foram os únicos a serem extorquidos pela população livre. Os regatões, bodegueiros, taberneiros e livres souberam tirar proveito das informações que possuíam e da ilegalidade e fragilidade dos quilombos. Os quilombolas, que no cativeiro eram explorados pelos escravizadores mediante coerção física, na condição de mocambeiros foram explorados pela esfera escravista da sociedade via relações mercantis. Havia, porém, diferença qualitativa entre as duas formas de extorsão.

Ao extorquir os quilombolas, a sociedade oficial apoiava-se parcialmente na força da sociedade escravista. Procedia na extração de riquezas do produtor direto, devido ao caráter precário e instável da negação pelo quilombola da ordem escravista por meio da autolibertação de sua força de trabalho.

---

[52] Maestri. "O quilombo [...]". *In:* Seffner, Fernando (org.) *Presença negra [...]. Op. cit.*

[53] Goulart. *Da fuga [...]. Op. cit.*

b) A apropriação e reapropriação na sociedade escravista

O trabalhador escravizado podia se apropriar furtivamente de bens produzidos por ele ou por outrem no processo de produção de sua unidade econômica. Nesse caso, tínhamos o que podemos definir como reapropriação. O quilombola podia entrar no domínio, pela força, de bens produzidos fora da esfera do quilombo. Definimos esse caso como apropriação.

Não concordamos com a utilização do termo roubo para definir essas duas práticas. A palavra roubo remete a um ato condenado, por toda a comunidade, de aquisição de bens produzidos por outrem. A apropriação violenta da força de trabalho dos cativos, atividade legal e lícita do ponto de vista dos escravistas, era certamente um roubo do ponto de vista do produtor direto.

Como veremos, por meio da reapropriação, no interior da produção escravista, o cativo obtinha bens por ele produzidos. Por sua vez, a apropriação garantia aos quilombolas a obtenção de bens indispensáveis à própria sobrevivência, nos quadros da sociedade que se apropriava, mediante violência, de sua força de trabalho. O ato de violência produzido pelo cativo era ato social restaurador de sua liberdade.

Em *O escravismo colonial,* Jacob Gorender lembra que "o escravo se sustenta com uma parte do que ele produz durante a jornada de trabalho, isto é, com o tempo de trabalho necessário à reprodução de sua força de trabalho desgastada no processo de produção".[54]

Carlos Magno Guimarães assinala que a apropriação clandestina, mesmo sem violência, "de gêneros agrícolas em qualquer dos dois tipos de unidade produtiva [agricultura ou mineração] se manifesta na redução do trabalho e excedente materializado nesses gêneros".[55] Roubando ao escravista, o

---

[54] Gorender. *O escravismo [...]. Op. cit.*

[55] Guimarães. *Uma negação [...]. Op. cit.*

trabalhador escravizado se reapropriava de parte dos frutos de seu trabalho que lhe era expropriado.

A apropriação de bens produzidos fora do quilombo foi mais ou menos fundamental para alguns deles. Os mocambeiros empreendiam incursões às fazendas, centros urbanos, aldeias, apropriando-se de gêneros alimentícios, sementes, ferramentas e mulheres. Parte do produto obtido por meio da apropriação destinava-se à compra de gêneros de subsistência. Essa ação era também condição necessária para manterem suas liberdades.

As trocas estreitaram as relações entre muitos quilombos e a sociedade fora do mocambo. "Essas relações mercantis parecem ter levado à formação de quilombos que chamamos de produção pequeno-mercantil especializada – quilombos mineradores, extrativistas, de serviços etc."[56] Entre essa forma de quilombo encontravam-se aqueles que se dedicavam à apropriação de bens que se destinavam a serem introduzidos na esfera de trocas extraquilombo.

Nos quilombos de apropriação, a agricultura era subsidiária ou, em certas ocasiões, inexistente. Esses quilombos geralmente se localizavam nos arredores das cidades e tiveram, ainda que numerosos, menos expressão populacional, econômica e politicamente do que os quilombos agrícolas.

No final do século XIX, na província de São Paulo, formaram-se pequenos quilombos que viviam basicamente da apropriação. "Houve casos em que os quilombolas roubavam sacas de café para trocá-las 'depois da meia-noite' com um vendeiro comparsa, por artigos de que necessitavam ou mesmo por dinheiro".[57]

No ano de 1835, em Pelotas, Rio Grande do Sul, os quilombolas chefiados por Manuel Padeiro assaltaram algumas

---

[56] Maestri Filho. *A servidão [...]. Op. cit.*

[57] *Correio de Campinas*, 11 de julho de 1886. *In:* Santos. *Resistência e superação [...]. Op. cit.*

propriedades: "além das preciosas crioulas e mulatas, [...] obtiveram alimentos – farinha de mandioca, milho, feijão etc.; vestimentas, fumo, pólvora, armas de fogo e objetos de valor – estribos e colheres chapeadas a prata".[58] Parte desses bens era a seguir vendida sobretudo nas bodegas da região.

Frequentemente, os quilombolas investiam contra as propriedades a fim de abastecerem-se de gêneros que não possuíam. As apropriações por meio da força eram algumas vezes apoiadas pelos cativos, que auxiliavam nas investidas contra as propriedades de seus senhores. Os quilombolas de Manuel Padeiro recebiam a ajuda dos cativos que "participavam dos ataques, sem acompanharem, a seguir, os quilombolas".

Goulart afirmou que "nas zonas rurais tornou-se notório o fato de alguns escravos fugidos conservarem-se nas imediações das propriedades de seus donos com o intuito de saciar a fome, chegando alguns à afoiteza de dormir nas próprias senzalas, no calor dos braços e no gozo do amor de suas carinhosas mulheres".[59]

Os quilombolas "valiam-se da cumplicidade dessas [cativas], que não só os agasalhavam como com eles ainda dividiam o angu, o feijão e a carne-seca que lhes eram destinados". Maestri lembrou que "entre quilombolas e trabalhadores escravizados existia uma identidade, de fato, social e cultural, que levava a que uns e outros dialogassem com facilidade e frequência".[60]

No Rio Grande do Sul, "os quilombolas do Negro Lucas, na ilha dos Marinheiros, [...] dedicavam-se à rapinagem e a um pequeno comércio com Rio Grande, possivelmente dos cativos e libertos da ilha – preparavam couros, sebos, graxas, charque; vendiam lenha etc. Não há registro de hortas e ferramentas no quilombo".[61]

---

58 Maestri. "O quilombo [...]". *In:* Seffner (org.) *Presença [...] Op. cit.*

59 Goulart. *Da fuga [...]. Op. cit.*

60 Maestri. "O quilombo [...]". *In:* Seffner (org.) *Presença [...] Op. cit.*

61 Maestri. *Deus [...]. Op. cit.*

c) A apropriação nas regiões de garimpo

Nas regiões de garimpo, formaram-se quilombos que sobreviveram por meio da caça, pesca, cultivos de roças, das trocas e da apropriação violenta de bens produzidos fora da esfera do quilombo, com grande destaque para os minerais preciosos.

Na mineração, via apropriação violenta de seus produtos, os quilombolas causaram prejuízos aos proprietários e à Real Fazenda. "As implicações do roubo para esses interesses se manifestavam através de duas possibilidades quanto ao pagamento dos dízimos, que eram determinados pelo fato de os produtos terem sido roubados antes ou depois daquele pagamento dos dízimos".[62]

A Real Fazenda "era levada a arcar com o prejuízo de não receber o imposto sobre a quantidade de produtos roubados". Também, "quem arcava com o prejuízo era o senhor, por ter pagado o imposto sobre um produto que não mais utilizaria. A Real Fazenda tinha seus interesses materializados sob a forma de impostos, seja sobre o escravo, seja sobre os produtos de seu trabalho".

A apropriação, além de contribuir à reprodução do quilombo, penalizava a classe escravista e o Estado. Para Guimarães, afetava duplamente "por reduzir a parcela do excedente apropriado" e por favorecer cativos que, por sua condição de fujões, negavam o próprio sistema e eram ameaçadores da ordem social vigente.

d) Quilombos mineradores

A mineração clandestina foi outra atividade que garantiu a reprodução do quilombo. Amazônia, Goiás, Mato Grosso e Minas Gerais conheceram número significativo de quilombos onde a mineração clandestina possibilitava a aquisição de produtos que não tinham seus moradores. O

---

62 Guimarães. *Uma negação [...]. Op. cit.*

ouro e o diamante eram transformados em "moeda forte". De posse desses metais, o calhambola podia trocá-los por alimentos, armas, ferramentas e até comprar sua liberdade.

A mineração clandestina, realizada pelos quilombolas, contribuiu para a descoberta e exploração da riqueza mineral de algumas capitanias. No século XVIII, em Goiás, os quilombolas descobriram "importantes veios auríferos, dos quais os luso-brasileiros depois se apropriaram".[63]

Ao tratar dos escravos fugidos em Goiás, Mary Karasch registrou que "os quilombolas do século XVIII eram escravos garimpeiros em fuga que continuaram a praticar seu ofício escondidos em montanhas remotas. Suspeitamos que trocavam seu ouro por mercadorias de que precisavam em seus esconderijos, tais como armas, munição, cachaça e tecidos". A mineração clandestina causava problemas à Coroa porque era praticada por quilombolas e também o foi por homens livres e escravos, estes geralmente mandados por seus donos.[64] O ouro e os diamantes obtidos clandestinamente não rendiam imposto ao Estado.

O cativo preso como minerador clandestino passava a pertencer à Real Fazenda, que leiloava o produto garimpado e o cativo, prejudicando o seu dono. O proprietário de quilombola preso era prejudicado duas vezes. Perdera horas de trabalho com a fuga e, quando da captura, perdia em definitivo seu investimento, com a perda do direito de propriedade sobre o cativo.

Como apenas a Coroa interessava-se na captura de quilombolas mineradores, a fiscalização das atividades ilícitas ficava essencialmente com o Estado. Muitas vezes, aos proprietários de fujões não compensava sua busca. Por um lado, se fosse capturado pelo Estado, pertenceria à Real Fazenda; por

---

[63] Karasch. "Os quilombos [...]". *In:* Reis & Gomes (org.) *Liberdade [...]. Op. cit.*

[64] Cf. Guimarães. *Uma negação [...]. Op. cit.*

outro, os homens do mato eram facilmente subornados pelos mineradores clandestinos. Da relação entre fujões e parcela da sociedade conivente nasceu o comércio clandestino de metais.

Nos quilombos das regiões auríferas ou diamantíferas combinaram-se agricultura e mineração. "Na área de Vila Rica, e provavelmente outras regiões auríferas, os calhambolas exploravam ouro e cultivavam alimentos e em seguida negociavam em vendas do centro urbano".[65]

É possível que nesses quilombos, enquanto alguns quilombolas dedicavam-se ao garimpo, outros se encarregavam da produção de alimentos. Seria "uma divisão apenas técnica do trabalho entre os membros da comunidade, não de uma divisão social do trabalho entre classes".[66] Porém, também é crível que os mesmos quilombolas plantassem e se dedicassem ao garimpo.

Quanto ao garimpo na Amazônia, Goulart escreveu que, "entre os rios Turiaçu e Gurupi acha-se o vale do Maracassumé, onde, no século XIX, houve uma corrida à cata de ouro de aluvião encontrado por negros fugidos, que trocavam o metal pelo que necessitavam".[67] Da mesma forma, todas as atividades dos quilombolas da Amazônia foram baseadas na solidariedade entre si.

A mineração clandestina levou os quilombolas a praticarem o comércio na clandestinidade, para a aquisição de insumos não produzidos no quilombo, criando rede clandestina que atormentava as autoridades.[68] Dessa rede participavam outros elementos alheios ao quilombo que tinham ponto de concordância na burla ao fisco.

Para Guimarães, o ouro ou diamante conseguido clandestinamente "funcionava como equivalente geral, para tro-

---

[65] Ramos. "O quilombo [...]". *In:* Reis & Gomes (orgs.) *Liberdade [...]. Op. cit.*

[66] Freitas. *O escravismo [...]. Op. cit.*

[67] Goulart. *Da fuga [...]. Op. cit.*

[68] Cf. Guimarães. *Uma negação [...]. Op. cit.*

ca, em toda sua extensão. [...] abria uma notável possibilidade para os quilombolas ao ampliar seu universo comercial, pois [...], funcionando como moedas, compravam qualquer coisa, tanto na rede de comércio legal quanto na ilegal".[69]

O destino da produção dos quilombos semiautônomos e dependentes das trocas

A principal finalidade da produção quilombola destinava-se ao consumo da própria população. Não poderia ser diferente, pois era "uma produção doméstica de subsistência".[70] Quando havia produção excedente, esta servia para trocas com a população livre.

Décio Freitas afirmou que a produção excedente dos quilombos em geral teria duas finalidades: a formação de estoque para uso em épocas de carência e as trocas com a sociedade. Segundo o autor, a produção mocambeira era guardada em paióis coletivos e, a seguir, distribuída segundo as necessidades dos habitantes.[71] Freitas não apresenta fontes sobre os paióis coletivos.

Encontramos nos relatos das forças repressoras indicativos de que os quilombolas tinham estoques de produtos obtidos por meio da agricultura e do extrativismo. No diário da viagem do capitão João Blaer aos Palmares em 1645, a expedição encontrou "muito azeite de palmeira que os negros usam na sua comida".[72] Em outras comunidades quilombolas, os excedentes eram armazenados na própria residência.

São escassas as informações sobre a distribuição ou utilização desses bens para fins comerciais. Referindo-se aos pequenos quilombos de Minas Gerais, Donald Ramos afirmou que, "na área de Vila Rica, e provavelmente outras

---

[69] Guimarães. *Uma negação [...]. Op. cit.*

[70] Maestri Filho. *A servidão [...]. Op. cit.*

[71] Cf. Freitas. *O escravismo [...]. Op. cit.*

[72] Péret. *O quilombo [...]. Op. cit.*

regiões auríferas, os calhambolas exploravam ouro e cultivavam alimentos e em seguida os negociavam em vendas do centro urbano".[73]

Freitas generalizou suas conclusões sobre Palmares dizendo que "uma parte dos excedentes destinava-se às trocas com as populações vizinhas ou guardadas para as emergências, como seca, guerras e pestes. [...] a apropriação do trabalho excedente era comunal".[74] Não temos informação documental sobre "apropriação do trabalho excedente" quilombola – que seria, em todo caso, muito pequeno – sobre forma "comunal".

Ao comentar sobre o destino dos excedentes que ficavam estocados, o mesmo autor registrou que "se destinava ao sustento dos produtores não diretos e aos improdutivos em geral: chefes, guerreiros, prestadores de serviços, crianças, velhos, doentes".[75] Poucos quilombos no Brasil experimentaram organização comunal mais refinada como a de Palmares, sobre a qual, a bem da verdade, sabemos pouco.

O excedente quilombola ensejava trocas. Segundo Freitas, "as carências básicas dos quilombos eram o sal, as armas de fogo e as munições. Isso eles obtinham mediante trocas com as populações vizinhas, vítimas da crônica escassez de alimentos resultante da monocultura, ou mediante saques nas estradas ou nas propriedades escravistas".[76]

A localização do quilombo foi fundamental para o escoamento da produção de excedentes. A maioria das comunidades quilombolas, sempre que possível, "se estabeleceu em regiões não totalmente isoladas das áreas de cultivo, fossem elas exportadoras ou não, e dos pequenos centros de comércio e entrepostos mercantis". Essa estratégia eco-

[73] Ramos. "O quilombo [...]". *In:* Reis & Gomes (orgs.) *Liberdade [...]. Op. cit.*

[74] Freitas. *O escravismo [...]. Op. cit.*

[75] Freitas. *Palmares [...]. Op. cit.*

[76] Freitas. *O escravismo [...]. Op. cit.*

nômica "permitia a realização de trocas mercantis entre os quilombolas, escravos e vendeiros".[77]

No Rio de Janeiro, os quilombolas de Iguaçu foram muito ousados. Retiravam lenha das florestas que "acabava indo parar na Corte, quase sempre com a intermediação de taberneiros". Os mocambeiros trocavam lenha por alimentos e aguardente fornecidos pelos taberneiros. Gomes lembra que "o comércio de lenha entre quilombolas e taberneiros era [...] 'um lucrativo comércio', pelo menos para os taberneiros, que revendiam a lenha na Corte, onde era muito procurada e bem paga".

O autor propõe que os quilombolas de Iguaçu atuaram por quase um século, possibilitando "a criação de uma economia local em que os quilombos acabaram se tornando comunidades quase legitimadas localmente". Os quilombolas negociariam "não só os excedentes de sua lavoura, mas também extraíam, armazenavam e controlavam parte do comércio local de lenha".

A sociedade escravista negou o quilombo ainda que alguns setores, na medida em que tiravam proveito da situação, beneficiaram-se com ela. A expressão "comunidades quase legitimadas" deve ser compreendida com o sentido de que, embora vivendo na ilegalidade, a marginalidade do quilombo era aceita e apoiada por segmentos da sociedade escravista. Para que os quilombos fossem quase legitimados, deveriam contar com permissão, mesmo informal, de ocupação do espaço que jamais conheceram, como ocorreu em algumas regiões da América escravista.

Em 1806, na Bahia, temos o caso do couto do Oitizeiro, onde imperava a plantação da mandioca. Os cativos ali refugiados não produziam apenas para o próprio consumo, como sobretudo para o mercado: "trabalhavam nas roças

[77] Gomes. "Quilombos [...]". *In:* Reis & Gomes (orgs.) *Liberdade [...]. Op. cit.*

de seus senhores, ou em regime de meação. [...] possuíam suas próprias roças e, tal como seus senhores, acoitavam e usavam o trabalho dos escravos fugidos que foram dar no Oitizeiro. [...] as roças dos escravos, [e] o controle das quais fazia parte dos direitos adquiridos pelos escravos".[78]

Reis aproximou o Oitizeiro de um tipo de arranjo comum no Caribe e mais raro no Brasil, "onde os escravos não só plantavam e se alimentavam do produto de suas roças, mas eram importantes fornecedores de alimento para os mercados locais e regionais. Como se fossem protocamponeses". Naqueles casos, os cativos recebiam o direito de exploração das minúsculas parcelas de terreno, que serviam sobretudo para financiarem sua força de trabalho, já que, nessas condições, não eram alimentados pelos senhores. Haveria clara superestimação da produtividade dessa produção.[79]

No couto do Oitizeiro, segundo parece, não havia trabalho comunitário e o excedente não era partilhado entre os acoutados. A produção tinha, ao contrário, fins claramente comerciais. Quanto ao destino dos produtos, Reis lembrou que "os engenhos eram, isto sim, grandes consumidores de carne e farinha produzidas fora deles, inclusive a farinha fabricada no quilombo do Oitizeiro".[80]

Por volta do ano de 1850, grupos numerosos de quilombolas se formaram no Maranhão. Situados nas matas entre o rio Turi e o rio Gurupi, e nas matas do Codó e do Mearim, "viviam em uma complexa rede de comunicações com a sociedade escravista, que lhes fornecia bens materiais e informações sobre entradas. [...] trocavam ou vendiam produtos de suas roças (fumo e algodão) à população livre".

[78] Reis. "Escravos e coiteiros [...]". *In:* Reis & Gomes (orgs.) *Liberdade [...]. Op. cit.*

[79] Cf. Maestri, Mário. "O escravismo colonial: A revolução copernicana de Jacob Gorender". *Op. cit.*

[80] Reis. "Escravos [...]". *In:* Reis & Gomes (orgs.) *Liberdade [...]. Op. cit.*

Segundo Matthias R. Assunção, "os quilombos do Turiaçu/Gurupi conseguiram, por meio do garimpo, envolver um segmento importante da população livre na comercialização do ouro".[81]

Os quilombos extrativistas existiram em grande número na Amazônia. Os negros fugidos extraíam na selva as drogas e as vendiam aos regatões. Os regatões eram os comerciantes fluviais que comercializavam no Amazonas e seus afluentes.[82] Na primeira metade do século XIX, no quilombo do Trombetas, na Amazônia, "os negros viveram mais ou menos pacificamente, mantendo relações de comércio com os moradores de Óbidos e dedicados à lavoura, notadamente a do tabaco, e à coleta de drogas".[83]

Outro exemplo foi o quilombo do Coruá, no Pará, que se reconstituiu em fins da década de 1870. Lá, os quilombolas, "ao lado de uma agricultura de subsistência, praticam a coleta da castanha e o fabrico de farinha, base da economia, cuja produção era comercializada com os regatões e comerciantes de Alenquer".[84]

Tanto nas comunidades semiautônomas – agrícolas – quanto nas dependentes das trocas – quilombos de apropriação, extrativistas, mineradores –, o excedente produzido destinava-se a suprir as carências do quilombo. Nos quilombos agrícolas, a dependência era menor, pois, para as necessidades da época, a terra garantia a sobrevivência.

No tocante aos quilombos dependentes de trocas, a proximidade com os centros consumidores foi fundamental, porque os mocambeiros necessitavam trocar produtos constantemente, pois, afinal, dessa atividade vinha o sustento da

---

[81] Assunção. "Quilombos [...]". *In:* Reis & Gomes (orgs.) *Liberdade [...]. Op. cit.*

[82] Cf. Freitas. *O escravismo [...]. Op. cit.*

[83] Salles. *O negro no Pará [...]. Op. cit.*

[84] Funes. "Nasci nas [...]". *In:* Reis & Gomes (orgs.) *Liberdade [...]. Op. cit.*

comunidade. Os quilombolas não tinham muita escolha no que se refere ao destino da produção. Primeiro, satisfaziam as necessidades internas para, posteriormente, trocar o excedente, seja com livres, semilivres ou com escravizadores.

PARTE III

QUILOMBO E ANTROPOLOGIA: NOVOS SIGNIFICADOS

VISÕES DA ANTROPOLOGIA SOBRE O QUILOMBO

Da Lei de Terras (1850) aos remanescentes de quilombos

Em 1500, nas terras do litoral brasileiro vivia uma população estimada em um milhão de americanos.[1] As terras ocupadas pelas comunidades nativas foram, aos poucos, incorporadas às propriedades europeias. Os nativos foram os primeiros produtores expropriados de suas terras. "[...] a apropriação inicial, entendida como ocupação, corresponde à destruição do território indígena e caboclo e à construção de novas e diferentes formas fundiárias".[2]

A fartura relativa de terras férteis e a facilidade de acesso constituíram-se em fatores determinantes do escravismo colonial. Segundo Jacob Gorender, "a plantagem [...] determinou a utilização do fator terra sob a forma de grande propriedade e de grande exploração".[3] O latifúndio nasceu

---

1 Cf. Maestri, Mário. *Os senhores do litoral [...]. Op. cit.*

2 Rückert, Aldomar A. *A trajetória da terra: ocupação e colonização do Centro-Norte do Rio Grande do Sul:1827/1931*. Passo Fundo: EdiUPF, 1997.

3 Gorender. *O escravismo [...]. Op. cit.*

da necessidade de deslocar o canavial periodicamente, pois o plantador não usava adubos, determinando a exaustão do solo em poucos anos.

Além disso, os engenhos precisavam de matas para a extração de madeira e lenha, barreiros para a extração da matéria-prima para as olarias etc. "[...] se a plantagem, por si mesma, implicava a grande exploração, a verdade é que, de modo geral, as propriedades fundiárias dos plantadores ultrapassavam de muito a extensão estritamente imposta pelas normas técnicas habituais".

A grande propriedade "representou elemento estrutural do escravismo em todo o continente americano". Havia a necessidade de significativos investimentos para a montagem de toda estrutura produtiva. O nativo, o trabalhador escravizado e o lavrador nacional ficaram à margem do processo de acesso a terra. Por lavrador nacional, entendemos o camponês descendente de nativos, de africanos, de portugueses pobres, que exerce a agricultura em pequenas roças ou se dedica ao extrativismo. Ele é também denominado de caboclo, constituindo no Sul do Brasil grupo social entre o estancieiro e o colono imigrante.

a) A lei no sentido inverso

A primeira lei que regulou a apropriação das terras no Brasil foi o "regime de doações de terras pelas sesmarias. Inspirada na legislação do Império romano, a Lei das Sesmarias foi aprovada em Portugal no ano de 1375 e estabelecia a praxe da concessão de terras a particulares, objetivando a efetiva ocupação".[4]

As sesmarias foram "as datas de terras, casas ou pardieiros que, desaproveitados pelos senhores diretos, eram redistribuídas". Em Portugal, sesmeiros eram "os destina-

---

4 Jahnel, Teresa C. "As leis de terras no Brasil". *Boletim Paulista de Geografia*. São Paulo: AGS-SP, 2° sem. 1987.

dos pelo rei a darem as ditas propriedades de sesmarias". No Brasil, "passou-se a chamar de sesmeiros aqueles que obtinham qualquer porção de terra por sesmaria".[5] Houve inversão de designação.

Em Portugal, com a lei das sesmarias, a Coroa pretendia o aproveitamento total das terras do reino a fim de produzir alimentos. "e serão avisados os sesmeiros que não deem maiores terras a uma pessoa de sesmaria que aquelas que razoadamente parecer que no dito tempo poderão aproveitar".[6]

No Brasil, o regime de doações de terras com base na Lei das Sesmarias surgiu com as capitanias hereditárias, "visando o povoamento, a ocupação e principalmente a defesa das terras brasileiras, devido às tentativas de invasões".[7]

O sistema de capitanias hereditárias deve ser compreendido "como manifestação peculiar de um tipo de empreendimento colonizador europeu da época do mercantilismo". Caracterizado "por delegações de soberania de grande amplitude, nele se incluindo também as companhias privilegiadas de comércio".[8]

Os donatários das capitanias "não conservavam nenhum direito eminente sobre as sesmarias, cingindo-se tão somente a exercer o poder público". Estes só se "tornavam proprietários privados de 20% da área de sua respectiva capitania e se obrigavam a distribuir os 80% restantes a título gratuito de sesmarias".

As sesmarias só eram doadas a indivíduos detentores de bens e da confiança dos donatários. "Elas não eram confiadas a pessoas de poucos recursos, uma vez que o cultivo

---

[5] Rodrigues. *História [...]. Op. cit.*

[6] Ordenações Manuelinas. Livro Quarto. Tit. 67, § 3º: O mesmo nas Ordenações Filipinas. Livro Quarto. Tit. 43, § 3º. *In* Gorender. *O escravismo [...]. Op. cit.*

[7] Jahnel. "As leis de terras" [...]. *Op. cit.*

[8] Gorender. *O escravismo [...]. Op. cit.*

da terra, voltado para o mercado externo, exigia grandes somas para a compra de escravos e de ferramentas, e só a exploração de vastas extensões era lucrativa".[9]

b) A gênese do latifúndio

No Brasil, uma sesmaria correspondia a um pedaço de terra com 13.068 hectares, ou seja, abrangia a superfície de 43,56 milhões de metros quadrados. Sem dúvida, era um enorme latifúndio. A doação da terra não era para que seu proprietário trabalhasse, mas sim para que fizesse outros trabalharem por si. As sesmarias visavam a reprodução da sociedade de classes portuguesa, que sofreu, entretanto, forte metamorfose no Brasil.

"Vários governadores-gerais ou seus filhos e protegidos receberam sesmarias imensas, às vezes verdadeiras donatarias".[10] A legislação se preocupa formalmente com o tamanho das propriedades. Somente em fins do século XVII, a Coroa tentou limitar a extensão das sesmarias, exigindo que se cultivassem as terras ociosas em determinado prazo. As sesmarias deveriam ser medidas, demarcadas, e os sesmeiros deviam pagar o dízimo de Cristo sobre a produção.

Segundo Gorender, "em contraposição à sesmaria, era a posse a via de acesso à terra para os colonos pobres, incapazes de vencer os obstáculos da burocracia". Nesse caso, quando era concedida uma sesmaria "em terra anteriormente ocupadas por pessoas consideradas em situação ilegal, essas passavam a morar na condição de agregados – para manter sua posse – enquanto fosse conveniente ao sesmeiro".[11]

Os sesmeiros passaram a cobrar tributos dos lavradores situados em suas terras. Sesmeiros e posseiros entraram

---

[9] Jahnel. "As leis de terras" [...]. *Op. cit.*

[10] Gorender. *O escravismo [...]. Op. cit.*

[11] Jahnel. "As leis de terras" [...]. *Op. cit.*

em conflito. "Em resolução de 17 de junho de 1822, são suspensas as concessões de terra de sesmarias, até que nova lei regularizasse a questão". O período que vai de 1822 até 1854, quando é regulamentada a Lei de Terras de 1850, foi marcado pela ocupação incessante, dado que a posse era a única forma de obtenção de terras.

Segundo Teresa C. Jahnel, "durante o período sesmarial, a apropriação pela posse se caracterizava basicamente por ser típica daquele morador despossuído de riquezas e que não participava da economia comercial exportadora. [...] com a extinção das sesmarias [...] também o proprietário de engenhos de açúcar acumula grandes extensões de terras através da posse".

c) Terra para quem paga

Em 18 de setembro de 1850, por meio da Lei n. 601, proibiu-se a aquisição de terras públicas por outro título que não o da compra. As posses anteriormente efetivadas deveriam ser legalizadas mediante medição e extração de títulos concedidos por órgãos governamentais.[12]

A Lei de Terras de 1850, feita para disciplinar o acesso à terra, também "veio para impedir ou dificultar a posse da terra por parte da população pobre e principalmente dos imigrantes que viriam ao Brasil para atender às exigências do processo de substituição do trabalho escravo pelo trabalho livre nas zonas cafeicultoras do país".[13]

Com o fim do tráfico de trabalhadores escravizados em 1850, os cafeicultores paulistas temiam pela falta de braços nos cafezais. Fez-se necessário aprisionar a terra a fim de implementar o trabalho livre.

Chama a atenção a fórmula encontrada pelas elites para obstruir o acesso à terra. Formalmente, nem o rico nem

---

[12] Cf. Gorender. *O escravismo [...]. Op. cit.*

[13] Zarth. *História agrária [...]. Op. cit.*

o pobre teriam acesso livre à terra, já que deveriam pagar por ela. O plano e o espírito que nortearam a elaboração da Lei de Terras de 1850 era claríssimo.

Seu principal objetivo foi manter o monopólio do acesso à terra. Mesmo que o preço fosse irrisório, os camponeses pobres do Brasil do Oitocentos dificilmente teriam recursos para pagar pela terra e menos ainda para pagar as despesas legais inerentes ao processo de requerer e legitimar os terrenos.[14]

Se a lei de 1850 dificultava a vida do lavrador pobre, não fazia o mesmo para os latifundiários. As fraudes eram comuns, muitas vezes com o consentimento oficial. Os lavradores pobres, de todas as origens, não possuíam os recursos para subornar autoridades e pagar despesas judiciais.

Um expediente usado era o de comprar terras de supostos posseiros, que muitas vezes não passavam de meros peões do fazendeiro. "A Lei de Terras de 1850 [...] permitia a compra de terras de um posseiro que tivesse ocupado uma área de forma mansa e pacífica antes daquela data. Caso o posseiro não tivesse feito o registro obrigatório em 1855, bastava pagar uma multa irrisória e assim garantir a propriedade do imóvel".

Num país essencialmente agrícola, a privação do acesso à terra por qualquer segmento da população é certeza de uma legião de excluídos e famintos num futuro próximo. Os lavradores nacionais, até a vigência da lei, eram autossuficientes. Com a retirada de seu meio de produção, se constituíram em grupo fundamental para a transição do trabalho escravizado para o trabalho livre. Ou seja, um exército rural de reserva de produtores despossuídos dos meios de produção necessários para garantirem sua subsistência.

---

[14] Cf. Zarth, Paulo Afonso. "Estancieiros, colonos e lavradores nacionais na construção da estrutura agrária do Rio Grande do Sul". *Estudos de História. Revista do Programa de Pós-Graduação em História*. USP. Franca. V. 8, n. 2. 2001.

d) Cultivando as terras de outros

No interior das fazendas agrícolas e pastoris, homens livres continuaram a produzir, com a licença dos proprietários. Esses produtores contribuíam com a força de trabalho nas épocas de pique da produção mercantil. No restante do ano, produziam produtos de subsistência, entregando parte dessa produção aos proprietários, conforme o acordo que haviam estabelecido. Sem o amparo legal, os moradores, posseiros, rendeiros etc. e suas famílias viviam em isolamento relativo, nos latifúndios, gozando de um frágil direito de uso da terra que exploravam.[15]

Como caboclos, posseiros, intrusos etc., esses moradores precários dos latifúndios foram comumente expulsos da terra que ocuparam, pelo avanço das fronteiras agrícolas mercantis e pelo desenvolvimento da tecnologia, que restringiu a necessidade da mão de obra. Mais comumente, nem chegaram a vislumbrar a possibilidade da legalização das posses que exploraram, quando assegurada pela lei de 1850.

Como assinalado, fazendeiros e especuladores compraram comumente direitos de posse e legalizavam terras ocupadas por posseiros que eram, também, expulsos e até eliminados sumariamente das propriedades quando se negavam a vendê-las, ou quando vislumbravam a possibilidade de legalizá-las.

Vimos que a inexistência das sólidas comunidades familiares e aldeãs e as frágeis ligações orgânicas com a terra ocupada permitiram que as terras caboclas, negras e quilombolas continuassem a ser apropriadas pelo latifúndio em contínua expansão, comumente mediante compra e legalização fraudulenta de posses.[16]

---

[15] Cf. Maestri, Mário. "A aldeia ausente: índios, caboclos, escravos e imigrantes na formação do campesinato brasileiro". *In:* Sorio Junior, Humberto *et al. As portas de Tebas [...]. Op. cit.*

[16] Cf. Zarth, Paulo A. *História agrária do Planalto Gaúcho. 1850-1920.* Ijuí: EdiIJUÍ, 1977.

Quando da escravidão, os quilombolas mais comumente não criaram vínculo com a terra. Eles protegiam suas liberdades e não a terra que exploravam. "Daí o hábito extremamente difundido dos mocambeiros de abandonarem as aldeias e plantações e se embrenharem nas florestas, quando assaltados. Salvos das tropas reescravizadoras, fundavam outro povoado, geralmente em locais e territórios desconhecidos pelos agressores".[17]

d) Doação de terras aos afrodescendentes

Em algumas fazendas, alguns proprietários entregaram, em vida ou por testamento, pedaços de terras para que fossem cultivadas pelos trabalhadores escravizados. Após a Abolição, mesmo não legalizada a propriedade, essas terras transformaram-se em pontos de atração para outros afrodescendentes. Segundo a literatura consultada, comumente, a doação de terras aos trabalhadores escravizados era feita a toda a coletividade. No entanto, a ocupação e o uso da terra fizeram-se das duas formas: familiar ou coletiva.[18]

Um exemplo dessa prática ocorreu no Rio Grande do Sul, mais especificamente no município de Mostardas. Dona Quitéria Pereira do Nascimento deixou em testamento, aberto em 22 de março de 1827, a fazenda dos Barros Vermelhos aos recém-libertos e demais famílias possivelmente residentes ali. Essas terras passaram a ser identificada como a fazenda da Casca.[19]

Segundo Ilka Boaventura Leite, em "decorrência da proximidade com áreas de quilombos [Pelotas, serra dos Tapes], é pertinente afirmar que a fazenda dos Barros Ver-

---

[17] Maestri. "A aldeia ausente. [...]". *In:* Sorio Junior, Humberto *et al. As portas [...]. Op. cit.*

[18] Cf. "Testamento de Quitéria". *In:* Leite. *O legado do Testamento* [...]. *Op. cit.*

[19] Área (ha): 2.490, 4.663. Segundo a Fundação Cultural Palmares. *In:* Leite. *O legado do Testamento* [...]. *Op. cit.*

melhos foi um dos destinos de fuga e abrigo de escravos fugidos. Ali, mesmo antes do testamento e oficialização da partilha, os escravos [da referida fazenda] e ex-escravos viviam como posseiros".[20]

Maestri lembrou que, "antes da abolição, cativos fugidos, libertos, negros livres subsistiram como caboclos nas margens e nos interstícios das fronteiras agrícolas em expansão". Após a Abolição, essas comunidades "deram origem a um campesinato negro que tendeu a se fechar sobre si, como já o haviam feito os caboclos descendentes de nativos".[21]

O relativo isolamento de caboclos, em relação às vilas e aos latifúndios, garantiu certa estabilidade para essas comunidades. Porém, com o avanço da grande propriedade, as terras ocupadas pelos caboclos foram invadidas e eles, obrigados a abandonar as posses. Após a Abolição, ex-escravos, caboclos e indígenas transformados em posseiros, cativos que haviam recebido terras, quilombolas que haviam resistido aos escravistas etc. passaram a ser pressionados pelo avanço da economia mercantil.

> O racismo, a falta de representação política, a ausência de conhecimento legal, a baixa renda monetária, a prática de línguas e padrões não oficiais da língua nacional etc. foram fenômenos que, associados à falta de experiência histórica com a propriedade da terra e a uma forma de produção que estabelecia frágeis vínculos com ela, tornaram comumente 'inviáveis as possibilidades de legitimação' das terras detidas por essas comunidades.[22]

No Brasil, os representantes do latifúndio trabalharam no sentido de impedir qualquer tentativa de reforma nas leis

---

[20] Leite. *O legado do Testamento* [...]. *Op. cit.*

[21] Maestri. A aldeia ausente [...]. *In:* Sorio Junior, Humberto *et al. As portas de Tebas [...]. Op. cit.*

[22] Dias, Gentil Martins. *Depois do latifúndio: continuidade e mudança na sociedade rural nordestina.* Rio de Janeiro/ Brasília: Tempo Brasileiro/UnB, 1978; *apud* Maestri. "A aldeia ausente [...]". *In:* Sorio Júnior, Humberto *et al. As portas de Tebas [...]. Op. cit.*

que envolvessem a grande propriedade fundiária. Para agravar a situação, os marginalizados não conseguiram centralizar suas ações num objetivo único. Os indígenas lutaram pela demarcação de seus territórios; os sem-terra mobilizaram para serem assentados; no entanto, as comunidades negras rurais que não possuíam as terras tituladas não tiveram suas reivindicações atendidas.

A Constituinte e os remanescentes

Em 1964, os militares assumiram o poder no Brasil. Por duas décadas, a população brasileira sofreu com a supressão de seus direitos democráticos mínimos. Nos anos finais do governo ditatorial, a população passou a reivindicar crescentemente o restabelecimento da democracia e de direitos sociais. Iniciou-se, então, movimento pelo retorno das eleições diretas e por nova Constituição. A população desejava que a nova Carta atendesse a suas reivindicações. Em 1985, chegou ao fim o regime militar e, três anos mais tarde, em 1988, foi aprovado o novo texto constitucional.

Porém, não podemos deixar de lembrar que a década de 1980 foi marcada por acontecimentos que alteraram o cenário político mundial. No Brasil, em 1982, realizou-se o I Simpósio Nacional sobre o Quilombo de Palmares, em Alagoas. Em 1988, celebrou-se o Centenário da Abolição da Escravidão. Uma verdadeira profusão de estudos sobre a escravidão antecedera a celebração. Em 1988, tivemos também a nova Constituição. O momento era, portanto, propício às mudanças. Sob forte pressão, as elites políticas pareciam mais sensíveis aos apelos das minorias.

Porém, após 1989, alguns acontecimentos mudaram o rumo das produções historiográficas, no Brasil e no Mundo. Influenciados pela queda do muro de Berlim e pelas visões neoliberais da história, houve decréscimo das produções voltadas para os movimentos sociais. Decaíram os estudos históricos analíticos e estruturais e as análises sobre as classes subalternizadas: operários, indígenas, escravos etc.

Em contrapartida, começou-se a ler o quilombo a partir de nova ótica, apoiada na necessidade de defini-lo para ser titularizado. Efetivamente, a partir de debates iniciados em 1988, quando da Constituinte, "o quilombo adquire uma significação atualizada, ao ser inscrito no artigo 68 do Ato das Disposições Constitucionais Transitórias (ADCT) para conferir direitos territoriais aos remanescentes de quilombos que estejam ocupando suas terras, sendo-lhes garantida a titulação definitiva pelo Estado brasileiro".[23]

Na realidade, o texto do artigo 68 das Disposições Constitucionais Transitórias nasceu das discussões sobre o patrimônio cultural brasileiro que se encontram na base dos artigos 215 e 216 da Constituição. O artigo 215 dava ao Estado a função de garantir a todos o pleno exercício dos direitos culturais e acesso às fontes da cultura nacional, apoiando e incentivando a valorização e a difusão das manifestações culturais. Pela primeira vez, aparecia na Constituição Brasileira "a noção de grupos diferenciados, participantes do processo formador da nação".[24]

O artigo 216 incluía no patrimônio cultural brasileiro "os bens de natureza material e imaterial, tomados individualmente ou em conjunto, portadores de referência à identidade, à ação, à memória dos diferentes grupos formadores da sociedade brasileira".[25] Pelo artigo 68 do ADCT, eram passíveis de titulação as terras dos remanescentes de comunidades de quilombo. Não havia dúvida sobre o que se considerava como remanescentes – aquilo que restou – de quilombos. Segundo Oliveira Jr., tratava-se de "quilombos

---

[23] O'Dwyer (org.) *Quilombo [...]. Op. cit.*

[24] Carvalho, José Jorge de. (org.) *O quilombo do rio das Rãs [...]. Op. cit.*

[25] Oliveira Jr., Leinad Ayer (org.) *Quilombos: a hora e a vez dos sobreviventes*. São Paulo: Comissão pró-Índio de São Paulo, 2001.

antigos, dos quais haja permanecido uma população a ocupar suas terras ainda hoje".[26]

Visto que o texto do artigo 68 do ADCT originou-se das discussões sobre o patrimônio cultural brasileiro, que estão na base dos artigos 215 e 216 do Corpo Permanente da Constituição, em verdade, "os remanescentes de comunidades de quilombos não se fizeram presentes, em momento algum do processo constituinte".

Estranhamente,

> durante o processo constituinte, nem uma única discussão foi registrada nos anais do Congresso sobre o futuro artigo 68 do ADCT. Incluído inicialmente em uma das propostas sobre a proteção do patrimônio cultural brasileiro, a proposição de titulação das terras dos remanescentes de comunidades de quilombos foi deslocada para o ADCT devido à sua própria natureza transitória.

Conforme Oliveira Jr., "a primeira menção que se faz no Congresso, já posterior à Constituinte, ao assunto, foi em 1991, em um discurso do Deputado Alcides Modesto (PT--BA) sobre o conflito fundiário na região do rio das Rãs".

Entretanto, ao que parece, ao se iniciar o arrolamento e qualificação, mediante laudos, dos remanescentes, explicitou-se logo que a realidade abrangida, em boa parte do Brasil, era muito pequena. Parece indiscutível que a imensa maioria das comunidades rurais negras brasileiras, em geral sem a propriedade plena da terra que ocupam, não se originaram em quilombos.

Ou seja, a lei não contemplava uma grande parcela de comunidades rurais, com alguma origem afro-brasileira, não surgidas de um quilombo, que não possuíam a posse da terra. Estavam excluídas as Terra de Santo, Legados por Testamentos, Terras de Posseiros etc. Percebe-se, então, que es-

[26] Oliveira Jr. "Reflexão antropológica e prática pericial". *In:* Carvalho (org.) O *quilombo [...]. Op. cit.*

sas comunidades ficaram novamente marginalizadas. Como vimos, sobretudo com a Lei de Terras, em 1850, e a Abolição, em 1888, surgiram no campo múltiplos fenômenos, impossíveis de serem reduzidas a remanescentes de quilombos.

As lideranças das comunidades negras brasileiras viveram momentos de apreensão durante a discussão sobre quem seriam os remanescentes de comunidades de quilombo. Havia o temor de que, "se seguida a noção tradicional de quilombo como grupo de negros fugidos, dificilmente se encontraria remanescentes atuais a ocupar suas terras [...] de forma que o preceito constitucional seria pouco mais que inócuo".

Como vimos, o conceito de quilombo era o formatado pela historiografia para descrever fenômenos objetivos, ou seja, as comunidades de trabalhadores escravizados formadas durante a escravidão. Dessa forma, ao não encontrar, comumente, evidências de um quilombo histórico, sobretudo os antropólogos envolvidos no arrolamento de quilombos e na concessão de laudos buscaram outros fundamentos que pudessem fornecer explicações para a presença de tais comunidades negras naqueles lugares.

Parte desse processo, Oliveira Jr. proporia que "não se poderia esperar que quilombos [...] pudessem ocupar um território da mesma forma que outros haviam feito" no passado. Portanto, devido à contradição entre a expectativa determinada pela lei e a realidade encontrada, partiu-se para readequar o conceito histórico de quilombo de tal modo que ele abrigasse o número maior possível de comunidades negras rurais. Mesmo contrariando a interpretação inicial dos legisladores, o termo quilombo passou a ser reinterpretado.

Quilombo – a invenção da tradição

a) História, tradições, lutas

Em 1995, José Jorge de Carvalho, antropólogo e professor da Universidade Federal de Brasília, organizou o livro *O quilombo do rio das Rãs: histórias, tradições, lutas*. Trata-se de obra coletiva de vários autores que fizeram leitura minuciosa da experiência histórica, social e cultural de quilombo baiano fundado na primeira metade do século XIX, cujos descendentes lutam pela posse definitiva de suas terras.[27]

José Jorge de Carvalho iniciou seu trabalho com um ensaio comparativo sobre as tradições dos quilombos no Brasil e nos demais países das Américas, analisando especialmente os quilombolas da selva do Suriname, os *marronages* e a tradição vodu do Haiti, os *maroons* da Jamaica e os *pelenques* de Cuba e da Colômbia.

Apoiado na documentação histórica, o autor propôs que, mesmo com definições diferentes para cada local, o quilombo tenha sido uma manifestação de contrariedade com o regime escravista.

> Em cada região das Américas onde o regime escravagista se instalou, registraram-se movimentos de rebelião contra essa ordem, o primeiro deles datando de dezembro de 1522, justamente na ilha Hispaniola. Isso significa dizer que a história do cativeiro negro nas Américas se confunde com a história da rebelião contra o regime escravista.

Para Carvalho, a mais extraordinária experiência de quilombos ocorreu no Suriname. Lá,

> os negros lograram fugir 'massivamente' das plantações nas primeiras décadas do século XVII, e, após mais de cem anos de duras guerras contra os exércitos escravistas, conseguiram finalmente assinar vários tratados de paz com o Estado holandês e apossar-se, definitivamente, do vasto território da selva que conquistaram com o suor e o sangue de sua resistência.

Para o autor, "o caso surinamês" era

---

[27] Carvalho, José Jorge de (org.) *O quilombo do rio das Rãs [...]. Op. cit.*

> certamente o mais proeminente de todos, porque aí se constituíram sociedades inteiras, a partir da experiência de vida nos quilombos, e não apenas comunidades isoladas, encravadas ou circundadas pelos demais grupos assimilados à sociedade nacional. Os saramacás, os djuka e as demais nações são completamente identificáveis por sua língua própria, organização política, sistemas de parentesco, estilos artísticos, religião, economia.

Diferentemente do Brasil, os grupos mantiveram características próprias. "São grupos humanos que em nada se confundem com os chamados negros das plantações, ou os crioulos da capital Paramaribo". Segundo Carvalho, contrastá-los com o Brasil seria difícil, porque "uma das nossas principais dificuldades é justamente o perfil geográfico dispersivo das comunidades e a consequente dificuldade em se fazer um levantamento demográfico consistente e exaustivo". No Brasil, o caráter violento da repressão senhorial, aliado à dispersão populacional quilombola, não teria forjado comunidades arrojadas, independentes e perfeitamente identificáveis por suas características próprias. Ao contrário, dominou a fragilidade do quilombo brasileiro.

Ao tratar dos quilombos haitianos, Carvalho lembrou que "o Haiti foi a primeira nação, em todo o mundo latino-americano e caribenho, a se tornar independente, em 1804, do poder colonial europeu. A história da independência haitiana está intrinsecamente ligada à história dos seus movimentos quilombolas (lá conhecidos como *marronage*) e da religião vodu".

No Haiti, o trabalhador escravizado também reagiu aquilombando-se. "O quilombo mais famoso da história haitiana foi o Bahoruco, localizado numa montanha a leste da ilha, já na fronteira com a República Dominicana". Era um quilombo numeroso: "em 1665, contava já com 1.200 homens. O Bahoruco foi habitado durante 85 anos, havendo resistido a inúmeras expedições militares e ao intermitente, contudo parcial, extermínio de seus ocupantes".

Makandal foi um poderoso líder escravo. "Unia, em si, as figuras do escravo rebelde e guerreiro, do curandeiro e do sacerdote". Ao passo que os quilombolas de Palmares, no Brasil, queriam construir "um Estado alternativo, mas independente, Makandal se propôs libertar todos os negros da ilha da presença europeia".

Carvalho lembra que "o Haiti foi a única nação do Novo Mundo na qual o projeto de libertação negra, com a constituição de quilombos, pôde ser visto como um projeto nacional". Projeto que teve êxito em 1804. No Brasil, a sociedade escravista temia a repetição do caso haitiano a cada vez que os escravos se rebelavam.

Quanto à Jamaica, afirmou que "é um dos países que registram números elevados de sublevações de escravos no Novo Mundo. [...] Existem, ainda hoje, na Jamaica, várias comunidades de quilombolas continuadoras daquele período colonial de lutas antiescravistas". A tradição de resistência ao sistema escravista fez surgir líderes entre os quilombolas. Surgiram povoados dentro do próprio país.

> Em todos esses povoados, vivem os descendentes dos escravos libertos que os fundaram. Cada uma dessas localidades funciona como um pequeno território autônomo dentro do país. A propriedade da terra é comunal desde o século XVIII; o líder de cada comunidade *maroon* é chamado coronel, cargo antes vitalício, mas, para o qual, hoje em dia, se é eleito por cinco anos. Sua população total alcança uns poucos milhares de pessoas.

Na Colômbia, "os quilombos, ou mocambos, são conhecidos como *palenques*. Os *palenques* se concentraram inteiramente na Costa Atlântica, ao norte do país, ao redor da bela cidade de Cartagena das Índias". Cartagena das Índias, "dos séculos XVI ao XVIII, foi um dos pontos de recepção e redistribuição de escravos para o norte da América do Sul, América Central e Caribe".

Carvalho lembrou "que foi Cuba o penúltimo país a abolir o regime escravagista, apenas dois anos antes da abolição brasileira". Em Cuba, os quilombos eram chamados de *palenques*. "Comparados com países como Haiti, Jamaica e Suriname, os levantes mais importantes de escravos em Cuba foram bem mais tardios e menos numerosos, ainda que igualmente intensos".

Na Venezuela, "os quilombos eram chamados de *cumbes*, e, dada a sua extensa costa caribenha do país, muitas das sublevações, ali registradas, estavam conectadas com a fuga de escravos das ilhas antilhanas vizinhas". Os *cumbes* resistiram por mais de dois séculos. "A partir de 1812, com a guerra da independência, muitos escravos foram libertados e a fuga quilombola diminuiu". Ainda hoje se encontra na Venezuela "uma região na qual se concentram suas populações negras mais antigas e as tradições afro-venezuelanas mais importantes, qual seja, a região de Barlovento, na costa oriental".

No Brasil,

> a geografia dos remanescentes de quilombos e das comunidades negras tradicionais brasileiras se apresenta de um modo completamente fragmentado; não há nenhuma região reconhecida, na representação que a nação faz de si mesma, como o lugar dos quilombos. As comunidades de ex-escravos e de descendentes de quilombolas estão espalhadas por inúmeros Estados da nação e não alcançaram, jamais, uma visibilidade aos olhos do coletivo.

Carvalho separou claramente as comunidades de ex-escravos e comunidades de descendentes de quilombolas. Ele lembrou, igualmente, que a luta quilombola em outros países americanos conseguiu estabelecer acordos que permitiam a convivência entre os negros e a sociedade escravista. "Quanto ao Brasil, nossos homens e poder jamais assinaram tratados de paz com escravos libertos; a atitude da colônia portuguesa, e mesmo a do Império, foi inflexível e impiedosa". Nesse sentido, equivocou-se. Em 1678, Ganga-Zumba negociou um acordo de paz com os portugueses.

Lembrou que ainda hoje os descendentes de escravos lutam por direitos a eles negados. Num claríssimo exagero, defendeu que o "Brasil parece ser o único país afro-americano que ainda não resolveu, sequer formalmente, a questão dos direitos territoriais das suas comunidades negras".

Efetivamente, salvo engano, a maior parte dos países que se utilizaram de mão de obra cativa não resolveram a questão de terras das comunidades negras, na medida em que não resolveram o problema de seus camponeses sem-terra. No caso brasileiro, lamentamos que aqueles que construíram a riqueza da nação por 300 anos não tenham um pedaço de terra para dela tirar seu sustento. Comumente, os camponeses negros brasileiros, que não são proprietários das terras que ocupam, são praticamente "invisíveis", sendo apenas "descobertos" por ocasião dos conflitos fundiários.

Carvalho lembrou que, "enquanto nos outros países a arma da invisibilidade foi utilizada apenas durante o período das guerras contra as entradas escravistas, no Brasil muitas comunidades continuam resistindo, hoje, praticamente do mesmo modo como faziam há dois séculos". Tornaram-se "invisíveis" e resistiram. Antes, lutavam pela liberdade. Hoje, lutam para não morrer de fome!

Na Jamaica, na Colômbia e no Suriname,

> uma vez decretados os armistícios, os colonizadores deram aos quilombolas uma quantidade de bens necessários para que iniciassem uma vida livre e estabelecessem sistemas de trocas com a sociedade dominante. Em contraparte, os quilombolas comprometeram-se a não mais interferir com a exploração da mão de obra escrava, a qual continuou existindo por décadas, ou mesmo séculos, após a paz celebrada com os libertos.

Carvalho fez pertinente explanação dos quilombos na América. Apresentou em forma documentada as diferenças entre os quilombos da América em relação aos brasileiros. Separou de modo claro e coerente as comunidades descendentes de escravos das comunidades quilombolas. Argumentou que no Brasil a geografia dos quilombos se apresenta de forma fragmentada, impedindo uma melhor visibilidade aos olhos do coletivo.

b) Filhos do mato

Na obra coordenada por José Jorge de Carvalho encontra-se também a investigação de Siglia Zambrotti Dória, mestre em Antropologia Social pela Universidade de Brasília, que escreveu em parceria com Carvalho sobre a comunidade negra do rio das Rãs.

Segundo os antropólogos,

> a ocupação do território, por parte dessas famílias negras, foi definida através do uso efetivo que dele tem sido feito. O desempenho de atividades produtivas e a ocupação por meio de agrupamentos de moradia substanciavam esse uso. Construíram suas casas ao longo do sinuoso caminho percorrido pelo rio das Rãs e seus braços e desenvolveram normas quanto aos espaços que deveriam ser respeitados e compartidos pelos muitos agrupamentos locais, reproduzidos a cada deslocamento.

Conforme a memória viva da comunidade, "os negros e índios teriam sido os primeiros moradores do rio das Rãs, negros, como os índios, filhos da terra, filhos do mato, no processo de constituição de uma identidade que se afirma pela antiguidade". Esses moradores eram famílias que "provavelmente viveram fugidas de áreas de mineração, em época muito anterior à migração típica da região".

Para Carvalho e Dória,

> não há referência de que haja sido egressos da derruição de algum tipo de empreendimento escravista registrado na região. Na verdade, trata-se de um grupo social descendente de negros que viviam livres no interior da ordem escravocrata – quilombolas escapados de uma

> região mais distante, num período muito provavelmente anterior ao da área – e que aí chegaram e aí demarcaram o seu território e a sua autonomia.

O que chamou a sua atenção foi "a capacidade desse grupo de constituir um território autônomo e demarcá-lo simbólica e geograficamente. Isso implicou uma enorme capacidade de resistência".

Mesmo não tendo as características dos quilombos tradicionais, "o Laudo Antropológico afirmou, com base no trabalho desenvolvido, ser perfeitamente possível adequar a situação da comunidade negra do rio das Rãs ao que se entende, historicamente no Brasil, como remanescente de quilombos e julgou pertinente a reivindicação de titulação definitiva de suas terras".

Isso porque, para os autores, "fugir do cativeiro, encontrar um nicho ecológico apropriado e defendê-lo a todo preço, eis o que caracteriza um quilombo". Fundamentados nesses princípios, para os autores, passava a ser "quilombos os territórios, demarcados geograficamente e de ocupação contínua, de negros que viviam livres no interior da ordem escravocrata".

Se é verdade que as comunidades de fujões, que vivem e defendem dos reescravizadores um nicho ecológico apropriado, constituíam sem lugar a dúvidas um quilombo, não é, porém, verdade que uma comunidade, por exemplo, de agricultores livres afrodescendentes, reunida por razões diversas em um nicho ecológico dado, possa receber tal denominação.

c) Reflexão antropológica

No mesmo livro, Adolfo Neves de Oliveira Jr., mestre em Antropologia pela Universidade de Brasília, escreveu o artigo "Reflexão antropológica e prática pericial". Segundo o autor, é necessário

> que os estudos antropológicos que tenham por objeto a defesa dos direitos das comunidades remanescentes de

> quilombos reportem-se à origem da comunidade objeto de estudo, demonstrando não apenas que ela é efetivamente originária de um quilombo, isto é, de um agrupamento de escravos fugidos, constituindo em oposição à ordem escravocrata vigente, como, também, que ela seja, efetivamente, a atualização histórica daquela antiga comunidade de quilombo.

Nesse sentido, Oliveira Jr. contestou a manipulação do conceito simplesmente para adequá-lo ao artigo 68. Defende que a origem da comunidade esteja vinculada ao quilombo, ou ao agrupamento de cativos fugidos. Não fez referência a ex-libertos. Segundo o antropólogo, o artigo 68 do Ato das Disposições Transitórias

> levou membros da comunidade acadêmica, de comunidades rurais negras, de movimentos negros por todo o país, em conjunto com o Ministério Público Federal, a buscar uma definição de 'remanescentes de comunidades de quilombos' que fosse aplicada aos casos concretos porventura existentes. Tal procedimento, é necessário ressaltar, correu, desde o início, em sentido inverso daquele comum à prática antropológica, isto é, partindo do conceito para a realidade concreta.

Desconhecendo a realidade, conforme Oliveira Jr.,

> chegou-se mesmo a propor a extensão do conceito de 'remanescente de comunidade de quilombo' até que seus limites coincidissem com os da concepção de quilombo enquanto comunidade de resistência cultural, concepção recente difundida pelo movimento negro e que se aplica, grosso modo, a qualquer comunidade negra rural que se caracterize por formas de acesso coletivo ao território, sem levar em conta que, ainda que o legislador não houvesse explicitado no preceito constitucional o que fosse quilombo [...], deixou bem claro que o direito à titulação da terra ocupada referia-se aos remanescentes de comunidades de quilombos, o que não apenas indica de que quilombo se está tratando, como ainda informa que o elemento a ser ressaltado na definição do conceito de 'remanescente de comunidade de quilombo' é, justamente, a

> origem específica de uma determinada comunidade atual, e não a forma de ocupação territorial adotada por ela.

Para Oliveira Jr.,

> o uso, como instrumento de análise, de um conceito originalmente descritivo de dada realidade social pode resultar danoso à comparação, uma vez que o conceito está como que impregnado da especificidade do fenômeno concreto que lhe deu origem, sendo, assim, preciso relativizar sua pretensão à medida de toda uma gama de realidades sociais, forçosamente diversas.

No caso de se considerar remanescente de quilombo todo e qualquer grupo que preservou sua cultura, ignorando o fator fuga-resistência, determinaria que praticamente todas as comunidades negras rurais e urbanas originaram-se de quilombo. Nesse caso, os antropólogos que defendem esse preceito estariam retomando as convicções de Nina Rodrigues e Arthur Ramos, que conceberam o quilombo como projeto restauracionista. Além do mais, como ficariam aquelas comunidades negras que não conseguiram preservar sua cultura?

Ao tratar da comunidade negra do rio das Rãs, Oliveira Jr. escreveu que

> a presença de uma comunidade negra, não tradicionalmente reconhecida como remanescente de quilombo e que passava a reivindicar, na Justiça, seu reconhecimento enquanto tal, parecia ser o elemento concreto perfeito para tais reflexões, acrescido, ainda, do fato da inexistência, na mesma comunidade, de uma tradição oral articulada, referente a algo que pudesse ser entendido como um quilombo, salvo referências esparsas à presença de negros fugidos na região e à insistência reticente de não serem eles, os negros do rio das Rãs, descendentes de escravos.

Segundo as pesquisas, "não havia [...] tradição oral sobre feitos heroicos de resistência do quilombo. [...] as referências da tradição oral apontavam [...] em direção a um modo de vida que não era aquele de escravos e não havia qualquer registro de uma doação de terras a libertos, ou coisa semelhante, que pudesse fornecer explicação para a presença de uma comunidade negra naquela região". Na realidade, eram "remanescentes de um agrupamento de negros fugidos da escravidão que se concentrou na região do rio das Rãs há cerca de 150 anos, estabelecendo-se por lá e dando início ao que, hoje, é chamado a comunidade do rio das Rãs".

Conforme Oliveira Jr., foram encontrados

> os remanescentes de uma forma de quilombo que deve ter sido muito [recorrente] nas regiões agrícolas, e mesmo pecuárias, do Brasil do século XIX. Determinados trechos de terra, especialmente inóspitos ou pouco próprios à agricultura ou pecuária extensivas, parecem ter-se estabelecido como refúgio frequente de bandos errantes de escravos fugidos, bem como de outras formas de excluídos da sociedade nacional.

Segundo a interpretação da maioria dos antropólogos, "vivendo em tais condições, na vizinhança das grandes propriedades, tais quilombos dificilmente possuiriam, sobre seu território, soberania semelhante àquela de Palmares, uma vez que sujeitos, a qualquer momento, à intrusão de um capitão do mato".

Oliveira Jr. concluiu que a própria lei estabelecia que "qualquer ajuntamento de cinco ou mais pessoas, tivessem ou não autonomia, sobre um território constituía um quilombo". Para o antropólogo, era

> um quilombo sem história, por assim dizer, em cujos descendentes a própria característica quilombola necessita ser extraída dos indícios apresentados pela tradição oral, menções fragmentárias a uma realidade primeva de liberdade como resistência à ordem escravocrata, cuja síntese necessita ser fornecida pela investigação antropológica, de forma a atender as necessidades do dispositivo constitucional.

d) Quilombo: símbolo da luta pela igualdade de direitos e de cidadania

No ano de 1997, o antropólogo José Jorge de Carvalho escreveu o artigo "Quilombos: símbolos da luta pela terra e pela liberdade".[28] Para Carvalho, a Constituição brasileira fala em remanescentes de quilombos. Para sabermos quem são esses novos sujeitos, faz-se necessário unir a perspectiva histórica com a avaliação de conjuntura: "São os quilombos de hoje, cada um com sua história singular, que se transformam num símbolo da luta pela igualdade de direitos e de cidadania que afeta a milhões de pobres, trabalhadores sem-terra, desempregados e despossuídos em geral". Fica evidente a posição de Carvalho quanto ao conceito de quilombo. O quilombo não tem a conotação histórica de libertação da força de trabalho. Adquire o significado de segmento social que luta por direitos, dentre eles o direito à propriedade.

Segundo Carvalho,

> podemos estimar em mais de 2 mil o número de comunidades negras tradicionais existentes no Brasil hoje. Dessas, uma boa parte descende diretamente de quilombos históricos, enquanto a maioria delas foi formada a partir da recolocação e reorganização de quilombos desfeitos pelas forças de pressão da sociedade escravista, ou mesmo em consequência das condições geográficas e naturais especialmente adversas de sobrevivência física de seus membros fundadores.

Para o autor,

> a Lei Áurea [...] igualou duas categorias de negros inteiramente distintas em termos de valores e de atitudes face à escravidão: os que fugiram do regime e resistiram à captura (os quilombolas dos séculos anteriores e seus descendentes atuais), os que fugiram e foram recapturados (muitos dos quais ficaram eternamente marcados pela letra F, de fugido) e os que nunca tentaram escapar do jugo dos opressores.

---

28 Carvalho, José Jorge de. "Quilombos: símbolos da luta pela terra e pela liberdade". *Cultura Vozes*, n. 5, setembro/outubro de 1997.

Defendeu a "ressignificação" do termo quilombo. Este passou a englobar marginalizados da sociedade que buscam seus direitos.

O autor entendeu que a Abolição uniu os quilombolas e os trabalhadores escravizados fugidos que foram recapturados. Ora, a partir do momento que um quilombola era recapturado, este voltava a ser trabalhador escravizado. Em forma correta, no entendimento de Carvalho, após 1888, todos os libertos e remanescentes de quilombos formaram um grupo social único. Ou seja, o dos trabalhadores livres de ascendência africana. Em verdade, com a Abolição, eles confluem na imensa classe de trabalhadores rurais e urbanos explorados, de todas as origens, da cidade e do campo. É essa característica essencial da Abolição que não permite identificação, a não ser simbólica, dos quilombos do passado a comunidades negras agrárias do presente.

e) Revisionismos que levam a desconstruir analiticamente e alargar na prática a ideia de "quilombo"

José Maurício Andion Arruti, antropólogo e historiador, publicou o artigo "Comunidades negras rurais: entre a memória e o desejo" nos primeiros meses de 1998, dez anos após os debates parlamentares sobre a nova Constituição, promulgada em outubro de 1988. Arruti propõe que as comunidades de remanescentes que, num primeiro momento, pareciam poucas, após a aprovação do artigo 68 multiplicaram-se rapidamente, já que "um número crescente de comunidades negras rurais começa a recuperar uma memória até então recalcada, revelando laços históricos com grupos de escravos que, de diferentes formas e em diferentes momentos, conseguiram impor sua liberdade à ordem escravista".[29]

[29] Arruti, José Maurício Andion. "Comunidades negras rurais: entre a memória e o desejo". *Suplemento Especial de Tempo e Presença,* março/abril de 1998.

O autor atribui o contínuo crescimento numérico

> em parte à ignorância, tanto de estudiosos quanto do próprio movimento social, com relação à confluência e implicação, poucas vezes suposta[s] ou permitida[s], entre o tema do campesinato e o tema da identidade étnica ou racial, mas também à postura surpreendentemente ativa dessas comunidades negras rurais que se descobrem carregadas de uma força nova na luta pela reconquista ou manutenção de territórios de uso tradicional.

Arruti confundiu comunidades remanescentes de quilombo com comunidades de ex-escravos. O fato de que, a partir de 1988, multiplicaram-se as comunidades remanescentes não significa que todas são oriundas de quilombos. Em realidade, com a Disposição Transitória, escancarou-se o problema fundiário brasileiro no que se refere às comunidades rurais afrodescendentes. São grupos sociais que pleiteiam a titulação das terras e viram na brecha da lei a possibilidade para tal.

Arruti lembrou que

> a noção de quilombo tem sofrido profunda revisão, motivada ainda pela realidade trazida por essas novas situações sociais. Aos poucos vamos nos dando conta de que esta foi sobretudo uma noção instrumental e repressiva, mais que uma definição positiva, e que ela pode ter tido um uso muito largo e impreciso, alternando-se a outras categorias, ou mesmo não sendo aplicada a determinados grupos e situações em função de razões conjunturais ou próprias à natureza da documentação histórica.

A revisão do termo quilombo, citada por Arruti, não passa da adequação do termo à finalidade de abarcar mais comunidades às exigências do artigo 68.

O autor citou o modelo Palmares como exceção. "Na verdade, esse modelo está sendo revisto. Revisionismos que nos levam a desconstruir analiticamente e alargar na prática nossa ideia de quilombo". Propõe que esse

> revisionismo atinge também uma tradição interpretativa mais ampla, que tem desconhecido e apagado de seu universo de interesses a grande faixa de formações sociais que não se encaixem nem na dicotomia senhor/escravo nem na realidade criada pela Lei de Terras (1850), que pretendeu fazer da propriedade privada a única forma de acesso à terra, repartindo definitivamente o mundo social entre proprietários e não proprietários.

O quilombo não acaba com a Abolição da escravidão porque

> a realidade das atuais comunidades remanescentes [que] vem chamar nossa atenção é justamente o fato de o desaparecimento legal não ter representado sempre o desaparecimento real daquelas formas de posse e de organização social. Elas parecem ter continuado existindo de formas mutantes, permanentemente adaptadas aos novos contextos legais e regionais, sustentadas em laços comunais ou em compromissos precários com aqueles que eram os próprios expropriadores.

Com a Abolição, o trabalhador escravizado estava livre para usar sua força de trabalho. Sabe-se que muitos ex-cativos continuaram sendo explorados das mais variadas formas. No entanto, o quilombo desapareceu, pois desapareceu o quilombola, o trabalhador que se refugiava para proteger sua liberdade e a liberdade da força de trabalho. Surgiram as comunidades negras. Estender o quilombo para além de 1888 significa manipular a história e, para tal, desconsiderar a objetividade dos fenômenos e de sua evolução ao longo do espaço e do tempo.

Arruti chamou atenção para a organização social e de uso da terra desses grupos. O uso da terra é coletivo.

> Esse caráter eminentemente coletivo não se expressa apenas ou necessariamente nas técnicas de cultivo da terra, mas na capacidade que seu território continua a ter em servir (apesar das suas sucessivas expropria-

> ções) como local de peregrinação, ponto de referência afetiva e identitária, que guarda a promessa de uma volta para aqueles que foram obrigados a se retirar deles em busca de oportunidades em outras terras ou nas cidades.

O artigo de Arruti constitui documento valioso sobre os remanescentes. Registra a recuperação de memória rural negra variada e dispersa devido à aprovação do artigo 68. Propõe a necessidade da revisão e expansão da noção passada de quilombo, que registra, por um lado, como "instrumental e repressiva", e, por outro, como tendo sido utilizada em forma "larga" e "imprecisa".

Uma das razões da necessária expansão do sentido da categoria "quilombo" seria o fato de que aquelas "formas de posse e de organização social" não terminaram com a Abolição, sofrendo "mutações" com ela. Define como característica das terras negras seu caráter coletivo e de ponto de "peregrinação" e de "referência afetiva e identitária".

Registra, portanto, o caráter instrumental do movimento revisionista – a votação do artigo 68 – e não empreende de definição do fenômeno quilombo no passado. Ao definir a caracterização do quilombo no passado como "repressiva", nega a ação positiva primária do cativo fugido para centrar-se na ação negativa posterior dos escravizadores. Esquece como elemento determinante do quilombo a vontade do trabalhador escravizado de se libertar. Rejeita, no fato, a história como se deu, para retocá-la e adaptá-la a partir de propostas atuais.

Mesmo registrando a transformação qualitativa do fenômeno quilombo com a Abolição – mutações –, propõe abarcar as duas experiências com a mesma categoria, o que enseja que defina, sem discussão, como características dos novos quilombos, fenômenos em geral estranhos aos quilombos históricos, como, por exemplo, a fixação na terra e a luta pelo seu domínio.

f) Quilombo: um direito a ser reconhecido

Em 2000, a antropóloga Ilka Boaventura Leite escreveu o artigo "Os quilombos no Brasil: questões conceituais e normativas", no qual realizou releitura antropológica do quilombo do ponto de vista teórico, político e social. Inicialmente, para ela, o quilombo foi o primeiro foco de "resistência dos africanos ao escravismo colonial". Retornou ao debate no período republicano, com a "Frente Negra Brasileira" e voltou à cena política, no final dos anos de 1970, durante o processo de "redemocratização do país".[30]

Para a autora, com a Constituição Brasileira de 1988, os quilombos voltaram ao debate, como "uma luta política e, consequentemente, uma reflexão científica em processo de construção". Lembramos que em 1988 também se completaram cem anos da Abolição da escravidão no Brasil. Foi um momento profícuo para manifestações, pesquisas e publicações sobre o passado escravista brasileiro.

Então, para Leite, "nos últimos 20 anos os descendentes de africanos, [...] organizados em associações quilombolas", passaram a reivindicar "o direito à permanência e ao reconhecimento legal de posse das terras ocupadas e cultivadas para moradia e sustento, bem como o livre exercício de suas práticas, crenças e valores em sua especificidade". Para a autora, as "associações quilombolas" datariam do início de 1980, portanto, oito anos antes da Constituinte. Conforme Alfredo Wagner Berno de Almeida, foi em 1994 que se iniciou "um movimento social quilombola de abrangência nacional".[31] Ou seja, dez anos após a proposta da antropóloga.

---

[30] Leite, Ilka Boaventura. "Os quilombos no Brasil: questões conceituais e normativas". *Textos e Debates*. Florianópolis: Nuer/UFSC, n. 7, 2000.

[31] Almeida, Alfredo Wagner Berno de. "Os quilombos e as novas etnias". *In:* O'Dwyer (org.) *Quilombo [...]. Op. cit.*

Na nova leitura da antropóloga, que parece incorporar todo e qualquer fenômeno de cunho afro-brasileiro, o quilombo passaria a ser qualquer "forma de organização, de luta, de espaço conquistado e mantido através de gerações".[32] Nesse sentido, na atualidade, o quilombo "significa[ria] para essa parcela da sociedade brasileira sobretudo um direito a ser reconhecido e não propriamente e apenas um passado a ser rememorado".

Procurando justificar a metamorfose proposta do significado de quilombo, buscou em historiadores e antropólogos interpretações sobre o fenômeno. Para Ney Lopes, o quilombo é um conceito próprio dos africanos bantos que foi modificando ao longo dos séculos. "Quer dizer acampamento guerreiro na floresta, sendo entendido ainda em Angola como divisão administrativa".

Por sua vez, para David Birmigham, o quilombo se originaria na tradição mbunda, via organizações clânicas, e suas linhagens chegariam até o Brasil por meio dos portugueses. Finalmente, para o antropólogo Kabengele Munanga, o quilombo brasileiro é uma cópia do quilombo africano reconstituído pelos escravizados para se opor a uma estrutura escravocrata.

Procurando apoiar a universalização do termo, a antropóloga propõe igualmente que, na tradição popular brasileira,

> há muitas variações no significado da palavra quilombo, ora associado a um lugar: 'quilombo era um estabelecimento singular'; ora a um povo que vive nesse lugar: 'as várias etnias que o compõe'; ou a manifestações populares: 'festas de rua'; ou ao local de uma prática condenada pela sociedade: 'lugar público onde se instala uma casa de prostitutas'; ou a um conflito: uma 'grande confusão'; ou a uma relação social: 'uma união'; ou ainda a um sistema

[32] Leite. "Os quilombos no Brasil [...]". *Op. cit.*

> econômico: 'localização fronteiriça, com relevo e condições climáticas comuns na maioria dos casos'.

Leite propõe que a expressão "remanescente das comunidades de quilombos", que surgiu na Assembleia Constituinte de 1988, "é tributária não somente dos pleitos por títulos fundiários, mas de uma discussão mais ampla travada nos movimentos negros e entre parlamentares envolvidos com a luta antirracista".

Sabe-se que o Movimento Negro foi parcialmente ouvido no debate constituinte. Também ficou claro que o termo remanescente de quilombo se referia ao que sobrou, ficou do conceito histórico. A participação de tais movimentos, citados por Ilka, se intensificou após a aprovação do artigo 68. Segundo Carvalho Jr., a primeira manifestação em plenário ocorreu em 1991. Para ela, o quilombo volta ao debate a fim de "fazer frente a um tipo de reivindicação que, à época, alude a uma dívida que a nação brasileira teria para com os afro-brasileiros em consequência da escravidão, não exclusivamente para falar em propriedade fundiária".

Portanto, no novo contexto, o conceito de quilombo passa a ser visto como "um elemento aglutinador, capaz de expressar, de nortear aquelas pautas consideradas cruciais à mudança, de dar sustentação à afirmação da identidade negra ainda fragmentada pelo modelo de desenvolvimento do Brasil após a Abolição da escravatura". Ou seja, o termo quilombo passaria a ser "expressão-síntese" de projeto político empreendido nos anos 1980.

Para Leite, os novos questionamentos feitos às pesquisas já realizadas sobre etnicidade "irão resgatar alguns elementos empíricos que possibilitarão, por outro lado, que se perceba a territorialização étnica, ainda pouco problematizada no âmbito dos vários aspectos da formação social brasileira e do imaginário sobre a nação".

De tudo isso resultaria que "a noção de remanescente, como algo que já não existe ou em processo de desaparecimento, e também de quilombo, como unidade fechada, igualitária e coesa, tornou-se extremamente restritiva". A antropóloga propõe que o quilombo perdeu seu significado histórico e assumiu novas interpretações. Após a libertação dos trabalhadores escravizados, muitas comunidades de afro-brasileiros foram expulsas de suas terras. Para a autora, "não é a terra [...] o elemento exclusivo que identificaria os sujeitos do direito, mas sim sua condição de membros do grupo".

Para os remanescentes de quilombos, "a terra, evidentemente, é crucial para a continuidade do grupo, do destino dado ao modo coletivo de vida dessas populações, mas não é o elemento que exclusivamente o define". Para a autora, são as experiências coletivas, suas histórias de resistência que os definem como pertencentes à comunidade. Mesmo que essa resistência tenha se efetivado após 1888.

> a terra, base geográfica, está posta como condição de fixação, mas não como condição exclusiva para a existência do grupo. A terra é o que propicia condições de permanência, de continuidade das referências simbólicas importantes à consolidação do imaginário coletivo, e os grupos chegam por vezes a projetar nela sua existência, mas, inclusive, não têm com ela uma dependência exclusiva.

A autora entendeu que "o quilombo passa a significar um tipo particular de experiência, cujo alvo recai sobre a valorização das inúmeras formas de recuperação da identidade positiva, a busca por se tornar um cidadão de direitos, não apenas de deveres. Enquanto uma forma de organização, o quilombo viabiliza novas políticas e estratégias de reconhecimento".

Portanto, na nova acepção, o quilombo passa a ser ente aglutinador, um símbolo, e não um local específico. Para a autora, "o quilombo chega até os dias atuais para falar de algo ainda por se resolver, por se definir, que é a própria cidadania dos afrodescendentes".

Leite encontrou semelhanças entre os quilombos no período colonial e o movimento dos remanescentes, como o "desejo de mudança". Para ela, aquilombar-se na condição contemporânea significa "dar sentido, estimular, fortalecer a luta contra a discriminação e seus efeitos". Portanto, o quilombo passou a ser "o mote principal para se discutir uma parte da cidadania negada".

O artigo da antropóloga constitui excepcional depoimento sobre o processo de ressemantização consciente do termo quilombo, no contexto do debate sobre o reconhecimento das terras dos remanescentes de quilombos.

Como assinalamos, o termo quilombo, de origem africana, conheceu na sociedade colonial escravista luso-brasileira processo de ressemantização, passando a descrever comunidades autônomas de cativos que libertavam sua força de trabalho pela fuga.

Ou seja, a partir da Colônia, o mesmo significante "quilombo" passa a descrever significados sociológicos e históricos diversos, na África e no Brasil. Desse processo linguístico-histórico, derivou-se do novo significante vocábulos radicalmente novos, atinentes apenas ao significado colonial-escravista da palavra quilombo – quilombola, calhambola, aquilombar-se etc.

Num terceiro movimento, a partir dos anos de 1980, agora por decisão consciente de uma comunidade político-cultural, propõe-se novo significado para o significante "quilombo" e seus derivados. Ou seja, espaço geral – simbólico, organizacional etc. – da organização dos afrodescendentes por seus direitos cidadãos.

Destaque-se que essa formulação propõe a própria dissolução do sentido profundo que explica a reutilização simbólica do termo histórico "quilombo" nos dias atuais – espaço geográfico e comunitário de libertação compulsória da força de trabalho escravizada.

Esse processo natural ou consciente de ressemantização de palavras é fenômeno comum nas línguas, com exemplos excelentes no vocábulo castelhano *montonero*, na história colonial e recente argentina; ou no latino *servus*, trabalhador escravizado, na Antiguidade, e trabalhador feudal, nos tempos medievais.

Porém, estes e outros casos jamais ensejaram a confusão do significado diverso das experiências históricas distintas descritas pela mesma palavra – significante.

g) A hora e a vez dos sobreviventes

No ano de 2001, Leinad Ayer Oliveira organizou o livro *Quilombos: a hora e a vez dos sobreviventes.*[33] Dalmo de Abreu Dallari, professor titular da Faculdade de Direito da Universidade de São Paulo e conselheiro da Comissão Pró-Índio de São Paulo, escreveu o capítulo "Negros em busca de justiça".[34]

Para Dallari, "a questão dos quilombos saiu das páginas da História do Brasil", já que, até há pouco tempo, o quilombo só era conhecido por meio dos compêndios históricos. Com raras exceções, "os quilombos eram habitualmente apresentados como 'negros fugidos', rebeldes indisciplinados, que, burlando a vigilância de seus senhores, se ocultavam nas matas e aí, juntando-se em bandos, desafiavam a autoridade pública".

Segundo o autor,

> os ventos humanistas [...] despertaram também a consciência dos estudiosos da história brasileira e revelaram os quilombos sob nova perspectiva. Generalizou-se, então, a consciência de que os quilombos tinham surgido como último recurso para a sobrevivência física e cultural e a preservação da dignidade de homens e mulheres que, vindos da África na condição de escravos, ou nascidos no Brasil nessa mesma condição, haviam enfrentado todos os perigos e suportado muitos sofrimentos para recon-

---

[33] Oliveira, Leinad Ayer (org.) *Quilombos [...]. Op. cit.*

[34] Dallari, Dalmo de Abreu. "Negros em busca de justiça". *In:* Oliveira (org.) *Quilombos [...]. Op. cit.*

> quistarem o direto à sua condição humana, para conviverem segundo sua cultura tradicional, para preservarem suas crenças ancestrais.

Retomou a visão culturalista de Nina Rodrigues e Arthur Ramos, transformando o quilombo em local de preservação da cultura africana, de reconquista do "direito à condição humana", e não se referindo à luta pela liberdade da força de trabalho. Também segundo sua visão, as comunidades negras formadas após a Abolição passariam a ser consideradas remanescentes de quilombos.

Dallari afirmou que as últimas pesquisas sobre a presença do negro no Brasil revelaram "que os quilombos eram expressões de uma tremenda agressão à pessoa humana, eram o testemunho de práticas hoje definidas e condenadas em tratados internacionais como crimes contra a humanidade, configurando uma injustiça histórica ainda à espera de reparação".

O autor não entendeu o quilombo como resistência do trabalhador escravizado à forma de opressão do mundo do trabalho historicamente determinada. O vê como luta contra a desumanidade hoje sancionada pelas leis internacionais.

Para Dallari, os novos estudos revelaram também que, "além dos quilombos remanescentes do período da escravidão, outros quilombos foram formados após a Abolição formal da escravatura em 1888, pois, desde que extinto o direito de propriedade sobre os negros, estes foram abandonados à própria sorte e para muitos o quilombo era um imperativo de sobrevivência".

Dallari lembrou que

> muitos quilombos formados anteriormente não se desfizeram e outros se constituíram porque continuaram a ser, para muitos, a única possibilidade de viver em liberdade, segundo sua cultura e preservando sua dignidade. Numa perspectiva atual, pode-se dizer que os remanescentes de quilombos, ainda existentes, são para os quilombos o meio de que necessitam para a realização dos direitos fundamentais consagrados no Pacto de Direitos Eco-

> nômicos, Sociais e Culturais, tratado patrocinado pela ONU e ao qual o Brasil aderiu, incorporando-o à sua ordem jurídica.

Esqueceu que o abandono do trabalhador livre a sua própria sorte é espécie de redundância, já que é condição imprescindível para a formação de mercado livre de trabalho. Afirmou o aparecimento de novos quilombos após 1888 sem qualquer explicação ou comprovação empírica. Depois da Abolição, surgiram comunidades negras, pois a essência do quilombo – a apreensão da força de trabalho – já não existia devido à própria Abolição. O cativo era agora trabalhador livre.

No livro organizado por Oliveira, encontra-se o artigo de Walter Claudius Rothenburg, procurador da República em São Paulo e doutor em Direito pela Universidade Federal do Paraná, que analisou o Decreto n. 3.912, de 10 de setembro de 2001. Para o autor, segundo o Decreto n. 3.912, "somente pode ser reconhecida a propriedade sobre as terras que eram ocupadas por quilombos em 1888 e estavam ocupadas por remanescentes das comunidades dos quilombos em 5 de outubro de 1988".[35]

Para Rothenburg, "do ponto de vista histórico, sustenta-se a formação de quilombos ainda após a Abolição formal da escravatura, por (agora) ex-escravos (e talvez não apenas por estes) que não tinham para onde ir ou não desejavam ir a outro lugar". Visão que registra em forma explícita a proposta de apoiar uma reivindicação justa – a terra para quem trabalha – não em modificação da restrição e singularidade da lei, mas em uma manipulação dos acontecimentos históricos, para adaptá-los à lei.

O autor apoiou-se em Dallari, que escreveu:

---

[35] Rothenburg, Walter Claudius. "O processo administrativo relativo às terras de quilombos: análise do Decreto n. 3.912, de 10 de setembro de 2001". *In:* Oliveira (org.) *Quilombos [...]. Op. cit.*

> o fato de ter havido a Abolição da escravatura em 1888 é irrelevante para a aplicação do artigo 68, o que me parece bem inspirado, pois, mesmo depois de abolida a escravatura, muitos negros precisaram de refúgio numa comunidade negra até mesmo para sobreviver, além do que, para muitos, era a única possibilidade de preservação da cultura.[36]

E, diante dessa necessidade, segue o autor:

> E o quilombo era esse lugar de refúgio, abrigo, apoio recíproco e possibilidade de preservação da dignidade, sendo para muitos, mesmo depois de 1888, a única possibilidade, razão pela qual é bem provável que tenham sido estabelecidos quilombos mesmo depois da abolição formal da escravatura. E estes não foram excluídos dos benefícios do artigo 68.

As formas de resistência cultural e comunitária da população negra, após a Abolição, são extremamente complexas e ricas, dando-se, em grande parte, nos centros urbanos.

Segundo Rothenburg, o Decreto n. 3.912, do presidente da República Fernando Henrique Cardoso, reduziu as possibilidades das comunidades negras de legalizarem as terras reivindicadas, pois associou o direito à propriedade à permanência do grupo e seus descendentes por no mínimo cem anos no local do quilombo. Esta era, efetivamente, a intenção dos legisladores ainda no processo constituinte.

Se, pelo decreto, o governo propôs apenas a legalização das comunidades negras originárias de quilombos, formadas logicamente antes da Abolição, com o objetivo de restringir o leque de comunidades que pudessem reivindicar a legalização das terras, o procurador da República, para expandir o direito das mesmas comunidades, definiu arbitrariamente como quilombo qualquer comunidade formada

[36] Dallari, Dalmo de Abreu. (nota de rodapé) *apud* Rothenburg. "O processo [...]". *In:* Oliveira (org.) *Quilombos [...]. Op. cit.*

mesmo após a Abolição da escravidão, sem data limite, segundo parece.

Na mesma obra, Eurípedes Antônio Funes, professor do Departamento de História da Universidade Federal do Ceará e conselheiro da Comissão Pró-Índio de São Paulo, comentou o Decreto n. 3.912 seguindo a mesma vertente de Rothenburg. Para Funes,

> o inciso I, do parágrafo único, do artigo 1°, reforça uma concepção ultrapassada de quilombo, ao restringi-lo a uma única forma de constituição, a fuga de escravos. Uma dimensão já ampliada nas esferas da história e da antropologia que, ao alargarem o campo de estudos quanto às possibilidades de compreensão dos significados e formas de constituição das comunidades quilombolas, colocam no cenário outras modalidades para o entendimento e percepção das sociedades mocambeiras ou quilombolas.[37]

Para Funes, haveria a necessidade de estender a denominação de quilombo no sentido do seu conteúdo e sua data de formação: "É necessário considerar aquelas comunidades que se formaram, ainda na sociedade escravista, em terras de santo em propriedades herdadas ou adquiridas por compra ou ocupação de fronteiras".

As chamadas terras de santo são as que, tendo sido doadas aos santos ou irmandades religiosas, são ocupadas por populações que muitas vezes consideram o santo (Antônio, Roque, Raimundo etc.) como o legítimo proprietário das terras. Muitas comunidades de negros se desenvolveram nas terras de santo, na mesma localidade onde outrora haviam sido cativos.[38]

---

[37] Funes, Eurípedes Antônio. "Breves comentários sobre o Decreto n. 3.912, do Presidente da República, de 10 de setembro de 2001". *In:* Oliveira (org.). *Quilombos [...]. Op. cit.*

[38] Almeida, Alfredo W. B. de. "Terras de Preto, terras de Santo, terras de Índio: posse comunal e conflito". *Humanidades.* UnB, 1988, n. 15. *Apud* Oliveira (org.) *Quilombos [...]. Op. cit.*

Ao se referir ao Decreto n. 3.912, Funes escreveu que

> tomar uma data como final para se entender e considerar a formação das sociedades mocambeiras e quilombos é reforçar uma concepção fechada, excludente. É desconsiderar qualquer possibilidade de ressignificação do conceito de quilombo. É colocar todas aquelas comunidades que se formaram fora desse marco cronológico na ilegalidade, abrindo um flanco para o 'encolhimento' das terras dos remanescentes das comunidades de quilombos.[39]

Deixou também clara a proposta política de ressemantização do termo quilombo – "ressignificação" – na tentativa de ampliar os segmentos do campesinato negro eventualmente atingidos pela disposição constitucional transitória.

Essa proposta piedosa, como veremos, até agora, de pouquíssimos resultados objetivos, despreocupa-se com a agressão à própria história das comunidades trabalhadoras, na medida em que a considera como factível de "ressignificações" fortuitas, determinadas por fenômenos conjunturais.

Nos fatos, em última instância, em discussão não está, efetivamente, a luta pela terra. Nos últimos 40 anos, o Movimento Nacional dos Trabalhadores Sem Terra tem conquistado maciçamente terra para camponeses de todas as origens e cores, associando a esse processo um incessante desvelamento da realidade histórica, e não sua maquilagem.

Leinad Ayer de Oliveira é antropóloga e coordenadora executiva da Comissão Pró-Índio de São Paulo. No mesmo trabalho, a autora criticou o Decreto presidencial n. 3.912/2001 de uma forma singular, já que definiu as datas de 1888 e 1988 citadas no decreto como meras invenções. Suas reflexões radicalizam as propostas irracionalistas de desconhecimento do passado objetivo em prol de uma

[39] Funes. Breves [...]. *In:* Oliveira (org.) *Quilombos [...]. Op. cit.*

invenção de tradição acomodada a pretensas necessidades contemporâneas.[40]

> A contagem do tempo [...] é uma invenção, convencionada por cada sociedade, segundo suas tradições e ou suas necessidades. A vivência histórica, espaço-temporal, em que os direitos se constroem, não tem relação direta com este tempo contabilizado como moedas depositadas no orifício de um porquinho. O tempo, em constante mutação, é um tecido de permanências e transformações, e o desenvolvimento histórico não é apenas acúmulo, como querem alguns, tampouco é só revoluções, em que as datas poderiam representar transformações tão radicais que, isoladas, serviriam para compreender todos os processos.

Para a antropóloga,

> a ideia que subjaz do decreto, ao vincular como limite para a formação dos quilombos o ano de 1888, é que, depois dessa data, todos os quilombos e quilombolas deixariam de sê-lo para serem remanescentes. Quilombos seriam aquelas comunidades formadas por escravos fugidos, ou seja, escravos em condição ilegal porque apartados de seus proprietários

Assim sendo: "Este seria o conceito clássico de quilombo, e por 'conceito clássico' queremos dizer o conceito formulado no seio do regime escravocrata brasileiro, pelas suas elites. Trata-se, portanto, de um conceito que serve ao senhor. A abolição, nessa perspectiva, teria tirado esses negros da ilegalidade, o que permitia abandonar o termo quilombo".

Oliveira propõe que

> a Lei Áurea não trouxe ao escravo a condição de cidadão, pois toda uma hierarquia econômica se reproduziria e ainda se reproduz na forma de uma hierarquia racial.

---

[40] Oliveira, Leinad Ayer de. "Sobre as datas e as competências no Decreto n. 3.912/2001". *In:* Oliveira. *Quilombos [...]. Op. cit.*

> Embora pela lei todos fossem cidadãos iguais, na prática e em termos ideológicos o branco continuava sendo o paradigma da elite, do senhor, e o negro, o paradigma do pobre, da ralé. Portanto, precisamos rever o que significou o processo abolicionista para negros e negras, ex-escravos.

Na perspectiva da antropóloga, 1888 não possui significado para os quilombos.

> Queremos mostrar primeiramente que a data de 1888, embora seja um marco formal para os negros no Brasil, não tem importância central no que diz respeito aos quilombos. Eles se formaram por escravos libertos e insurretos e negros livres antes e depois da Abolição. Enquanto vigora a escravidão, os quilombos cumprem a função de abrigar as populações negras, configurando um tipo de resistência.

Segue a autora:

> Finda a escravidão, e sabemos que a Lei Áurea só vem formalizar uma realidade conquistada pelas populações negras uma vez que quase todos os escravos já se haviam liberto quando da assinatura da lei, os quilombos serão o único espaço onde muitos negros, excluídos pela nova ordem que se configura, poderão sobreviver física e culturalmente. Os quilombos continuam representando a resistência negra. É, portanto, perfeitamente lógico falar-se em quilombos mesmo após 1888.

Quanto à data de 1988, propõe que

> as transformações sociais que dão significado à História dificilmente têm um começo definível, e as datas, na compreensão dos processos históricos, têm uma função meramente didática. Portanto, a data de 5 de outubro de 1988 não é mais que um marco, uma bandeira fixada num campo extremamente amplo, o qual não é possível delimitar.

As boas intenções não absolvem os pecados da confusão metodológica. Se, nas propostas anteriores, a anulação da história dava-se por meio de visão uniformizadora dos fenômenos históricos, Oliveira radicaliza ao paroxismo essa visão, anulando simplesmente a objetividade do tempo.

Primeiro: o tempo é um fenômeno objetivo. Se não o fosse, não poderia ser medido. Não é, portanto, invenção aleatória, subjetiva, convencional, como certamente reconhece a autora ao se esforçar para não chegar atrasada à partida de um avião, quando viaja para algum encontro científico! Segundo: o conceito clássico de quilombo surgiu da necessidade de denominação-descrição de fenômeno social criado pela vontade dos trabalhadores escravizados contra os escravizadores. Se não temos certeza sobre a origem do significante que descreve esse fenômeno, não há quaisquer dúvidas sobre seu significado tendencialmente dissolvente das relações escravistas de produção. Terceiro: apesar dos seus limites, a Abolição foi fenômeno histórico revolucionário. Tanto que, como reconhece a autora, os trabalhadores escravizados mobilizaram-se intensamente para obtê-la.

A partir da Abolição, o cativo não foi mais propriedade, adquirindo os direitos civis mais elementares. Do caráter restritivo dessa vitória substancial não devemos jamais deduzir sua inexistência. A data, 13 de maio, promulgação da lei que pôs fim à escravidão, é o momento de salto histórico de qualidade obtido pelas lutas históricas antiescravistas. Desde aquele ato jurídico, não houve mais escravidão legal no Brasil. E, finalmente, se as datas e as conquistas legais não possuem significados efetivos, por que tanta discussão em torno da definição de quilombo, para melhor utilização da Disposição Transitória e sua regulamentação?

h) Quilombos: identidade étnica e territorialidade

No ano de 2002, Eliane Cantarino O'Dwyer organizou o livro *Quilombos: identidade étnica e territorialidade*, com trabalhos de antropólogos, historiadores, advogados e procuradores que tratam de aspectos teóricos e metodológicos relativos à questão dos quilombos. Na introdução do livro, a própria organizadora questionou o conceito de quilombo, demarcando em forma explícita o momento da ressemantização consciente do conceito.[41]

> A partir da Constituição brasileira de 1988, o quilombo adquire uma significação atualizada, ao ser inscrito no artigo 68 do Ato das Disposições Constitucionais Transitórias (ADCT) para conferir direitos territoriais aos remanescentes de quilombos que estejam ocupando suas terras, sendo-lhes garantida a titulação definitiva pelo Estado brasileiro.

A atualização faz sentido para que "esses sujeitos históricos presumíveis existam no presente e tenham como condição básica o fato de ocupar uma terra que, por direito, deverá ser em seu nome titulada". Portanto, para a antropóloga, "qualquer invocação do passado deve corresponder a uma forma atual de existência capaz de realizar-se a partir de outros sistemas de relações que marcam seu lugar num universo social determinado". O que significa que novas "exigências" determinarão "nova invocação do passado".

O'Dwyer lembrou que a diversidade de interpretações levou os antropólogos a definirem o que é quilombo. Nesse sentido, a Associação Brasileira de Antropologia (ABA) publicou documento que estabelece alguns parâmetros para o entendimento do que é um quilombo. "O termo quilombo tem assumido novos significados na literatura especializada e também para grupos, indivíduos e organizações. Ainda que tenha um conteúdo histórico, este vem sendo 'ressemantizado' para designar a situação presente dos segmentos negros em diferentes regiões e contextos do Brasil".

Contemporaneamente,

---

41 O'Dwyer, Eliane Cantarino (org.) *Quilombo: identidade étnica e territorialidade*. Rio de Janeiro: EdFGV, 2002.

> o termo quilombo não se refere a resíduos ou resquícios arqueológicos de ocupação temporal ou de comprovação biológica. Também não se trata de grupos isolados ou de uma população estritamente homogênea. Da mesma forma, nem sempre foram constituídos a partir de movimentos insurrecionais ou rebelados, mas, sobretudo, consistem em grupos que desenvolveram práticas cotidianas de resistência na manutenção e reprodução de seus modos de vida característicos e na consolidação de um território próprio.

No que diz respeito à territorialidade desses grupos,

> a ocupação da terra não é feita em termos de lotes individuais, predominando o seu uso comum. A utilização dessas áreas obedece à sazonalização das atividades, sejam agrícolas, extrativistas ou outras, caracterizando diferentes formas de uso e ocupação dos elementos essenciais ao ecossistema, que tomam por base laços de parentesco e vizinhança, assentados em relações de solidariedade e reciprocidade.

Ainda na introdução do livro citado, ao tratar da comunidade Jamary dos Pretos, O'Dwyer afirmou que

> os quilombos ou mocambos são considerados, do ponto de vista dos moradores do povoado, como locais de moradia dos chamados pretos livres, que fazem parte de um conjunto formado também pelos escravos que ficavam nas fazendas e colaboravam ativamente com os fugidos, havendo assim planos de interseção organizacional entre ambos – cativos e libertos.

A autora referiu-se ao documento da associação dos antropólogos como elemento orientador do que seria um quilombo. Ela confirma que, entre esses profissionais, há quase que unanimidade quanto à alteração no significado do termo quilombo. Repete a confusão já consolidada entre a ressemantização contemporânea do termo, com objetivos políticos, sociais e outros, e a proposta da compreensão do passado como massa informe a ser plasmada de acordo com as necessidades do presente, numa espécie de "ministério da verdade" bem-intencionado.

i) Repensando o quilombo

No livro citado, o antropólogo Alfredo Wagner Berno de Almeida escreveu o capítulo "Os quilombos e as novas etnias". Ao tratar da questão, Almeida lembrou que o artigo 68 do Ato das Disposições Constitucionais Transitórias é "um dispositivo mais voltado para o passado e para o que idealmente teria 'sobrevivido' sob a designação formal de 'remanescentes das comunidades de quilombos'".[42]

Nesse sentido, haveria "dubiedades e problemas que se colocaram desde logo, rompendo com a ideia de monumentalidade e sítio arqueológico que dominara o universo ideológico dos legisladores". A partir desse momento, surgiram dúvidas quanto ao conceito de quilombo a ser utilizado. Para Almeida, "as definições com pretensão classificatória são por princípio arbitrárias e sempre demandam disputas".

Diante do "dissenso em torno do conceito de quilombo e dos procedimentos operacionais", ganhou "visibilidade nesse debate as primeiras associações voluntárias e as identidades coletivas que revelaram a condição de pertencimento a grupos sociais específicos e que viriam a compor a partir de 1994 um movimento social quilombola de abrangência nacional".

O autor também considerou o conceito histórico de quilombo restritivo e limitado. Segundo ele, "um conceito que ficou [...] frigorificado". Parte, portanto, da visão da necessária evolução do conceito de fenômeno histórico, e não o conhecimento sobre esse fenômeno e aprofundamento de seu conhecimento.

[42] Almeida, Alfredo Wagner Berno de. "Os quilombos e as novas etnias". *In:* O'Dwyer (org.) *Quilombo [...]. Op. cit.*

Para Almeida, a definição de quilombo como "toda habitação de negros fugidos, que passem de cinco, em parte despovoada, ainda que não tenham ranchos e nem se achem pilões nele", deve ser reinterpretada. A proposta conteria basicamente cinco elementos, que podem ser assim sintetizados: "O primeiro é a fuga, isto é, a situação de quilombo sempre estaria vinculada a escravos fugidos. O segundo é que quilombo sempre comportaria uma quantidade mínima de 'fugidos', a qual tem que ser exatamente definida". O terceiro elemento apontado por Almeida

> consiste numa localização sempre marcada pelo isolamento geográfico, em lugares de difícil acesso e mais perto de um mundo natural e selvagem do que da chamada 'civilização'. [...] O quarto elemento refere-se ao chamado 'rancho', ou seja, se há moradia habitual, consolidada ou não, enfatizando as benfeitorias porventura existentes. E o quinto seria esta premissa: 'nem se achem pilões nele'. [...] O pilão, enquanto instrumento que transforma o arroz colhido em alimento, representa o símbolo do autoconsumo e da capacidade de reprodução.

Almeida criticou o isolamento como característica central dos quilombos: "foram [...] as transações comerciais da produção agrícola e extrativa dos quilombos que ajudaram a consolidar suas fronteiras físicas, tornando-as mais viáveis porquanto acatadas pelos segmentos sociais com que passavam a interagir". No Brasil, as trocas entre quilombolas e a sociedade escravista são característica essencial dos quilombos assinalados, há décadas, pela sua historiografia. Em contrapartida, o pilão como elemento definidor do quilombo foi, como também ressaltado, proposta isolada na legislação escravista.

Lembrou também "a representação jurídica que sempre se mostrou inclinada a interpretar o quilombo como algo que estava fora, isolado, para além da civilização e da cultura, confinado numa suposta autossuficiência e negando a disciplina do trabalho". Nesse relativo, confunde a oposição ativa ao escravismo e a consequente autoliberação da força de trabalho – "negação" da "disciplina do trabalho" –, com a pretensa "autossuficiência", elemento secundário e raro, como vimos em detalhes.

Almeida lembrou que, no momento em que as fazendas de algodão e cana-de-açúcar entraram em crise, muitos senhores permitiram que seus cativos constituíssem roças dentro dos limites da fazenda. Propõe que, a partir do momento em que surge o "sistema de produção mais livre e autônomo, baseado no trabalho familiar e em formas de cooperação simples entre diferentes famílias", teria ocorrido "deslocamento do conceito de quilombo".

A historiografia registra, efetivamente, a existência de algumas propriedades, em tempos e situações diversas, em que os cativos tinham certa autonomia para produzirem principalmente para a subsistência. Os escravizadores agiam dessa forma sobretudo para que os trabalhadores escravizados ficassem a cargo das despesas com sua alimentação. Apenas uma muito pequena parte da população escravizada permaneceu no domínio dessas hortas servis.

A gênese e o desenvolvimento de fenômenos diversos, sobretudo no momento da crise da escravidão, exigem registro de sua singularidade histórica e definição de suas características determinantes, a partir dos seus nexos internos e externos, como única possibilidade de descrever e explicar os fenômenos históricos. Trata-se de processo complexo que o autor resolve com a mera definição dessas múltiplas realidades com o termo "quilombo".

Por meio desse procedimento metodológico, Almeida conclui que o "quilombo hoje passa também pelo entendimento do sistema econômico intrínseco a essas unidades familiares que produzem concomitantemente para seu próprio consumo e para diferentes circuitos de mercado".

Para o autor, a singularidade do passado, como elemento construtor de presente, inevitavelmente diverso, devido ao processo de superação histórica, é simplesmente negada. Nos fatos, propõe verdadeiro fim da história, já que seria o presente e suas necessidades a determinar o passado. Esquece que a materialidade do fato histórico atual constitui síntese de acontecimentos passados de objetividade igualmente férrea. "Se deveria trabalhar com o conceito de quilombo considerando o que ele é no presente. [...] Não é discutir o que foi, e sim discutir o que é e como essa autonomia foi sendo construída historicamente". Para o autor, é imprescindível "romper com o dualismo geográfico atribuído ao quilombo, que faz com que ele seja entendido como oposição à *plantation* e como o que está fora dos limites físicos da grande propriedade territorial".

Em palavras pobres, propõe, simplesmente, apagar do passado a ação construtora da história, na sua singularidade e generalidade, de forma singular da ação do trabalhador escravizado, na sua luta contra a forma histórica de opressão do trabalho – a escravidão. Certamente pleno de boas intenções, propõe a destruição desse fenômeno na memória histórica, como o escravista e o capitão do mato propunham sua destruição, física, quando da escravidão.

Outro detalhe levantado por Almeida foi a atuação das forças escravistas. Para ele, durante a vigência do cativeiro no Brasil, o objetivo "das tropas de linha ao combater os quilombos era tentar trazer a força de trabalho, que idealmente estaria fora dos limites físicos das grandes plantações, para dentro de seus domínios e mantê-las sob o controle dos fazendeiros".

O autor assegurou que

> a situação de quilombo existe onde há autonomia, onde há uma produção autônoma que não passa pelo grande proprietário ou pelo senhor de escravos como mediador efetivo, embora simbolicamente tal mediação possa ser estrategicamente mantida numa reapropriação do mito do 'bom senhor', tal como se detecta hoje em certas condições de aforamento.

Definição que incorporaria como quilombo os plantadores negros livres da Colônia e do Império!

A força repressiva dos escravistas não se preocupava com a reversão de exterioridade "ideal" do trabalhador ao "limite físico das grandes plantações" – como assinalamos, era comum quilombos no interior das grandes plantações –, mas reinserção material e objetiva do cativo à coerção física do proprietário, condição para o uso de sua força de trabalho no seio de uma ordem escravista.

Portanto, também como já proposto, a singularidade histórica do quilombo era que a luta se dava, essencialmente, pela liberdade da força de trabalho, e não pela terra. No presente, no meio rural, no caso de descendentes de quilombolas, de 13 de maio, de caboclos negros etc., a luta é, ao contrário, essencialmente pela posse da terra, meio de emancipação relativa do trabalho no seio da ordem capitalista. Fenômenos históricos diversos, de tempos diversos, que devem ser tratados, necessariamente, como categorias diversas.

Ao tratar do artigo 68 da Constituição, Almeida escreveu que ele é discriminatório, pois reconhece como remanescente o "escravo fugido e bem longe dos domínios das grandes propriedades". Lembrou que "houve escravo que não fugiu, que permaneceu autônomo dentro da esfera da grande propriedade e com atribuições diversas; houve aquele que sonhou em fugir e não conseguiu fazê-lo; houve aquele que fugiu e foi recapturado; e houve esse que não pôde fugir porque ajudou os outros a fugirem e o seu papel era ficar".

Certamente todas as categorias sociais assinaladas pelo autor, ao igual que os caboclos, os nativos aculturados, os colonos empobrecidos etc., foram no passado sujeitos históricos explorados de forma singular pelas sociedades de classes. Mas, para o conhecimento da história da exploração de classes no Brasil, é necessário analisar objetivamente essas formas diversas de exploração, e não as unificar sumária, aleatória e retoricamente.

Almeida afirma que "no universo jurídico-formal dos legisladores, com a Abolição deixaria de existir a figura do quilombo". Porém, "por não se ter resolvido [quando da Abolição] o problema da terra para os ex-escravos, por não terem sido feitas reformas na estrutura agrária, não havia instrumentos para contemplar a questão das posses camponesas, o que resultou em conflitos de formas variadas e em marginalização de grupos sociais".

Uma das preocupações dos antropólogos foi a de não criar regras que excluíssem os pretendentes ao reconhecimento como remanescentes. Para Almeida, o grupo social deve expor suas razões que justifiquem o enquadramento. "Esse dado de como os grupos sociais chamados 'remanescentes' se autodefinem é elementar, porquanto foi por essa via que se construiu e afirmou a identidade coletiva".

Afirmou que os negros jamais pararam de lutar. Para compreender o significado de quilombo,

> é preciso entender como é que historicamente esses agentes sociais se colocam perante seus antagonistas, bem como entender suas lógicas, suas estratégias de sobrevivência e como eles estão se colocando hoje ou como estão se autodefinindo e desenvolvendo suas práticas de interlocução. A incorporação da identidade coletiva para as mobilizações e lutas, por uma diversidade de agentes sociais, pode ser mais ampla do que a abrangência de um critério morfológico e racial.

Deixou claro que se faz necessário repensar o termo quilombo.

> Ele não se exaure numa investigação de arqueólogos que buscam os vestígios materiais comprobatórios daquela situação que a noção jurídica tradicional apregoa. Não se exaure na definição de historiadores ou de geógrafos, que atestam com os documentos centenários e com a ênfase no 'isolamento', reproduzindo acriticamente a versão dos administradores coloniais. Tampouco se reduz ao raio de ação de agrônomos, que o tomam simplesmente como problema agrário.

Entende-se que a resistência continuou e ultrapassou os limites do 13 de maio.

Concluiu dizendo que "está em pauta uma unidade social baseada em novas solidariedades, a qual está sendo construída consoante a combinação de formas de resistência que se consolidaram historicamente e o advento de uma existência coletiva capaz de se impor às estruturas de poder que regem a vida social".

Almeida lembrou corretamente que a Abolição acabou com o quilombo. Da mesma forma, salientou que não houve distribuição de terra no momento da emancipação do trabalhador escravizado. Ficou evidente que a questão fundiária não foi resolvida pelas elites, gerando conflitos que se estendem até os dias atuais. O autor assinalou muito bem do direito democrático geral da terra para quem vive e trabalha nela. Entretanto, fez confusão entre o político e o histórico, a ideologia e a ciência. Propôs igualmente "ressignificação" do termo quilombo, que, ao ser modificado, a fim de adequá-lo às novas necessidades, modifica igualmente a história.

j) O legado e o testamento

Ilka Boaventura Leite é antropóloga, professora da Universidade Federal de Santa Catarina e, em 2002, escreveu *O legado do testamento: a comunidade de Casca em perícia*, um laudo pericial antropológico sobre a comunidade de Casca, no Rio Grande do Sul. Nesse local vivem herdeiros de um grupo de ex-escravos que receberam as terras em testamento lavrado em 1826.[43]

Segundo a autora, após a aprovação do artigo 68, do Ato das Disposições Constitucionais Transitórias, que aponta, de forma mais evidente, "para a possibilidade de uma ação efetiva de reconhecimento de direitos aos descendentes

[43] Leite, Ilka Boaventura. *O legado do testamento [...]. Op. cit.*

dos escravos que foram trazidos da África para o Brasil durante os quase quatro séculos de vigência do sistema oficial de trabalho escravo".

Portanto, a Constituição reconheceu como sujeitos de direito os remanescentes das comunidades dos quilombos. No mesmo sentido do que outros analistas, lembrou que o termo quilombo, "tal como aparece descrito na Carta Constitucional, desvencilhou-se do seu significado anterior, já consolidado, que se referia exclusivamente a formações do passado colonial, referindo-se, agora, ao tempo presente".

A antropóloga equivocou-se, pois, pela Carta Constitucional, os remanescentes eram aqueles que restaram do quilombo. E mais, não foi o quilombo que se desvencilhou do seu sentido. Houve, nos fatos, modificação essencial de seu significado, processo que ensejou a consolidação de propostas de desconhecimento da realidade e do tempo histórico, unificado e homogeneizado com a realidade e o tempo presente.

Salientou que desde os primeiros pleitos houve a necessidade de definir, "com sentidos e significados únicos para todos os brasileiros, os quilombos contemporâneos, [...] por se tratar de uma realidade não evidente".

Propõe que:

> é importante considerar que o termo quilombola não surgiu do nada, nem foi fruto de imediatismos políticos. Ele decorre das discussões lançadas pela Frente Negra Brasileira, nos anos de 1930, sufocada pela ditadura de Vargas, reaparece nos movimentos que antecederam o golpe militar de 1964 e emerge novamente da/na pressão social pós-ditadura militar, na fase da redemocratização e no bojo dos movimentos sociais de 1970 e 1980. Relançado por militantes e intelectuais afrodescendentes, tornou-se pouco a pouco um fato político, ao alcançar visibilidade e a interagir com diversos setores progressistas que tinham voz e voto na Assembleia Constituinte.

Segundo a autora, nos anos seguintes à promulgação da Constituição,

> movimentos negros, núcleos de pesquisas científicas, associações profissionais e sindicais, Procuradoria Geral dos Direitos do Cidadão e até setores municipais, estaduais e federais do governo direcionados às políticas sociais – tais como a Fundação Cultural Palmares, os Institutos de Terras estaduais e o Instituto Nacional de Colonização e Reforma Agrária (Incra) – passaram a se envolver, em alguma medida, com o pleito pela titulação das terras dos 'remanescentes das comunidades de quilombos', tal como referido na Carta Constitucional.

Como assinalamos anteriormente, Leite admitiu a formação das Associações Quilombolas no ano de 1980. Lembrou que "o quilombo torna-se um pleito legítimo, adquire um espaço nas políticas governamentais, na mídia e em outros setores da sociedade"; no entanto, os sujeitos referidos no texto constitucional dependem de um "arcabouço conceitual, teórico, de pesquisas históricas e etnográficas destinadas a 'atestar', certificar, sobre a sua existência na atualidade".

Lembrou que o pleito dos remanescentes mexeu com interesses de grandes e médios latifundiários.

> Ficou evidente também que a responsabilidade do Estado na aplicação da lei foi um forte elemento a barrar o processo. Em 13 de maio de 2002, o presidente da República, Fernando Henrique Cardoso, vetou a decisão da Câmara e do Senado apoiado em pareceres da Fundação Cultural Palmares e Ministério da Justiça – órgãos do governo que tinham sido supostamente designados para empreender políticas de valorização, reconhecimento e promoção da igualdade dessa parcela da população.

Leite citou o exemplo da comunidade de Casca, que

> está lutando pela regularização de suas terras desde a década de 1960. Realizou uma demanda oficial em 1995 à prefeitura do município de Mostardas e em 2000 repetiu esse gesto ao governo do Estado do Rio Grande do Sul. Até hoje continua sem conseguir o título das terras que são de seu usufruto desde 1826.

> As comunidades negras rurais e os redutos negros das periferias – situações que vêm sendo descritas em pesquisas antropológicas pelo menos há meio século –, vistos sob a ótica dos quilombos, receberam, portanto, o estranhamento de significativas parcelas da população comprometidas com a suposta democracia racial.

Definiu como o "Brasil do retrocesso, cujo discurso sobre a condição miscigenada do povo, sob o manto novo do 'Brasil miscigenado', desconhece novamente o pedido de inclusão social dos afrodescendentes".

Lembrou que,

> desde a promulgação da Carta Constitucional, ações civis, mobilizações e a criação de associações quilombolas permitiram aos afrodescendentes recompor e reescrever uma narrativa única sobre sua história. Essa história foi convergindo para o quilombo como expressão máxima da luta dos afrodescendentes pela cidadania e, ao mesmo tempo, constitui-se em um projeto de afirmação da liberdade, de desejo de acolhimento na sociedade brasileira, tentativa de fazer a passagem da cidadania negada para a emancipação possível. [...] o imaginário do quilombo, conectando-se às lutas cotidianas, fornece bases para a construção da autoestima, a conquista de uma identidade na diáspora.

Para a autora, "os quilombos contemporâneos passaram à constatação e reflexão e constituem, inegavelmente, uma das mais visíveis provas da discriminação racial engendrada pelo sistema escravista colonial e realimentada pelos diversos mecanismos de marginalização social a grupos humanos". Mesmo após a Abolição, para os afrodescendentes da fazenda da Casca, "continuou se reproduzindo a mesma lógica segregacionista que impulsionou rebeliões, fugas, deslocamentos populacionais para áreas pouco habitadas – os chamados quilombos do período colonial chegaram aos dias atuais".

Uma das características marcantes dos habitantes da Casca seria a forma de produção. Hoje, "é possível ver as formas de produção e associativismo entre as famílias no uso da terra, na construção de valores próprios, na sedimentação de uma autoestima. Esse modo de produção familiar chega mesmo a pôr em xeque alguns prognósticos pessimistas sobre a continuidade e viabilidade da pequena produção". Ao se dirigir especificamente à comunidade da Casca, afirmou que "as terras da comunidade de Casca já aparecem visivelmente nos mapas antigos do Rio Grande do Sul, evidenciando com isso um vínculo e uma participação de seus moradores nos acontecimentos históricos que propiciaram a instituição da região como parte do Brasil".

A história da região indica a probabilidade de a fazenda dos Barros Vermelhos ter sido habitada por escravos fugidos. Devido à "proximidade com as áreas de quilombos, é pertinente afirmar que a fazenda dos Barros Vermelhos foi um dos destinos da fuga e abrigo de escravos fugidos. Ali, mesmo antes do testamento e oficialização da partilha, os escravos e ex-escravos viviam como posseiros. Essa área, após o desmembramento da partilha, passa a ser referida como fazenda da Casca".

Um fator que fundamenta a luta dos habitantes da comunidade é o testamento. "No caso da fazenda da Casca [...], parece ter havido um componente favorável que foi o testamento. Ele oficializou as alforrias, o recebimento das terras, casas e gado como reconhecimento e pagamento por uma vida de dedicação e trabalho".

A antropóloga constatou que

> na comunidade de Casca da atualidade, a escravidão não se encontra facilmente ao alcance da memória. Ela aparece, no entanto, pelo relato dos mais velhos ao descreverem os inúmeros 'rituais de beija-mão' aos quais se viam obrigados perante os fazendeiros vizinhos e também nas inúmeras histórias do 'tempo do eito', em que estavam 'à mercê' dos desígnios de Quitéria. A senhora da fazenda reaparece hoje como uma espécie de mãe e santa, sendo constantemente relembrada pelo seu ato de generosidade.

> Santa-mãe a quem alguns, até hoje, atribuem, inclusive, milagres.

Concluiu que

> a fazenda da Casca resultou de conquista, ocupação e permanência imemorial de escravos, ex-escravos e seus descendentes, vindo a se constituir, na atualidade, num patrimônio histórico-cultural do Rio Grande do Sul; a posse da terra foi reconhecida em testamento lavrado em cartório, mediante testemunhas consideradas idôneas, sendo esse documento também de idoneidade comprovada por peritos historiadores que o confirmaram através do exame de outros documentos e registros cartoriais da mesma época; a fazenda da Casca, pela contemporaneidade e proximidade geográfica dos quilombos existentes, pela possibilidade e facilidade de acolhimento de quilombolas, garantido inclusive pela condição legal do testamento, constituiu-se como uma área de refúgio, estando, portanto, no contexto e vigência histórica do fenômeno, podendo assim ser caracterizada também como comunidade remanescente dos quilombos – nos termos das evidências e fatos históricos aqui relatados e nos termos sociológicos e jurídicos referidos no artigo 68 do ADCT.

Não há dúvida de que a analista dá um passo adiante, em relação aos seus pares, ao dissociar corretamente os "quilombos" do passado dos múltiplos fenômenos sociais e históricos do presente, que define corretamente como "quilombos contemporâneos", para mais facilmente acostá-los à Disposição Transitória. Haveria, apenas, a necessidade de definir as determinações essenciais do fenômeno, para ver se elas correspondem à proposta da nova categoria unificadora.

Permanece, entretanto, ainda que em forma menos calcada, a tendência em substituir os fatos históricos por desejos subjetivos aleatórios, para apoiar propostas igualmente aleatórias. É paradoxal a superposição de fato histórico indiscutível, comprovado documentalmente, à cessão da terra, por uma ex-fazendeira, para seus cativos, que cria direitos irretorquíveis sobre esta, segundo a legislação normal, e a suposição de que, vista a "proximidade com as áreas de quilombos", seria "pertinente afirmar que a fazenda dos Barros Vermelhos foi um dos destinos da fuga e abrigo de escravos fugidos". Dessa suposição e da negação do fato comprovado documentalmente deduz-se que a comunidade negra da fazenda de Casca seria um quilombo!

É igualmente difícil compreender o sentido de manipular a essência de um fato histórico documentalmente registrado. Não há, efetivamente, nenhum sentido em transformar as terras concedidas, no passado, em testamento, por um escravista, a seus cativos, naquilo que não foi – ou seja, um quilombo. Ainda mais que, nesse caso, a conquista da posse da terra passa pela explicitação da natureza profunda do fenômeno, e não por sua manipulação.

l) Pela regularização dos quilombos

Giuliano Djahjah Bonorandi escreveu o artigo "Pela regularização dos quilombos", referente às comunidades quilombolas no Brasil. Para o autor, "os quilombos são territórios cuja história remonta à época da escravidão, quando negros escravos fugiam da opressão infligida pelos senhores de engenho e formavam comunidades".[44] Porém, citou Jô Brandão, assessora política da Coordenação Nacional das Comunidades de Quilombos, que considera quilombo também terras que tinham sido compradas ou recebidas como herança por ex-escravos e seus descendentes.

Dessa forma, Brandão e Bonorandi abandonaram a singularidade histórica do quilombo, como reação do cativo à apreensão de sua força de trabalho, igualando-o a comunidades negras rurais de diversas outras origens. Terras recebidas por doação ou herança não podem ser confundidas com qui-

[44] Bonorandi, Giuliano Djahjah. "Pela regularização dos quilombos". Disponível em: www.rits.org.br. Acesso em: 4 jun. 2004.

lombo, a não ser que estas, após a doação, tenham servido de refúgio para outros trabalhadores escravizados fugidos.

Brandão vai mais além ao afirmar que "diziam, pejorativamente, que quilombo era terra de 'preto fugido', o que leva a pensar que todos os quilombos são herança de comunidades formadas por fugitivos". Provavelmente a assessora do Conaq referiu-se aos setores da historiografia que consideram o quilombo como reação singular e exemplar – portanto jamais pejorativa – ao regime escravista implantado no Brasil. Negar o quilombo como consequência direta da escravidão significa negar a própria essência da história do Brasil e a origem primeira da discriminação que a população afrodescendente vive no país.

m) Comunidade negra rural

Luiz Fernando do Rosário Linhares é mestre em Políticas Públicas e desempenhou a função de coordenador nacional de Comunidades Remanescentes de Quilombos, da Fundação Cultural Palmares. Publicou o artigo "Comunidade negra rural: um velho tema, uma nova discussão", afirmando que os "remanescentes de quilombos, ao longo do tempo, receberam várias outras designações". Inicialmente, foram denominados de comunidades negras "pelo movimento social". Segundo Linhares, essa designação representava todos os "pretos e/ou descendentes de escravos africanos que vivessem em meio urbano ou rural". Hoje "o referido movimento prefere utilizar [...] a denominação comunidades negras rurais".[45]

Conforme Linhares, o "artigo 68 é, sem dúvidas, um passo no sentido de reconhecer os direitos dos negros de ancestralidade africana que trabalham e têm morada ha-

[45] Linhares, Luiz Fernando do Rosário. "Comunidade negra rural: um velho tema, uma nova discussão". *Núcleo de Estudos Agrários e Desenvolvimento Rural.* Disponível em: www.nead.org.br/index. Acesso em: 14 ago. 2004.

bitual no meio rural". Porém, se considerarmos o conceito de quilombo, no qual o trabalhador escravizado fugia para libertar sua força de trabalho, segundo o autor, "se restringirá a possibilidade de reconhecimento daqueles territórios" chamados de "terras de santo ou santíssimo(a), e as terras de herança sem formal de partilha, entre outras".

Reconheceu o conteúdo histórico dos conceitos "remanescente" e "quilombo", legado das lutas históricas de africanos e afrodescendentes escravizados, e propõe que sejam alargados para que muitas comunidades não fiquem à margem do artigo 68. Não reflete, porém, sobre as consequências para a história e memória do passado social de um alargamento que não resguarde a objetividade dos sucessos históricos.

Lembrou que os "militantes do movimento negro, estudiosos da questão étnica, estão se utilizando de termos diferenciados, com significados diferentes, para tratar de uma mesma questão". Conforme Linhares, "quilombos, comunidades negras rurais, terra de preto e remanescentes de comunidades de quilombos são termos construídos por categorias sociais distintas, de ponto de vista diferentes, embora tratem de um mesmo tema e se pretendam referidos a uma e apenas a uma situação social".

Segundo o autor,

> os militantes negros de hoje preferem a designação comunidade negra rural, diluindo, assim, a importância do modo como se originou a formação desses grupos sociais, provavelmente por reconhecerem que todos são portadores de um mesmo direito independente do modo como se originou a formação do território que trabalham e/ou moram habitualmente. [...] os juristas e, consequentemente, os legisladores, no âmbito da Carta Magna, preferiram institucionalizar o uso da expressão remanescentes de comunidades de quilombos.

Para Linhares, "há uma tendência de parte do Poder Judiciário, quando do julgamento de processos de reconhecimento de terras ocupadas por comunidades negras rurais, para solicitar provas materiais que possam comprovar tal posse". Esse procedimento remete à "definição antiga ou colonial do que é um quilombo". Ou seja, "qualquer comunidade isolada, formada a partir da fuga de negros escravos que pertencessem a algum estabelecimento de produção".

Linhares concordou com a ressemantização do quilombo. Pois, "enquanto uns as analisam a partir de uma situação pretérita, outros têm como referência as relações sociais efetivamente estabelecidas pelas comunidades no momento atual". Para o autor, "no debate que se estabeleceu no campo intelectual, cada corporação usa os instrumentos analíticos que lhe são peculiares, às vezes, mesmo, até com uma certa paixão ou sectarismo, próprios daqueles que tomam a si o que é de todos".

Entendeu que

> as comunidades negras rurais no Brasil não podem ser vistas apenas como um resultado das relações sociais estabelecidas durante o período colonial, tampouco como uma consequência da Abolição da escravatura. Os grupos sociais, independente do tempo em que foram estabelecidos, devem ser observados como mantendo um princípio de autonomia, como seus ancestrais, aliás, são representados e estabelecendo relações de troca com a sociedade envolvente. É sob a ótica dessas relações continuamente redefinidas que os grupos devem ser vistos, sem se esquecer de que são sujeitos nessas relações estabelecidas, afirmando uma identidade e se colocando, assim, em oposição à noção de escravo como coisa.

Linhares deixou clara sua posição quanto à "ressignificação" do termo quilombo. Para ele, o indiscutível direito da comunidade afrodescendente à terra que habita, não importando sua origem, justificaria manobra contemporânea de homogeneização do passado de todas essas comunidades, para assim abrigá-las aos dispositivos da injusta disposição transitória.

n) Comunidade negra de Morro Alto

O livro *Comunidade negra de Morro Alto: historicidade, identidade e territorialidade*[46] é resultado de um estudo realizado, entre os anos de 2001 e 2003, por uma equipe de profissionais que visou atender à demanda da comunidade negra de Morro Alto a fim de que esta fosse reconhecida como remanescente de quilombo, pois "evidenciou-se a existência de uma comunidade de afrodescendentes, vivendo no litoral norte gaúcho, com um modo de vida próprio, que lhes diferencia e que lhes dá vida".

Segundo os autores, "essa comunidade quilombola afirma-se como tal a partir da cor, da religiosidade, parentesco e da territorialidade, sinais diacríticos sobre os quais repousam a sua ancestralidade, sua descendência de ancestrais fundadores, os quais são representados por cada membro da comunidade neste tempo e no mesmo lugar: Morro Alto".[47]

A reivindicação da comunidade de Morro Alto, municípios de Maquiné e Osório, nasceu da necessidade de "ver suas terras tituladas e de ser reconhecida como remanescente de comunidade de quilombos". Segundo a pesquisa, "Morro Alto possui uma população predominantemente negra que provém de descendentes de ex-escravos. Sua origem comum dá base ao processo de luta pela manutenção de suas terras".

Conforme investigações feitas pelos autores, "em 1825, a Câmara de Santo Antônio da Patrulha expressa sua preocupação com a possibilidade de um levante de escravos e dos desertores que se encontravam foragidos no mato". Da mes-

[46] Barcellos, Daisy Macedo de *et al. Comunidade negra de Morro Alto: historicidade, identidade e territorialidade.* Porto Alegre: Editora da UFRGS/Fundação Cultural Palmares, 2004.

[47] Relatório histórico, antropológico e geográfico sobre o reconhecimento da comunidade negra de Morro Alto com base no artigo 68 – Ato das Disposições Constitucionais Transitórias da Carta Magna brasileira de 1988. *In:* Barcellos. *Comunidade negra [...]. Op. cit.*

ma forma, "sabe-se de um navio negreiro que desembarcou na costa do litoral norte em 1852, na localidade denominada Capão Alto – um pouco ao norte de Capão da Canoa, cujo nome antigo é Capão da Negrada".

Em 29 de setembro de 1868, "o promotor público de Santo Antônio da Patrulha tratou de abrir inquérito público a fim de investigar o destino dos escravos oriundos do navio negreiro que aportou em 1852. Os 'ditos africanos', 'desembarcados no lugar denominado Capão da Canoa' eram, naquele momento, pertencentes a diferentes senhores".[48]

Em 1857, emancipou-se a vila de Conceição do Arroio. Em seguida, as autoridades locais trataram de organizar as posturas municipais a fim de "pautar o convívio entre os habitantes e garantir o sossego público local". Tal precaução deveu-se às "reuniões de quilombolas nas serras e matos que praticamente dominavam a geografia da nova vila".

Segundo os autores, outra evidência da presença quilombola na região refere-se à grande quantidade de matos e serras. Devido aos recursos naturais,

> Conceição do Arroio ainda necessitava de um profissional especializado em expedições a locais inóspitos, conhecedor da região e dos habitantes e que pudesse 'bater' os quilombolas existentes na região – principalmente na serra Geral –, caracterizados pela pequena dimensão ('mais de dois escravos') e pela possibilidade estratégica de ampla mobilidade.

Em 1859, conforme informação da Câmara de Vereadores de Conceição do Arroio,

> apenas um quarto das terras da serra Geral eram ocupadas por particulares, permanecendo os restantes três quartos públicas, ou seja, devolutas ou ocupadas por indivíduos sem títulos legítimos, configurando uma região de matos e bosques e muito pouco habitada, com

[48] AHRS – Justiça, Promotor Público, 1868, Maço 42. *In:* Barcellos. *Comunidade negra [...]. Op. cit.*

> amplas possibilidades de estabelecimento de ranchos por quilombolas e outros setores marginalizados da sociedade imperial.

Seguindo a norma geral para os quilombos brasileiros, estes "serviram de local de sobrevivência não só para escravos fugidos, mas também para indivíduos procurados pela justiça e desertores do Exército e Armada, vítimas do recrutamento militar compulsório". Conforme os autores, na região de Maquiné os "quilombos formados por cativos fugidos e desertores batuqueiros assustavam as autoridades provinciais, com a união de inimigos domésticos em uma mesma forma de resistência e/ou sobrevivência".

Em 1870,

> forças do 17º Corpo de Cavalaria da Guarda Nacional foram mobilizadas para efetuar a prisão do desertor da Marinha Graciano Dias da Costa, e outros criminosos que constava 'acharem-se refugiados na subida da serra', em Maquiné. Em janeiro de 1866, as autoridades policiais alertavam e pediam a formação de um destacamento para prender uma 'pandilha de cinco negros fugitivos', que constava andar na costa da serra roubando, e que além destes existiam outros desertores e criminosos... roubando gados e animais dos moradores.[49]

Outro detalhe importante levantado pelos autores é que

> essas 'comunidades de fugitivos', na maioria dos casos, procuravam locais em que as formas de acesso possibilitassem defesa contra ataques e vias alternativas para a fuga, porém raramente eram escolhidos sítios sem qualquer tipo de ligação com outras áreas de cultivo, com as quais mantinham contato seja através do roubo ou de relações mercantis (troca, compra ou venda de excedentes produzidos nos quilombos por gêneros diversos).

---

[49] Ofício ao chefe de Polícia de 3/1/1866, Maço 31, Subdelegacia de Polícia de São Francisco de Paula; e ofício de 26/10/1870. Maço 6, Delegacia de Polícia de Osório – AHRS. *In:* Barcellos. *Comunidade negra [...]. Op. cit.*

As pesquisas realizadas

> têm levado a Antropologia a debater e propor uma ressignificação do conceito de quilombo. Lugares-comuns como a ideia de isolamento, a redução do conceito de quilombo ao caso dos escravos fugitivos, assim como uma generalização mecânica do modelo palmarino têm sido desconstruídos, em prol de uma visão mais ampla e múltipla: tem-se buscado levar em conta a especificidade de cada comunidade remanescente estudada, assim como sua identidade, sua autorrepresentação, sua história e os vínculos com ela estabelecidos pelos sujeitos sociais no presente. Tem-se entendido, pois, quilombo como terra de negros, como espaço de resistência, nas diversas formas através das quais essa resistência pode se manifestar.

Conforme os autores,

> essa perspectiva está em sintonia, nem sempre devidamente reconhecida, com os novos estudos historiográficos acerca do regime escravista, na medida em que também eles têm rompido com as ideias de isolamento dos quilombos, com a exclusividade do modelo palmarino, têm valorizado a atuação dos escravos como sujeitos históricos e ampliando aquilo que se entende por resistência também aos seus aspectos culturais e cotidianos. Felizmente a historiografia avançou em relação à perspectiva de Clóvis Moura, cujos estudos datam da década de 1930.

Remarque-se a ligeireza da avaliação da pioneira e germinal contribuição de Clóvis Moura sobre o caráter escravista da sociedade brasileira e os quilombos como elemento determinante dessa realidade, proposta em *Rebeliões da senzala*. Ainda que diante da Justiça a ignorância da lei não desculpe o crime, certamente minimiza a afirmação dos autores o fato de que possivelmente confundiram Clóvis Moura com Gilberto Freyre, autor de *Casa-grande e senzala*, publicado em 1933, antípoda étnico, teórico, social e político do intelectual negro, recentemente falecido. Efetivamente, em 1930, Moura tinha apenas cinco anos!

Na opinião da equipe que pesquisou a comunidade negra de Morro Alto, "é impossível reduzir o quilombo de Morro Alto aos quilombos de escravos fugidos em Aguapés". Os autores acreditam que "Morro Alto foi um mundo que os escravos fizeram". Lá, "verifica-se que senzalas, matos e roças faziam parte do mesmo universo material e simbólico, espaços formadores e conformadores da identidade étnica negra. Todos esses *loci* de atuação escrava formavam um todo inter-relacionado, constitutivo de uma comunidade e acessível por meio da memória dos seus descendentes". Portanto, os investigadores concluíram que "Morro Alto é um mundo que os negros criaram, na inter-relação entre matos, roças e senzalas".

Os autores certamente contribuíram ao conhecimento histórico ao reforçar a existência da mão de obra cativa na região de Morro Alto. Também foi valiosa a identificação da reação ao cativeiro por meio das fugas e a possível formação de pequenos quilombos na região. Também são inegáveis o direito à terra das comunidades camponesas negras de Morro Alto, não importando suas origens históricas.

Tudo isso simplesmente não justifica desconstruir o chamado modelo palmarino para manipular a memória. Explicar e definir o quilombo, no passado, a partir da "cor, da religiosidade, parentesco e da territorialidade" não constitui salto para adiante, mas apenas recuperar as concepções de Nina Rodrigues e Arthur Ramos, ultrapassadas em grande medida pelas investigações de Clóvis Moura.

A eventual definição com objetivos políticos, ideológicos etc., das comunidades rurais negras como (novos) quilombos constitui iniciação que deve se restringir à esfera que lhe é objetivamente atinente: as atuais comunidades rurais afrodescendentes.

CONSIDERAÇÕES FINAIS

Por meio de nossa investigação, constatamos que o quilombo, fenômeno social e histórico objetivo, foi alvo de diferentes interpretações ao longo do tempo. Entre os historiadores não há, e não poderia haver, unanimidade quanto à sua conceitualização. Os primeiros registros sobre o fenômeno deixaram evidente de que se tratava de um sucesso social inesperado, a ser resolvido pela repressão policial.

Gaspar Barleu (1584-1648) qualificou os quilombolas como "salteadores", "ladrões" e "vagabundos". Visão perfeitamente compreensível, pois escreveu de dentro do regime escravista, como seu porta-voz. Em 1730, Rocha Pita procedeu da mesma forma. Comprometido com a classe dos escravizadores, justificou as fugas dos cativos por apetecerem viver isentos de qualquer domínio. Reconheceu a presença de outros elementos no quilombo, falou das trocas e foi favorável ao castigo "pedagógico".

Por sua vez, em 1860, o historiador alemão Heinrich Handelmann concebeu o quilombo como desagradável e temida vizinhança. Da mesma forma, registrou a necessidade da destruição de Palmares, pois era uma ameaça às pretensões europeias na América. Em 1866, o advogado Perdigão Malheiro destacou as relações mercantis dos quilombolas. Diferiu dos seus antecessores, pois procurou tratar o fenômeno de um ponto de vista sociológico.

Francisco Adolfo de Varnhagen (1816-1878), Visconde de Porto Seguro, foi simpático às forças destruidoras de quilombos, visto que, para o autor, acabar com eles e apreender escravos eram um bom negócio e uma obra civilizatória. Em 1905, Nina Rodrigues chamou a confederação de Palmares de "Estado" e concebeu o quilombo como um projeto restauracionista.

Em 1933, Gilberto Freyre, defensor da superioridade racial e cultural do colonizador, qualificou palmares como um tipo "parassocialista" de cultura e economia. Em 1938, o lusitano Ernesto Ennes não foi diferente. A paz civil passaria pela destruição de Palmares. Em 1934, Arthur Ramos seguiu o mestre Nina Rodrigues. Viu o quilombo como fenômeno essencialmente africano e "contra-aculturativo".

Percebemos então que, com exceção de Perdigão Malheiro, o quilombo era um enclave na sociedade escravista, visto como transgressão à ordem. Deveria ser destruído para que não ameaçasse as pretensões dos colonizadores. O quilombola era tido como um bandido, incapaz de trabalhar sem castigo e de se acostumar com a nova situação a ele imposta.

Em 1947, observa-se um salto qualitativo no tocante à análise do quilombo. Édison Carneiro admitiu a heterogeneidade no mocambo, salientou a importância do trabalho da mulher quilombola e via o quilombola como desbravador de fronteiras. Carneiro negou-se a elogiar a destruição de Palmares.

Em 1954, Mário Martins de Freitas nomeou a confederação de Palmares como "reino negro". Atribuiu o fenômeno quilombola à falta de bons governos. Lamentou a guerra e a inoperância dos governadores, mas defendeu a destruição de Palmares. Via, na mestiçagem com o branco, a elevação da raça negra.

Em 1955, ao tratar de Palmares, Benjamin Péret identificou a luta entre duas classes bem distintas. Para o historiador francês, sem o quilombo, as insurreições não teriam acontecido. Elas e os quilombos teriam apressado a Abolição. Lamentou que os cativos não tivessem se aliado aos outros oprimidos para pôr fim à escravidão. Propôs o fim do cativeiro pelos trabalhadores escravizados como caminho para o avanço social e histórico. Pela primeira vez no Brasil, questiona-se o problema da consciência da classe servil.

Da mesma forma, Clóvis Moura, em *Rebeliões da senzala*, de 1959, admitiu o caráter escravista da antiga formação brasileira. A obra de Moura, como a de Péret, representaram uma ruptura epistemológica. O quilombo passava a ser visto como "forma fundamental de resistência", no seio de uma sociedade dividida pela oposição entre trabalhadores escravizados e escravizadores. Surgiu da inconformidade do negro frente à escravidão. Para o sociólogo, a escravidão desestruturou e praticamente acabou com o trabalho livre.

Em 1964, Édison Carneiro voltou a afirmar o quilombo como um fenômeno contra-aculturativo. Salientou que, para os escravizadores, a existência do fenômeno era um "mau" exemplo aos demais cativos. Em 1966, em plena ditadura militar, a historiadora Emília Viotti da Costa reafirmou o caráter escravista do passado brasileiro. Dois anos após, Luiz Luna relatou a inconformidade do trabalhador escravizado com o cativeiro. O duro regime e os castigos levaram os cativos ao quilombo. Segundo essa visão, se bem tratado, o escravo não fugia. Para Luna, os trabalhadores escravizados apressaram o fim do cativeiro.

Em 1973, o historiador estadunidense Eugene Genovese afirmou que o quilombo era uma criação afro-americana, em outras palavras, uma volta aos costumes africanos. No mesmo ano, Décio Freitas reafirmou o quilombo como luta de classes. Lamentou vivamente a destruição de Palmares, apresentada como "um desastre histórico", retomando a visão de Péret. Acentuou a atividade de trocas extraquilombo e a capacidade de trabalhar do quilombola.

Em 1971, ao escrever sobre o negro no Pará, Vicente Salles entendeu o quilombo como forma de resistência e ao mesmo tempo uma volta às raízes africanas. Na mesma época, José Alípio Goulart escreveu *Da fuga ao suicídio*, enfatizando os maus-tratos e excessivos trabalhos como causas do quilombo. Goulart invalidou a tese culturalista. Em 1974, Roger Bastide definiu o quilombo como resistência cultural. Robert Conrad, em 1975, colocou as fugas como alternativa viável e preferida dos trabalhadores escravizados, sendo que estas aceleraram o fim do cativeiro.

Em 1978, Jacob Gorender escreveu *O escravismo colonial*, obra que desmistificou o caráter benevolente da escravidão brasileira. Para o autor, o trabalhador escravizado era o inimigo visceral do trabalho feitorizado, assumindo crescentemente sua dimensão humana no processo de sua rejeição. Em 1980, Ronaldo Marcos dos Santos identificou Palmares como a tentativa de reviver a África em pleno sertão de Alagoas, registrando uma visão pessimista do quilombo: ataque, defesa, destruição.

Até então, o quilombo era visto crescentemente como expressão da luta de classes entre senhores e cativos. As mudanças do fim da década de 1980 – marcada por importantes transformações – não deixaram de impulsionar novas interpretações que, não raro, descaracterizam o quilombo como forma de resistência, ou minimizam sua importância.

Em 1982, Kátia Mattoso repetiu Gilberto Freyre, propondo que a doçura e a ternura presentes nas relações entre escravizadores e trabalhadores escravizados diluíram a resistência e a luta de classes. Em 1986, João José Reis, ao escrever *Rebelião escrava no Brasil*, admitiu o recuo estratégico dos escravizadores, a fim de prorrogar o regime.

Identificou alguns quilombos como local de passagem e de descanso. No seu valioso estudo, retoma em parte a proposta culturalista.

No mesmo ano, Mário Maestri definiu a resistência servil como luta de classes; a domesticação da terra pelos quilombolas; o quilombo como o mais fácil caminho de liberdade; a diferenciação da comunidade quilombola das camponesas; a capacidade produtiva limitada do mocambo e sua exploração pelos comerciantes, regatões etc.

Em 1988, Carlos Magno Guimarães escreveu importante trabalho sobre os quilombos mineiros. Colocou o quilombola como elemento principal do quilombo, relativizando o espaço geográfico. Negou a volta aos costumes africanos e identificou o quilombo como local de transações ilegais e a apropriação como fator negativo. Para Alaôr Eduardo Scisinio, que escreveu em 1988, a violência e a opressão levaram o trabalhador escravizado a se aquilombar. O quilombo era o local para se preservar a cultura. Só era combatido quando questionava a sociedade oficial. Em 1989, Théo Lobarinhas Piñeiro identificou a luta do cativo como luta de classes. Para ele, nos últimos anos do regime, as revoltas e as fugas foram mais eficazes no desgaste da produção escravista.

Também em 1989, Eduardo Silva e João José Reis publicaram *Negociação e conflito*. Os autores apontaram para a possibilidade-dominância de negociação entre as classes. O cativo primeiro negociava, depois fugia e, por último, formava quilombos ou se insurgia. O trabalhador escravizado mais negociaria do que lutaria. A liberdade poderia ser conquistada por meio da criatividade, da inteligência e do azar. O escravizador controlaria a massa de cativos, em parte, pela "brecha camponesa". Em 1991, Jacob Gorender analisou as produções desde a publicação de *O escravismo colonial*. Para ele, os quilombos contribuíram para minar o sistema.

John Manuel Monteiro, em 1994, e Ronaldo Vainfas, em 1995, dedicaram-se ao estudo da resistência indígena. Embora pouco pesquisado, há a possibilidade de que os primeiros quilombos tenham sido obra dos nativos, se tomamos o fenômeno em seu sentido essencial. Flávio dos Santos Gomes, em 1995, publicou *Histórias de quilombolas*, onde sugere a existência de uma rede de solidariedades suprarracial, de cunho racial e cultural restauracionista.

Em *Liberdade por um fio*, de 1996, Flávio dos Santos Gomes praticamente identificou o ato produtivo autônomo do quilombola com ação produtiva semiautônoma do cativo detentor de uma nesga de terra. João José Reis, no mesmo trabalho, retomou a ideia do quilombo de passagem ao discutir, como quilombo, o acoitamento escravista de cativos. Em 2001, Stuart Schwartz reafirmou o quilombo aos moldes das comunidades de origem africana. Em 2003, Gomes propôs a ressignificação do conceito de quilombo, aproximando cativo e trabalhador livre. No mesmo ano, Eduardo Silva analisou como quilombo abolicionista o caso de acoitamento no Leblon.

A década de 1980 foi marcada por mudanças significativas no cenário mundial. As alterações, principalmente no Leste europeu, e a onda neoliberal influenciaram historiadores, sobretudo estadunidenses, que, tomados pelo revisionismo, procuraram, no passado escravista brasileiro, brechas camponesas. A marca da resistência foi substituída pelo consenso. Parte da historiografia brasileira aderiu ao movimento de desconstrução do passado escravista, questionando conceitos como resistência, quilombo etc.

***

Muito se tem falado no quilombo tendo por modelo a confederação de Palmares. Sabe-se que esta foi uma exceção à regra. Em geral, os quilombos brasileiros foram diferentes em vários aspectos. Eles não se localizaram somente em lugares de difícil acesso. A documentação assinala a presença de quilombos próximos das aglomerações urbanas, a fim de se efetuarem trocas e obterem informações.

Os quilombos se formaram, sobretudo, pelas fugas, que aconteciam porque o trabalhador escravizado não aceitava a apreensão e a exploração de sua força de trabalho, que resultava em duras condições de existência, do ponto de vista material e espiritual. Obviamente, não podemos ignorar os maus-tratos, excesso de trabalho e os castigos acima da normalidade como eventuais razões de rebeldia. Durante os conflitos políticos senhoriais, também se registrou o aumento das fugas.

O quilombola não fugia para preservar sua cultura, por não se adaptar aos costumes do colonizador ou por ser preguiçoso. Certamente não se oporia a uma inserção socialmente positiva na sociedade brasileira.

O fenômeno quilombola se fez presente em praticamente todo o território nacional, durante toda a vigência da escravidão. Foi duramente combatido, pois era um enclave não escravista na sociedade escravista. Constituiu-se na forma mais eficaz de resistência para o produtor escravizado, como indivíduo ou grupo.

Em forma geral, os quilombos brasileiros não teriam sido significativamente populosos. Tivemos, porém, importantes exceções, como os quilombos de Palmares, do Ambrósio, de dom Cosme etc. À exceção desses casos, a reprodução biológica interna teria sido pequena. Havia carência de mulheres, sobretudo férteis. Daí a necessidade dos quilombolas de conduzir mulheres ao mocambo, para corrigir o desequilíbrio existente. As condições para o nascimento e sobrevivência de crianças nos quilombos seriam precárias, porém possivelmente melhores do que as conhecidas no eito.

O quilombo seguiu a mesma lógica da escravidão, no relativo à reprodução externa. Ele cresceu mais pela adesão, incorporação e recrutamento de novos elementos, que podiam ser trabalhadores escravizados, indígenas, desertores do exército, forasteiros, procurados pela justiça etc. A heterogeneidade do quilombo é prova contra a proposta de sua existência como mera restauração de tradições africanas.

Em geral, a vida no quilombo era relativamente precária. No seu interior, a divisão do trabalho era escassa. Era constantemente atacado e muitas vezes destruído. Como consequência, o quilombola não se apegava à terra. Ele defendia essencialmente sua liberdade. Quilombos subsistiram por décadas e muitos deles não foram destruídos, sobrevivendo e originando comunidades negras rurais e urbanas.

Quanto à economia, podemos classificar os quilombos em semiautônomos e dependentes de trocas. Os quilombos semiautônomos eram os que tiveram a agricultura como atividade principal e eventualmente trocavam excedentes por produtos que lhes faltavam. Da terra retiravam o sustento, por meio do cultivo de espécies de ciclo rápido. A horticultura quilombola, apoiada em ferramentas rústicas, predominou nos mocambos. Há exagero nas propostas de superprodução permanente nesses locais.

Os quilombos dependentes de trocas foram aqueles que tiveram ou não a agricultura como atividade secundária. Sobreviveram do garimpo, extrativismo, apropriação e trocas. Quanto às trocas, os mocambeiros eram explorados pelos compradores livres, em troca do sigilo de suas ações.

***

Como assinalado, nos anos de 1980, importantes segmentos da historiografia passaram a questionar as fortes contradições do regime escravista colonial, enfatizando a possibilidade de acordos entre escravizados e escravistas, num verdadeiro movimento complementar. Os trabalhadores escravizados foram retirados da condição de trabalhadores explorados sob a coação física para serem apresentados, nos casos extremos, como quase diplomatas, envolvidos em permanentes "negociações" que, mais comumente, obtinham os resultados procurados. A história da sociedade escravista seria a história dessas negociações.

O cativo fugia a fim de negociar a volta ao eito em troca de alguma regalia. A fuga e o quilombo foram reduzidos a quase problemas de desajuste cultural, retomando-se propostas de Nina Rodrigues, Arthur Ramos, Gilberto Freyre. Uma visão que traz em forma explícita a tese de que o regime durou por mais de três séculos graças à habilidade de negociação dos cativos em conquistar espaços dos amos benevolentes. Gilberto Freyre, nos anos de 1930, apresentou a Abolição como verdadeira desgraça para os cativos.

Como assinalado, a historiografia formatou o conceito do quilombo em torno de fenômeno histórico objetivo conhecido no Brasil sobretudo por essa denominação e no restante da América escravista. A partir de 1988, por razões políticas, desenvolve-se a ressemantização dessa categoria que, mais comumente, em movimento arbitrário, ensejou propostas da própria negação da objetividade do fato e do tempo históricos.

Efetivamente, com o advento da Constituinte em 1988, e as discussões sobre o patrimônio cultural brasileiro, o quilombo originado no seio da sociedade escravista, manifestação sobretudo do trabalhador escravizado, passou à proteção do Estado, ao se definir a titularização das terras de comunidades remanescentes de quilombos. No entanto, alguns setores da sociedade perceberam, nas entranhas da lei, um "atalho" que eventualmente facilitasse a titularização da terra em que trabalham.

Procurando nortear a elaboração de laudos antropológicos sobre comunidades negras, em outubro de 1994, a Associação Brasileira de Antropologia (ABA) foi convocada pelo Ministério Público para emitir seu parecer em relação às comunidades já estudadas. Para a ABA, "o quilombo deveria ser pensado como um conceito que abarca uma experiência historicamente situada na formação social brasileira".

Em 2003, a ABA passou a considerar quilombo "toda comunidade negra rural que agrupe descendentes de escravos vivendo da cultura de subsistência, e onde as manifestações culturais têm forte vínculo com o passado", numa clara ressemantização daquela categoria.[1] O significante "quilombo" passava a ter dois significados: um histórico, outro contemporâneo, sem que isso fosse claramente explicitado.

A historiografia definia como quilombo o fenômeno histórico singular objetivo. Ou seja, a comunidade formada por cativos que libertavam da escravidão sua força de trabalho. Para a associação dos antropólogos, por motivos políticos e ideológicos eventualmente socialmente positivos, quilombo seria, no presente, qualquer comunidade rural de afrodescendentes com manifestações culturais ligadas ao passado.

Mais ainda, propôs que a definição de quilombo fosse assumida pela própria comunidade rural, em processo de autoatribuição da essência. Para essa proposta, o que importa é que uma comunidade se diga quilombola, não que descenda de quilombola. Ou seja, qualquer comunidade rural e urbana, com alguma descendência africana, ao se autodefinir como quilombo, passa a constituir um quilombo.

A ressemantização do termo quilombo e a autoatribuição proposta, desde o exterior a essas comunidades, nos dias de hoje, como quilombos, caso não seja resguardado o caráter político-ideológico dessa atribuição, levam a que essas comunidades rompam os laços com suas próprias raízes históricas objetivas. Efetivamente, ao se negar e não explicitar os conteúdos diversos do termo, no passado e no

---

1 Agência Brasil. Notícia em 21/11/2003. Disponível em: www.radiobras.gov.br. Acesso em: 14 ago. 2004.

presente, desqualifica-se a objetividade do passado histórico dessas comunidades. Com isso, se destrói a história objetiva, escancarando-se o espaço para a invenção do passado e da tradição. Nos fatos, o passado e a tradição passam a ser controlados, definidos e inventados segundo a decisão daqueles que possuem atributos intelectuais, culturais e políticos para tal. Portanto, não constitui mais reconstituição objetiva de realidade objetiva das próprias comunidades.

A contradição política entre o caráter restritivo da disposição provisória e o direito inegável das diversas comunidades rurais afrodescendentes ensejou proposta de ressemantização do termo quilombo para, assim, permitir concessão mais ampla dos laudos. Ou seja, do reconhecimento de direito que não nasce do fato de terem se constituído a partir de um quilombo, mas, sim, de serem comunidades de trabalhadores da terra violentadas por não terem a sua propriedade plena.

Como vimos, nesse processo, tem-se proposto definir como quilombo toda e qualquer comunidade rural – e, em alguns casos, urbana – que mantenha qualquer referência cultural afro-brasileira. Portanto, por meio dessa ressemantização do termo quilombo, toda a comunidade camponesa negra com algum laço cultural com o passado poderia ser chamada de quilombo. O que, pretensamente, permitiria incluí-los na Disposição Transitória.

Aristóteles lembrava que os fenômenos antecedem a sua categorização. Ou seja, atribui-se um significante a um significado preexistente, e não o contrário, como na visão platônica. O fato de nomear novos significados com o mesmo significante não identifica os significados diversos que recebem a mesma denominação.

Denominar como quilombos fenômenos atuais qualitativamente diferentes aos tradicionalmente denominados como tal não leva à sua identificação. Só pode causar confusão, caso não se esclareçam os fenômenos diversos descritos pelo mesmo conceito, questão que alguns dos autores analisados compreenderam pertinentemente e procuraram contornar com a diferença entre quilombos históricos e quilombos contemporâneos.

Porém, um grande número dos envolvidos nesse processo tentou superar o nível de ressemantização da palavra quilombo propondo a uniformização essencial dessa multiplicidade de fenômenos. Para tal, empreendeu processos absolutamente arbitrários, anti-históricos e anticientíficos, ao plasmar o passado segundo suas vontades, nascidas do presente.

Uma proposta que, nos fatos, destrói o tempo histórico. Se o ontem, o hoje e o amanhã constituem-se de fenômenos culturais que se produzem e se reproduzem incessantemente, sem variação essencial, não há diferença de qualidade entre os fenômenos do passado, do presente e do futuro. Não haveria, portanto, diversidade entre a luta de cativo africano, no século XVI, e a do afrodescendente rural ou urbano dos dias de hoje. A luta do trabalhador escravizado, no passado, e a luta do afrodescendente, no presente, seriam a mesma. A própria escravidão e, logicamente, a Abolição como fenômenos históricos objetivos perderiam conteúdo e se dissolveriam.

Essa proposta ignora simplesmente as diferenças de qualidade determinadas pelo tempo histórico. Que, por exemplo, no passado, se lutava pela libertação da força de trabalho, mediante a fuga, e sua utilização no quilombo; e, hoje, apenas porque houve a Abolição e liberdade da força de trabalho, luta-se pela objetivação da liberdade da força de trabalho via conquista da terra.

Propõe-se que a categoria quilombo teria sido definida pelos escravistas, negando a evidência de que, com o termo quilombo, os escravistas não inventaram uma realidade imposta pelo cativo rebelado – apenas a constataram. Tanto que, em outras regiões da América escravista, realidades essencialmente idênticas recebem outros nomes. Nos fatos, os escravistas descreveram fenômeno preciso surgido devido à exclusiva vontade dos trabalhadores escravizados.

REFERÊNCIAS

AGÊNCIA BRASIL. Notícia em 21-11-03. Disponível em: www.radiobras.gov.br. Acesso em: 14 ago 2004.

ALBIM, R. C. *et al. João Cândido*: o Almirante Negro. Rio de Janeiro: Gryphus: Museu da Imagem e do Som, 1999.

ALMEIDA, Luiz Sávio de. *O negro no Brasil*: estudos em homenagem a Clóvis Moura. Maceió: EdUFAL, 2003.

ALVES FILHO, Ivan. *Memorial dos Palmares*. Rio de Janeiro: Xenon, 1988.

ANDRADE, Manuel Correia de *et al. Além do apenas moderno*: Brasil séculos XIX e XX. Brasília: CNPq; Recife, Fundação Joaquim Nabuco/Massangano, 2001.

ARRUTI, José Maurício Andion. "Comunidades negras rurais: entre a memória e o desejo". *Suplemento Especial de Tempo e Presença*. Março/Abril de 1998.

ASSUMPÇÃO, Euzébio. *Pelotas: escravidão e charqueadas*: 1780-1888. Porto Alegre: PUCRS, 1995 (Dissertação de mestrado).

AZEVEDO, Célia Maria Marinho de. *Onda negra, medo branco*: o negro no imaginário das elites – século XIX. Rio de Janeiro: Paz e Terra, 1987.

BARBOSA, Waldemar de Almeida. *Negros e quilombos em Minas Gerais*. Belo Horizonte: Imprensa Oficial, 1972.

BARCELLOS, Daisy Macedo de *et al. Comunidade negra de Morro Alto*: historicidade, identidade e territorialidade. Porto Alegre: Editora da UFRGS/Fundação Cultural Palmares, 2004.

BARLEU, Gaspar. *História dos feitos recentemente praticados durante oito anos no Brasil*. Belo Horizonte: Itatiaia; São Paulo, Ed.USP, 1974.

BASTIDE, Roger. *As Américas negras*: As civilizações africanas no Novo Mundo. São Paulo: Difel/Edusp, 1974.

BONORANDI, Giuliano Djahjah. *Pela regularização dos quilombos*. Disponível em: www.rits.org.br. Acesso em: 4 jun. 2004.

CARBONI, Florance; MAESTRI, Mário. *A linguagem escravizada*: língua, história, poder e luta de classes. São Paulo: Expressão Popular, 2003.

CARNEIRO, Édison. *Ladinos e crioulos*: Estudos sobre o Negro no Brasil. Rio de Janeiro: Civilização Brasileira, 1964.

CARNEIRO, Édison. *O quilombo dos Palmares*. 4 ed. São Paulo: Editora Nacional, 1988.

CARVALHO, José Jorge de (org.) *O quilombo do Rio das Rãs*: histórias, tradições, lutas. Salvador: Edufba, 1995.

CARVALHO; José Jorge de. Quilombos: símbolos da luta pela terra e pela liberdade. *Cultura Vozes*, n. 5, setembro/outubro 1997.

CHAUVEAU, Agnès. *Questões para a história do presente*. Bauru: Edusc, 1999.

CONRAD, Robert E. "A pós-abolição: a reação dos fazendeiros e a queda do Império". [ex.datilografado].

CONRAD, Robert. *Os últimos anos da escravatura no Brasil*: 1850-1888. 2 ed. Rio de Janeiro: Civilização Brasileira, 1978.

COSTA, Emília Viotti da. *Da senzala à colônia*. São Paulo: Difel, 1966.

COSTA, Rogério Haesbaert da. *Latifúndio e identidade regional*. Porto Alegre: Mercado Aberto, 1988.

CUNHA, Manuela Carneiro da (org.) *História dos Índios do Brasil*. São Paulo: Companhia das Letras; Brasília: CNPq, 1992.

DIAS, Gentil Martins. *Depois do latifúndio*: continuidade e mudança na sociedade rural nordestina. Rio de Janeiro/Brasília: Tempo Brasileiro/UnB, 1978.

ENNES, Ernesto. *As guerras nos Palmares*: Subsídios para a sua história. 1. v. Domingos Jorge Velho e a "Troia Negra". 1687-1709. São Paulo: CEN, 1938.

FERRO, Marc. *História da colonização*. São Paulo: Companhia das Letras, 1996.

FREITAS, Décio. *Escravos & senhores de escravos*. Porto Alegre: Mercado Aberto, 1983.

FREITAS, Décio. *Insurreições escravas*. Porto Alegre: Movimento, 1976.

FREITAS, Décio. *O escravismo brasileiro*. 2 Ed. Porto Alegre: Mercado Aberto, 1982.

FREITAS, Décio. *Palmares* – A guerra dos escravos. 5 ed. Porto Alegre: Mercado Aberto, 1984.

FREITAS, Mário Martins de. *Reino negro de Palmares*. Rio de Janeiro: Americana, 2 v. (Bibl. Do Exército. 201), 1954.

FREYRE, Gilberto. *Sobrados e mucambos*: decadência do patriarcado rural no Brasil. São Paulo: Companhia Editora Nacional, 1936.

FREYRE, Gilberto. *Sobrados e mucambos*: Introdução à história da sociedade patriarcal no Brasil. 10 ed. Rio de Janeiro: Record, 1998.

FUNARI, Pedro Paulo de Abreu. A história e a cultura da Antigüidade Clássica a partir dos documentos. Unicamp, 1995.

FUNARI, Pedro Paulo de Abreu. *La cultura popular em la antigüedad clássica*: [S.l.]: Sol, 1992.

GENOVESE, Eugene Dominick *Économie politique de l'esclavage*. Paris: François Maspero, 1968.

GENOVESE, Eugene Dominick. *A economia política da escravidão*. Rio de Janeiro: Pallas, 1976.

GENOVESE, Eugene Dominick. *Da rebelião à revolução*: as revoltas de escravos negros nas Américas. São Paulo: Global, 1983.

GENOVESE, Eugene. *The political economy of slavery*. New York: Pantheon Books, 1965;

GLOTZ, Gustavo. *História econômica da Grécia*. Lisboa: Cosmos, 1973.

GOMES, Flávio dos Santos. *Experiências atlânticas*: ensaios e pesquisas sobre a escravidão e o pós-emancipação no Brasil. Passo Fundo: UPF, 2003.

GOMES, Flávio dos Santos. *Histórias de quilombolas*: mocambos e comunidades de senzalas no Rio de Janeiro – século XIX. Rio de Janeiro: Arquivo Nacional, 1995.

GORENDER, Jacob. *A escravidão reabilitada*. 2 ed. São Paulo: Ática, 1991.

GORENDER, Jacob. *O escravismo colonial*. 6 ed. São Paulo: Ática, 2001.

GOULART, José Alípio. [1915-1971] *Da fuga ao suicídio*: aspectos da rebeldia dos escravos no Brasil. Rio de Janeiro: Conquista/MEC, 1972.

GRANATO, Mário. *O negro da chibata*: o marinheiro que a República na mira dos canhões. Rio de Janeiro: Objetiva, 2000.

GUIMARÃES, Carlos Magno & LANNA, Ana Lúcia Duarte. Arqueologia de quilombos em Minas Gerais. *Pesquisas*. Antropologia n. 31. São Leopoldo – RS, 1980.

GUIMARÃES, Carlos Magno. *Uma negação da ordem escravista*: quilombos em Minas Gerais no século XVIII. São Paulo: Ícone, 1988.

HANDELMANN, Heinrich. *História do Brasil*. 4 ed. Belo Horizonte: EdUSP, 1982.

KARASCH, Mary. *Slave life in Rio de Janeiro*, 1808-1850. Princeton University Press, 1987.

LARA, Sílvia Hunold. *Campos da Violência*: escravos e senhores na Capitania do Rio de Janeiro, 1750-1808. Rio de Janeiro: Paz e Terra, 1988.

LARA, Sílvia Hunold. Legislação sobre escravos africanos na América portuguesa. Madrid: Fundación Mapfre, 2000.

LEITE, Ilka Boaventura. *O legado do Testamento*: a Comunidade de Casca em perícia. Florianópolis: Nuer/UFSC, 2002.

LEITE, Ilka Boaventura. Os Quilombos no Brasil: questões conceituais e normativas. *Textos e debates*. Nuer/UFSC, 2000.

LIMA, Ivan Costa; SILVEIRA, Sônia M. (orgs.) *Negros, Territórios e Educação*. Florianópolis, n. 7, Núcleo de Estudos Negros/NEN, 2000.

LIMA, Lana Lage da Gama. *Rebeldia negra e abolicionismo*. Rio de Janeiro: Achiamé, 1981.

LIMA, Solimar Oliveira. *Triste pampa*: resistência e punição de escravos em fontes judiciárias no Rio Grande do Sul – 1818-1833. Porto Alegre: IEL: EDIPUCRS, 1997.

LINHARES, Luiz Fernando do Rosário. Comunidade negra rural: um velho tema, uma nova discussão. *Núcleo de Estudos Agrários e Desenvolvimento Rural*. Disponível em: www.nead.org.br/index. Acesso em: 14 ago. 2004.

LUNA, Luiz. *O negro na luta contra a escravidão*. Rio de Janeiro: Leitura S. A. 1968.

MAESTRI, Mário. "*A grande conspiração branca de Célia Maria*". [Sobre o livro: *Onda Negra. Medo Branco*. O negro no imaginário das elites. Séc. XIX. São Paulo: Paz e Terra, 1987]. *Jornal Universitário*. Porto Alegre, Rio Grande do Sul. Agosto de 1988.

MAESTRI, Mário. "Gilberto Freyre: da *Casa-grande* ao *Sobrado*: gênese e dissolução do patriarcalismo escravista no Brasil". *Cadernos IHU*, ano 2, n. 6, 2004, Instituto Humanitas Unisinos, Unisinos, São Leopoldo. 31 pp.

MAESTRI, Mário. "RS: o quilombo de Manuel Padeiro". *Cadernos Esap*, I, Porto, Portugal, maio de 1997.

MAESTRI, Mário. *A Segunda morte de Castro Alves*: genealogia crítica de um revisionismo. Passo Fundo: UPF, 2000.

MAESTRI, Mário. *A servidão negra*. Porto Alegre: Mercado Aberto, 1988.

MAESTRI, Mário. *Breve história da escravidão*. Porto Alegre: Mercado Aberto, 1986.

MAESTRI, Mário. *Cisnes negros*: uma história da Revolta da Chibata. São Paulo: Moderna, col. "Polêmica", 2000.

MAESTRI, Mário. *Deus é grande, o mato é maior*! Trabalho e resistência escrava no RS. Passo Fundo: EdUPF, 2002.

MAESTRI, Mário. *O escravismo antigo*. 12 ed. São Paulo: Atual, 1994.

MAESTRI, Mário. *O escravismo no Brasil*. 7 ed. São Paulo: Atual, 1994.

MAESTRI, Mário. *O escravo gaúcho*: resistência e trabalho. Porto Alegre: Ed. Universidade/UFRGS, 1993.

MAESTRI, Mário. Terra e liberdade: as comunidades autônomas de trabalhadores escravizados no Brasil. Versão atualizada do artigo: "Em torno do quilombo". História em Cadernos. *Revista do Mestrado em História da UFRJ*, n. 2. Rio de Janeiro, 1984, p. 9-19.

MALHEIRO, Perdigão. *A escravidão no Brasil*: Ensaio histórico, jurídico, social. [1866] 3 ed. Petrópolis/Brasília: : Vozes/INL, 1976.

MALHEIRO, Perdigão. *A escravidão no Brasil*: Ensaio histórico, jurídico, social. [1866] 3 ed. v. 2. Petrópolis/Brasília: Vozes/INL, 1976.

MATTOSO, Kátia M. de Queirós. *Ser escravo no Brasil*. 3 ed. São Paulo: Brasiliense, 2003.

MONTEIRO, John Manuel. *Negros da terra*: índios e bandeirantes nas origens de São Paulo: Companhia dos Livros, 1994.

MONTENEGRO, Antonio Torres. *Reinventando a liberdade*: a abolição da escravatura no Brasil. 14 ed. São Paulo: Atual, 1989.

MOURA, Clóvis. *Quilombos*: resistência ao escravismo. 3 ed. São Paulo: Ática, 1993.

MOURA, Clóvis. *Rebeliões da senzala*: Quilombos, insurreições, guerrilhas. São Paulo: Zumbi, 1959.

O'DWYER, Eliane Cantarino (org.) *Quilombo*: identidade étnica e territorialidade. Rio de Janeiro: EdFGV, 2002.

OLIVEIRA, Leinad Ayer de (org.) *Quilombos*: a hora e a vez dos sobreviventes. São Paulo: Comissão pró Índio de São Paulo, 2001.

PÉRET, Benjamin. *O quilombo dos Palmares*? Edição e introd. MAESTRI & PONGE. Porto Alegre: Editora da UFRGS, 2002.

PIMENTEL, Maria do Rosário. *Viagem ao fundo das consciências*: a escravatura na época moderna. Lisboa: Edições Colibri, 1995.

PIÑEIRO, Théo Lobarinhas. *Crise e resistência no escravismo colonial*: os últimos anos da escravidão na província do Rio de Janeiro. Passo Fundo: UPF, 2002.

PITA, Sebastião da Rocha. *História da América Portuguesa*. Belo Horizonte; Itatiaia: São Paulo: EdUSP, 1996.

QUILOMBOS NO BRASIL. Brasília: Fundação Cultural Palmares, novembro de 2000.

RAMOS, Arthur. *As culturas negras no novo mundo*. São Paulo: Ed. Nacional, 1979.

RAMOS, Arthur. *O negro brasileiro*. Rio de Janeiro: Civilização Brasileira, 1934.

RAMOS, Donald. *História de Vila Rica*: a formação da sociedade mineira, 1695-1726. [S.n.t].

REIS, J. J. & GOMES, Flávio dos Santos. (org.) *Liberdade por um fio*: história dos quilombos no Brasil. São Paulo: Companhia das Letras, 1996.

REIS, João José. *A morte é uma festa*: ritos fúnebres e revolta popular no Brasil no século XIX. São Paulo: Companhia das Letras, 1991.

REIS, João José. *Rebelião escrava no Brasil*: a história do levante dos malês em 1835. Edição revista e ampliada. São Paulo: Companhia das Letras, 2003.

RODRIGUES, José Honório. *História e Historiografia*. Rio de Janeiro: Vozes Limitada, 1970.

RODRIGUES, Nina. *Os africanos no Brasil*. 3 ed. São Paulo: CEN, 1945.

RÜCKERT, Aldomar A. *A trajetória da terra*: ocupação e colonização do centro-norte do Rio Grande do Sul: 1827/1931. Passo Fundo: Ediupf, 1997.

SALLES, Vicente. *O negro no Pará, sob o regime da escravidão*. Rio de Janeiro: Belém: Fundação Getúlio Vargas/Ser. de publicações Universidade Federal do Pará, 1971.

SANTOS, Ronaldo Marcos dos. *Resistência e superação do escravismo na Província de São Paulo* (1885-1888). São Paulo: IPE, 1980.

SCHWARTZ, Stuart B. *Escravos, roceiros e rebeldes*. Bauru: Edusc, 2001.

SCISINIO, Alaôr Eduardo. *Escravidão & a saga de Manuel Congo*. Rio de Janeiro: Achiamé, 1988.

SEFFNER, Fernando (org.) *Presença negra no Rio Grande do Sul*. Porto Alegre: UE/Porto Alegre, 1995.

SILVA, Ana Lúcia Ribeiro da. "Governo Federal e o estado de Goiás irão regularizar terras do maior quilombo brasileiro". Disponível em: www.gov.br/notícias.news/Ano/2004/mes/julho/semana1/01. Acesso em: 7 set. 2004.

SILVA, Eduardo & REIS, João José. *Negociação e conflito*: a resistência negra no Brasil escravista. São Paulo: Companhia das Letras, 1989.

SILVA, Eduardo. *As camélias do Leblon e a abolição da escravatura*: uma investigação de história cultural. São Paulo: Companhia das Letras, 2003.

SIMÃO, Ana Regina Falkembach. *Resistência e acomodação*: a escravidão urbana em Pelotas, RS (1812-1850). Passo Fundo: UPF, 2002.

SORIO JÚNIOR, Humberto *et al*. *As portas de Tebas*: ensaios de interpretação marxista. Centro de Estudos Marxistas. Passo Fundo: UPF, 2002.

STEIN, Stanley J. *Grandeza e decadência do café no Vale do Paraíba*. São Paulo: Brasiliense, 1961.

TAUNAY, Carlos Augusto. *Manual do agricultor brasileiro*. São Paulo: Companhia das Letras, 2001.

TRIUMPHO, Vera *et al*. *Rio Grande do Sul*: aspectos da negritude. Porto Alegre: Martins Livreiro Editor, 1991.

VAINFAS, Ronaldo. *A heresia dos índios*: catolicismo e rebeldia no Brasil colonial. São Paulo: Companhia das Letras, 1995.

VAINFAS, Ronaldo. *Ideologia e escravidão*: os letrados e a sociedade no Brasil colonial. Petrópolis: Vozes, 1986.

VAINFAS, Ronaldo. *Trópico dos pecados*. Rio de Janeiro: Nova Fronteira, 1989.

VARNHAGEN, Francisco Adolfo. *História geral do Brasil*: antes de sua separação e independência de Portugal. 7 ed. São Paulo: Melhoramentos, 1962.

VILLA, Marco Antônio. *Canudos*: o povo da terra. São Paulo: Ática, 1995.

VOLPATO, Luiza Rios Ricci. *A conquista da terra no universo da pobreza*: a formação da fronteira oeste do Brasil. São Paulo: Hucitec, 1987.

VOLPATO, Luiza Rios Ricci. *Cativos do sertão*: vida cotidiana e escravidão em Cuiabá: 1850-1888. São Paulo/Cuiabá: Marco Zero/Editora da Universidade Federal de Mato Grosso, 1993.

WEHLING, Arno (org.) *A abolição do cativeiro* – os grupos dominantes: pensamento e ação. Rio de Janeiro: IHGB, 1988.

ZANETTI, Valéria. *Calabouço urbano*: escravos e libertos em Porto Alegre (1840-1860). Passo Fundo: UPF, 2002.

ZARTH, Paulo Afonso. *Estancieiros, colonos e lavradores nacionais na construção da estrutura agrária do Rio grande do Sul. Estudos de História.* Revista do Programa de Pós-Graduação em História. USP. Franca, v. 8, n. 2. 2001.

ZARTH, Paulo Afonso. *História agrária do planalto gaúcho* 1850-1920. Ijuí: Ed. Unijuí, 1977.

GRÁFICA PAYM
Tel. [11] 4392-3344
paym@graficapaym.com.br